Psicologia Alquímica

Dr. Thom F. Cavalli

Psicologia Alquímica

Receitas Antigas para Viver num Mundo Novo

Prefácio
ROBERT A. JOHNSON

Tradução
CARLOS AUGUSTO LEUBA SALUM
ANA LUCIA DA ROCHA FRANCO

EDITORA CULTRIX
São Paulo

Título original: *Alchemical Psychology.*

Publicado mediante acordo com Jeremy P. Tarcher, uma divisão da Penguin Group (USA), Inc.

Dados Internacionais de Catalogação na Publicação (CIP)
(Câmara Brasileira do Livro, SP, Brasil)

Cavalli, Thom F.
Psicologia alquímica : receitas antigas para viver num mundo novo / Thom F. Cavalli ; prefácio Robert A. Johnson ; tradução Carlos Augusto Leuba Salum, Ana Lucia da Rocha Franco. -- São Paulo : Cultrix, 2005.

Título original: Alchemical psychology : old recipes for living in a new world.
Bibliografia.
ISBN 85-316-0905-4

1. Alquimia - Aspectos psicológicos 2. Jung, Carl Gustav, 1875-1961 3. Psicologia junguiana I. Johnson, Robert A. II. Título.

05-5754 CDD-150.1954

Índices para catálogo sistemático:
1. Psicologia alquímica : Psicologia junguiana 150.1954

O primeiro número à esquerda indica a edição, ou reedição, desta obra. A primeira dezena à direita indica o ano em que esta edição, ou reedição, foi publicada.

Edição	Ano
1-2-3-4-5-6-7-8-9-10-11	05-06-07-08-09-10-11

Direitos de tradução para o Brasil
adquiridos com exclusividade pela
EDITORA PENSAMENTO-CULTRIX LTDA.
Rua Dr. Mário Vicente, 368 — 04270-000 — São Paulo, SP
Fone: 6166-9000 — Fax: 6166-9008
E-mail: pensamento@cultrix.com.br
http://www.pensamento-cultrix.com.br
que se reserva a propriedade literária desta tradução.

Impresso em nossas oficinas gráficas.

Dedico este livro à minha mãe,
à minha filha, Ananda,
e à minha soror mystica, *Suvasini.*

Sumário

Lista de Quadros

Lista de Figuras

Nota sobre o Uso das Maiúsculas

O uso especial das maiúsculas serve, aqui, para indicar diferenças entre palavras com significados semelhantes. Por exemplo, *deus, natureza* e *mercúrio* aparecem às vezes com maiúscula para distinguir os diferentes usos de cada uma dessas palavras. Em geral, a maiúscula indica que a palavra está sendo usada de maneira mais personificada do que literal. Mercúrio com letra maiúscula se refere a um dos deuses gregos, opondo-se a mercúrio, o metal. Deus com letra maiúscula refere-se a uma divindade central às religiões monoteístas. As maiúsculas são usadas para transmitir essas diferenças, não para indicar valor.

A vida é um encantamento tão delicado que tudo conspira para quebrá-lo.

Emily Dickinson

Prefácio

Robert A. Johnson

Passei muitos anos contando histórias para ensinar a velhos e moços lições importantes sobre como amadurecemos, até nos tornar indivíduos completos. São histórias tiradas da mitologia, um assunto que não é mais ensinado nas escolas, embora seja um tesouro de sabedoria. Os mitos precisam ser recontados, especialmente agora que se tornou tão fácil trocá-los por jogos de computador, filmes com efeitos especiais e mídia sensacionalista — que atiçam os sentidos em vez de nos desafiar de maneira significativa. Trata-se de meios que nos estimulam demais e nos roubam a necessidade de inquirir e de usar a imaginação. Os antigos mitos se modificam à medida que vão sendo recontados. Um dos mais antigos que conheço é a alquimia, uma história de aventura, intriga e mistério.

A alquimia é uma combinação de magia, ciência, religião, mitologia e psicologia. Ninguém conhece sua origem e ninguém pode prever seu futuro. Quando pensamos que a alquimia acabou, ela reaparece. Isso aconteceu pelo menos duas vezes nos tempos modernos. Na área científica, a alquimia transformou-se em química e boa parte de sua tradição foi descartada nessa mudança. A química é uma ciência objetiva. A magia e o mistério da alquimia talvez tenham desembocado na psicologia, o que marcou sua segunda reintrodução nos tempos modernos. No fim de sua carreira, C. G. Jung dedicou três importantes obras de pesquisa a uma investigação profunda do inconsciente, usando a alquimia como modelo. Nesses trabalhos complexos, encontramos enigmas e receitas, signos e símbolos, imagens incríveis. Os trabalhos de Jung não são mais fáceis de compreender do que as fórmulas encontradas em livros de bioquímica avançada.

Quando tentamos acompanhar a lógica tortuosa da alquimia, geralmente acabamos confusos. Mesmo em suas versões modernas, o assunto se torna abstrato. É fácil perder de vista o verdadeiro ouro, a relação da alquimia com as experiências cotidianas. Parece que o estudioso dessa antiga prática ou é bobo ou é sábio. O autor deste livro tem um pouco de bobo da corte e de alquimista sábio. Ele é, acima de tudo, um psicólogo e, numa tentativa corajosa de impedir que nossa cabeça se perca nas nuvens e de manter a agilidade de nossos pés, ele nos oferece um manual acessível da arte régia ou real. Acho que este livro vai frustrar o cientista racional e aborrecer alguns artistas. É o que acontece sempre que tentamos capturar a incrível beleza da Natureza. Este livro nos atinge entre os olhos, aquele lugar para onde tudo converge. Ele é dirigido a todos aqueles que, querendo ou não, estão no caminho para a plenitude.

A natureza nos puxa em muitas direções, causando confusão e contradição quando tentamos definir suas leis absolutas. Seria bom se a solução fosse dividir a alquimia em química e psicologia. Mas não é. As duas se reportam ao mesmo elefante, descrevendo, cada uma delas, uma parte desse animal magnífico. À medida que penetra nos mistérios da natureza, a ciência percebe que a psicologia desempenha um papel fundamental. É claro que o contrário também é verdadeiro: quanto mais a psicologia perscruta a matéria, mais ela recorre à ciência objetiva. Como o símbolo yin-yang, cada uma das duas metades contém um pouco da outra. Esse é o caminho da alquimia! Ela nos faz voltar à plenitude.

Hoje, a prática da alquimia raramente envolve trabalho de laboratório. A plenitude que buscamos vem mais do trabalho psicológico. O frasco do alquimista é o recipiente da alma, seu conteúdo cheio das dualidades dos ingredientes conscientes e inconscientes. O alquimista é ao mesmo tempo artista e cientista: usa a mente imaginativa e a psique objetiva. Não há uma receita para o constante misturar, separar, combinar e unir em busca de um resultado. O trabalho é, em grande parte, tentativa e erro. Com seu conhecimento, os professores nos ajudam a economizar tempo e a nos manter no caminho.

Em *Psicologia Alquímica*, você vai encontrar um professor assim. Um professor sábio consegue apresentar matérias difíceis de maneira interessante. A alquimia é um assunto que pode nos confundir. É preciso muito esforço para compreender a mais básica de suas teorias e sua visão penetrante da vida interior. Eu gostei imensamente da economia com que a alquimia é apresentada neste livro. Os conceitos mais importantes são resumidos, sem que se faça injustiça à tradição alquímica, o que não é fácil. E mais: o autor nos envolve de modo a nos fazer pensar de maneira diferente sobre alquimia e trabalho psicológico.

Ao ler este livro, eu me vi arrebatado por sua magia e erudição. O Doutor Cavalli acrescenta ingredientes que não são encontrados na maioria dos livros sobre alquimia. Ele dá informações históricas na medida certa para estimular a imaginação sem se perder em detalhes desnecessários. Ele torna a alquimia legível, simples e, o que é mais importante, usável. O livro combina o mundo imaginário com os fatos da história antiga e da ciência moderna. Estou contente por Thom ter devolvido o *opus* real à nossa vida. Sua introdução e sua abordagem nos esclarecem o significado psicológico da alquimia. A pedra filosofal não é ouro, diamante ou luz branca. É plenitude. Este livro é uma receita para encontrá-la.

A Descoberta

Descobri a presença do fogo quando as chamas chegaram perigosamente perto de nossa casa em Staten Island, em Nova York. Na época, eu tinha só dezesseis anos, mas o corpo de bombeiros convocou voluntários de todas as idades para combater o fogo. Senti uma mistura de medo e excitação quando prenderam uma bomba de incêndio às minhas costas. Embrenhando-me na floresta, esguichei água nas árvores e arbustos em chamas. Pouco depois, com o tanque já quase vazio, percebi que estava sozinho, separado dos outros. As chamas me rodeavam, deixando apenas uma saída estreita. Por um momento, antes que o pânico tomasse conta de mim, senti uma coisa que só consigo descrever como fascínio. Aos dezesseis anos, essa palavra não fazia parte do meu vocabulário e ainda hoje tenho dificuldade para descrever essa sensação. Só sei que minha cabeça me dizia para correr e uma outra parte de mim não deixava, fascinada pela beleza daquele inferno aterrador.

Muitos anos se passaram antes que eu sentisse o poder do vento e do ar. Eu estava morando no interior de Nova York, trabalhando como conselheiro num centro de atendimento domiciliar. Era a primeira vez que eu vivia fora do ambiente urbano de Nova York e a primeira vez que me apaixonava pela beleza da natureza. Flores silvestres, colinas onduladas e um lago me faziam perder o fôlego. Aprendi que essa beleza tem duas faces: uma tranqüila e serena, a outra tempestuosa. Era à tarde e eu estava sozinho em meu apartamento quando o céu ficou negro em questão de segundos. O vento rugiu e a cena que eu vi pela janela da sala parecia ter saído de *O Mágico de Oz*. O tornado torcia as árvores e as arrancava do chão como se fossem gravetos. Parecia um filme projetado em alta velocidade: meus olhos não acompanhavam a rapidez daquela mudança e as imagens viraram um borrão. O tempo se espatifou na urgência de um único momento. Eu me escondi no armário, com o vento batendo com estrondo nas janelas. Não sei dizer quanto tempo isso durou, mas fiquei sabendo que o tornado percorreu rapidamente a distância entre seu ponto de origem — a cerca de quinhentos metros do apartamento — e o seu destino, a vários quilômetros dali. Nos dias que se seguiram à tempestade, eu fazia caminhadas pelo caminho sinuoso aberto pelo tornado nas minhas belas florestas.

Senti o poder da água quando quase me afoguei, em duas ocasiões diferentes. Na primeira, eu ainda era criança. Estava brincando no lago e caí da bóia. Lembro-me distintamente de afundar duas vezes, alarmado com a idéia de que a terceira submersão seria a última. Esse pensamento atingiu minha cabeça como um foguete e me jogou para fora da água. Felizmente, eu consegui segurar a bóia e uma menina me ajudou a ir até a margem. Meu pai me recebeu com uma indiferença inesperada. Eu ainda estava em choque e ele me jogou de volta ao lago, pensando que isso apagaria o medo da água no futuro.

Foi uma reação estranha, ainda mais que nasci com um poderoso talismã que, segundo os marinheiros, protege de afogamento. Nasci empelicado, ou seja, com o rosto coberto pelo âmnio, ou pelico. (Gostei de saber, muitos anos depois, que Sigmund Freud também nasceu assim.)

Meu segundo encontro com a água aconteceu quando eu estava para começar a escrever este livro, num dia em que fui nadar em Newport Beach. Embora a rebentação não estivesse particularmente forte, correntes invisíveis me levaram silenciosamente mar adentro. Eu mantive a calma, nadando paralelamente à costa, esperando encontrar águas mais calmas. Não havia ninguém na praia e ninguém nadando. A exaustão começou a tomar conta de mim, mas ainda não dava pé. Nesse momento, uma estranha calma interior se apossou de mim. De repente, vi um surfista solitário numa prancha. Consegui me agarrar à prancha do mesmo modo que tinha me agarrado à bóia tantos anos antes. O pelico, que envolvera meu rosto, tinha feito sua mágica pela segunda vez.

A Califórnia é uma terra que, volta e meia, nos faz lembrar que não dá para confiar no chão em que pisamos. Embora eu já tivesse sobrevivido a vários terremotos, houve uma vez em que escapei por pouco: foi a lição mais profunda que tive sobre o elemento terra, mas deixou uma boa dose de ansiedade em sua esteira. Em 1998, uma amiga me convidou para acompanhá-la numa viagem a Oahu, no Havaí. Para ela era uma viagem de trabalho e, para mim, uma escapada. Tivemos apenas um dia para explorar a ilha. Tínhamos conversado sobre o que incluir e o que deixar fora do nosso itinerário. Nós dois conhecíamos a ilha, mas nunca tínhamos visitado uma cachoeira que fica na costa norte, chamada Sacred Falls. Tentamos descobrir quanto tempo a excursão levaria, já que o nosso tempo era muito escasso, mas cada vez que perguntávamos a alguém, a resposta era diferente. No fim, resolvemos tentar.

O caminho serpenteava em meio às bananeiras e à luxuriante floresta tropical. Minha amiga, seguindo o exemplo de outros que lá tinham estado antes de nós, empilhou algumas pedras ao longo da margem de um córrego para reverenciar os deuses e pedir a proteção deles. Eu não disse nada, mas achei aquilo uma bobagem, impaciente para seguir adiante sem perder mais tempo. Meio de má vontade, esperei que ela terminasse, em respeito à cerimônia improvisada. Chegando à cachoeira, mergulhamos na piscina escura e estremecemos ao sentir no corpo a água de uma queda de trinta metros. Nós nos sentimos renovados pela água dessa cachoeira sagrada. No dia seguinte, Dia das Mães, estávamos voltando para casa quando soubemos que, horas depois da nossa visita, rochas enormes tinham despencado na cachoeira, matando dezoito pessoas e ferindo muitas outras. É claro que agradeci por termos parado para reverenciar os espíritos da água!

O livro do Gênesis nos fala da criação, mas ela não tem muito significado para nós até que a experiência dê vida às palavras. Meus encontros com a Natureza trouxeram os elementos da criação para o primeiro plano. Agora, quando seguro uma pedra, eu sei que há um enorme poder compactado nela. Ainda gosto do mar mas, depois de quase ter sido engolido por ele, respeito as forças que habitam suas profundezas. Com essas experiências de alto risco, aprendi a me curvar diante dos elementos da impressionante beleza da Natureza. Ao ser confrontado por essas forças, aprendi muito sobre mim mesmo e me sinto humilde diante de sua majestade. Agora eu conheço o fogo, o ar, a água e a terra de maneira diferente. Eles ficaram impressos na minha memória e não consigo mais vê-los superficialmente. Mais do que qualquer outra experiência da minha vida, foi a Natureza que me fez chegar mais perto de ver, sentir, tocar, cheirar e ouvir Deus.

Eu descobri os elementos por meio da crise. Às vezes, é só assim que paramos e olhamos direito para o mundo à nossa volta. Eis um exemplo: na faculdade, eu sofri um terrível desastre de carro. Um marinheiro dormira ao volante e bateu de frente no meu carro a 110 km por hora. Minha lata velha, que eu tinha comprado num *ashram* Hari Krishna, não tinha cinto de segurança. Até hoje eu acredito que Krishna estava comigo no carro e decidiu que não era a minha hora de morrer. Essa crise me desacelerou. Na verdade, me fez parar por vários meses e examinar a fundo a vida apressada que eu levava.

Quando terminei os estudos, sabia que havia muito mais coisas acontecendo além do mundo estatístico ensinado na escola. Eu estava muito mais interessado na experiência real por detrás dos dados, no que sente a pessoa deprimida e não em como defini-la a partir de um diagnóstico de depressão. Eu estava estudando para ser um terapeuta e precisava saber o que deixava as pessoas doentes e o que as fazia melhorar. Como a natureza afeta as pessoas? Como são as tempestades e conflagrações interiores?

Eu mesmo estava em plena crise psicológica e precisava de ajuda. Quis o acaso que o meu caminho cruzasse com o de Robert Johnson, um analista junguiano, na Igreja Episcopal de São Paulo, em San Diego. Eu me tratei com Robert durante cerca de dois anos e acho que amadureci dez nesse mesmo período. Não podíamos ser mais diferentes em termos de personalidade. Ele dizia que eu era seu irmão das trevas. Mas, a despeito das diferenças, tínhamos em comum pelo menos uma paixão: a Índia. Nós dois tínhamos visitado esse país e ficáramos fascinados pelo amor ao ritual, pela paixão pela vida e pelo mundo por trás da ilusão de Maya. Naquele lugar, não havia diferenças, Robert e eu éramos iguais.

O poder de cura de Robert vem mais de sua presença suave do que de técnicas especiais. Como eu não tinha dinheiro, a sessão era de manhã bem cedo e ele me cobrava muito pouco. Mesmo quando eu me aborrecia com seus ocasionais bocejos (eram sete da manhã), eu sabia, sem dúvida nenhuma, que ele estava totalmente presente.

O mundo ganhava rapidamente uma outra dimensão: profundidade. A vida me ensinava uma outra lição sobre os elementos: eles não existem apenas no mundo material. Tanto quanto o tornado, minhas tempestades interiores me davam a conhecer os ventos da mudança. Com a orientação de Robert, eu conheci os elementos da minha personalidade. Para mim, foi um grande despertar. Percebi que nos excluímos do mundo lá fora como se fôssemos estranhos à natureza, embora sejamos feitos da mesma matéria das árvores, das nuvens e das estrelas. Eu compreendi que a argila do meu ser é feita da mesma terra que há sob meus pés. Dos elementos, só o fogo eu não discernia muito bem. Onde estaria o fogo dentro de mim? Era fácil localizar a terra, a água e o ar, mas não o fogo.

Para descobrir o fogo, eu tive que entrar no interior do meu corpo e da minha imaginação. A febre é o resultado de uma temperatura corporal elevada: ela reflete o calor que deve vir de uma fornalha interior. Eu percebi também que sentimentos causticantes podem afetar o estômago. A acidez, pensei, deve estar relacionada a um fogo químico. Mas o fogo não é apenas físico; ele tem uma dimensão psicológica. Está no calor da paixão sexual, no calor do momento, nos calores da menopausa, na cabeça quente. Eu percebi que meu desejo por certas coisas era ardente e que eu me sentia abrasado por outras. Eu estava aprendendo que o elemento fogo é parte vital do que sou no nível físico, emocional e até mesmo astrológico. Descobri, na verdade, que cada elemento tem sua contrapartida psicológica: a água se relaciona aos sentimentos, o ar aos pensamentos e a terra aos sentidos. Para mim, o mundo começava a criar vida. Eu estava aprendendo que sou formado de maneira não muito diferente à do mundo à minha volta.

Continuando a busca, eu descobri que o fogo tem mais dimensões do que eu imaginava. O fogo é um elemento muito dinâmico. Como a água, ele está sempre em movimento e fazendo com que as coisas mudem. Mas, ao contrário da água, ele surge e se extingue. Como a paixão, o fogo incendeia o momento e rapidamente reduz tudo a cinzas. O fogo, eu aprendi, está relacionado à consciência: é um símbolo da cognição, da capacidade que temos de mudar tudo o que vemos e tocamos. Ele transforma tudo em seu caminho.

Nessa época, eu estava escrevendo minha tese de doutorado e não tinha nem idéia de que esses pensamentos fariam parte do meu estudo. Minha pesquisa era sobre as mudanças na consciência causadas pela dependência química. Qual é a dinâmica por detrás da dependência? Entendemos muito de química, mas o que dizer sobre a mente do viciado? Essas perguntas me levaram mais fundo na psicologia das pessoas do que na doença delas. Eu queria entender a dinâmica da mudança. Assim como tinha aprendido que há muito mais na natureza do que vêem os olhos, eu queria espiar o domínio da consciência, sob a superfície da personalidade e do comportamento. O que, na natureza, leva os dependentes a brincar com fogo, deixando que a vida vire fumaça?

Nada disso era novidade para a psicologia. Já existiam estudos sobre percepção, motivação e cognição. Eu queria ir ainda mais fundo, até a própria consciência. Em suma: eu precisava de uma psicologia que ousasse se aventurar em níveis mais profundos do inconsciente, onde não existe diferença entre nós. No começo, achei que a teoria da psicanálise de Freud me levaria a esse lugar. Ela foi um ótimo ponto de partida mas, infelizmente, parecia ter poder limitado para fazer as conexões necessárias entre a realidade física e a psicológica, ao ver o inconsciente como domínio exclusivo do corpo. Eu descobri então a psicologia profunda de Jung e, nela, um método, uma linguagem e uma prática para responder muitas das minhas perguntas. Na verdade, foi muito mais do que isso: Jung me pôs em contato com a minha alma.

Jung passou sessenta anos pesquisando a psicologia do inconsciente. Suas obras reunidas se destacam orgulhosamente nas prateleiras de minha biblioteca, representando, cada uma delas, uma viagem da mente, do corpo e da alma. A obra de Jung culmina em três grandes volumes sobre alquimia. Entre as mais loucas aventuras da minha vida, uma se destacou. Pouco antes de entrar na faculdade e sossegar, eu resolvi dar um último giro pelo mundo. Sabendo que não ia mais dar para viajar depois do começo das aulas, passei três meses na Índia, viajando do Nepal a Madras. Achei que nada se compararia ao surrealismo dessa viagem. Na verdade, ainda estou para conhecer um país como esse. Mas assim como eu percebi minha ligação com os elementos, descobri que a aventura de Jung pela psique é ainda mais pessoal e mais louca do que a Índia.

Era 1975 e eu tinha começado a estudar a psicologia dos alquimistas medievais para compreender a natureza da transformação humana. A alquimia, pensei, trata da transformação do chumbo em ouro. O que isso tem a ver com a psicologia humana? Para responder a essa pergunta, levei mais vinte e cinco anos. Sem saber, eu vinha pensando e trabalhando na mesma tradição dos alquimistas. Antes de conhecer Robert Johnson e começar a fazer terapia com ele, eu estava praticamente adormecido. Com a ajuda dele, eu aprendi que a crise que eu atravessava era uma maneira de a Natureza me acordar. A alquimia, como eu viria a saber, começa no caos e na escuridão.

Eu resisti ao estudo da alquimia durante anos. Como quase todo mundo, eu achava que a alquimia não passava das loucas desventuras de alguns charlatões. Acabei me tornando terapeuta e aplicando uma teoria depois da outra para ajudar pessoas com todos os problemas imagináveis. Trabalhei em clínicas de hospitais, cadeias e universidades, tratando centenas de pessoas. Por falar em caos... Quando vemos o que a doença pode fazer ao corpo humano, sentimos arrepios de desgosto e condolência. A doença psicológica nem sempre é visível, mas não é menos terrível na devastação que causa à mente e à alma. Trabalhando como psicólogo clínico, eu usava a teoria de Jung quando achava que ela podia ajudar meus pacientes. Eu empurrei a alquimia para os porões da mente. Agora compreendo que a resistência que eu tinha pelas noções aparentemente bizarras da alquimia era igual à que eu tinha pelo comportamento bizarro dos pacientes que tratava. Nós nos encolhemos de medo diante do caos. A psicose, a dependência e especialmente a falta de humanidade da vida diária nos perturba. Ficamos arrepiados e desviamos os olhos. O caos ameaça nossa paz, nossa estabilidade e nosso senso de ordem. Ele nos joga de volta a um tempo anterior ao que a consciência surgiu e transformou o caos em cosmos. Diante dessa constatação assustadora, a resistência pode ser a opção mais inteligente. Negue, em vez de aceitar a loucura da vida. Vire as costas, acomode-se, ajuste-se e conforme-se com o que é possível. Não faça as perguntas mais profundas.

No meu caso, não havia escolha: eu tinha que ir mais além. A mera sobrevivência não era uma concessão que eu pudesse fazer. Eu queria mais, mesmo que isso trouxesse riscos maiores para mim mesmo e para os outros. A vida é um experimento: você tenta várias coisas e vê o que acontece. A esperança é que as milhares de tentativas compensem e você se torne saudável, rico e sábio. Talvez já dê para perceber que essa abordagem não é diferente da alquimia. Eu tinha que saber como transformar o mísero chumbo da existência inconsciente na oportunidade dourada e aprimorada de uma vida criativa e compensadora. Essa ligação com a alquimia foi a conclusão inevitável de anos de estudo e de muitos encontros com a morte. Eu não podia mais resistir à alquimia nem descartá-la, como se fosse uma bobagem. Jung viu tanto sentido no falatório de pacientes psicóticos quanto em sistemas ocultos como a alquimia, a astrologia e a Cabala, sem mencionar as teorias sofisticadas da psicanálise. Mas antes, ele teve que vencer a vontade de fugir das palavras e imagens estranhas que saem borbulhando do inconsciente.

A alquimia começa sua obra com a primeira matéria, *prima materia*, que, como o comportamento psicótico, é semelhante aos tornados e deslizamentos de terra que eu mencionei. Estes são lembranças brutas da imensa força compactada em cada partícula de matéria, seja ela humana ou inanimada. Quando a Natureza urra em vulcões e tsunamis, nós lhe damos atenção. Trata-se de ampliações das crises relativamente minúsculas que enfrentamos ao longo do dia. Tendo adquirido uma visão das camadas escuras e ocultas da psique inconsciente, eu percebo de onde vêm os distúrbios psicológicos e trato os que sofrem de imperfeições e fissuras psíquicas. A raiva é uma erupção de fúria assassina. As oscilações de humor nos sopram de lá para cá como o vento. A doença mental é um colapso do alicerce da razão.

As pessoas sabem intuitivamente que as rachaduras sintomáticas têm origem em algum lugar no fundo da mente inconsciente. Com um mínimo de reflexão, elas percebem que suas queixas são mais profundas do que estavam dispostas a admitir. E a despeito do que cobrem os planos de saúde, os pacientes querem mais do que conselho e conforto. Eles sabem que não existe uma pílula mágica que lhes proporcione a cura total e instantânea. A cura exige trabalho árduo, interminável experimentação e uma avaliação profunda do mundo inconsciente, de onde vêm os problemas e as soluções.

Por que, então, nos interessar por um antigo sistema oculto como a alquimia? A resposta é: a alquimia oferece receitas de transformação que são prescrições permanentes para melhorar a saúde, aumentar a fortuna e a sabedoria. Esses benefícios não são entregues numa bandeja de prata. Eles exigem muito trabalho. Este livro pode facilitar um pouco essa tarefa. Deixe-me explicar melhor, para que você possa decidir se está disposto a pôr em risco o conforto do mundo científico em troca de verdades, possivelmente mais reveladoras, de uma antiga tradição de sabedoria.

Vamos começar observando alguns dos acontecimentos mais importantes da história de dez mil anos da alquimia. Devido à sua tradição oral e mística, não há uma história completa e abrangente da arte e da ciência da alquimia. Há tantas definições, criadas a partir de influências culturais, religiosas e políticas, que é mais fácil entender a alquimia como mitologia do que como arte ou ciência. Até um estudo superficial de sua história mostra a alquimia como uma estranha mistura de fatos e ficções, combinados para refletir as muitas vicissitudes da experiência humana.

Os sete primeiros capítulos revelam ao recém-chegado um significado mais completo e profundo da alquimia. A descoberta do que a alquimia significava para os antigos egípcios, gregos, chineses e árabes revela, de maneira convincente, que a alquimia era muito mais do que uma busca ambiciosa por riquezas. Como vamos ver, em vez de transformar substâncias físicas, a alquimia se ocupa da transformação da consciência. Esses capítulos expõem idéias fundamentais nascidas na mente de sábios que trabalhavam em laboratórios escuros e celas consagradas, onde experimento e experiência eram igualmente importantes. A alquimia, mais do que qualquer outra filosofia, formou os mais profundos pensadores do mundo e também os trabalhadores e artífices mais comuns. Esses capítulos lançam o alicerce para quem quer começar o trabalho psicológico da alquimia pessoal.

Eu recorri à obra de Carl Jung para traduzir a linguagem arcaica e simbólica da alquimia para um idioma moderno, que possamos entender e pôr em uso na vida. Jung não era um alquimista praticante, mas sua obra sobre o assunto é uma contribuição profunda à psicologia moderna. Ele deixa claro que o ouro procurado pelos alquimistas era, na verdade, a busca por uma vida autêntica, completa e significativa. Assim, eu comparo a pedra filosofal ao arquétipo do *Self*, o "verdadeiro ouro" do trabalho do alquimista e daquilo que Jung chama de processo de individuação. Tomando cuidado para respeitar a alquimia e suas tradições, eu defino em termos comportamentais concretos o que a pedra filosofal significa na esfera do comportamento, para que possamos ter acesso a esse estado de ouro da consciência. Sem perder de vista o mistério que permeia essa arte oculta, eu vou além da maioria dos cientistas do comportamento, incluindo Jung — e descrevo um *Self* que é, ao mesmo tempo, divino e humano. Nesse ponto, entro um pouco no terreno do oculto, usando com cuidado evidências extraídas da física teórica moderna para manter os pés no chão.

Alquimia é transformar algo menor em algo grandioso. Então, eu convido o leitor à experimentação para verificar se as receitas mostram que os alquimistas são os sábios que eu afirmo que são. Na minha experiência, a alquimia se revelou uma tradição de sabedoria que satisfaz os critérios esperados de uma verdadeira arte real: beleza perene e efetividade apurada. Os capítulos finais trazem esse presente generoso à nossa vida. Aplicando antigas receitas alquímicas às questões imponderáveis que nos desafiam na vida diária, descobrimos a Arte Real de Viver.

Este livro é, portanto, uma introdução detalhada ao grande *opus* da alquimia. Não é um manual passo a passo e nem uma descrição completa dessa obra. Minha idéia foi simplificar e personalizar esse assunto arcano oferecendo amostras da teoria, das imagens e das receitas alquímicas. Incluí alguns exercícios, mas o verdadeiro experimento alquímico depende de você. A alquimia é pessoal e ela ganha vida por meio da experiência. É melhor que cada um prepare a própria receita especial de sucesso. A prova do valor da alquimia está no resultado que se leva à mesa.

Bon appétit!

Capítulo 1

Direções

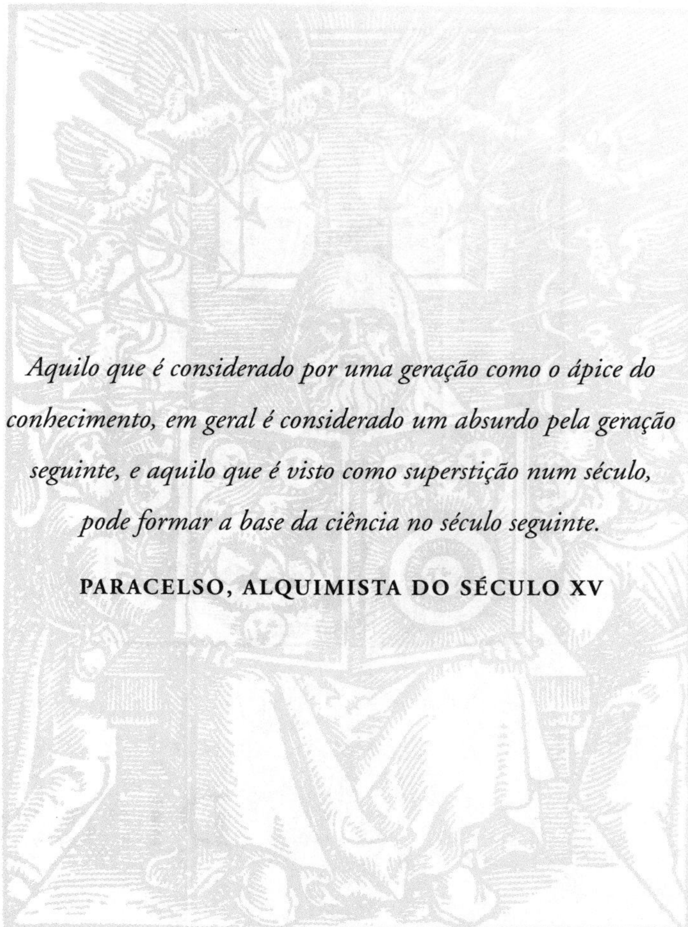

Aquilo que é considerado por uma geração como o ápice do conhecimento, em geral é considerado um absurdo pela geração seguinte, e aquilo que é visto como superstição num século, pode formar a base da ciência no século seguinte.

PARACELSO, ALQUIMISTA DO SÉCULO XV

Alquimia é o processo de transformar chumbo em ouro. Essa é, pelo menos, a definição mais popular. A alquimia foi praticada em muitos países do mundo durante centenas, talvez milhares, de anos. Como resultado, ela tem muitas definições. Para um sumo sacerdote egípcio, ela significava uma coisa, mas significava outra bem diferente para um boticário do século XV. Mesmo assim, há elementos comuns que aglutinam a alquimia numa disciplina coerente, com princípios teóricos e práticos bem articulados. A alquimia, como vamos ver, preparou o terreno para a civilização moderna e sua sabedoria continua a ser, em muitos aspectos, uma fonte de inspiração. À luz dos enormes avanços no campo da psicologia e da física, este é um momento especialmente propício para rever a alquimia.

O que a alquimia significa hoje para nós? Que uso podemos dar a ela? Como aplicar métodos antigos aos problemas que enfrentamos no mundo de hoje?

Antes de começar a responder a essas perguntas, preciso deixar claro que não acredito que a alquimia esteja morta. Assim sendo, não vamos examinar a alquimia como se ela estivesse extinta ou como se fosse algum artefato mágico da história. Depois de mais de vinte anos de pesquisa, estou convencido de que a alquimia representa uma tradição de sabedoria que, em geral, é desprezada e mal-interpretada. Neste livro, minha intenção é contar a história da alquimia. Vou contá-la, basicamente, de um ponto de vista psicológico, porque ele é para mim o mais familiar. Eu respeito a abordagem dos outros mas, para mim, o verdadeiro ouro da alquimia é encontrado em sua magnífica psicologia.

Embora a alquimia tenha muitos nomes, a essência de sua longa tradição ainda inspira os pensamentos e as idéias de artistas, cientistas e teólogos contemporâneos. Com uma freqüência cada vez maior, eu vejo as pessoas usarem e abusarem da palavra, na mídia e até na literatura. Temos algumas velhas idéias supersticiosas sobre o que era a alquimia. Meu objetivo é corrigir algumas dessas noções equivocadas acrescentando dados factuais e, o que é mais importante, permitindo a descoberta do que significa a alquimia no decorrer do nosso desenvolvimento pessoal. Quando compreendemos a fundo o trabalho de homens e mulheres que, de um modo ou de outro, praticaram a alquimia ao longo de milhares de anos, percebemos que ela deixou o laboratório há muito tempo e encontrou seu lugar no coração e na mente das pessoas.

Para descobrir a alquimia sob a superfície do ritmo apressado da vida moderna, é preciso parar e pensar de maneira imaginativa. Temos que controlar o impulso de deixar o passado para trás e correr para preencher o vácuo com outra coisa — qualquer que seja. Em vez de preferir o novo em detrimento do antigo, por que não aproveitar o melhor de cada um? Assim, criamos um Mundo Novo.

> E a alquimia de hoje, onde está? Ela está na sua cabeça! A alquimia é a "maior de todas as artes porque [diz respeito a] uma entidade ideal que existe apenas na mente".[1]

Se alguém pode se considerar psicólogo, por que não pode imaginar que é também um alquimista? Afinal, sempre que nos relacionamos com os outros ou com o mundo material, tentamos transformar o chumbo da experiência comum em alguma coisa a mais.

Este capítulo começa com dados históricos de partes do mundo em que a alquimia foi amplamente praticada. Depois, numa segunda seção, são identificados alguns dos princípios psicológicos subjacentes que contribuem para a psicologia alquímica. Essa história geral vai nos dar a base para uma definição funcional de alquimia, que será usada ao longo do livro. Quando chegarmos às dez receitas no capítulo 8, estaremos bem preparados para pôr a alquimia em prática na nossa vida.

O QUE É ALQUIMIA?

Definir alquimia não é tarefa fácil. Sua história se estende sobre boa parte da civilização humana e suas variações são muitas. Quase todo mundo diria depressa que a alquimia é um antigo sistema de transformar chumbo em ouro. Existiram, de fato, alquimistas que buscavam maneiras artificiais de fazer ouro, mas existiram muitos outros com aspirações diferentes. Muitas vezes, a ficção deturpa os fatos. Nos primórdios da história, era o ferro, e não o ouro, que os povos primitivos queriam. O interesse deles não era enriquecer, mas simplesmente sobreviver. O ferro era a substância mágica que usavam para fazer armas e as ferramentas necessárias ao cultivo do solo. Para isso, não bastou descobrir o ferro: antes, foi preciso dominar o uso do fogo.

Mestres do Fogo

Graças ao fogo, nossos ancestrais começaram a cozinhar o alimento e a se aquecer nas frias noites de inverno. Ele iluminava o céu noturno, cicatrizava as feridas e incendiava os acampamentos do inimigo. Por isso, é compreensível que o fogo seja a metáfora central em todos os aspectos da alquimia. Ele representa a vida e a morte, a consciência, a "imaginação ardente" e a transformação.

Ninguém sabe ao certo quando o fogo foi descoberto, mas há evidências arqueológicas de que os seres humanos começaram a usar o fogo há 1,4 milhão de anos. Uma espécie humana conhecida como *Homo erectus*, que viveu num período que vai de 1,8 milhão a trinta mil anos atrás, usava o fogo de maneira regular. Eles devem ter sido os primeiros a usar o fogo para cozinhar. Quando deixaram a África, levaram consigo os segredos do fogo.

Paralelamente ao *Homo erectus*, desenvolveram-se os Neandertais (*Homo neanderthalensis*) e o *Homo sapiens*. Em Israel, foram encontrados vestígios de fogueiras que indicam a presença, há cerca de sessenta mil anos, de assentamentos neandertais organizados. Trinta e cinco mil anos depois os antigos já usavam pederneira e ferro para acender suas fogueiras. Pouco depois, surgiram no Iraque e na Ásia várias técnicas para acender e manter o fogo. Por volta de 6.500 a.C., o fogo era usado, na Mesopotâmia, para endurecer o barro, transformando-o em potes e panelas. Três mil anos depois, os egípcios usavam fornos de barro para fabricar tijolos feitos de barro e palha.

O fogo começou a ser usado para trabalhar metais por volta de 4.000 a.C. Inicialmente, os artesãos sumérios usavam fornalhas primitivas para derreter o cobre usado em ferramentas e armas. Com o tempo, começaram a forrar as fornalhas com pedras, transformando o vaso de terra em fornalhas de verdade. O uso de foles para bombear ar na fornalha aumentou drasticamente sua temperatura: surgia o alto-forno, no qual é possível temperar metais. O aço, por exemplo, foi um dos primeiros produtos desenvolvidos por alquimistas indianos. Entre 1.200 e 1.000 a.C., a metalurgia começou a ser praticada em escala industrial e, das montanhas da Armênia, espalhou-se pelo Oriente Médio.

Embora a arqueologia nos revele a existência de objetos produzidos durante a Idade do Metal, é mais difícil descrever as imagens que deram origem ao domínio sobre o fogo. Esse ponto fica claro numa brilhante análise histórica da alquimia, *The Forge and the Crucible*. "Como geralmente acontece", escreve o historiador Mircea Eliade, "a imagem, o símbolo e o ritual antecipam — e possibilitam — as aplicações práticas de uma descoberta." [2] Uma mitologia, uma psicologia e uma tecnologia primitiva do fogo se formaram em torno da importância que esse elemento tinha para a sobrevivência. Nesse sentido, a Idade do Ferro marca o triunfo do homem sobre os reinos vegetal, animal e mineral — e o surgimento dos meios necessários para se fazer guerra.

A descoberta do fogo ocorreu na natureza e na mente humana ao mesmo tempo. Como elemento de transformação, o fogo é essencial para o trabalho da alquimia. Ele pode simbolizar a consciência, assim como a reação química que provoca a combustão. Seja na alquimia física, seja na psicológica, o fogo representa um poder ubíquo, capaz de transformar a matéria e a mente. Nesse sentido, o fogo, o calor e os segredos da combustão contribuíram tanto para reunir as pessoas quanto para separá-las. Como vamos ver mais adiante, uma das mais antigas receitas alquímicas, *Solve et Coagula* (separe e una) vem desse aspecto dual do fogo.

É importante refazer esses primeiros passos para entender por que o ouro se transformou no principal interesse do alquimista, não apenas como metal mas também como símbolo de imortalidade física e até mesmo espiritual. No próximo capítulo, vamos descobrir que a alquimia se tornou antes um meio psicológico para extrair ouro das profundezas da psique, do que um meio físico para fabricar ouro a partir de metais comuns.

Levou milhares de anos para que os povos primitivos, ocupados com a sobrevivência básica, partissem para usos mais sofisticados do fogo. Nessa época, desenvolveu-se uma mitologia em torno de xamãs, ferreiros e curandeiros. Herói era qualquer um que sabia usar o fogo para transformar metais em armas e ferramentas agrícolas. Cada aspecto do processo metalúrgico — o ferreiro, o minério, a fornalha e, é claro, os produtos mágicos — se tornou parte dessa mitologia. Os homens tinham descoberto o poder para transformar o mundo e, nesse processo, estavam sendo transformados também. Os alquimistas, que guardavam esse conhecimento sagrado, passaram a ser conhecidos como os mestres do fogo.

Assim como é difícil datar a descoberta do fogo, é praticamente impossível datar com precisão as origens da alquimia. É possível que formas toscas de alquimia tenham existido há dez mil anos. Em parte, é tão difícil estabelecer essa data porque a psicologia do homem primitivo é muito diferente da psique moderna. Ninguém pode precisar o momento em que um xamã, mago ou sumo sacerdote percebeu a diferença entre a manifestação física do fogo e seus usos simbólicos, psicológicos e místicos. A vasta literatura sobre o assunto, dos antigos egípcios aos alquimistas da Renascença, é confusa. Mesmo assim, no esforço para definir a alquimia, não podemos excluir qualquer contribuição que tenha içado a alquimia à condição de um sistema científico formal.

Segue-se um breve levantamento de culturas particularmente importantes no desenvolvimento da alquimia. É muito provável que a alquimia tenha três locais de origem principais: Egito, China e Índia. Em sua árvore genealógica, a Grécia e a Arábia também foram muito importantes. Embora cada cultura tenha uma visão levemente diferente da alquimia e de seus objetivos, vou mostrar, na conclusão deste capítulo, que há vários elementos que são comuns a todas as suas formas. Vou apresentar alguns dos feitos mais notáveis que tornaram a alquimia especial em várias regiões do globo.

A alquimia egípcia

Um dos mais sagrados documentos alquímicos é a *Tábua Esmeraldina* que, segundo alguns, tem dez mil anos.[3] Ela contém treze receitas para criar a famosa pedra filosofal. Assim como o livro do Gênesis descreve a criação do céu e da terra, a *Tábua Esmeraldina* expõe, em linguagem simbólica, os métodos que permitem, ao alquimista, transmutar metais e, neste ínterim, adquirir a sabedoria da Pedra Filosofal.

A Pedra Filosofal é descrita como um meio para transmutar metais e como uma panacéia capaz de curar doenças e até mesmo de prolongar indefinidamente a vida. Para nossos propósitos, ela é um conceito que descreve o mais sofisticado desenvolvimento psicológico que se pode atingir. Assim, transformar chumbo em ouro significa, do ponto de vista psicológico, transformar nossa natureza inconsciente inferior (simbolizada pelo chumbo e denominada *prima materia*) na pedra filosofal. Vamos ter a oportunidade, nos últimos capítulos, de examinar as várias características desse desenvolvimento, além de receitas e até técnicas para criar essa consciência de ouro. Neste livro, eu vou me referir a esse estado mental superior como *Self* Individuado.

A lenda fala de Hermes Trismegisto, uma figura mística que seria o autor da *Tábua Esmeraldina*. A imagem que abre este capítulo é um retrato de Hermes. A conclusão do capítulo traz uma interpretação dos símbolos místicos contidos nessa gravura. Usando-a como referência, faremos com que o espírito de Hermes nos guie por meio das voltas e reviravoltas da longa história da alquimia.

A alquimia egípcia nasceu do solo negro da África. Sua eficácia se revela no profundo conhecimento que os egípcios tinham de astronomia, matemática e arquitetura. As grandes pirâmides não poderiam ter sido construídas sem os recursos dos alquimistas. Eles recorriam às estrelas para alinhar o canal que o faraó sepultado usaria para passar em sua viagem para o céu. Equipamentos de engenharia foram desenvolvidos para erguer os enormes blocos de pedra e encaixá-los no lugar exato. Os mortos eram embalsamados graças a técnicas especiais que mumificaram a carne e os ossos por milhares de anos. E os sumos sacerdotes proferiam palavras mágicas e realizavam rituais sagrados para garantir ao seu rei uma passagem segura deste mundo para o outro.

A pirâmide em degraus, de Sacará, foi a primeira grande pirâmide. Ela foi construída por Imhotep, sumo sacerdote, mago e alquimista que viveu há mais de 5.500 anos. Muitas dessas pirâmides existem até hoje. Os cientistas ainda não sabem ao certo como os antigos egípcios conseguiram realizar esses incríveis feitos de engenharia. De onde teria vindo esse conhecimento? Hoje, os arqueólogos se perguntam se a magia, por si só, teria permitido aos egípcios transformar toneladas de pedra em estruturas fantásticas. Segundo uma teoria que não se limita ao Egito, esse conhecimento teria vindo de uma civilização misteriosa que existiu no início dos tempos.[4]

Seja qual for a fonte que consultemos, ficamos com uma idéia de magia muito diferente da atual. Mais do que superstição, a magia foi a principal forma de ciência praticada durante milhares de anos. Na minha visão, a alquimia foi a semente, enterrada nesse sistema mágico, que daria frutos nas primeiras experiências de laboratório. O movimento que vai da magia à alquimia e da alquimia à ciência moderna indica que cada elo da corrente teve que ser radicalmente modificado para fortalecer sua constituição geral. Tanto que o Egito foi dominado por Alexandre o Grande em 332 a.C. devido ao "uso excessivo da magia".[5]

> Magia, neste contexto, se refere à prática que consiste em usar os poderes de entidades espirituais com a intenção de modificar a natureza. A alquimia, ao contrário, implica a participação e a interação entre o operador e a natureza.

As influências gregas

Os gregos eram amantes da sabedoria e suas filosofias abarcavam a psicologia alquímica. Os escritos de Platão, Aristóteles, Plotino e Heráclito trazem uma filosofia hermética que se tornou a pedra fundamental da civilização moderna. A democracia tem suas raízes no Ideal Hermético: "um por todos, todos por um." Cada pessoa, um voto — essa prática se originou na antiga Grécia. A psicologia também herdou muita coisa dos gregos. O conceito de arquétipos, do psiquiatra suíço Jung, teve como modelo a noção alquímica das formas eternas, de Platão. Os quatro elementos — fogo, água, terra e ar — foram inicialmente descritos por Demócrito e depois sistematizados por Aristóteles. Séculos depois, Jung ampliaria esses quatro elementos, incluindo funções psicológicas que explicam como atua a personalidade.

Os gregos acreditavam também que tudo o que existe na natureza é uma parte viva de todo o cosmos. Todas as partes desse vasto sistema estão inter-relacionadas: modifique qualquer uma delas e o padrão geral será modificado. Na filosofia de Heráclito, encontramos um modelo dinâmico em que os opostos estão em constante fluxo, passando de um extremo ao outro. Segundo Aristóteles, a mudança não se dá por acaso, mas segue um padrão específico que inclui: uma base material, a tendência das coisas a se individuar (ganhar uma identidade única), uma receita ou fórmula e um produto final. Como vamos ver, são esses os componentes-chave da psicologia alquímica.

A alquimia chinesa

Embora até o século V a.C. não houvesse uma palavra para *ouro* na língua chinesa, a arte da transformação já era uma parte implícita da cultura chinesa havia milhares de anos, quando o animismo era a crença mais difundida. No século III a.C., os alquimistas da China e da Índia usavam ouro no preparo de elixires, poções e sucos empregados na cura, mas os primeiros textos alquímicos chineses só apareceram no século II a.C. As palavras chinesas para alquimia eram *lien tan*, que significam "pílula de transformação". Os alquimistas chineses buscavam a transformação radical da mente usando práticas para disciplinar as funções corporais, meditação e a ingestão de elixires especialmente preparados. Seus objetivos não se concentravam tanto na transmutação dos metais, mas na transformação do corpo. A meta desses alquimistas era prolongar indefinidamente a vida.

Eles estavam interessados em descobrir os segredos da imortalidade. A vida eterna na terra era a sua definição de pedra filosofal. Os alquimistas chineses, especialmente os taoístas, pretendiam se tornar *hsien*, seres imortais que, supostamente, viviam para sempre e podiam voar pelo céu se assim quisessem. A literatura sobre esse assunto inclui os três grandes sábios chineses: Lao-Tzu, Chuang Tzu e Lieh Tzu.

O taoísmo é a mais antiga filosofia da China. Ele se baseia em três princípios: o *chi* (a essência de toda energia), o *yin* e o *yang* (os princípios masculino e feminino) e os cinco elementos. Os cinco elementos dos taoístas (fogo, terra, vento, madeira, éter) diferem um pouco dos quatro elementos básicos — fogo, terra, ar e água — introduzidos muito depois pelos gregos. Como vamos discutir no próximo capítulo, um quinto elemento, conhecido como quintessência, guarda alguma semelhança com o conceito taoísta de éter. Cada um desses princípios taoístas presta sua contribuição ao *opus* alquímico, mas a ênfase está muito mais na transformação da mente e do corpo do que na possibilidade de fazer ouro.

Os taoístas opunham-se taxativamente à idéia de fazer com que sua filosofia seguisse qualquer cânone em particular porque acreditavam que isso os afastaria da essência transcendente e indizível de sua mensagem. Conta-se que Lao-Tzu, já em idade avançada, deixou sua província para se retirar nas montanhas do Tibete. Mas, para deixá-lo entrar no país, exigiram que registrasse por escrito toda a sua sabedoria. Essa teria sido a origem do *Tao Te Chi*. Mas, fiel à crença de que a verdade da alquimia é inexprimível, Lao-Tzu disse:

> O Tao que pode ser escrito não é o verdadeiro Tao.

A alquimia, tão belamente expressa no taoísmo, é atingida, segundo Lao-Tzu, em cada momento da vida. Os livros ajudam, mas nada substitui a experiência. Vamos ter em mente esse princípio ao explorar outros elementos que nos ajudem a chegar a uma definição abrangente da alquimia.

A alquimia indiana

Rasa ou *rasayana*, "o caminho do mercúrio", é a palavra indiana para alquimia. O pai da alquimia indiana é Nagarjuna. Ele escreveu o primeiro clássico indiano sobre a prática alquímica, o *Rasarathnakara*, por volta do ano 800. Assim como outros grandes textos alquímicos, o *Rasarathnakara* tornou-se obra de referência para muitos escritos posteriores sobre o assunto. Para dar uma idéia do amplo escopo da visão do alquimista, eu faço uma citação de um outro tratado muito antigo, o *Rasarnavakalpa* ou *Os Múltiplos Poderes do Oceano de Mercúrio*. Nele, são descritos não apenas

> *os poderes de diferentes substâncias na transmutação de metais comuns, como o chumbo e o cobre, em prata e ouro, mas também [receitas para] cura de doenças, prevenção da decadência, rejuvenescimento, juventude e beleza perenes, força imensa, potência sexual, visão sobrenatural, invisibilidade, imortalidade material, levitação e capacidade de voar e observar à vontade os "três mundos".*[6]

Os alquimistas indianos usavam técnicas da yoga, desenvolvidas por Patanjali no século III a.C. Antes de Patanjali, a yoga foi, durante mil anos pelo menos, uma tradição mística. Embora Patanjali não tenha inventado a yoga, suas *Yoga-sutras* transformaram essa tradição mística numa doutrina filosófica prática e viva.

Considerando a Tantra yoga como a religião mais antiga da Índia, seus seguidores combinaram esses aspectos místicos e práticos e deram origem a uma prática única para aperfeiçoar a consciência física e psíquica. É difícil precisar a origem da Tantra yoga, pois os fanáticos hindus destruíram muitos de seus textos. Enquanto a yoga em geral procura unir "o interior e o exterior, o microcosmo e o macrocosmo — Tantra é a prática de realizar essa união, de expandir o *self* para abraçar o *Self* Universal".[7]

Juntando as forças de Shiva e Shakti, o iniciado atinge esse estado divino de consciência. A prática é um *opus* alquímico que ocorre totalmente no corpo humano. Os textos tântricos do século X d.C. descrevem passagens esotéricas muito semelhantes ao trabalho dos alquimistas em laboratórios físicos. "Embora pretensamente interessada na transmutação de metais comuns em ouro", escreve Benjamin Walker, "... essa alquimia [Tantra] ocorre na verdade dentro do próprio corpo. Trata-se de uma destilação hermética da substância bruta dentro de cada um, começando pelos fluidos corporais com a ajuda de instrumentos e utensílios supridos pelo próprio corpo, até chegar à quintessência sutil que revigora a estrutura física, faz o corpo crescer, ativa as faculdades sobrenaturais e põe a pessoa em comunicação com qualquer entidade do universo."[8]

Outra grande contribuição da alquimia indiana foi o desenvolvimento da Ayurveda, talvez um dos primeiros sistemas organizados de medicina holística. Aqui também os cinco elementos são usados para construir um intrincado sistema de cura. Na Ayurveda, cada um dos cinco elementos gera o mundo manifesto. O espaço gera o ar; o ar, o fogo; o fogo, a água; a água, a forma sólida. Da forma sólida vem a terra, que leva então ao crescimento das plantas. Das plantas vêm as sementes e o alimento do qual vem o ser vivo. Mais adiante neste livro, vamos usar essa cosmologia como base para compreender que a psicologia também se desenvolveu a partir dos elementos.

A alquimia árabe

A tradição alquímica mais conhecida pelos ocidentais veio por meio do mundo islâmico e de influências judaicas. A alquimia era praticada na Síria, na Pérsia e no Iraque desde meados do século VIII. Dessa época até o final do século XV, os mouros islâmicos ocuparam a Espanha, trazendo com eles as obras de Jabir ibn Hayyan, um dos maiores alquimistas do mundo.

Jabir é conhecido no Ocidente como Geber, o maior alquimista árabe, pai da alquimia européia e islâmica. Um grande mistério cerca o seu nome e, como no caso de muitos alquimistas anteriores, é difícil comprovar a autenticidade de seus escritos e interpretar sua linguagem. Nessa época circulavam pela Europa tantas traduções de sua obra que o nome do autor e de seus textos acabaram sendo deturpados e dando origem a uma palavra inglesa que significa conversa boba: *gibberish*.

A obra de Jabir, no entanto, nada tem de conversa boba. Seu nome vem da palavra árabe *gharbala*, que significa "separar o fino do grosso",[9] uma expressão apropriada para descrever o cerne do trabalho alquímico. Seus escritos representam o melhor da tradição alquímica, uma mistura vibrante de química e filosofia religiosa. Jabir era especialmente conhecido por seus elixires terapêuticos, que lembram as antigas práticas de cura alquímica dos chineses.

Jabir se interessava também por numerologia, um tema que reflete sua formação sufi e estabelece um paralelo importante com a antiga escola pitagórica. A numerologia foi uma das poucas ciências ocultas que sobreviveu à transição da magia para a ciência, ocorrida ao longo desses cinco séculos.

Os números, na alquimia de Jabir, são expressões sagradas de verdades universais. Como muitos outros alquimistas que vieram depois, Jabir praticava uma forma mística de judaísmo conhecida como Cabala. O conceito de unidade tem uma de suas melhores expressões na Cabala. A numerologia, ou gematria, é uma chave importante para destrancar os mistérios da cosmologia cabalística. Segundo o Rabino David Cooper, a Cabala "inclui todas as dimensões possíveis da criação, anjos, demônios, pensamentos, sentimentos, passado, futuro, esta encarnação e todas as outras".[10]

A gematria era um método usado pelos cabalistas para descobrir o significado latente de cada letra do alfabeto hebreu. Usando números para representar cada letra, as palavras expressariam significados mais profundos e complexos. O número dez, por exemplo, representa *yod*, a décima letra desse alfabeto; e *hey*, a quinta. Essas são as primeiras duas letras a formar o nome que davam a Deus, *yod-hey-vav-hey* ou, na linguagem da gematria, *tetragrammaton*. Não estamos acostumados a ver o significado mais profundo, espiritual e místico, das letras e dos números mas, para os alquimistas e cabalistas, eles constituíam um rico vocabulário de simbolismo. Citando o Rabino Eliezer, Cooper expressa o poder atribuído a palavras sagradas como *tetragrammaton*. "Deus diz, 'Se seguires meus caminhos, meu nome estará convosco; mas, se não seguires, levarei meu nome e vós vos transformareis em fogo.'"[11] Quando se conhece deus, o fogo pode ser usado criativamente na fabricação do ouro — a essência viva do fogo —, mas na ausência de deus, o fogo, como as chamas do inferno, é perigoso e potencialmente destrutivo.

Usando a gematria e outros métodos alquímicos, Jabir procurou atingir a unidade e um equilíbrio perfeito entre as coisas. Ele resumiu sua obra numa única receita:

> Uma é a pedra, um o remédio, e aí reside toda a magistralidade.[12]

Jabir praticava também uma forma mística de Islamismo conhecida como Sufismo. Por meio da dança, da meditação e da prece, os sufis buscam a união extática com Deus. Como os praticantes do Islamismo, eles procuram "libertar a mente, para que ela não dependa mais da aparência física, prepará-la para a viagem ao domínio inteligível e para uma visão e uma experiência da Unidade".[13] O símbolo usado pelos sufis para representar essa união extática é o coração alado. É esse impulso que dá origem ao estado de consciência dourada que transcende a experiência psicológica normal. Neste livro, esse estado exaltado será chamado de *Self* Divino.

A pedra filosofal pode ser visualizada de várias maneiras. Para os sufis, ela se manifesta na dança rodopiante dos dervixes. Assistir a essa dança é como ver poesia em movimento. Os dançarinos rodopiam no sentido horário com a atenção totalmente voltada para o eixo central do seu ser, que liga a terra e o céu. No século XV, Rumi, místico sufi, fundou a ordem que criou essa dança extática. Ao lado das *Mil e Uma Noites*, que liam para mim quando eu era criança, tenho um lugar no coração (alquímico) para Rumi. Suas palavras dão à alquimia uma voz que ressoa com beleza magnífica.

As tradições árabes, islâmicas e judaicas proporcionaram à alquimia um conduto que a levou do Velho Mundo até a Europa. Elas não só levaram com ela inúmeras teorias e práticas acerca da transmutação de metais, como também acrescentaram dança e poesia à nossa expansível definição de alquimia.

A alquimia européia

A alquimia floresceu por toda a Europa entre os séculos VIII e X. Muitos livros foram escritos sobre alquimistas famosos que desenvolveram a alquimia e fizeram enormes contribuições à ciência e à medicina durante esses oito séculos. Agora, vou apenas mencionar seus nomes e, ao longo do livro, farei referência a algumas de suas idéias. A maior parte das receitas que vamos estudar no capítulo 8 é atribuída a alquimistas europeus como Robert Flood, Michael Maier, Heinrich Khunrath, Thomas Norton, Albertus Magus e Basil Valentine. No final deste livro, eu acrescentei uma lista de fontes de informações sobre as receitas que vamos estudar. Recomendo também, ao leitor interessado, o excelente livro de Arthur Waite, *Alchemists through the Ages*, que traz esplêndidas biografias dos principais praticantes da Arte. (De acordo com a tradição, eu muitas vezes me refiro à alquimia como a Obra ou a Arte.)

A Idade Média é um período explosivo, em que a consciência humana saiu da Idade das Trevas e começou a construir os fundamentos da vida moderna. À medida que a ciência moderna emergia de antigas tradições mágicas, uma nova era de invenção e inovação conquistava a mente dos principais cientistas do mundo. Para alguns, os avanços da química e da física proporcionariam os meios físicos para pôr em prática algumas das mais antigas teorias dos alquimistas. Para outros, a ciência moderna era o prenúncio da morte da alquimia. À medida que a ciência transferia sua base metodológica do argumento para a observação e daí para o experimento, ela perdia contato com o mundo sagrado, tão importante para a alquimia. Um dos melhores exemplos dessa transição é encontrado na vida de Isaac Newton.

Newton foi uma alma torturada, um gênio, um alquimista e o "último dos feiticeiros". Sua vida é um microcosmo da alma alquímica e um macrocosmo da mente científica. Uma análise, mesmo superficial, de sua obra revela que todas as suas descobertas revolucionárias resultaram de infindáveis experiências alquímicas. Seu trabalho em óptica, gravitação e movimento celeste era movido pelas suas profundas convicções espirituais e pelas suas crenças alquímicas. A capacidade de Newton de traduzir os sombrios segredos da alquimia para experimentos repetíveis e verificáveis, marcou o início de um paradigma de consciência pertencente a um Novo Mundo. Segundo um de seus biógrafos, "se fosse possível precisar o início da era científica moderna num determinado momento e num determinado lugar... seria em 27 de abril de 1676, na Royal Society", quando Newton transformou uma "hipótese numa teoria demonstrável".[14] Essa data passaria para a história como o momento que separa dois grandes mundos.

Se houvesse psicólogos no final do século XVII, Newton seria considerado um homem profundamente neurótico e, às vezes, sem nenhum contato com a realidade. Mas suas assombrosas realizações mostram que havia método nessa loucura. Além de suas descobertas revolucionárias, ele tinha admiração e curiosidade insaciável pelo mundo, característica comum a muitos alquimistas.

No artigo "Newton, the Man", o matemático John Maynard Keynes descreve a fonte da curiosidade insaciável de Newton, uma qualidade que certamente deveríamos imitar:

> *[Newton] via o universo inteiro e tudo o que existe nele como uma charada, um segredo que podia ser interpretado aplicando-se o pensamento puro a certas evidências, a certos indícios místicos que Deus tinha deixado pelo mundo para possibilitar uma espécie de caça ao tesouro filosofal à fraternidade esotérica.*[15]

Vemos uma paixão semelhante pelo paradoxo no último trabalho de Einstein, que queria "conhecer a mente de Deus", no físico Niels Bohr, que acrescentou teorias à física quântica, e no físico teórico que atualmente ocupa a Cadeira de Newton em Cambridge, Stephen Hawking. Ao lado desses alquimistas modernos, temos os trabalhos pioneiros de Sigmund Freud e de Carl Jung, no campo da psicologia. Esses aventureiros da matéria e da mente mantêm viva a magia da alquimia. Parece que, mais do que descobrir novos mundos, eles os inventam.

A alquimia norte-americana

Embora não haja muitos laboratórios alquímicos em funcionamento hoje em dia, o legado da alquimia está presente nas grandes instituições do mundo. Talvez mais do que outros países, os Estados Unidos procuram trazer alguns dos princípios alquímicos mais importantes à vida de seu povo.

Os fundadores dessa grande nação trouxeram com eles uma tradição alquímica imersa em séculos de história européia. Seu individualismo e seu caráter pioneiro tornaram-se parte da psique norte-americana. Entre esses fundadores, os mais iluminados buscavam uma visão que garantisse a sobrevivência e a prosperidade espiritual da nova nação. Não é preciso procurar muito para encontrar indícios da alquimia em seu trabalho.

A idéia de um país que garanta as liberdades e os direitos humanos individuais, onde um é todos e todos são um, está na Constituição dos Estados Unidos. A bandeira e o brasão dos Estados Unidos exibem muitos dos antigos símbolos alquímicos. Diversidade, tolerância pelas diferenças e respeito pelo individualismo no interior da sociedade coletiva são al-

> Examine o lado de trás de uma nota de um dólar. Observe a pirâmide adornada por um único olho aberto, cercado pelas palavras latinas *Annuit Coeptis* ("Ele [Deus] formou nossa compreensão"). Abaixo da pirâmide está a inscrição *Novos Ordo Seclorum* ("nova ordem das eras"). Segundo o historiador Manly P. Hall, essa pirâmide representa a construção da sociedade humana, que ainda não chegou ao fim. É a pirâmide de Gizé que, segundo uma crença egípcia, seria a tumba de Hermes Trismegisto. Usando a gematria, Hall interpretou as setenta e duas pedras que formam a pirâmide como outro nome hebraico de Deus. O olho que tudo vê enfatiza ainda mais a sabedoria universal, necessária para uma sociedade iluminada.

guns dos ingredientes que entraram nesse cadinho. Mesmo depois de duzentos anos, porém, resta ver se esse grande experimento alquímico vai dar certo.

Há um outro lugar onde a alquimia continua a florescer nos dias de hoje. Se Jung está correto e a psique humana encerra toda a história da civilização, então o que descrevi neste capítulo continua vivo na mente e no coração de todas as pessoas. Em outras palavras, há um pouco do ouro alquímico em cada um de nós. Não é preciso procurar muito para ver a alquimia agindo em nossa experiência pessoal. A psique é formada pelas grandes mitologias do Egito e da Grécia, pela filosofia da China e pela compreensão mística das nações árabes, sem falar das contribuições dos físicos e alquimistas europeus.

Eu acredito que o *opus* alquímico que nos foi legado representa uma filosofia perene, que continuamos a desenvolver e a usar. A alquimia é uma tradição de sabedoria conhecida, em épocas passadas, como Ciência Hermética e, hoje, como Ciência da Mente.

RUMO A UMA DEFINIÇÃO

Este breve exame do mundo da alquimia torna evidente, acredito eu, que a alquimia é muito mais do que a mera transformação de chumbo em ouro. Vamos nos limitar ao estudo da alquimia psicológica, mas é preciso ter em mente que toda contribuição feita por alquimistas do mundo inteiro acrescenta alguma coisa especial ao espírito do trabalho. No livro *Alchemy*, a historiadora Cherry Gilchrist faz esta importante observação:

> A alquimia oficial é uma disciplina que envolve trabalho físico, psicológico e espiritual. Se qualquer um desses elementos for retirado do contexto para representar sozinho a tradição alquímica, a totalidade e o verdadeiro espírito da alquimia estarão perdidos.[16]

A alquimia é a única das três ciências ocultas básicas (as outras são a astrologia e a Cabala) que lida diretamente com a transmutação da matéria. Como vimos, ela é, para alguns, uma arte e, para outros, uma ciência sagrada. Há também quem a considere magia negra, superstição ou curiosidade extravagante da ciência. Este breve exame do rico contexto histórico da alquimia nos revela que ela envolve elaboradas disciplinas físicas, psicológicas e espirituais. Para nós, a alquimia vai tomar um curso decididamente psicológico, que enfatiza a mudança psicológica por meio do uso de algumas receitas alquímicas muito antigas.

A alquimia é o arquétipo da mudança, cujas energias perpetuam tudo o que é consciente e inconsciente, miniatura e macroscópico, espiritual e físico, para seguir um curso evolutivo acelerado por meios artificiais, até uma forma superior e total.

A prática pessoal da alquimia não exige filiação a nenhuma tradição, mas requer a aceitação de que a natureza pode ser sinteticamente (de síntese) alterada pelo uso de meios físicos e mentais. A alquimia consiste em usar os poderes da mente para modificar a matéria e o próprio tecido da realidade.

AS CARACTERÍSTICAS ESSENCIAIS DA ALQUIMIA

1. Animismo

Central para toda a alquimia é o conceito de que tudo está vivo. Muitos termos poderiam ser usados para representar essa pedra fundamental das artes alquímicas. Eu uso a palavra "animismo" porque ela sugere a presença de "uma única consciência, [que] permeia o ser e todas as coisas, conhecida como Deus, *Anima Mundi*, Mente Universal, Grande Espírito, a alma do mundo".[17] *Anima mundi* significa alma do mundo. Ela anima toda a matéria e traz o mundo à vida.

Essa energia arquetípica insufla na matéria, do menor dos pedregulhos à mais complexa das criaturas, algum grau de consciência. Portanto, é axiomático que toda a vida seja sagrada. E como não poderia ser? Se valorizamos tudo, então tudo o que temos é precioso. Nenhuma coisa é mais importante do que a outra: só a forma difere. A Mãe natureza, assim como a Justiça, é cega às diferenças e, na verdade, preza a diversidade. Não existe preconceito ou julgamento que torne uma flor mais bonita do que a outra, um animal mais merecedor do que o outro. Toda a vida é igualmente preciosa.

Imagine que tudo tenha alma ou seja parte de uma alma gigante. Essa atitude inspira uma reverência pela vida e expande a Regra de Ouro para incluir o respeito por todas as pessoas, plantas, animais e até minerais.

A ciência contemporânea está empenhada em *provar* o que os alquimistas intuíam sobre a unidade do cosmos. Com métodos modernos para mostrar com imagens as operações do cérebro vivo, os cientistas estão descobrindo provas de que a experiência de deus pode ser verificada no âmbito físico. Ao mesmo tempo, mudanças importantes estão acontecendo no nível coletivo, no qual um conceito totalmente abrangente de terra ganha importância em nível global. Na minha visão, tais avanços provam que as observações e intuições do alquimista com respeito à natureza são extremamente precisas. Seja através das lentes da ciência ou da imaginação alquímica, a *Anima Mundi* nos ensina que o mundo é um lugar sagrado para todas as criaturas vivas.

2. Unidade

O segundo elemento comum a toda a alquimia é a ênfase dada à unidade. Existem muitas maneiras diferentes de se abordar o trabalho alquímico e até mesmo discordâncias quanto aos métodos, mas, no final das contas, é preciso que todas as partes díspares sejam levadas a uma união harmoniosa. Essa exigência se apóia numa premissa: toda a vida está interligada; ela é um sistema em que cada parte depende, até certo ponto, de todas as outras partes. Isso é uma coisa que estamos começando a aprender em ciência. A teoria do caos, por exemplo, afirma que até o bater de asas de uma borboleta contribui, ainda que de maneira infinitesimalmente pequena, para o surgimento de um furacão. Isso parece impossível e, a não ser para os físicos, algo quase incompreensível. Mas quem já não passou por uma experiência incomum, quando as circunstâncias mais improváveis se aglutinam, desafiando qualquer explicação racional e ordenando fragmentos de vida sem relação entre si?

> Procure o padrão que liga você a tudo o que há na sua vida, no mundo, na galáxia. Comece meditando sobre as estrelas numa noite escura e quente de verão. Pondere simplesmente a imensa rede do universo, de que você é um elemento vital.

3. Além do Tempo, do Espaço e da Razão

Como os alquimistas não dividem o mundo da matéria em categorias científicas, como tempo e espaço, fenômenos transpessoais costumam ocorrer na experiência alquímica.

Jung estudou a ocorrência de acontecimentos sem causa identificável, mas que tinham o curioso efeito de ligar as circunstâncias de maneira significativa. Ele chamou esse estranho fenômeno de sincronicidade.

A sincronicidade é um princípio não-causal que descreve a "coincidência, no tempo, de dois ou vários acontecimentos não-relacionados, de significado igual ou semelhante".[18] "Sua 'inexplicabilidade' não se deve ao fato de ignorarmos a sua causa, mas ao fato de que o nosso intelecto é incapaz de pensá-la."[19] Há muitos exemplos de sincronicidade na vida de Jung, na física e em minha própria vida. Jung observou que acontecimentos parapsicológicos como a sincronicidade não são incomuns na psicoterapia. Até ele ficou perplexo quando um besouro entrou com espalhafato pela janela do consultório bem quando ele estava interpretando o significado de tal criatura no sonho de uma paciente. A resistência dela à interpretação se dissolveu instantaneamente com a entrada do besouro. Somou-se ao inusitado da situação o fato de aquela espécie de besouro não ser natural de Zurique. A estrutura do corpo do besouro lembrou a Jung o escaravelho egípcio e o mito sobre sua morte e renascimento, que ele conhecia muito bem. A sincronicidade entre o sonho da paciente e a chegada do besouro não tinha explicação intelectual, mas no contexto do trabalho com o inconsciente, ajudou imensamente.

Na minha vida, descobri que os acontecimentos sincrônicos ocorrem, em geral, quando estou às voltas com uma situação não-resolvida, de grande carga emocional. Por exemplo, aos dezenove anos eu tive meu primeiro relacionamento de verdade com uma mulher. Jovem e inexperiente, eu logo me apaixonei profundamente pela jovem. Mas tudo terminou abruptamente e eu fiquei de coração partido. Fiz força para tocar a vida, mas meu inconsciente deve ter ficado remoendo o fato por muito tempo. Mudei de Nova York para a Califórnia, tive vários relacionamentos com outras mulheres mas, aparentemente, aquela ferida não tinha se fechado.

Sete anos depois, voltei pela primeira vez a Nova York para uma visita de uma semana. Nunca vou esquecer do instante em que saí de uma galeria de arte na Rua Cinqüenta e Sete Oeste. Quando as portas do elevador se abriram, eu dei de cara com minha antiga namorada. Ela ficou tão surpresa quanto eu. Trocamos algumas palavras nervosas mas logo sentimos que aquela era uma coincidência significativa. Continuando a conversa, ficou claro que tínhamos amadurecido e éramos, agora, capazes de ter uma visão melhor da situação. A noite terminou com um convite para a ópera: ela tinha as entradas, mas ninguém para acompanhá-la. Aceitei o convite, percebendo que esse encontro sincrônico levaria o relacionamento do passado a um final tranqüilo. Desde então nós nos tornamos amigos e continuamos a gostar da companhia um do outro.

> Considere os acontecimentos sincrônicos que ocorreram em sua vida. Não os descarte como se fossem meros acidentes. Agora, imagine que você pode fazer com que eles aconteçam quando você quiser. Tais ocorrências não são incomuns na prática da alquimia psicológica.

4. Transformação

O quarto elemento comum é a natureza progressiva da transformação de materiais aparentemente sem valor em materiais preciosos. O trabalho da alquimia sempre começa com a *prima materia*: aquilo que o alquimista escolhe como a matéria inicial, básica, do experimento. Em que consiste exatamente a *prima materia,* eis um dos maiores mistérios da alquimia. Ela é chamada de pedra rejeitada, ouro vulgar ou de algo repugnante que só se encontra num monte de esterco.

A *prima materia* não é necessariamente uma coisa física. Assim, não é no jardim, no laboratório, na igreja ou no templo que você vai encontrar a *prima materia* usada na alquimia pessoal. Um bom lugar para começar a procurar é na confusão, na crise, nos sonhos desfeitos, nos piores pesadelos, nos desastres — todas essas experiências horríveis que são associadas aos aspectos sombrios da vida. É então que somos mais vulneráveis e mais capazes de reunir a coragem necessária para fazer mudanças drásticas.

> A palavra chinesa para "crise" tem uma raiz que significa "oportunidade". A *prima materia* parece, em geral, negra e repulsiva, mas trabalhar com ela usando as operações descritas ao longo deste livro revelará o ouro que ela esconde.

5. Facilitação

Ao longo da história da alquimia, muitos visionários defenderam teorias não-ortodoxas arriscando, assim, a própria vida. Essa coragem, refletida em seus escritos, animou os praticantes a usar a Arte para transcender os limites comuns impostos pela natureza. Dois dos maiores documentos alquímicos, a *Tábua Esmeraldina*[20] e o *Corpus Hermeticum*[21], este último do século III, afirmam que meros mortais podem realizar a obra da criação por meio da "adaptação". A *Tábua Esmeraldina*, atribuída ao mítico Hermes Trismegisto, descreve "adaptações maravilhosas", que resultam da aplicação de suas receitas à mente e à matéria. *Adaptação* significa suspender a visão objetiva da realidade e alterar a mente para que ela fique de acordo com os poderes do céu e da terra. Ao executar essas operações, a função do adepto é se juntar à natureza para *facilitar o curso das coisas.*

Estamos, então, imitando o criador, atuando como co-criadores para apressar o ritmo em que as coisas evoluem. As palavras do *Corpus Hermeticum* nos incitam à ousadia no trabalho, ao uso da imaginação extraordinária (sobrenatural) e, o que é mais importante, a trabalhar com o coração.

> Quem não se faz igual a Deus não percebe Deus, pois o igual é conhecido pelo igual. Salte, livre de tudo o que é físico, e cresça, tão vasto quanto essa imensurável vastidão. Vá além do tempo e se torne eterno.[22]

Segundo os alquimistas, eles eram guiados pela Natureza e, ao mesmo tempo, a ajudavam. Atendo-nos à crença de que toda a matéria (incluindo o ser humano) é consciência materializada, percebemos que é absurdo pensar que podemos estar fora ou acima da Natureza, controlando-a. Ao contrário do mágico, o alquimista trabalha com a natureza, adaptando sua mente para que ela se junte aos elementos com intenção concentrada e propósito deliberado. Nós imitamos a natureza, mas também damos nossa contribuição individual. Com isso, o ritmo em que as coisas normalmente mudam é acelerado.

> A alquimia é crivada de paradoxos. Em vez de tentar resolver a confusão por meios racionais, tenha o paradoxo em mente e use os poderes da imaginação.

6. Criação de uma Vida Nova

A sexta característica comum a toda a alquimia é acreditar na possibilidade de que novas formas de criação surjam por meio da intervenção humana. Isso está um passo além da adaptação. Depois de conhecer um pouco os segredos da natureza, é possível criar novas formas de vida. Para evitar a arrogância indiscriminada que poderia facilmente acompanhar ambições exacerbadas como essas, é preciso ter em mente que somos parte da Natureza e, sob pena de nos tornar neuróticos, não podemos nos separar dela. Por mais poder que possamos adquirir, a Natureza sempre acaba levando a melhor. Como diz o alquimista persa Ostane: "A Natureza se compraz na natureza, a natureza triunfa sobre a natureza, a natureza domina a natureza."[23]

Um dos exemplos mais comuns de alquimia biológica é o nascimento de uma criança. Da interação física e emocional entre duas pessoas, nasce a criança. Ela terá alguns traços da mãe e alguns traços do pai. Desde que os pais sejam saudáveis, o bebê nasce com relativa facilidade. Com a medicina de hoje, mesmo quando há problemas físicos, muito pode ser feito para assistir artificialmente o processo reprodutivo. Mas a medicina pretende ir muito além da simples assistência e criar crianças a partir do DNA de uma única pessoa.

Parece que nossos impulsos alquímicos estão nos levando a territórios inexplorados. Como já vimos animais clonados nascidos de experimentos de laboratório, é quase certo que a clonagem humana ocorra ainda na nossa época. A alquimia, faço votos, dará sua contribuição, desenvolvendo métodos para instilar nesse primeiro humanóide, o novo Adão,[24] uma alma capaz de amar.

> Que tipo de vida você imagina que criaria se aplicasse essas características em si mesmo? Sugiro que, nela, toda a vida seja respeitada, necessária, dinâmica e misteriosa. Pergunte a si mesmo se concorda com esta maneira alquímica de ver a vida:
>
> - Eu acredito que tudo na vida é uma parte essencial da criação como um todo?
> - Eu acredito que tudo, por mais caótico, simples ou complexo que seja, é parte do que eu preciso para trazer a harmonia à minha vida?
> - Eu acredito que tudo se transforma, a despeito de retrocessos temporários, em expressões ainda mais aprimoradas da natureza?
> - Eu acredito que tudo guarda um mistério que eu quero conhecer? E a mais importante das perguntas:
> - Eu acredito que posso adaptar minha vida a essas crenças e esperar resultados vivos e palpáveis?

Esses são os princípios subjacentes à alquimia. As afirmações que você faz são ingredientes ativos que dão às receitas o poder de transformar chumbo em ouro.

Capítulo 2

A Arte Real de Viver de Modo Consciente

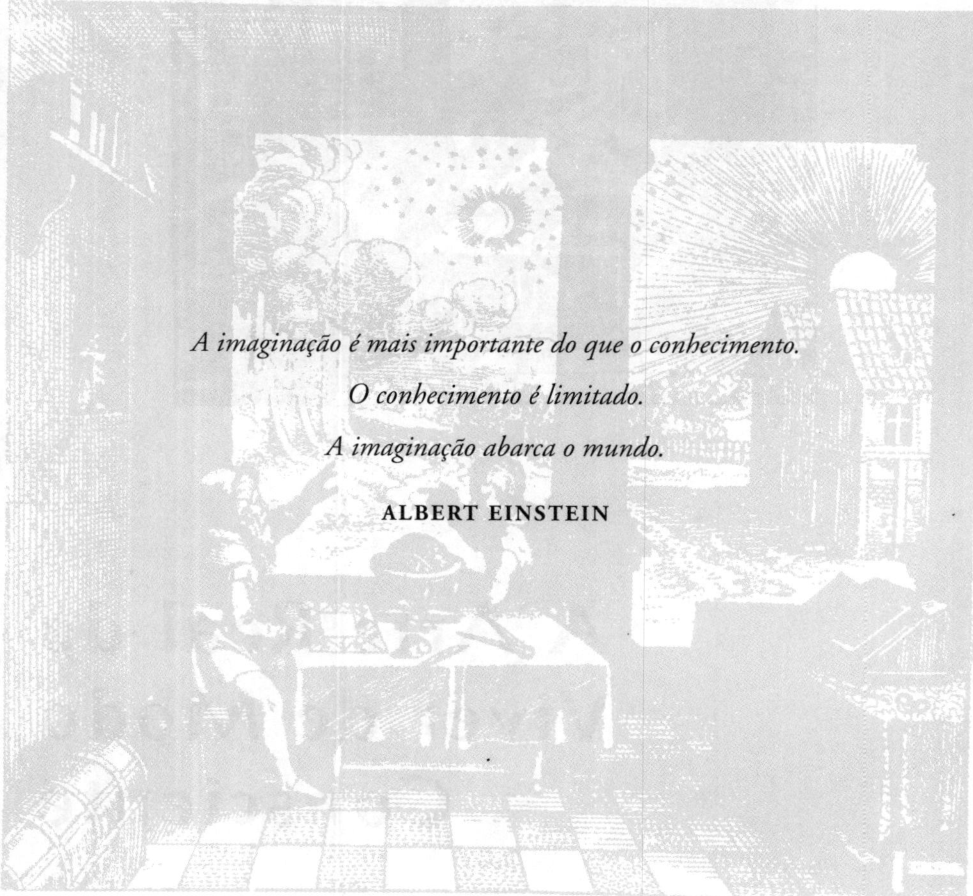

A imaginação é mais importante do que o conhecimento.

O conhecimento é limitado.

A imaginação abarca o mundo.

ALBERT EINSTEIN

A INDIVIDUAÇÃO DA CONSCIÊNCIA

A alquimia foi trazida ao mundo moderno pelo psiquiatra suíço Carl Gustav Jung. Como lhe aconteceu várias vezes, a alquimia veio até ele por meio de um sonho. Embora já fosse um reputado teórico muito antes de iniciar seus estudos alquímicos, Jung ainda buscava uma teoria que abarcasse todo o escopo de sua visão. A alquimia se tornaria seu *magnum opus*. O interesse inicial de Jung pela alquimia veio de uma imagem especial que lhe ocorreu num sonho, em 1926. Nesse sonho, ele viu uma parte fechada de sua casa, onde havia pilhas de livros medievais escritos numa linguagem obscura.[1]

Jung levava seus sonhos a sério. Ele os escrevia e passava muitas horas interpretando seu significado. Assim, ele percebeu que esses livros representavam a obra de alquimistas medievais, escritos em linguagem simbólica misteriosa. "Finalmente," escreve ele em suas memórias, "percebi que os alquimistas falavam por meio de símbolos."[2] Como resultado dessa "momentosa descoberta",[3] ele passou quase seis anos traduzindo textos alquímicos e elaborando uma teoria baseada em princípios deles extraídos. Esses livros, vistos pela primeira vez em sonho, enchiam agora as prateleiras de sua casa em Zurique.

Numa carta escrita em 1946, ele descreveu outro sonho auspicioso, que destaca a verdadeira meta/ouro da alquimia pessoal. Ele escreve:

> Ontem tive um sonho maravilhoso: um diamante azulado, como uma estrela lá no alto do céu, refletido numa calma lagoa redonda — céu em cima, céu embaixo. A *imago Dei* na escuridão da terra, isso sou eu.[4]

Esse sonho não expressa apenas o extraordinário estado mental que Jung atingiu durante a vida, mas articula seus pensamentos sobre a alquimia como um modelo psicológico da mente. Assim como os alquimistas acreditavam que todos os metais amadurecem ao longo do tempo, transformando-se em ouro, Jung sentia que as pessoas se desenvolviam, passando de um estado relativamente inconsciente para outro mais aprimorado e perfeito. Ele chamava esse desenvolvimento alquímico da consciência de processo de individuação. Jung acreditava que cada um de nós pode usar esse processo para compreender sua verdadeira natureza interior e, com isso, desenvolver extraordinários poderes psicológicos.

Individuação é o processo que nos dá a possibilidade de nos destacar de grupos coletivos (família, estado, país) para desenvolver nossa identidade pessoal, individual. Incluídas nesse processo estão tarefas cruciais; algumas delas serão discutidas, ainda neste capítulo, do ponto de vista psicológico e outras serão examinadas do ponto de vista alquímico, nos capítulos seguintes.

Enquanto eu escrevia este livro, tive um sonho incomum, sem imagens. Havia apenas uma voz que dizia claramente: "Para que o céu exista na terra, vocês têm que andar como deuses." Quando acordei, associei imediatamente a mensagem do sonho às palavras do pai-nosso: "Seja feita a vossa vontade, assim na terra como no céu." Na minha imaginação, supus que a voz do sonho fosse Deus me dando instruções sobre como atingir o céu na terra. Mas o que fazer para andar como um deus e ver, como Jung, a imagem de deus na "escuridão da terra" e em mim mesmo?

A criação que tive na infância respondeu de imediato à pergunta com a invectiva: "seja bom". Essa crença cristã foi posta à prova quando enfrentei os desafios do processo de individuação. Somou-se a ela a experiência de viajar pelo mundo aprendendo diferentes maneiras de ver a vida. Eu aprendi especialmente, com os ensinamentos orientais, a enxergar por meio do véu da ilusão, Maya, e buscar a unidade do ser. Dessa perspectiva mais ampla, a noção de bem e mal parece ter menos significado. Ao inspecionar minhas crenças, senti que algumas combinavam entre si e que outras estavam em conflito. No entanto, de uma coisa eu tinha certeza: o processo tinha começado e não tinha volta.

No mundo imediato de todos os dias, eu enfrentava as provações e atribulações que todos enfrentam. Andar como um deus deve significar, portanto, ter um comportamento íntegro e conduzir minhas questões do mesmo modo. Tenho que me empenhar para ficar consciente de tudo o que sou e de tudo o que faço, procurando, por todos os meios, estabelecer uma relação com meu inconsciente para compreender sua linguagem misteriosa. Esse exame de mim mesmo tornou-se um desafio terrível e gratificante. Em retrospecto, eu compreendi que o trabalho de individuação exige que eu examine, aperfeiçoe e integre todas as minhas partes, e não apenas as boas, num todo harmonioso.

> "Individuação significa nos tornar um 'indivíduo' e, na medida em que a 'individualidade' abrange nossa singularidade interior derradeira e incomparável, nós nos tornamos nosso próprio *self*. Poderíamos, então, traduzir individuação por 'chegar ao *self*' ou 'realização do *self*'."[5]

O modelo de individuação de Jung me forneceu os meios para revelar a consciência de ouro que repousa no fundo da minha consciência inerte, de chumbo. O esforço para transformar esse chumbo inconsciente em ouro dá à minha vida propósito e direção. Considero esse processo uma dádiva sagrada. Meu sonho descreve como trilhar o caminho de ouro.

A individuação não é uma escolha, mas algo que nos acontece, estejamos ou não preparados. Para os que aceitam com prazer o impulso da psique rumo a um desenvolvimento maior, a estrada pode não ser fácil, mas será por certo mais gratificante do que continuar no caminho inconsciente. Alguns pacientes meus, com fortunas estimadas em milhões de dólares, têm a alma empobrecida. A falência psicológica é desconcertante e é preciso muito esforço para corrigi-la. Ocorre-me um exemplo dessa horrível situação.

Há alguns anos, tratei um psicólogo que passava por dificuldades no casamento. Eu sei que ele procurou a minha ajuda devido ao fracasso no casamento e, além disso, eu só me lembro de sua obsessão por dinheiro. Tudo, inclusive seu casamento, girava em torno do dinheiro. Isso me perturbou: já que ele ganhava a vida ajudando os outros, era de se esperar que desse mais valor às questões do coração. Mas ninguém está livre das tentações que surgem no caminho para a individuação.

Na terapia, ele se queixava dos problemas financeiros que estava enfrentando e só se referia de passagem aos problemas conjugais. Concentrado nas questões de dinheiro, ele não via que estas eram, na verdade, a barreira que o impedia de encontrar a felicidade com a mulher. Finalmente eu me cansei e, sem mais rodeios, lhe disse: "É só dinheiro!" Minhas palavras o atingiram como um raio. Era a coisa mais doida que ele já tinha ouvido, mas lhe ficou ecoando na cabeça. Com o tempo, conseguimos lidar com a verdadeira fonte de sua dor e trazer um pouco de cura ao que estava realmente errado em sua vida.

Com simpatia, eu chamo esse homem de "meu paciente Midas". Midas era o rei grego que transformava em ouro tudo o que tocava. Essa tinha sido a recompensa por ajudar Dionísio. Mas, será que era realmente um presente? Quando o pão que pretendia comer e a água que pretendia beber se transformaram em ouro, ele percebeu que tinha sido amaldiçoado. A ganância, e não o altruísmo, tinha sido o impulso por detrás do seu pedido. Os deuses vêem dentro de nós e nos recompensam de acordo com o que vêem.

Finalmente, o rei foi libertado do encantamento e passou a rejeitar a fortuna e o esplendor. Mas, infelizmente, Midas jamais conquistou o verdadeiro ouro — dar é uma recompensa por si mesma. No fim, Midas fugiu do seu reino e foi morar na floresta.

Midas, como o meu paciente, viu-se diante de um desafio na forma de um presente. Embora meu paciente tivesse ganho muito dinheiro, isso parecia mais uma maldição do que uma bênção. O dinheiro não lhe comprava tudo — e não o levava a um nível de consciência que lhe permitisse apreciar os valores mais profundos da vida. A cura que ele conseguiu com a terapia não foi suficiente. Na verdade, ele terminou a terapia agradecido, mas ciente do limite da própria capacidade de crescimento. Ele disse simplesmente: "Não sou tão profundo assim." Como Midas, ele se afastou do ouro material mas não descobriu o ouro verdadeiro. Sem ir mais fundo, não conseguimos reconciliar as contradições que habitam dentro de nós. Podemos, no máximo, nos proteger de ciladas sedutoras, mas temos que entrar em nossas profundezas para nos tornar totalmente vivos.

Gerhard Dorn, um alquimista do século XV, dizia a seus alunos: "de pedras mortas, transformem-se em pedras filosofais cheias de vida."[6] A isso, Jung acrescentaria: "Os alquimistas mais importantes não estavam interessados na manufatura do ouro comum, *aurum vulgi*, mas do *aurum nostrum*, o símbolo da alma iluminada."[7] Não há como fugir desse imperativo psíquico. A evolução flui através da natureza e da psique com força inexorável. Quando é detida, alarmes dolorosos disparam e só param quando a cura começa. Remédios para o corpo e terapia para a alma se fazem então necessários para restaurar a saúde.

A CURA E A IMAGINAÇÃO

A cura requer muita imaginação. Nenhum remédio funciona quando o paciente não tem fé no médico que o prescreve. A imaginação precisa abarcar os poderes contidos no médico, no remédio, na terapia, na natureza e na prece, elementos que têm um papel decisivo no processo de cura.

O tempo também tem que ser tratado com imaginação. Ele é um grande curador de males físicos mas, no caso de males psíquicos, dá-se o contrário. No trauma, esses males existem fora do tempo: para quem ficou traumatizado, o estupro, o divórcio, o acidente que ocorreram há vinte anos, parecem ter ocorrido ontem. A doença tem que ser concebida assim porque o tempo no inconsciente não é igual ao tempo comum dos relógios e calendários.

Há pouco tempo, tratei uma mulher de quarenta e poucos anos, recém-casada. Ela e o marido queriam ter um filho, mas todos os médicos que tinha consultado disseram que ela já tinha muita idade. Tinham lhe indicado tratamentos para a fertilidade mas, com essa idade, nem ela estava convencida de sua eficácia. Quando ela foi ao meu consultório pela primeira vez, perguntei-lhe o que tinha sonhado na noite anterior. Ela me contou que, no sonho, experimentava uma roupa depois da outra e depois olhava no espelho para ver a reação das pessoas. Conversamos sobre o significado do sonho e percebemos que ela tinha problemas com sua *persona*: ter um bebê lhe daria "o que todo mundo tem", uma condição de que ela precisava para receber aprovação.

Persona é aquela parte da personalidade que usamos assim como um ator usa uma máscara. É o rosto que mostramos ao mundo. Dependendo da situação, mudamos automaticamente a *persona*, em geral para nos pôr sob uma luz mais favorável. A *persona* vem acompanhada do texto do ator. Em outras palavras, as máscaras que usamos definem o papel que desempenhamos em cada situação. Conscientes da nossa *persona*, podemos usar essas máscaras e papéis a nosso favor. No caso dessa mulher, quando percebemos que ela não tinha contato algum com sua *persona*, eu compreendi qual era o problema. Ela não era velha demais. Ao contrário, psiquicamente, ela era jovem demais para ter um filho!

Ela ficou atordoada, irrompeu em lágrimas e me contou que eu tinha verbalizado o que, em seu coração, ela sabia que era verdade. Não é que a opinião dos médicos estivesse incorreta, mas a visão deles era estreita demais. Uma pessoa não é apenas uma realidade estatística e nem está restrita aos domínios das leis físicas. A alma tem que ser levada em conta e, se necessário, tratada com o mesmo cuidado dispensado ao corpo. Cérebro e mente não são conceitos intercambiáveis. As necessidades dessa mulher tinham mais relação com a idéia que ela fazia de si mesma do que com seus órgãos reprodutores.

Muitas vezes, Jung se refere à alquimia como um *opus contra naturum*, o que significa que ela atua para acelerar o processo de cura natural de modos não-naturais ou sintéticos.[8] À primeira vista, isso parece paradoxal. Trabalhando com essa paciente, usei o paradoxo para sacudi-la e apagar a imagem distorcida que tinha de si mesma. Ela não aceitava a opinião dos médicos porque ela estava em contradição com as mensagens de sua psique. O verdadeiro trabalho da psicoterapia era reconciliar as informações contraditórias do corpo e da alma. Esse é o verdadeiro trabalho alquímico. Enquanto seu corpo se recusava a produzir um filho, sua mente fervilhava com todos os tipos de possibilidade criativa. Mas para conseguir explorar essas possibilidades, ela tinha que se livrar da idéia de que só teria sucesso se gerasse um filho. Estávamos lidando, por um lado, com seus instintos físicos e sociais e, por outro, com seu desejo psíquico.

O objetivo do trabalho da alquimia é resolver os opostos e, nesse caso, havia um conflito entre o corpo e a alma. Essa mulher estava tentando conciliar necessidades opostas, uma com um componente físico e a outra com um componente psicológico. A única maneira de resolver o problema sem prejudicar nem o corpo e nem a mente era criar uma terceira opção, que transcendesse os opostos e oferecesse uma solução satisfatória. Se ela não tivesse procurado tratamento psicológico, o tempo por si só teria resolvido o problema. Fisicamente, ela perderia qualquer chance de ter um filho mas, como meu paciente Midas, perderia também a oportunidade de chegar à verdadeira fonte do dilema. Enquanto havia uma possibilidade de ter o filho, o problema era real e lhe oferecia oportunidades reais de crescimento. A psicoterapia, assim como a alquimia, é um método para facilitar o processo de cura tirando proveito do que a natureza oferece e acrescentando a isso métodos criativos de intervenção.

Os alquimistas, diante de problemas semelhantes, usavam métodos físicos em laboratório, mas usavam também métodos psicológicos. Durante quase toda a história da alquimia, a psicologia evidentemente não existia como disciplina formal. Mas ela está incrustada na filosofia e na teologia, tanto na teoria quanto na prática. No livro *Mysterium Coniunctionis*, Jung fala de uma prática medieval que parece mais psicológica do que religiosa. Ele cita a definição de Ruland para a meditação: "Nome de uma Conversa Interior de uma pessoa com outra que é invisível, como na evocação da Divindade, ou na comunhão consigo mesmo, ou com o anjo da guarda."[9]

Jung adaptou esse método para facilitar o processo de individuação. Ele o chamou de imaginação ativa. Nas palavras de Jung, é assim que funciona a imaginação ativa:

> Tome o inconsciente em um de seus humores irracionais, um afeto ou algo assim, e trabalhe com isso. Dê-lhe atenção especial, concentre-se nele e observe objetivamente suas alterações. Não poupe esforços para se dedicar a essa tarefa, acompanhe com atenção e cuidado as transformações subseqüentes da fantasia espontânea. Acima de tudo, não deixe que nada de fora, que não lhe pertença, a perturbe, pois a imagem-fantasia tem "tudo de que precisa". Assim, haverá a certeza de não interferir por capricho consciente e de dar carta branca ao inconsciente.[10]

Em outras passagens, Jung dá conselhos práticos para que se tire o máximo proveito desse método:

- não se deixe enredar na intriga ou no fascínio do seu "drama interior"
- escreva tudo
- seja um observador imparcial, mas um participante ativo
- mantenha um comentário contínuo

No caso da mulher que tinha problemas com sua *persona*, foram usados sonhos e imaginação ativa para revelar a fonte da dificuldade. Depois de várias sessões de diálogo ativo com o inconsciente, ela viu uma imagem de si mesma num grande navio. Quando lhe perguntei sobre sua posição no navio, o inconsciente respondeu de maneira decisiva. Ela riu ao me contar que tinha que ser o capitão do próprio navio. Continuando a trabalhar com sonhos e a praticar a imaginação ativa, ela acabou compreendendo que seu verdadeiro desejo era voltar a estudar e se tornar terapeuta.

> "Cada imaginação ativa... é uma experiência direta dos poderes espirituais da psique."[11]
> "A imaginação ativa... nos relaciona ao mundo além da psique, ao domínio espiritual e à realidade em que o divino reside."[12]

A prática da imaginação ativa ajuda a:

- suspender a realidade — não precisa haver um sentido lógico
- deixar que passe algum tempo antes de voltar e entender o que aconteceu
- perguntar a si mesmo como pôr em prática o que aprendeu com a imaginação ativa

- ser paciente — essa técnica é como qualquer outra: "a prática leva à perfeição"
- pedir ajuda a amigos e colegas dignos de confiança ou ao terapeuta quando estiver perplexo, confuso ou deixando de ver alguma coisa importante

UMA CONCLUSÃO

Jung não chegou a dizer que os alquimistas realmente transformavam metal com os poderes da mente, mas sua psicologia indica que ele de fato acreditava no enorme potencial da mente sobre a matéria. Em vez de se deter na suposta transmutação de metais de que falavam os alquimistas, ele encontrou um significado maior em sua psicologia. Percebeu que os alquimistas projetavam imagens inconscientes nas substâncias contidas nos frascos. A projeção é o processo inconsciente de irradiar imagens subjetivas sobre um objeto. Nesse processo, o objeto ganha atributos que pode não possuir fisicamente. Por exemplo, um alquimista poderia ver um redemoinho de cores sobre os fluidos oleosos contidos num frasco e dar o nome de "pavão" à mudança que, segundo acreditava, estava ocorrendo. Para ele, o arco-íris de cores representava o espectro completo da luz branca e devia, portanto, significar a imanência da totalidade.

Alguns afirmam que Jung não chegou ao ponto de dar crédito aos alquimistas. Morris Berman, em *The Reenchantment of the World*, observa que os seres humanos modernos, assim como Jung, "não conseguem conceber a relação entre tornar-se ouro e fazer ouro. O alquimista medieval, no entanto, aperfeiçoava-se com esse processo; a síntese do ouro era também a sua síntese".[13] Jung usou a alquimia como modelo para a sua teoria da individuação, mas não passou daí — por isso as críticas. Repetidas vezes, Jung diz que os alquimistas "não sabiam o que estavam fazendo", uma idéia acalentada por muitos e que eu espero modificar. Jung traçou uma linha clara entre transmutação de verdade e projeção. A pedra filosofal, dizia ele, é a "projeção do *self* unificado".[14] É óbvio que Jung deu mais valor à alquimia pela riqueza de dados inconscientes que ela lhe proporcionou, corroborando suas teorias, do que pela possibilidade de transmutar substâncias físicas.[15]

Esse processo inconsciente de projeção revelou a Jung muito mais sobre a psicologia dos alquimistas, do que os resultados efetivos de seus experimentos físicos. Rastreando as imagens projetadas até chegar à sua fonte, Jung descobriu muita coisa sobre a personalidade do adepto e a psicologia do inconsciente. Suas idéias sobre o desenvolvimento da personalidade — começando por uma massa indiferenciada e passando por vários níveis de aprimoramento — concordam perfeitamente com o simbolismo alquímico da transmutação da *prima materia* em pedra filosofal.

Para ver o mundo pelos olhos de um alquimista, temos que deixar de lado o julgamento racional e as concepções comuns da realidade, que geralmente interfe-

QUADRO 1: TERMOS ALQUÍMICOS E JUNGUIANOS

Termos alquímicos	Termos junguianos
Massa confusa	inconsciente não-realizado, caos natural
Prima materia	primeira ordem de consciência na personalidade
Pedra filosofal	realização consciente do Self
Sol	consciência masculina, animus
Rei	espírito
Luna (lua)	consciência feminina, anima
Rainha	alma
Sal	energia embasadora da alma
Enxofre	energia explosiva do espírito
Mercúrio	arquétipo do trapaceiro como agente integrador
Rebis (coisa dupla)	opostos indiferenciados
Hermafrodita	união inicial de opostos
Andrógino	integração de opostos
Nigredo, albedo, rubedo	estágios do processo de individuação
Quatro elementos	quatro funções psicológicas
Transmutação	transformação
Operador	terapeuta, indivíduo
Operações	diferenciação e integração
Meditação	Imaginação ativa

rem na eficácia da alquimia. "Nossos ancestrais", escreve Morris Berman, "construíam a realidade de um modo que normalmente produzia resultados verificáveis, e é por isso que a teoria da projeção, de Jung, não acerta o alvo."[16] De fato, Jung precisava de uma audiência receptiva na comunidade acadêmica. Na medida em que todo cientista, incluindo o alquimista, tem que ser um pouco político, Jung não deixou de acertar o alvo. Muitas vezes, ele se refere a si mesmo como um cientista empírico e renega as críticas que rejeitam suas teorias por serem supostamente mágicas, místicas e até religiosas. Felizmente, não estamos sujeitos a essas coações e, com o avanço da ciência, podemos ousar mais no que diz respeito à alquimia.

Jung contribuiu imensamente para a compreensão moderna da alquimia com sua interpretação acadêmica de termos alquímicos, traduzidos para a linguagem psicológica. Sua análise penetrante do inconsciente coletivo lhe forneceu imagens ricas para traduzir as palavras e os símbolos misteriosos dos textos alquímicos.

As receitas e imagens alquímicas que emergem de nossos sonhos e fantasias podem ser usadas para descrever as operações psicológicas que aceleram o desenvolvimento da personalidade. Algumas dessas imagens têm relação direta com condições e estados específicos do nosso progresso ao longo do caminho. Eis alguns exemplos: a *massa confusa* corresponde ao estado caótico, inconsciente, da criança e às regressões sofridas por adultos em épocas de crise. O *sol* representa o eterno arquétipo do *Self*. O ouro, a perfeição da personalidade egóica e sua integração com o *Self*, ou *Self* Individuado, que vamos discutir em breve.

A imagem da rainha representa a alma (*L. anima*) ou os aspectos femininos da personalidade, e a imagem do rei, seus aspectos espirituais-masculinos (*L. animus*). O movimento de imagens, do hermafrodita ao andrógino, descreve a integração desses aspectos opostos da personalidade, que deixa de ser uma criatura grotesca e torna-se um ser harmonioso. Cada um dos quatro elementos — fogo, água, ar e terra — corresponde a aspectos específicos de temperamento e função psicológica. Nessa psicologia alquímica, Jung chega a uma imagem composta de consciência mente-corpo, que tem o potencial de unificar a psique e estimular a adaptação significativa com o ambiente. A individuação é, então, um experimento alquímico que ocorre dentro do laboratório da psique de cada um.

O quadro da página anterior traz alguns dos termos alquímicos básicos e seus equivalentes junguianos:

IMAGINATIO

Imaginação (*imaginatio*), na acepção do alquimista, é um meio de traduzir fenômenos objetivos para a linguagem da psique. Como tal, é o principal método de individuação consciente e a realização suprema do *Self* Individuado. Robert Avens, poeta e filósofo, nos dá uma explicação do que seja a imaginação na acepção dos alquimistas e dos junguianos:

> A atitude junguiana é... semelhante à do alquimista medieval, que fazia reiteradas advertências contra a confusão entre devaneios... e imagina-

ção criativa. Em alquimia, *imaginationes* não são bobagens ou fantasmas sem importância, mas uma espécie de "corpo sutil" de natureza psicóide, que forma um domínio intermediário entre mente e matéria e combina as duas numa unidade indissolúvel.[17]

Para Jung, as imagens são "a única realidade que apreendemos diretamente". À primeira vista, essa maneira de se relacionar com o mundo parece arcaica, mas a revolução no pensamento, que começa com a física quântica, exige exatamente esse tipo de imaginação para que se chegue a uma verdadeira compreensão do universo físico.

Jung vê a alquimia como um modelo que descreve o caminho da individuação da consciência, transformando a personalidade num *Self* mais aprimorado que dá um significado paupável à pedra filosofal. Os alquimistas tinham uma visão mais ampla de seu precioso *lapis*, a palavra que usavam para pedra filosofal. Alguns alquimistas consideravam o *lapis* como uma pedra real ou como o poder de transmutar substâncias inferiores em ouro. Outros a viam como um poderoso elixir capaz de livrar o corpo da doença, erguer os mortos, dar vida a criaturas artificiais e tornar imortais as criaturas vivas. Em meus estudos de alquimia, eu interpreto essa pedra misteriosa como um conceito do qual se pode derivar métodos psicológicos práticos para a individuação da consciência.

A pedra, na minha visão, é um catalisador da transformação. Ela transforma não apenas uma pessoa, mas todos os que entram em contato com ela. Ao contrário de Midas, essa dádiva é conquistada por meio do trabalho de alquimia pessoal, que eleva a consciência. Na minha experiência, há evidências de que isso é verdade. Eu senti fortes efeitos positivos sobre meus estados conscientes quando tive a sorte de estar em companhia de pessoas que tinham, claramente, atingido um alto grau de individuação. A presença de pessoas como o Dalai Lama ou a Madre Teresa favorece a elevação da consciência, mesmo que nenhuma palavra seja trocada.

Mas, para falar de coisas mais triviais, que comportamentos correspondem a esses estados de consciência individuados? Como é a individuação em termos de comportamentos específicos? Em outras palavras: como trazer à terra esse elevado conceito de pedra filosofal, para descobrir o que o trabalho de alquimia pessoal pode fazer por nós?

Ao descrever o "Verdadeiro *Self*",[18] James Masterson, analista freudiano, apresenta dez características que dão à pedra filosofal um significado mais substancial no comportamento cotidiano:

1. Capacidade de sentir profundamente uma gama ampla de sentimentos, com vivacidade, vigor, emoção e espontaneidade

2. Capacidade de contar com direitos condizentes (coisas como comida, roupa e moradia, que se espera receber no começo da vida)
3. Capacidade de asserção e ativação de si mesmo
4. Reconhecimento da auto-estima
5. Capacidade de amenizar sentimentos dolorosos
6. Capacidade de assumir compromissos e de se ater a eles
7. Criatividade
8. Intimidade
9. Capacidade de ficar só
10. Continuidade do *self* (saber quem realmente somos e nos manter assim, independentemente das circunstâncias e de quem está perto de nós)

Os alquimistas veriam essa lista com desprezo. Reduzir a preciosa pedra filosofal a uma lista de comportamentos a roubaria de seu poder misterioso e sobrenatural. Mas eu apresentei essa lista para indicar a ordem mais inferior representada pela extraordinária consciência associada ao *lapis philosophorum*. Minha intenção não é desmistificar ou degradar a pedra, mas descrever as mudanças que podem ocorrer quando começamos a trabalhar com a psicologia dos alquimistas.

UM EXEMPLO DE *SELF* VERDADEIRO

Neste exemplo, quero enfatizar o efeito exponencial que notabilizava uma das principais propriedades da pedra filosofal: a capacidade de multiplicar (*multiplicatio*). Bastava ter uma pedra capaz de transformar um pedaço de chumbo em ouro, mas acreditava-se que a verdadeira pedra, o *lapis*, era capaz de transmutar e multiplicar metais comuns indefinidamente!

A alquimia não se dá no nível da adição; seu efeito sobre a nossa vida é medido exponencialmente. O resultado é determinado pelo que estamos dispostos a investir na cura. Esse investimento pode ser simples, como reservar algum tempo todos os dias para cuidar da alma, da natureza ou da relação com deus. Em outros casos, significa abrir mão de um hábito antigo, humilhar-se, admitir os próprios erros ou entregar-se a um poder superior. Para uma de minhas pacientes, o investimento exigiu a revelação de um terrível segredo que ela guardava há muitos anos.

Embora nunca tenha usado a palavra alquimia, essa paciente a pôs em prática em sua vida. Os princípios usados e o resultado evidenciam um esforço que valeu seu peso em ouro. O retorno do investimento foi muito maior do que ela tinha imaginado. Ela fora criada pelo pai, violento e alcoólatra, numa pequena cidade rural do Canadá. Logo que ficou maior, ela fugiu de casa e acabou indo morar na Califórnia. Embora tivesse fugido em busca de segurança física, ela não conseguiu deixar as horríveis lembranças para trás. Elas vinham bater em sua porta em forma de sintomas terríveis. Ela tinha visões do passado, ataques de pânico e uma depressão que às vezes a imobilizava. Quando veio ao meu consultório, ela estava com idéias suicidas, precisando desesperadamente de ajuda. Ela sofria muito e não sabia por quê. Tinha perdido o emprego por causa das faltas e, na verdade, ela não era produtiva e nem uma pessoa muito agradável.

Meu trabalho em alquimia e psicoterapia me ensinou a ver ouro no chumbo, por mais escondido que ele esteja. Eu vi o ouro dessa mulher, a pureza do seu *self*, que nem mesmo ela percebia. Ouvi suas queixas e comecei a reordenar a sua história confusa de abuso físico e sexual, transformando-a em alguma coisa com sentido, alguma coisa que, no final, pudesse explicar sua dor e aliviá-la da culpa e da vergonha que carregava há anos. Finalmente, ela também começou a enxergar além da dor e das terríveis lembranças. Começou, assim, a juntar os pedaços de sua vida, como se fosse um quebra-cabeça gigante. Nessa luta, ela enxergou seu *self* inocente. Ele era puro e virgem no sentido original: "pertencer a si mesmo". Em questão de meses, ela conseguiu aceitar essa nova noção de *self* e percebeu que nunca mais um homem a violentaria. Com isso, ela descobriu seu ouro.

Quanto mais ela se concentrava nessa imagem de *self*, mais ela parecia se multiplicar. Quanto mais se multiplicava, melhor ela se sentia consigo mesma. Ela conseguia enxergar, agora, como estava mal em resultado do abuso físico e dos maus-tratos que infligira a si mesma depois disso. O chumbo estava se transformando em ouro e o ouro começou a brilhar em sua vida.

Com coragem e persistência, ela continuou a terapia, enfrentando lembranças, sentimentos ocultos e uma variedade de imagens distorcidas de si mesma. Finalmente, a vergonha que sentia se dissipou e outros sintomas dolorosos evaporaram. Ela conseguiu outro emprego, que a deixou muito satisfeita. Mesmo assim, foi só depois de muitos meses de terapia que ela começou a aceitar os elogios que passou a receber do chefe e dos colegas.

A parte dessa história de que mais gostei começou quando ela me contou que uma prima dela tinha telefonado do Canadá. O que ela me contou em seguida foi chocante. Essa prima e praticamente todas as mulheres da família tinham sofrido abuso sexual. Aparentemente, havia uma longa história de abusos que passava de geração em geração. Com a ajuda da minha paciente, a prima reuniu coragem para mover uma ação criminal contra o tio. Essa foi a primeira vez que uma mulher, naquela cidadezinha remota, recusou-se a guardar os segredos sombrios que assombravam a família havia gerações.

A terapia da minha paciente desencadeou uma mudança que redirecionaria o curso de uma evolução defeituosa que tinha devastado tantas almas preciosas. O ouro que minha paciente encontrou, escondido no seu *Self* superior, multiplicou-se além de sua vida e levou riquezas a uma cidade que estava espiritual e moralmente degradada. Seu processo alquímico mudou a história da família.

Pode ser que a recompensa exponencial pela coragem que essa mulher teve na terapia se estenda além de sua família. Em certo sentido, o mundo se modifica sempre que um de nós leva a consciência a um nível mais elevado. Quanto a mim, é uma satisfação ver que a alquimia fez sua mágica.

OS QUATRO CANTOS DA PERSONALIDADE

Na psicologia junguiana, a cura não se limita simplesmente aos distúrbios mentais. A individuação é um processo que ocorre na vida de todo mundo e que traz muitos benefícios como meio de enriquecer a personalidade. O trabalho de Jung é particularmente útil para pessoas comuns com um interesse extraordinário pelo bem-estar psicológico. Eu costumo usar técnicas junguianas em terapia porque elas enfatizam o uso de atributos saudáveis da personalidade para engendrar a cura e promover o crescimento. Um dos meus métodos favoritos provém da teoria de Jung sobre os tipos de personalidade. Como vamos ver, essa teoria deriva de um antigo método de classificação dos temperamentos, criado por Hipócrates.

Em seu trabalho sobre tipos psicológicos, Kiersey e Bates descrevem o temperamento como uma "moderação ou unificação de forças de outro modo diferentes... uma espécie de tematização do todo, uma uniformidade do diferente".[19] Há muitas teorias sobre temperamento, incluindo a tipologia de Jung, que logo enxergou a relação entre temperamento e a meta alquímica de coalescer as várias partes da personalidade num todo significativo. "O temperamento", explicam Kiersey e Bates, "é o que põe uma assinatura ou impressão digital nas ações de cada um, tornando-as reconhecidamente atribuíveis ao seu autor."[20]

> Observe como as áreas descritas na Figura 1 se relacionam à alquimia e quais são mais comuns em sua experiência. Quais lhe são mais naturais? Quais exigem mais esforço?

No diagrama a seguir, eu descrevo quatro áreas da atividade humana que refletem algum aspecto da alquimia. Podemos falar de "temperamento" ou "tipo", mas nosso interesse é saber como usar esses atributos no trabalho alquímico da individuação.

Segundo a teoria junguiana dos tipos, as pessoas se orientam na vida de quatro maneiras básicas. Ele chamou esses tipos de personalidade de funções, uma palavra estranha, que indica as várias maneiras pelas quais cada tipo, ou cada combinação de tipos, lida com a realidade. Os quatro tipos e funções são:

O TIPO INTELECTUAL. Este tipo inclui pessoas que são geralmente descritas como pensadores. Em geral, sua atitude diante da vida é racional, cognitiva e analítica. Na Figura 1, elas gravitam em torno do conhecimento.

Levado a extremos, o tipo intelectual pode ser muito impessoal. Isso é útil quando a situação requer apenas um raciocínio desapaixonado. Mas pode também gerar muitas dificuldades quando é preciso empatia e interesse.

FIGURA 1. RELAÇÕES ALQUÍMICAS

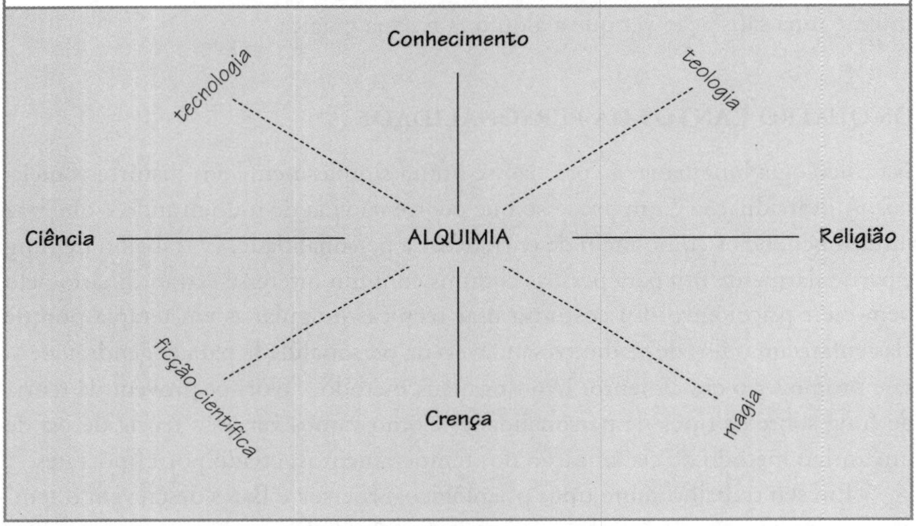

O TIPO SENTIMENTO. Sentir e pensar são funções racionais. Jung acreditava que o "pensar ordena os conteúdos da consciência em conceitos, o sentir os ordena de acordo com o seu valor".[21] Os sentimentos, neste caso, não são apenas humores passageiros. Como as atitudes, eles dão ordem à nossa maneira de nos sentir a respeito das coisas. A função sentir nos ajuda a organizar humores, atitudes e disposições. Eu associo essa função à área chamada "crença" porque nosso sistema de crenças tem uma influência muito forte sobre nossa maneira de sentir e de expressar a emoção.

O TIPO INTUITIVO. A intuição é um modo não-cognitivo de pensar. Ela não segue um processo linear, seqüencial de pensamento. Em geral, as intuições aparecem do nada, na forma de pressentimentos, palpites e, às vezes, grandes revelações. Eu relaciono essa função à religião porque a apreensão do mundo invisível exige intuição.

O TIPO SENSORIAL. O conhecimento que vem de maneira direta e imediata, por meio dos cinco sentidos, forma a base do tipo sensorial. Uma cientista que gosta de pôr as mãos na lama para descobrir sua textura, seu peso e sua composição, exemplifica bem este tipo. Enquanto o tipo intuitivo tende a ser inovador, o sensorial tem os pés no chão e é prático.

Assim como os sentidos estão constantemente ocupados, captando novos estímulos sensoriais, este tipo gosta de todas as formas de atividade. Ele se sente mais à vontade com o barulho constante da cidade, com a arrebentação violenta das ondas, com grupos animados e multidões barulhentas.

FIGURA 2. AS QUATRO FUNÇÕES

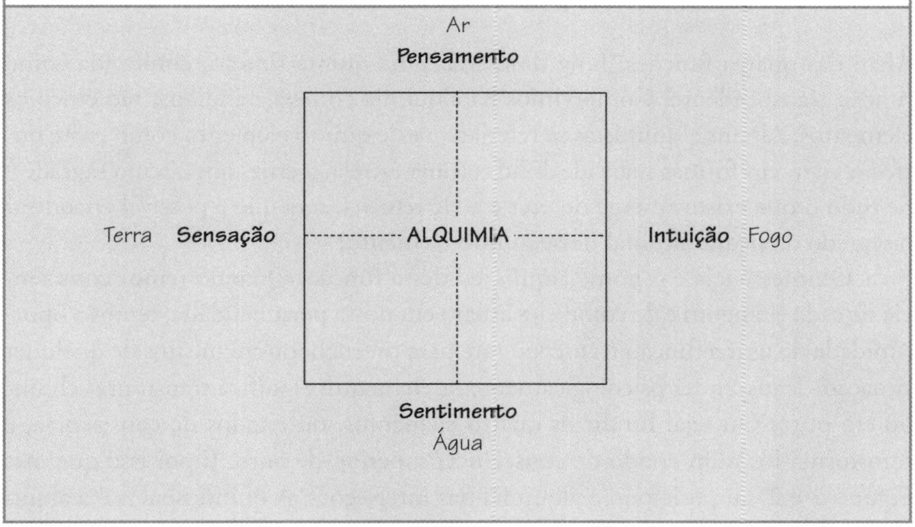

Embora haja muitos trabalhos inovadores que tentam ampliar o modelo básico de Jung, ainda é muito proveitoso refletir sobre suas idéias principais. Como observei, o conceito de tipos apresentado por Jung vem das antigas idéias dos alquimistas. Na visão deles, os quatro elementos compõem o mundo inteiro e, assim, formam também as dimensões física e psicológica do ser humano. Por essa razão, cada função é associada a um dos quatro elementos.

Mais adiante, vamos analisar a natureza dos elementos e o modo como, "circulando" por eles, favorecemos o processo de individuação. Por ora, podemos pôr esse esquema em ação usando dois métodos eficazes.

MÉTODO 1. Identificando seu tipo de personalidade e sua maneira básica de agir na vida, você obtém muito conhecimento sobre si mesmo. Essa posição é chamada "função superior". Raramente alguém é um tipo puro. Em geral, nosso tipo inclui características dos outros tipos.

Para identificar seu tipo, escolha um dos pontos cardeais da Figura 2. Depois, pergunte-se se você tem alguns dos traços vizinhos, à direita ou à esquerda, do tipo que identificou primeiro. Existem inventários psicológicos que podem identificar mais "cientificamente" sua tipologia.[22]

Localizado seu tipo superior, marque-o com um "S". Então, olhe o quadrante oposto para identificar seu tipo inferior. Ele deve ser exatamente o oposto. Marque-o com um "I". Inferior não significa ruim. Essa é a beleza deste modelo: nele não há pesos morais nem rótulos patológicos. *Inferior* indica apenas as funções que são menos comuns em sua experiência. O trabalho de individuação requer que você lute para desenvolver suas funções inferiores, tornando-se mais consciente delas e pondo-as em prática em sua vida.

Além das quatro funções, Jung descreveu uma quinta função, conhecida como função transcendente. Como vimos na alquimia chinesa e indiana, são cinco os elementos. Alguns alquimistas se referiam a esse quinto elemento como *éter* e outros o viam em formas mais idealizadas (uma estrela, a cruz, um círculo sagrado). Se tudo o que existe emerge do éter e a ele retorna, será que é possível encontrar o segredo da pedra filosofal nesse quinto elemento?

Quintessência é o nome alquímico dessa função. Quando temos consciência de cada elemento e de como eles atuam em nossa personalidade, temos a oportunidade de usar a função transcendente para preencher os requisitos de qualquer situação. Transcender psicologicamente os elementos significa transmutar chumbo em ouro. Ou seja: fundir os quatro elementos, ou estados de consciência, e transformá-los num estado de consciência superior, de ouro. É por isso que, nas Figuras 1 e 2, eu posiciono a alquimia nas interseções. A quintessência é a alquimia perfeita, que harmoniza toda a atividade humana e toda combinação de funções, necessária a cada atividade em particular.

Não há uma forma fácil de descrever a descoberta e o uso da função transcendente. Mas o uso da imaginação ativa nos ajuda a sondá-la.

MÉTODO 2. Jung e alguns alquimistas usavam a imaginação ativa de maneira muito especial, visando à descoberta do *daimon*, um deus ou espírito que nos acompanha ao longo da vida. Como o mundo consiste em muitas entidades espirituais, não faltam *daimons* ou assistentes invisíveis para nos ajudar na alquimia pessoal. Referindo-se a esses deuses como *theos*, Platão faz uma descrição importante dos *daimons* e explica por que buscar a ajuda deles.

> O daimon é um agente espiritual que faz a mediação entre a terra e o céu. É um anjo da guarda, uma companhia interior constante que, quando lhe é requisitado, faz importantes ligações entre o mundo consciente e o mundo inconsciente.

> Eles são enviados e intérpretes que navegam entre o céu e a terra, voando para o alto com nossa veneração e nossas preces e descendo com as respostas e mandamentos celestiais. Como estão entre os dois estados, eles soldam os dois lados e os fundem num grande todo. Eles formam o meio das artes proféticas, dos rituais de sacrifício sacerdotais, da iniciação, do encantamento, da adivinhação e da feitiçaria, pois o divino não se mistura diretamente com o humano, e é só com a mediação do mundo espiritual que o homem pode ter qualquer relação, esteja dormindo ou acordado, com os deuses. Existem muitos espíritos, e muitos tipos de espíritos, e o Amor é um deles.[23]

Nossos *daimons* são catalisadores a quem podemos recorrer para entrar em contato com nosso gênio interior. Eles servem como uma ponte entre as quatro funções e a função transcendente. Assim, conseguimos elevar a mente consciente além das fronteiras do ego. Para alcançar o Verdadeiro *Self*, é preciso dar atenção especial aos aprimoramentos possíveis no nível do ego. Certamente, as funções psicológicas ajudam nesse processo. Mas é só por meio de um *daimon* que podemos obter a percepção necessária para criar formas ainda mais elevadas de *self*.

> Inverta sua maneira habitual de abordar as coisas. Em vez de partir do centro e ir para fora, volte-se para dentro de você para descobrir como trazer todas as funções de sua personalidade e formar um todo integrado. A descoberta do seu centro consciente leva, em última instância, à descoberta do *self* verdadeiro e autêntico.

Na alquimia pessoal, uma das principais tarefas que temos é nos tornar totalmente cônscios do poder de cada função e de nossa capacidade de usá-las em combinação correta com as outras. Tomar consciência da função inferior é um bom ponto de partida. Mas a verdadeira meta da alquimia pessoal é operar no nível da função transcendente. Assim, nenhuma função vai ser a dominante e todas terão igual importância no processo de individuação.

TORNAR-SE TOTAL

A totalidade não é um objetivo exclusivo da alquimia: a religião a iguala à santidade. Na literatura popular, a totalidade parece ter se tornado o mantra da vida moderna. Como vamos falar muitas vezes de totalidade, é importante compreender seu significado neste livro.

Se estamos empenhados em nos tornar seres totais, isso indica que no começo não éramos assim. Nossa linguagem evidencia a profunda necessidade que temos de nos sentir totais, especialmente quando, em meio à desordem, nós nos sentimos aos pedaços. Seria muito bom se a cola que une a mente e o corpo não se soltasse sob tensão, mas às vezes isso é inevitável.

Em casos graves de doença mental, a pessoa fica realmente aos pedaços: a mente fica tão estilhaçada que deixa de ter qualquer semelhança com uma identidade individual. Em casos raros, a psique se divide em várias subpersonalidades: é o distúrbio da personalidade múltipla. A psicose e o distúrbio de personalidade múltipla representam a antítese da totalidade. O princípio alquímico, "assim em cima, como embaixo", pode ser aplicado nessa situação. Assim como alguém pode sofrer de vários graus de distúrbio psíquico, o mesmo acontece com os casamentos, as famílias e até as nações. A individuação não se restringe, portanto, aos indivíduos. Esse aspecto da psicologia alquímica pode ser aplicado no nível global.

> A mente inconsciente não enxerga a unidade por detrás das aparências. A individuação da consciência propicia um estado mental e uma metodologia para descobrir que o mundo é total. A unidade é simbolizada na alquimia pelo ouro e pela pedra filosofal. Na psicologia alquímica, ela representa o *Self*.

A alquimia parte da idéia de que a totalidade forma um protótipo para todas as coisas vivas. Estejamos ou não conscientes desse fato, tudo evolui de acordo com esse grande protótipo. Como vimos, a alquimia propõe a aceleração desse desenvolvimento por meio da aplicação de seus princípios. "O processo de individuação", escreve a estudiosa junguiana Marie-Louise von Franz, "é mais do que um acordo entre o embrião inato de totalidade e os fatos exteriores do destino. Sua experiência subjetiva transmite a sensação de que uma força sobrenatural está interferindo ativamente de maneira criativa."[24]

Quando compreendemos que a totalidade é impressa no nosso ser no momento do nascimento, toda a nossa psicologia se transforma radicalmente. Esse primeiro reconhecimento é o limiar para o uso da psicologia alquímica na fabricação do ouro. No mesmo instante, nossa atitude mental se amplia para incluir poderes não-humanos e até não-terrenos. Nossa disposição diante das dificuldades da vida muda radicalmente e passamos a resolver criativamente os problemas. Uma atitude que busca a totalidade "não se aborrece quando seu crescimento é obstruído por uma pedra, nem faz planos para superar o obstáculo. Ela procura sentir se deve crescer mais para a esquerda ou mais para a direita... Como a árvore, deveríamos ceder a esse impulso quase imperceptível, mas forte e dominante — um impulso que vem da inclinação à auto-realização criativa".[25]

Encontramos nosso *daimon* quando adotamos essa perspectiva. O grau de ajuda que essa voz interior oferece depende da nossa capacidade de receber com alegria seu conselho e discernir a origem de sua mensagem. Ou seja, nossa voz interior nos põe em contato direto com a natureza, com Deus e com o universo. Se não procurarmos ouvir ativamente, ficamos surdos às melodias cósmicas que podem mudar todas as coisas.

A totalidade é extremamente significativa para as relações existentes entre os subsistemas que operam dentro de nós nos planos físico, psicológico e espiritual. A totalidade é o padrão que une esses sistemas. Sem tender para a totalidade por meio do trabalho de individuação, deixamos à natureza bruta a decisão do que fazermos, por meio de hábitos e impulsos cegos. Ficamos, então, vulneráveis a demônios de todos os tipos imagináveis. Por outro lado, a relação com a voz interior nos desperta para todas as energias disponíveis, para sua natureza e para a maneira de trabalhar com elas.

A totalidade começa quando abandonamos a ilusão de que somos coerentes. Raramente isso é verdade. Em geral, estamos em desacordo com as pessoas que amamos e com nós mesmos. Somos, na realidade, uma massa de pensamentos e sentimentos conflitantes, de alianças e deslealdades, de boas intenções e comportamentos contraditórios. Pôr um rótulo moral de ruindade em nós mesmos serve apenas para fragmentar ainda mais nossa psique e nos afastar da totalidade.

> Não posso amá-lo sem antes amar a mim mesmo. Não posso aceitá-lo totalmente sem antes me aceitar. Tenho, portanto, que transformar meu egoísmo em empatia, meus medos em confiança, minhas dúvidas em revelações.

Há pouco tempo, vi uma peça sobre a vida de Jung. Uma das falas de Jung me tocou muito fundo. Em meio ao próprio conflito conjugal, ele declara: "Prefiro a totalidade a ser bom." A alquimia, assim como a natureza, avança continuamente em direção à totalidade, o que significa que, às vezes, temos que aceitar o que é ruim juntamente com o que é bom para atingir o ouro psicológico, o *Self* Individuado.

Começamos a organizar nossa psique formando uma relação interior que cura as muitas divisões da mente. Assim, descobrimos um número cada vez maior de recursos do *self*, que *já* estão presentes. A alquimia psicológica é, portanto, o processo de cura que usamos para unificar a mente e transformar a energia inconsciente em energias conscientes que podemos controlar. Com esse conhecimento de nós mesmos, passamos a ter controle sobre nossas ações e a agir de maneira responsável com os outros.

Embora as relações comecem em nós, não é em nós que elas terminam. A totalidade nos liga às pessoas, à natureza, a Deus, ao país e, em última instância, ao universo inteiro. É um bom exercício começar estudando as várias partes do seu mundo interior e, a partir daí, expandir para fora.

Na Índia, as pessoas se cumprimentam dizendo *Namaste*. Há toda uma filosofia contida nessa simples palavra. Ela significa "o deus dentro de mim se curva diante do deus dentro de você". Essa é uma maneira maravilhosa de estender seu verdadeiro *Self* aos outros. A saudação serve, ao mesmo tempo, para lembrar que existe apenas um *Self* verdadeiro, presente em todos nós. Esse é um bom começo, mas o alquimista nos leva ainda mais adiante.

Como analisamos no primeiro capítulo, os alquimistas acreditavam que o mundo inteiro é, em diversos graus, consciente. De acordo com isso, a prática da saudação divina exige que você expanda o conceito de *self* para incluir todos os seres, animados ou inanimados. Já é difícil enxergar além das divisões que separam as pessoas e agora nos pedem para incluir objetos que parecem não ter consciência nenhuma!

A aplicação da alquimia é o que traz esta Arte Real ao nosso processo de individuação. Com isso, os antigos mitos e receitas deixam de ser apenas parte da história e ganham vida no processo rumo à totalidade. Percebemos o valor de um livro de alquimia quando o usamos em nossa vida e vemos os resultados. "A verdadeira história do espírito", disse Jung, "não é contada em obras acadêmicas, mas no organismo psíquico vivo de cada pessoa."[26]

Comece considerando que seus animais de estimação têm consciência. As crianças não têm dificuldade para fazer esse exercício. De vez em quando, até os adultos se surpreendem olhando para o cachorro ou para o gato, em busca de algum sinal de entendimento em seus olhos. Nesse caso, a consciência existe, mas e no caso das plantas? Elas têm consciência? As pesquisas revelam que as plantas, a vida vegetal em geral, têm algum grau de consciência. Elas se encolhem quando ameaçadas e vicejam ao som de música clássica. Agora o grande salto: e o mundo inanimado das rochas e dos minerais?

Para levar adiante esse exercício, lembre que, no mundo subatômico, nosso corpo é composto das mesmas partículas que vêm das estrelas. Na verdade, somos feitos da poeira estelar que resultou da explosão de uma supernova há bilhões de anos. Os xamãs bascos, conhecidos por sua profunda compreensão da natureza do universo, chegaram a essa surpreendente conclusão muito antes de haver telescópios. Eles chamam os seres humanos de "estrelas ambulantes". Então, quando contemplamos as estrelas e vemos uma forma que lembra estranhamente a forma humana, podemos nos perguntar se tal semelhança é uma projeção ou uma lembrança.

A ARTE REAL

A alquimia era conhecida como Arte Real e seus praticantes eram chamados de artistas. A meta mais ambiciosa da obra de um alquimista era se transformar no objeto do próprio empenho artístico, transformando sua mente destreinada numa mente capaz de realizar feitos extraordinários. Num manuscrito do século XIV, *Summa Perfectionis*, Geber dá conselhos ao iniciado sobre essa questão:

> Saiba, querido filho, que aquele que não conhece os princípios naturais em si mesmo, já está muito distante da nossa arte, uma vez que não tem a verdadeira raiz sobre a qual edificar sua meta.[27]

A arte moderna se afastou dos meios fixos tradicionais, o barro e a tela, voltando-se para a pessoa do artista. Nessa nova forma estética, o artista é a arte e a beleza da arte repousa não tanto no que o artista produz, mas na estética de sua psicologia. O modo de o artista viver a vida também é um meio para a sua arte, tanto quanto a própria obra. Desse ponto de vista, cada ato se transforma numa pincelada, cada palavra num verso de poesia. O artista molda as nuanças da vida numa estética que leva a arte e a história a novas alturas e profundidades. Com essa definição, todos podem ser artistas — alquimistas. O mundo se torna então uma galeria viva: nela, não apenas observamos, mas participamos totalmente.

> A alquimia é a Arte Real de viver a vida conscientemente. A maior das obras produzidas por essa arte é o indivíduo extraordinário que atingiu a totalidade.

Jung fez grandes contribuições com a ajuda do seu *daimon*, um ser espiritual chamado Philemon. Com a assistência do meu próprio *daimon*, Trickster, o trapaceiro, escrevi este livro. Em geral, é o poeta que captura a voz do *daimon* coletivo e a compartilha com o resto do mundo. No poema *Alquimia do Amor*,[28] é o *daimon* de Rumi que nos fala:

Você é o mestre alquimista.
Por meio do seu amor,
A existência e a não-existência se fundem.
Todos os opostos se unem.
Tudo o que é profano
Se torna sagrado outra vez.

Capítulo 3

No Limiar

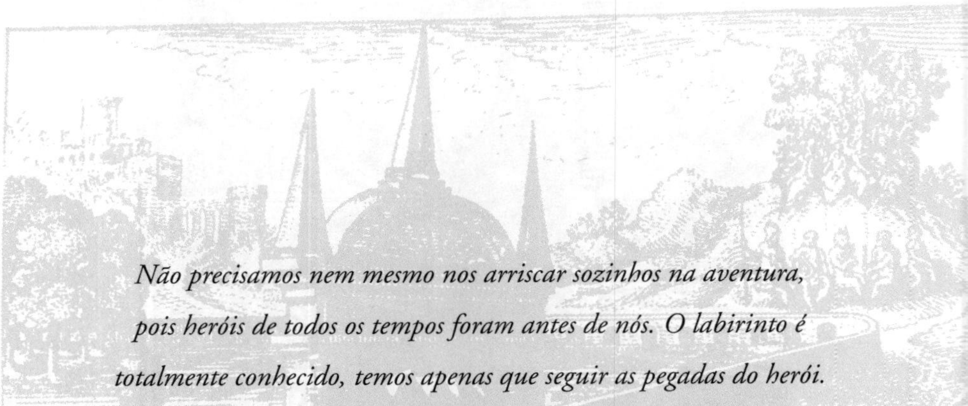

Não precisamos nem mesmo nos arriscar sozinhos na aventura,
pois heróis de todos os tempos foram antes de nós. O labirinto é
totalmente conhecido, temos apenas que seguir as pegadas do herói.
E onde pensávamos encontrar uma abominação, encontraremos
um deus. E onde pensávamos matar alguém, nós nos mataremos.
E onde pensávamos viajar para fora, chegaremos ao centro
da nossa existência e onde pensávamos estar a sós,
estaremos com o mundo inteiro.

JOSEPH CAMPBELL

Como todo mundo, eu celebrei o novo milênio quando o relógio marcou meia-noite, em 31 de dezembro de 1999. No entanto, sabíamos secretamente que o começo do milênio seria em 2001. O tempo é regido mais pela psicologia do que pela razão. Por algum motivo, nós nos sentimos melhor com números inteiros, como 2000, e pior quando as coisas terminam. A psique nos fez saltar o último ano dos últimos mil, fazendo de 2000, e não de 2001, o ponto inicial do novo milênio: sem mais nem menos, pulamos direto para os mil anos seguintes.

Nossa viagem pela alquimia começou com uma recapitulação da história do mundo, o que nos deu a oportunidade de perceber sua atemporalidade e as diferentes facetas dessa arte. No último capítulo, voltamos a atenção para o desenvolvimento da alquimia psicológica de Jung e aprendemos alguns métodos para modificar estados mentais. Antes de explorar algumas das operações básicas da alquimia, vamos examinar uma última perspectiva, que pode nos ajudar a corrigir a falsa impressão de que a alquimia parou de existir no final do século XVI. Vamos discutir acontecimentos significativos desse período, não tanto por sua importância histórica, mas para compreender como a psique coletiva passou do antigo mundo da magia para a nova era da ciência e da tecnologia.

Teremos então três perspectivas para compreender a alquimia como parte integrante do mundo moderno. O material que será apresentado no início deste capítulo é mais uma mitologia do que um relato histórico ou psicológico. Nosso objetivo é o mesmo: entender como a alquimia pode nos ensinar a viver plenamente a vida.

Uma das mais repetidas citações de Jung é um conselho para "sonharmos o mito". Desse ponto de vista, a vida é uma mitologia e nós somos os atores de um drama coletivo que vem do passado remoto e se estende para o futuro. A alquimia é uma parte vital dessa mitologia, que nos ensina a transformar o inconsciente por meio do processo de individuação. Essa mitologia inclui a individuação individual e também a coletiva. Como cada um de nós é parte da mitologia coletiva, temos, todos nós, a oportunidade de contribuir para a evolução geral. Entrando agora no terceiro milênio, acredito que estamos numa época de grande transição, que oferece enormes oportunidades para a individuação pessoal e coletiva.

Jung é um pioneiro na exploração da consciência. Ele recuperou o melhor da teoria alquímica, traduzindo-a para uma linguagem moderna e prática. Ele não está sozinho nessa tarefa. Há muitos outros que se empenham na tradução da alquimia para uma ciência moderna da mente.

Um desses grandes professores foi Manly P. Hall. Embora o pai fosse dentista e a mãe quiroprática, Manly não estava predestinado a seguir carreira médica. Sua paixão o levou a uma extensa pesquisa sobre as artes ocultas e místicas. Durante mais de sessenta anos, Manly Hall escreveu e fez palestras sobre vários temas ocultos, da alquimia ao antigo misticismo cristão. Ele escreveu sua grande obra, *The Secret Teachings of All Ages*, quando tinha apenas vinte e sete anos. Embora alguns duvidem da veracidade do trabalho de Manly Hall, eu e outros estudiosos consideramos seu trabalho um tesouro de sabedoria antiga. No capítulo 5, seu trabalho alquímico vai nos ajudar a compreender os seres imaginários que habitam cada um dos quatro elementos. Por ora, eu gostaria de apresentar sua visão da grande transição da consciência que ocorre na virada dos séculos.

No livro *The Secret Destiny of America*, Manly Hall fala da necessidade de uma nova psicologia, que viria ao encontro da crescente necessidade de integrar a ciência objetiva à ciência da mente. Em 1946, ele escreveu:

> Hoje, estamos outra vez em busca de um mundo novo. Como não restam mais continentes desconhecidos que nos sirvam de laboratório para experimentos sociais, estamos voltando a atenção para outros tipos de mundo — mundos de pensamento, esferas interiores a serem ainda exploradas por navegadores ousados. Nos últimos cinqüenta anos, a ciência descobriu um novo universo — o universo da mente. Incipiente, só agora a psicologia nos permite descobrir uma nova esfera para uma nova exploração da ciência de viver.[1]

Em seus muitos livros e palestras sobre ciências ocultas, a alquimia se destaca por ser especialmente relevante para a pesquisa científica moderna. Vemos que isso é verdade quando observamos a integração gradual da psicologia às várias escolas da física e da biologia. Por isso, acho que a psicologia incipiente a que Hall se refere é a psicologia alquímica. Agora, cinqüenta anos depois de Hall ter escrito essas palavras, é hora de começar, mesmo que modestamente, a transformar essa psicologia incipiente numa prática do cotidiano. Paradoxalmente, temos que começar no ponto em que a alquimia supostamente parou.

O MITO DO DECLÍNIO DA ALQUIMIA

Em 1572, uma estrela sem cauda apareceu na constelação de Cassiopéia e desapareceu do céu dois anos depois. Esse acontecimento foi visto com suspeita pelos astrólogos da época. Alguns o interpretaram como um sinal do poder celestial concedido ao Rei Rodolfo II, da Hungria, coroado imperador romano de todo o mundo cristão. De acordo com isso, Rodolfo recebeu o título de *Dominus Mundi*, Soberano do Mundo, aos vinte e quatro anos, uma idade deveras avançada.

A subida de Rodolfo ao poder reflete os conflitos religiosos que a Europa enfrentava na época. No início do século XVI, a Europa estava dividida entre os protestantes do norte e os católicos do sul. Politicamente, Carlos I, rei da Espanha, e o tio de Rodolfo, o arquiduque austríaco Ferdinando, controlavam a maior parte da Europa. Por ter sido criado na Espanha católica, esperava-se que Rodolfo consolidasse o Santo Império Romano. No entanto, Rodolfo procurou evitar os extremos das doutrinas protestante e católica, fomentando uma renascença espiritual "universal, tolerante, mediadora e também científica". Não era uma tarefa fácil e, apesar dos grandes progressos que fez, o sucesso de Rodolfo não foi total. Em sua visão, Praga deveria se tornar uma cidade universal que abarcasse as dimensões espirituais de muitas crenças e pontos de vista científicos.

Apesar do entusiasmo de Rodolfo pelo seu novo reino, muitos lhe faziam ressalvas. O astrônomo Tycho Brahe via o novo imperador com suspeita e interpretou a aparição da nova estrela no céu noturno e seu misterioso desaparecimento como um sinal de mau agouro. Sendo o mais famoso astrônomo e alquimista da época, sua interpretação tinha muito peso. Como vamos ver, a previsão de Brahe se confirmou quando, entre 1618 e 1648, muitos dos ideais utópicos que Praga deveria representar foram consumidos pela Guerra dos Trinta Anos.

É instrutivo examinar mais de perto a base da interpretação de Brahe porque ela nos oferece um vislumbre do pensamento científico da época. Brahe acreditava que o desaparecimento dessa estrela indicava a inevitável destruição do mundo pelo fogo. Ele baseava seu raciocínio numa crença alquímica da época: o mundo celestial seria um lugar onde deuses e espíritos habitavam num éter eterno e imutável. Mas essa nova[2] parecia ter vindo do nada, indicando que a mudança fazia parte do céu, assim como da terra. Algo novo tinha não apenas surgido no universo, mas se chocado com uma consciência que antes se sentia segura. A nova era de ansiedade e incerteza que se seguiu perturbou os cânones da ciência e da religião e justificou o pessimismo de Brahe. Com o correr do tempo, a nova estrela provou ser o arauto do fim de uma era mágica e preparou o cenário para um novo mundo de filosofia empírica.

Esse período da história é crucial para a compreensão da relevância da alquimia na vida contemporânea. Ele explica a confusão que cerca a alquimia, em que sentido ela é diferente da ciência moderna e o que tem a nos oferecer nos dias de hoje. Não se trata de uma aula sobre a história de um lugar distante; trata-se da história dos sentimentos que as pessoas do mundo de hoje têm com relação a si mesmas e com relação ao mundo.

Rodolfo escolheu Praga como sede de sua residência real. Era uma escolha com razões políticas, mas a mais convincente tinha relação com outro acontecimento cosmológico que ocorrera havia milhões de anos A bacia da Boêmia, onde Praga está localizada, foi criada pelo impacto de um meteorito gigante. É de coisas assim que são feitos os mitos e as lendas mas, neste caso, o fato é cientificamente comprovado. Como resultado do impacto, a geologia da bacia tornou-se rica em ouro, prata e uraninita, fonte natural de urânio.

Além de emular o amor do pai pela liberdade, Rodolfo herdou sua paixão pelo oculto. Embora tivesse sido criado num país católico, Rodolfo recebeu boa parte de sua educação formal de Felipe II, seu tio e sucessor de Carlos I ao trono da Espanha, que lhe ensinou os segredos das ciências ocultas e místicas. Por isso, é provável que Rodolfo conhecesse as lendas que cercavam Praga e seu significado mágico. Guiado pelo tio, Rodolfo estudou alquimia e, como imperador, favoreceu centenas de alquimistas praticantes. Rodolfo, que tinha seu próprio laboratório alquímico, tornou-se conhecido como "o rei alquímico".

Sob a liderança de Rodolfo, Praga tomou o lugar de outras sedes de poder, como Paris e até mesmo Roma. Praga seria, por algum tempo, o coração da Europa. De uma perspectiva psicológica, Praga representava o cadinho em que o velho mundo, de mito e magia, estava sendo transformado num novo mundo, que mudaria o foco para a ciência empírica. Esse período representa uma importante transição na consciência coletiva. Acredito que esse período da história corresponda ao nascimento da consciência moderna. Nesse sentido, até o nome Praga, que vem da palavra *prah,* ou limiar, marca o ponto de convergência do mundo visível e do mundo invisível.

Rodolfo transformou Praga numa grande cidade e no ponto de encontro de mentes brilhantes, como Kepler, Jakob Boehme, Giordano Bruno, John Dee e René Descartes, alguns dos mais importantes cientistas e filósofos da época. Mas, embora suas contribuições tenham posto Praga em evidência, a sombra da personalidade e da ideologia desses homens se fez sentir por muito tempo. Há uma verdade que vale para países e pessoas: a escuridão sempre acompanha a grandeza.

Enquanto uma nova consciência lutava para nascer, o velho mundo, com sua fé na magia, não desapareceria com tanta facilidade. Alguns alquimistas se agarravam às suas crenças enquanto outros tentavam integrar a magia aos métodos científicos modernos. A simples observação já não bastava nessa nova era da razão; os experimentos repetíveis e comprováveis substituíam os velhos métodos de argumentação e observação. A luta pelo poder afetou algumas das pessoas mais instruídas e capazes desse período. O próprio Rodolfo era visto com suspeita por ser excêntrico, misterioso e dono de uma grande presença de espírito. Houve, por fim, a desventura de Dee e o infame Edward Kelly.

John Dee, conselheiro do rei, era suspeito de estar servindo como agente secreto para a Rainha Elizabeth. Seja como for, o fato é que esse brilhante matemático sucumbiu aos encantos de um dissidente chamado Edward Kelly. Além do interesse por seções espíritas e necromancia, Kelly era um conhecido ferreiro, com uma dúbia reputação de ser ao mesmo tempo misterioso e pretensioso. No entanto, o conhecimento que tinha da alquimia e o dom de entrar em contato com espíritos convenceram Dee, e até mesmo Rodolfo, de sua capacidade para transmutar metais. Com Edward Kelly a seu lado, Dee conjurou espíritos e conversou com anjos. Juntos, impunham respeito na corte do imperador, até que um espírito chamado Madimi apareceu numa seção. Ele teria sugerido que Dee e Kelly trocassem entre si suas mulheres, o que causou estranheza em muitos e deu um fim abrupto a seus estudos mágicos. Finalmente, Dee voltou à Inglaterra, depois de quase abandonar definitivamente seu sério trabalho científico.

Kelly continuou em Praga e foi convidado por Rodolfo para supervisionar um grande trabalho alquímico que estava sendo realizado na Torre do Poder, no Castelo de Praga. Rodolfo ficou tão impressionado que fez de Kelly um "Cavaleiro de Ouro".[3] Mas, no final, o excesso de mistério e pretensão fez com que ele caísse em desgraça com o imperador. Depois disso, ele matou um servo da Corte Imperial e Rodolfo o mandou para a prisão. Kelly foi perdoado, mas acabou sendo preso uma segunda vez. Morreu tentando fugir da prisão.

Enquanto Dee era um símbolo de erudição, Kelly representava o mundo sombrio da magia e da superstição. Dee se aproximou de Kelly por causa de sua capacidade de imaginação, que lhe faltava. Sem a suposta comunicação com os anjos, privilégio de Kelly, a erudição de Dee parecia vazia. Nesse curioso par, vemos uma mistura alquímica de ciência e magia dramaticamente justapostas. Um, um respeitado cientista, o outro um conjurador, os dois lembram a imagem alquímica da *rebis*, ou coisa dupla. A *rebis* representa uma criatura hermafrodita que junta elementos contrários num metal, transformando-o. Ou senão, o que é pior, um monstro em desacordo consigo mesmo. No caso desse par ilustre, a ciência e a magia competiam entre si pelo poder. Essa mistura, que caracteriza esse curioso par, caracteriza também as tendências que davam forma ao novo mundo.

Nesse período, Praga era um caldeirão mágico enegrecido e, ao mesmo tempo, um vaso alquímico do qual emergia uma nova alquimia. Até hoje dá para sentir essa estranha mistura.

Logo que cheguei a Praga, fui tomado por duas impressões inevitáveis: ali, tudo é feito de pedra e há música em toda parte. O calçamento das ruas, as pontes e estátuas, as catedrais, os castelos e as praças, tudo é feito com pedras cinzentas e escuras. Ali, "pedra filosofal" deixa de ser uma expressão intelectual ou simbólica, já que é impossível não sentir a permanência das lembranças gravadas na pedra. É palpável a sensação de que Praga continua sendo um lugar em transição, onde um velho mundo está ainda em vias de dar lugar a um mundo novo.

Na época de Rodolfo, a velha guarda, representando o último baluarte da magia, da religião e das Ciências Herméticas, precisava de uma mudança radical. A magia já não era suficiente. A ciência tinha agora que servir à necessidade do público e não apenas de uns poucos privilegiados. Essas idéias rodopiavam na mente de pessoas de todas as facções da sociedade. O místico religioso Jakob Boehme tentou revigorar a devoção luterana com a alquimia mística da obra de Paracelso, do século XIV. Enquanto ele aderia à glória da experiência interior transcendente, o grande filósofo da razão, René Descartes, condenava a alquimia, considerando-a um retrocesso à magia animística. Sua famosa máxima, "Penso logo existo", declara a supremacia do intelecto e a separação entre corpo e mente. Muitos estudiosos sinceros aderiram à batalha que marcou essa revolução intelectual e espiritual. Infelizmente, o prenúncio da Idade da Razão custaria ainda muito sangue e lágrimas.

Nem mesmo Descartes foi poupado da guerra. Ele serviu no exército imperial e participou da famosa Batalha da Montanha Branca. Como observa o historiador Robert Vurm no livro *Rudolf II and his Prague,* Brahe previu corretamente que "todas as esperanças do mundo religioso da Europa, representadas nos ideais dos rosacruzes, pereceriam no fogo da Guerra de Trinta Anos".[4] A guerra entre luteranos e católicos durou de 1618 a 1648, devastando a Europa central e tirando a vida de quase um terço da população da Boêmia.

As sementes da Guerra de Trinta Anos começaram a germinar no final do reinado e da vida de Rodolfo. Enredado entre várias facções religiosas e intrigas políticas, sua tentativa de traçar um curso entre os baluartes da sociedade e da religião acabou por fracassar. Em 1609, ele foi "obrigado a assinar a chamada Carta de Indulgência, a Carta de Majestade, que garantia a liberdade espiritual",[5] um documento que foi além do ponto que Rodolfo pretendia atingir. Acusado pelo irmão Matias, que sempre cobiçara o trono, de negligenciar as questões de estado em favor de dispendiosas experiências alquímicas, Rodolfo acabou sendo deposto em 1611. Isso pôs fim ao sonho de Rodolfo: a Praga que tinha imaginado como cidade universal. Sozinho e exilado, Rodolfo amaldiçoou com amargura a grande cidade que tinha construído:

> Praga, ingrata Praga, eu a tornei famosa, mas agora você está me expulsando — a mim, seu benfeitor. Que a vingança lhe sobrevenha e a maldição caia sobre você e sobre toda a nação checa![6]

Com essa derrota esmagadora, a prática da alquimia chegou ao fim. Sem o patrocínio do governo, ela perdeu a credibilidade e, assim, os principais cientistas passaram a fazer suas experiências em segredo. No entanto, a partir da guerra iniciada no período rodolfino, a Europa nunca mais seria a mesma. Das cinzas da Guerra de Trinta Anos, nasceu um novo mundo que aceitava a diversidade religiosa e um novo paradigma científico. Rodolfo simboliza uma confluência de opostos — mágico e científico, religioso e espiritual — que viria a representar uma alquimia que contribuiria para a formação de um novo mundo.

Praga foi uma ousada experiência política e religiosa. A luta pela liberdade religiosa e pela expressão espiritual, iniciada nesse período, tornou-se o fundamento da era moderna. A ciência tinha chegado a uma encruzilhada: uma antiga tradição de magia era deixada para trás e uma nova ciência empírica ocupava o centro do palco. A alquimia, que combina ciência e magia, tinha que mudar radicalmente. Embora sua prática formal fosse empurrada para a clandestinidade no século XVI, sua meta principal — unir os opostos — continua a nos desafiar, passados três séculos.

- A alquimia é uma parte inextricável da história da ciência; sem ela perderíamos as importantes contribuições das ciências ocultas.
- A alquimia é a pedra fundamental de uma psicologia contemporânea do inconsciente. A psicologia da individuação, de Jung, é por excelência o exemplo moderno da psicologia alquímica.
- A alquimia é uma parte da mitologia mundial que descreve a individuação coletiva da consciência.

Este breve resumo do esforço de Rodolfo para coadunar as necessidades díspares da fé, do governo e da ciência diz respeito a uma parte da mitologia mundial que ajudou a lançar as bases da era moderna. A ciência e a religião contemporâneas correspondem, na psique, a um par de opostos que precisa ser unificado para que possamos viver como seres humanos totais e plenamente conscientes.

UM MUNDO NOVO

No capítulo 8, vou apresentar dez receitas tiradas de manuscritos alquímicos muito antigos. Inserindo-as no contexto histórico, descobrimos a profundidade do seu significado, o que nos permite usá-las de maneira mais eficaz. Levamos a história conosco, na mente e no corpo. O cérebro é uma estrutura na qual a evolução inteira está gravada: o cérebro reptiliano continua a executar ordens de outros tempos, enquanto o funcionamento do córtex cerebral é complexo e criativo. A psique, que é a contraparte do cérebro, é um imenso armazém de imagens, lembranças arcaicas e conhecimento antigo. Dessa perspectiva, a essência da sabedoria alquímica já está presente e operante na mente e no coração de todos. Nossa tarefa é trazer essa sabedoria ao primeiro plano da consciência e realizar o sonho de paz e harmonia do alquimista.

Mesmo agora, escrevendo estas palavras, parece-me espantosa a possibilidade de realizar as metas dos alquimistas. No entanto, como psicoterapeuta, passo boa parte do tempo ajudando meus pacientes a tornar o inconsciente consciente.

Tais experiências trazem provas convincentes de que nossa meta é viável. Todos os dias eu me espanto com os processos alquímicos que se desenrolam na vida das pessoas. As evidências vêm de casos como o da jovem que saiu andando do hospital depois de anos imobilizada por uma paralisia psicológica. Ou do jovem casal que tratei com sucesso da compulsão sádica que precisavam pôr em prática antes das relações sexuais. Ou ainda da mulher que procurou minha ajuda dias depois de ter caído em estupor alcoólico e estacionado o carro no meio da pista de uma rodovia movimentada.

Raramente menciono a palavra *alquimia* aos meus pacientes, mas, para mim, esses são exemplos saídos de livros de alquimia. Neles, aparecem o rei e a rainha associados aos nossos seres sexuais interiores; o chumbo relacionado à depressão, à morte e ao inconsciente; Mercúrio, o deus trapaceiro, que nos faz avançar no processo de individuação. Nesta aventura pela alquimia, vamos desvendar essas imagens e examinar diretamente os aspectos psicológicos que representam. Quando tiver um pouco de conhecimento sobre a Arte Real, você verá chumbo transformando-se em ouro diante dos seus olhos. Porque, por mais alheia ao cotidiano que a alquimia possa parecer, basta um pouco de atenção para vê-la surgir nos lugares mais comuns.

Na minha experiência, os pacientes querem receitas para levar para casa. As receitas podem ser ditados, provérbios e frases alquímicas saídos da sabedoria que herdamos das gerações passadas. No capítulo 8, vamos ter a oportunidade de recuperar receitas maravilhosas. Aplicar uma receita na situação certa, no momento certo, traz a antiga sabedoria de volta à vida.

Muitas vezes, nossos preconceitos modernos nos deixam cegos para os benefícios que essas receitas trouxeram a milhões de pessoas que viveram antes de nós. Minha sugestão é recuperar o bom senso que era necessário à elaboração das antigas receitas e combiná-lo ao fantástico desenvolvimento que ocorre hoje em todas as áreas da ciência e da tecnologia. A ciência da mente é a tentativa consciente de usar as receitas do bom senso — algumas nada comuns — para trazer paz, harmonia e totalidade à nossa vida e ao mundo.

A América ainda é o Novo Mundo, onde esse tipo de alquimia ocorre em todos os níveis da sociedade. A alquimia não é exclusiva de quem cura ou de quem é curado. Ela está entranhada no caráter de todos os americanos graças à diversidade cultural, à inventividade pioneira e ao espírito de aventura sem limites.

Somos jovens de espírito, velhos de alma: uma receita esplêndida para atingir a totalidade. Então, como proceder?

INSTRUÇÕES PARA USO PESSOAL

A alquimia consiste tanto em *fazer* quanto em *compreender* a psicologia humana. Depois de explorar um pouco de sua história e de seus mitos, é bom ter algum conhecimento prático sobre como proceder no trabalho da alquimia psicológica. As orientações que se seguem são uma preparação para que façamos bom uso da alquimia e de suas receitas.

POR ONDE EU COMEÇO? Você já começou. A alquimia é um processo contínuo, quer se desenrole no nível consciente ou no nível inconsciente. O corpo, por exemplo, é uma primorosa máquina alquímica. Com a informação contida neste livro, você vai poder fazer de sua alquimia um processo consciente e uma parte importante de sua individuação. Quando chegarmos à primeira receita, essa pergunta será respondida de maneira mais precisa. Essa receita nos ajuda, especificamente, a identificar a *prima materia*, ou a primeira matéria da transformação.

COMO ABORDAR O TRABALHO DA ALQUIMIA PESSOAL? Com a mente aberta. Isso não é tão fácil quanto parece. Quase todos nós somos materialistas. Quando abordamos a psique inconsciente de maneira materialista, ela reage da mesma maneira. Como diz um analista junguiano: "O inconsciente tem, com relação ao ego, a mesma atitude que o ego tem com relação a ele."[7] É melhor adotar uma atitude que deixe em aberto todas as possibilidades, não apenas as que são ditadas pelas regras da cultura materialista. O ouro não é a meta da alquimia: é um reflexo do seu sucesso.

Na alquimia psicológica, a imaginação é tão importante quanto a cognição, já que aborda o trabalho de maneira mais intuitiva. Então, não descarte o que não lhe parecer racional. Pressentimentos, sonhos e fantasias são ingredientes que entram no cadinho psíquico da transformação. Em especial, fique atento a acontecimentos estranhos, encontros casuais e eventos inesperados. Acontecimentos sincrônicos são um bom sinal de que a transformação está ocorrendo.

A ALQUIMIA PSICOLÓGICA VAI ME TORNAR CAPAZ DE MODIFICAR A MATÉRIA FÍSICA? Sim, sem dúvida, a mente tem domínio sobre o corpo. A cura não se limita à mudança psicológica, mas inclui a resolução da doença física. Na verdade, as pesquisas revelam que práticas psicológicas, como a meditação e a prece, não apenas ajudam a curar as doenças, mas as previnem. A psicologia alquímica se junta a outras disciplinas no arsenal cada vez maior de práticas de cura destinadas a mobilizar os eficazes recursos da natureza contidos no corpo.

ESTE LIVRO TRATA DE QUESTÕES PSICOLÓGICAS OU DE QUESTÕES ESPIRITUAIS? Sou psicólogo e, ao escrever este livro, meu objetivo é fazer da alquimia uma técnica psicológica útil. No entanto, para situar a alquimia, é preciso mostrar onde termina a psicologia e onde começa a espiritualidade. Acredito que a pedra filosofal represente um conjunto de comportamentos bem desenvolvidos, mas que vão bem além da psicologia. A minha esperança é que as pessoas fiquem entusiasmadas com essa perspectiva e acatem a alquimia em toda a sua amplitude. Este livro oferece um ponto de partida para essa jornada.

EU PRECISO MONTAR UM LABORATÓRIO? Não literalmente. O verdadeiro laboratório é *você*... é a sua vida. Estamos mais interessados na alquimia esotérica, psicológica. Essa é a ordem mais elevada da alquimia e, portanto, a mais difícil. Em vez de modificar substâncias físicas, estamos tentando transformar a consciência. Isso não quer dizer que não seja importante trabalhar com materiais físicos. Pelo contrário, a alquimia é, antes de tudo, manifestação. Na alquimia psicológica, a manifestação ocorre quando temos, na vida real, uma experiência que coincide com uma mudança de comportamento. A prova do trabalho está sempre no resultado.

O laboratório psicológico é aquele que resguarda seu trabalho alquímico de distrações, críticas inúteis e influências indesejadas. O trabalho alquímico tem duas faces: uma particular e outra pública. O trabalho interior é particular, mas as mudanças são fortificadas e testadas na esfera pública. Nosso laboratório é cheio de livros, jornais, música e quaisquer objetos que estimulem a imaginação.

EU PRECISO DE UM PROFESSOR? Não é necessário, mas ajuda. Sozinho, você vai precisar de coragem e de uma incrível capacidade de se distanciar para se ver objetivamente. Parece impossível, mas não é. Na verdade, nós nos distanciamos o tempo inteiro. Desmaiamos, negamos e buscamos distrações para a dor. Só que, neste caso, o objeto do distanciamento não é externo: é o nosso próprio *self*. Para compreender objetivamente quem realmente somos, temos que descascar as muitas camadas de "falsos eus", que resultam da influência dos pais, da sociedade e da religião. Muitas vezes, achamos que sabemos quem somos mas, quando surgem conflitos na nossa vida, percebemos que estávamos tristemente enganados.

Como você deve ter percebido, sem a ajuda de ninguém esse processo é muito difícil. Um professor ajuda porque reflete para nós o que precisa ser mudado.

A maior parte da história da alquimia é bem anterior à invenção da imprensa. Assim, o conhecimento era transmitido no contexto de uma tradição oral. Isso criou uma relação especial entre professor e aluno e manteve em segurança o conhecimento sagrado. O mero conhecimento não é suficiente para completar o trabalho alquímico, pois a consciência é transmitida do professor ao aluno de maneiras não-verbais. Nenhum livro consegue transmitir o poder que vem de uma relação com um professor talentoso.

COMO ENCONTRAR UM PROFESSOR? Na Índia, há um velho ditado: "Quando o aluno está pronto, o professor aparece." Quando você medita sobre esse desejo de maneira sincera e persistente, o professor aparece. Só que você não vai enxergá-lo se seus olhos estiverem fechados. Os professores têm muitas formas. Podem ser trapaceiros, adversários, mentores ou mestres espirituais.

Meus professores apareceram pelo caminho da cura. Eu tive três analistas, os doutores Robert Johnson, Jack Laney e Pan Coukoulis, pessoas sábias e especiais, que me ensinaram lições inestimáveis. Eles não me deram aulas de alquimia, mas me ajudaram a examinar as profundezas da minha psique inconsciente, onde encontrei minha *prima materia*. Alquimia não é fazer milagres mas aprender, com um professor, a cultivar as riquezas enterradas no solo da nossa psique. Depois, os milagres podem acontecer.

EU DEVO MANTER MEU TRABALHO EM SEGREDO? Não, necessariamente. *Particular* é uma palavra melhor para definir esse trabalho. Sem isso, ele fica exposto a todos os tipos de contaminação: distrações, críticas inoportunas, competitividade. Como no caso de qualquer experimento científico ou procedimento físico, é melhor criar um lugar estável e tranqüilo para que as mudanças que ocorram venham só de você. Em grego, esse espaço sagrado é chamado *teminous*. É um lugar sagrado, secreto, onde você se sente seguro para fazer o que for necessário ao trabalho.

A PRÁTICA DA ALQUIMIA PESSOAL OFERECE PERIGOS? Sim. Como não estamos discutindo a alquimia física, acho que podemos excluir o perigo de envenenamentos e explosões, o que deu fim a muitos alquimistas. Os perigos da alquimia psicológica são pessoais, relacionados ao temperamento e à constituição psicológica de cada um. Uma pessoa solitária pode se distanciar demais da realidade, uma situação perigosa que pode levar à depressão e até mesmo a quadros psicóticos. Durante alguns dos primeiros estágios do trabalho, a depressão não é incomum.

Qualquer um dos tipos descritos no último capítulo pode, em casos extremos, desequilibrar a psique. O excesso de pensamentos, sentimentos, sensações ou intuições pode causar problemas. Por exemplo, pensar demais numa situação nos deixa à mercê da "paralisia analítica", que nos tira a capacidade de pôr em prática nossos pensamentos.

Há outros perigos que não têm tanta relação com o tipo da pessoa, mas com sua constituição inata. Desenfreada, a imaginação pode provocar alucinações em pessoas que não têm os pés firmes na realidade. Do mesmo modo, o uso de drogas que alteram a consciência não é indicado na alquimia. Embora se diga que alguns alquimistas usavam substâncias psicoativas, acho que essa prática é perigosa e equivocada.[8]

É compreensível o desejo de ter experiências extáticas de imediato, mas é imprudência ter uma experiência assim sem "olhos para ver com clareza". Então, à lista de perigos psicológicos, tenho que acrescentar a pressa, o desejo e a dependência. Cuidado, a pressa retarda o processo. A meta da alquimia é elevar o nível da consciência e não reduzi-la a estados irreais. Nesse trabalho, preservar e disciplinar a consciência egóica é tão importante quanto atingir os níveis aprimorados de supraconsciência associados ao *Self* Individuado.

O raio de ação da alquimia é muito amplo. Realizar este trabalho é modificar a estrutura da matéria e a substância da alma. A arrogância é, talvez, o maior perigo que nos acomete na busca dessas metas elevadas e, por isso, a humildade tem que acompanhar o alquimista a cada passo do caminho. Jung fala dos perigos e benefícios da alquimia pessoal num comentário sobre *The Secret of the Golden Flower*. Esse livro sobre alquimia taoísta foi dado a Jung pelo sinólogo Richard Wilhelm. Seu texto antigo confirmou as primeiras teorias de Jung, revelando que os alquimistas buscavam a transformação da mente, assim como a transmutação dos metais. No seu comentário, Jung adverte:

> O caminho não é destituído de perigos. Todo benefício tem um preço e o desenvolvimento da personalidade é um dos mais altos. É uma questão de dizer sim para si mesmo, de tomar a si mesmo como a mais séria das tarefas, de ficar consciente das próprias ações e de mantê-las sob vigilância em todos os seus aspectos dúbios — uma tarefa que exige o máximo de nós.[9]

COMO FUNCIONAM AS RECEITAS DESTE LIVRO? Este livro é uma coleção de receitas muito antigas. Elas não são receitas culinárias; na verdadeira definição do seu significado, são prescrições. Ao contrário das prescrições médicas que, em geral, exigem apenas que você tome passivamente um comprimido, estas exigem a participação da alma, do espírito e do corpo. Tome e digira esses "comprimidos" com muita imaginação. Defina as receitas em termos comportamentais que possam ser aplicados a todos os níveis da experiência: mente, corpo e alma. Pratique com diligência, fé e criatividade, os experimentos que escolher.

À medida que investigamos a alquimia psicológica, vamos encontrar muitas pepitas de ouro em histórias, mitos e lendas do passado. Trazendo o ouro do Velho Mundo à luz da realidade presente, cruzamos um importante limiar, que promete restaurar uma visão sagrada deste mundo.

Capítulo 4

A Preparação do Cozinheiro

Que a natureza, a razão, o experimento e a leitura sejam o guia, o bastão, os óculos e a lâmpada para aquele que participa da química.

Michael Maier
LEGENDA DE ATALANTA FUGIENS

Médico, cura-te a ti mesmo.

Lucas 4:23

Encontramos uma estranha pegada nas praias do desconhecido. Elaboramos teorias profundas, uma depois da outra, para explicar sua origem. Finalmente, conseguimos reconstruir a criatura que deixou a pegada. E veja só! Ela é nossa.

Eddington
PHILOSOPHY OF PHYSICAL SCIENCE

O QUE HÁ POR TRÁS DE UM NOME?

Os segredos das origens da alquimia estão escondidos em seu próprio nome. A palavra alquimia tem dois sentidos, apontando cada um deles numa direção diferente: um aponta para baixo e o outro para cima. A palavra alquimia vem das palavras árabes *al kimia*. A primeira é um artigo e a segunda tem vários significados. Mas, em geral, ela diz respeito ao Egito como "A Terra do Solo Negro", uma referência à "lama fértil do Nilo, análoga ao Pântano da Criação em que Hathor se move".[1] Na mitologia egípcia, Hathor era conhecida como a Mãe do Mundo, dotada de grandes poderes criativos e de cura. Por isso, a alquimia é também chamada de "Arte Egípcia" ou "Arte Negra".

O Egito é, então, a Terra Negra e o seu rio sagrado, o Nilo, a principal força vital que flui através dela. Em regiões desertas, a água é a fonte da vida. Acreditava-se que as águas do Nilo vinham dos céus graças aos poderes de Aton, o deus egípcio do sol. O leito desse rio sagrado era, portanto, a fonte de toda criação: a exposição da lama, quando a água baixava, expunha uma parte do profundo mistério primordial da criação. Do ponto de vista psicológico, comparamos essa lama negra ao inconsciente, com seu conteúdo escuro e sombrio. Com essa definição, somos atraídos para dentro desse lodo primordial e para as profundezas do inconsciente.

Talvez sejam mais familiares as associações entre luz e trevas que aparecem na mitologia cristã. Lúcifer foi expulso do céu com legiões de outros anjos caídos. Segundo os alquimistas, esses anjos conheceram mulheres que, fascinadas com seus poderes celestiais, trocaram favores sexuais por segredos de transformação. A relação entre seres humanos e divinos é uma tosca descrição mítica da integração entre a terra e o céu. Nessa imagem, encontramos uma ligação entre a luz pura e branca do céu e os poderes sombrios da terra.

Já se abusou da comparação entre a escuridão e o mal. Segundo o Islamismo, a escuridão relaciona-se à atitude de Lúcifer, que não quis se curvar diante dos seres humanos porque amava um único Deus. A relação sexual, então, se torna o agente que transforma sua desobediência em amor. É um ato de redenção e também um outro modo de simbolizar a transmutação do chumbo em ouro. Para a maioria das pessoas, Lúcifer é um anjo negro, mas o segredo de sua aliança com as artes ocultas é revelado no significado do seu nome: "guardião da luz."

A alquimia é uma das três artes ocultas (ou negras) básicas e é provável que sua prática tenha se originado no trabalho de ferreiros e xamãs. O período negro da nossa vida evoca épocas em que éramos inconscientes, ou porque ainda não tínhamos alcançado a consciência ou porque nos comportávamos de maneira a negá-la. Quando vencidos pela dor ou pelas drogas, nós apagamos porque o ego não consegue suportar as exigências que lhe são impostas. A escuridão nos envolve no nascimento e no sono. Então, faz sentido ver a alquimia como uma arte negra devotada à prática de iluminar as experiências sombrias da vida humana.

Essa prática está incluída em outra derivação, menos conhecida, da palavra alquimia. Ela vem do termo grego *chymia*, que significa "fundir", como se faz com os metais. Indo mais fundo na etimologia, descobrimos origens ainda mais reveladoras. *Chymia* pode ter derivado do verbo egípcio *km*, que significa "completar, levar a um fim, executar (a preparação de ungüentos), acabar (trabalho em metal)".[2] O historiador Jack Lindsay explica que essas várias derivações, quando combinadas, explicam melhor o significado oculto da palavra alquimia:

> A obra forneceu a informação necessária para completar ou efetuar o que os deuses já tinham tornado inerente ou potencial nas ações humanas e nos objetos materiais, no processo de criá-los. Assim, *km* significaria, em certo sentido, a repetição da criação original do mundo — expressando a criatividade humana como um derivado da atividade divina e como sua imitação.[3]

Para fundir um metal é preciso fogo, o elemento que faz a ponte entre os dois significados básicos da alquimia. O fogo é central à alquimia, fazendo dela a arte que nos permite pegar substâncias escuras, pouco desenvolvidas, e fundi-las em objetos sofisticados, úteis e até mesmo belos. Seja essa substância o chumbo ou a negra ignorância da mente humana, a meta do alquimista é trazer luz à escuridão. Espelhando-se nas lições oferecidas pela natureza, o alquimista trabalha para completar o que Deus deixou inacabado. Com essa definição da palavra, somos içados para cima. É uma ascensão espiritual, sendo o fogo o meio de transformação.

O FERRO

Outro fato surpreendente que descobrimos ao explorar as origens da alquimia é que o ferro, e não o ouro, era o metal que tinha mais valor para os primeiros alquimistas. Não era a pedra e nem o ouro que simbolizava a meta do trabalho para os nossos ancestrais. Foi a descoberta do ferro que tirou os seres humanos da consciência da Idade da Pedra e iniciou uma nova era da humanidade, a do *homo faber* (homem que faz).

Na brilhante análise *The Forge and the Crucible*, o mitólogo Mircea Eliade rastreia as raízes da alquimia até a Idade do Ferro. Enquanto a pedra, como observa Eliade, "é uma imagem arquetípica que expressa realidade absoluta",[4] foi a descoberta do ferro que precipitou a produção de ferramentas e armas. Muitos anos se passariam antes que os seres humanos descobrissem os depósitos de ferro ocultos sob a superfície da terra e inventassem formas de transformar o ferro em implementos necessários para criar um mundo civilizado. Antes disso, os homens tratavam o ferro como tratavam a pedra, mas o viam como uma substância preciosa, entregue a eles pelos deuses.

O ferro foi descoberto primeiro nos restos de estrelas caídas: nos meteoritos. Assim, os povos primitivos acreditavam que o ferro possuía qualidades mágicas, ainda mais preciosas do que as do ouro. À luz dessa evidência, é interessante que os alquimistas tenham recorrido à imagem da pedra para simbolizar a realidade absoluta que constitui o fundamento de suas práticas de manipulação do metal.

A grande descoberta de depósitos de ferro na crosta terrestre levou à mineração. Eliade vê essa transição do minério meteorítico ao minério telúrico (minerado) como um salto gigante na evolução da consciência. Sem ele, não teria existido Revolução Industrial e não existiria a consciência da complexidade, própria dos seres humanos modernos. O minério de ferro extraído das minas profundas foi trabalhado na forja e transformado nos materiais usados para construir o mundo moderno. A mineração não é tarefa fácil. Exige engenharia, arquitetura e um completo conhecimento dos materiais. Esses desafios favoreceram uma interação entre mente e matéria que lançou as bases da psicologia alquímica.

É estranho que algumas pessoas se preocupem com a possibilidade de a Terra ser atingida por um meteoro. Faria mais sentido perguntar como seria a vida se nenhum meteoro tivesse atingido a Terra.

Além do ferro, enviado nas chuvas de meteoros, recebemos também o fogo em forma de relâmpagos. Sem o fogo, não se acenderiam os altos-fornos que derretem os metais e toda a história posterior à Idade da Pedra teria sido radicalmente diferente. Sem esses ingredientes, não teríamos descoberto a nossa capacidade de fazer coisas. A consciência se tornou ativa e, em concerto com a natureza, aprendemos a transformar árvores em casas, ferro em pontes e pedra em catedrais. Em outras palavras, nós nos tornamos capazes de inventar o mundo dos nossos sonhos.

Criar é uma atividade feminina em que deixamos que o inconsciente nos invada. As mãos moldam sua mensagem em forma de pinturas e poemas. Inventar, por outro lado, é uma atividade mais masculina. Não é para tomar literalmente os termos "masculino" e "feminino", já que eles correspondem a dois aspectos da consciência: a arte da criação e a ciência da invenção.

O grande matemático e físico Isaac Newton era inventor e praticava a alquimia. Gregory Bateson observou uma vez que "Newton não descobriu a gravidade: ele a inventou". Na biografia escrita por Michael White, *Newton the Last Sorcerer*, a vida do renomado físico é vista como a história de um homem lutando para integrar a magia do Velho Mundo à ciência de uma nova era.[5] Michael White o considera um homem obcecado e compulsivo que, às vezes, era um tirano em desacordo com os colegas e com a própria alma.

Newton parece exemplificar muitos dos grandes alquimistas. O intelecto aguçado, a língua afiada e a ambição coerente lhes permitiram romper a base da ignorância e da intolerância mística. Mas isso não bastava. As qualidades mais suaves que acompanham o ato de criar exigem sensibilidade para perceber forças inconscientes e de um profundo e duradouro respeito pela natureza. Essas qualidades fazem parte da preparação do alquimista para a obra.

Desde essas origens, a alquimia percorreu um longo caminho, mas o significado arquetípico do período posterior à Era Industrial não é diferente da transição evolutiva que levou os homens primitivos da passividade da Idade da Pedra à atividade inventiva da Idade do Ferro. O mesmo fogo que foi enviado do alto habita em nós; é a centelha da inspiração, a semente da invenção, que nos permite terminar o trabalho divino dos deuses.

OS SEGREDOS

A alquimia, a arte negra, sempre esteve envolta em mistério. Sua arte e seus manuscritos contêm imagens sombrias, paradoxais e surrealistas. Para o não-iniciado, esse vocabulário visual não faz sentido. Como os sonhos, essas estranhas imagens parecem sem pé nem cabeça. De certo modo, elas ofendem nossa sensibilidade e nós lhes damos as costas. A psique, como tudo na natureza, paira num delicado equilíbrio entre o caos e a ordem. As centelhas desse fogo acendem a compreensão e a paixão pela vida. "A coisa mais bela que podemos experimentar", escreveu Einstein, "é o misterioso. Ele é a fonte da ciência e da verdadeira arte. Aquele para quem essa emoção é desconhecida, que não consegue mais fazer uma pausa para indagar, arrebatado pela admiração, é como um cadáver: seus olhos estão fechados."[6]

O mistério guarda os segredos da natureza. Ele mantém o equilíbrio que permite aos mundos da terra e da mente seguir um curso regular através do espaço. O mistério guarda os aspectos escuros e luminosos da natureza numa perfeita combinação. No último livro sobre alquimia de Jung, *Mysterium Coniunctionis*, há um tesouro de informações sobre procedimentos alquímicos para manter o equilíbrio ou restaurá-lo quando ele é perturbado.

> Como você mantém o equilíbrio psíquico? Você conhece o seu próprio mistério? E o dos outros? Há na sua vida suficiente mistério para compensar os fatos e figuras que lhe pesam tanto na cabeça? O que você faz com o excesso ou a falta de loucura?

Os índios norte-americanos conheciam os perigos advindos do excesso ou da falta de lei e de ordem.

Muitas tribos tinham palhaços, bobos e trapaceiros para contrabalançar os efeitos do excesso de razão. E tinham um chefe para manter o equilíbrio. Até os grandes chefes, como Alce Negro, eram conhecidos como *heyokas*, "contrários", porque faziam truques e às vezes tinham um comportamento contrário ao esperado. Joseph Epes Brown, uma autoridade em cultura indígena das planícies, nos conta uma das muitas histórias sobre as encenações de Alce Negro:

> Foi em Denver — uma cidade nada agradável no início da década de 1940: havia muito preconceito e racismo, e tivemos dificuldade para encontrar um quarto de hotel. Finalmente, encontramos um quarto horrível. Alce Negro, sentindo-se mal com relação a Denver e ao hotel, queria tomar um suadouro para se livrar das impurezas da cidade. Não vi como fazer tal coisa naquele quarto de hotel, mas havia uma lareira tão velha que os tijolos estavam caindo. Ele disse: "Vamos pegar estes tijolos soltos, tirar mais alguns da chaminé e aquecê-los no fogo." Assim fizemos e, depois, pegamos as cadeiras do quarto e as dispusemos em círculo. Arrumando as cobertas das camas sobre as cadeiras, fizemos uma espécie de tenda no meio do quarto. Arranjamos um velho balde de carvão e, quando os tijolos ficaram quentes, nós os pusemos no balde, levamos o balde para a tenda, tiramos a roupa e entramos. Lá dentro, estava quente e gostoso. Cantamos, rezamos, fumamos e suamos: foi realmente muito bom! Acho que aquela foi a primeira vez que alguém tomou uma sauna num quarto de hotel de Denver. Mas, coisas assim acontecem sempre com essas pessoas — o inesperado, rompendo os padrões habituais, acrescenta uma dimensão à vida que considero extremamente importante.[7]

Não tente fazer isso em casa! No entanto, uma pitada de humor faz bem para a alma. Às vezes, uma boa piada traz à tona uma verdade conhecida de todos, mas que ninguém queria admitir. Esse elemento de humor é uma função do trapaceiro. Seu papel é tão importante na alquimia que, no próximo capítulo, terei muito mais a dizer sobre ele e seus bandos de diabretes, espíritos e deuses.

O artista conceitual Christo fez de sua obra um profundo manifesto social que é importante para a alquimia pessoal. Ele saía por aí embrulhando várias coisas com lona e corda. Não fosse pelo tamanho das coisas que embrulhava, é provável que ninguém tivesse prestado atenção nele e nem em sua arte. Ele embrulhava pontes e prédios, deixando-os assim até as pessoas começarem a se perguntar o que haveria sob a lona. Christo re-injetava mistério em objetos comuns da vida moderna. O mistério da magia, e junto com ele a alquimia, foi varrido com o ad-

> Examine a sua vida e pergunte-se se existe nela algum lugar para o mistério. Parece que uma das características mais atraentes das mulheres é o mistério, que parece faltar aos homens.

vento da ciência moderna. Pessoas como Newton e Einstein conseguiram preservar esse mistério, mas a maioria o perdeu de vista.

Em praticamente todos os livros de alquimia, o texto e as ilustrações são produzidos quase que exclusivamente por homens, o que nos leva a concluir que a alquimia é um conjunto estruturado de técnicas. Pois esse é um dos aspectos da alquimia que mais enganam. A história da alquimia foi feita quase toda por homens, mas sua substância é decididamente feminina. Faz muita falta um livro sobre alquimia escrito da perspectiva feminina. Neste livro, o envolvimento do feminino surge em cinco formas diferentes: a *Anima Mundi* (alma do mundo), o aspecto contra-sexual na personalidade do homem (*anima*), a alma (*luna*) como aspecto inconsciente de todos nós, o papel místico das mulheres na obra (*sora mystica*) e as mulheres como alquimistas praticantes.[8] Embora ainda faltem pesquisas nessa área, é inegável a importância do feminino em todos os níveis da obra alquímica.

SEGREDO BEM GUARDADO

Os alquimistas fizeram tudo para que suas receitas secretas não caíssem em mãos erradas. No entanto, mesmo que isso por acaso acontecesse, seus segredos seriam inúteis em mãos inescrupulosas. Na ausência de alguém que tenha chegado à compreensão de si mesmo e dos caminhos da Natureza por meio de muito trabalho, o verdadeiro poder dos encantamentos enigmáticos, das palavras mágicas e das operações específicas não tem utilidade nenhuma. O *opus* é então protegido por aquilo que Kerenyi chama de *arreton*, ou indizível, ao que o poeta Goethe se refere como *segredo aberto e sagrado*. É como uma coisa que está bem à sua frente, mas que você não tem olhos para ver.

Mistério é o que ocorre quando informações vitais são negadas com o propósito de criar uma condição numinosa. Gostamos do mistério pelo que ele tem de sagrado e pelos segredos que nos revela.

É preciso ter discrição para guardar um conhecimento que possa ser mal usado ou que possa impedir a experiência sagrada. O físico Wittgenstein nos dá um bom conselho: "Do que não se pode falar, sobre isso é melhor manter silêncio."[9] O uso do silêncio é muito eficaz. Permite que a alma venha à tona e descubra sua bela voz em meio ao interminável tagarelar da mente. Quando conseguimos silenciar a mente, o brilho do verdadeiro ouro atravessa a escuridão do inconsciente.

O verdadeiro segredo da alquimia é o fato de ter mais relação com a transformação da mente do que com a dos metais. "Para o verdadeiro alquimista", escreve Morris Berman, "o ouro era o fim, não o meio. A manufatura do ouro era o auge de sua longa evolução espiritual, e essa era a razão do seu silêncio."[10] O ouro não refletia apenas o trabalho interminável no laboratório físico; do ponto de vista psicológico, representava anos dedicados ao desenvolvimento do caráter espiritual e psicológico.

Para guardar um segredo é preciso

- silêncio, que não deve ser confundido com evasiva
- discrição no que se diz e na maneira de falar
- reverência pela experiência sagrada e numinosa
- prática espiritual e psicológica
- caráter excelente

O alquimista se empenhava muito para desenvolver um caráter indômito, que lhe permitisse manter o silêncio necessário à transformação interior. Não era só o cadinho, contendo ácidos e líquidos em ebulição, que precisava ser forte para agüentar o calor; a personalidade do alquimista também tinha que guardar os segredos, as paixões e as iluminações advindas de seus experimentos. Albertus Magus, um mago que ensinou as artes místicas a Tomás de Aquino, descreveu alguns dos traços de caráter necessários a um bom alquimista. Em *De Alchemia*, ele diz que o iniciado tem que ter características como discrição, reserva, paciência, persistência, diligência e espírito incansável.

A essa lista de características ele acrescenta outra, que parece especialmente relevante hoje, a respeito da política de subvenção das pesquisas. Magus diz: "Acima de tudo, [o iniciado] deve evitar envolvimento com lordes e príncipes. Para começar, seria incitado a acelerar indevidamente a Obra e, em caso de não-sucesso, estaria sujeito aos piores tormentos. Caso fosse bem-sucedido, a prisão seria sua recompensa."[11] Obviamente, o discernimento e o tato são tão importantes para a obra quanto a discrição.

Nessa lista, que continua a crescer, de traços de caráter necessários ao sucesso na alquimia, falta um, que talvez seja o mais importante: a firme determinação de desvendar segredos da natureza, em nós mesmos e em cada partícula de vida. "Talvez", explica a analista junguiana Esther Harding, "o requisito mais essencial para participar da 'grande obra' seja uma atitude de devoção, uma seriedade de propósito na busca pela compreensão do pleno significado da vida, um esforço extremo para que o valor supremo chamado *Self* possa ser resgatado da escuridão do inconsciente."[12]

O propósito da alquimia é acelerar a evolução da mente e da matéria. Mas, como Magus sabiamente nos adverte, podemos errar quando avançamos depressa demais ou apressamos o trabalho pela razão errada. Em outras palavras: não se deve agir por ganância, orgulho ou obrigação. É preciso evitar essas armadilhas, sob o risco de ir contra o propósito da alquimia, de regredir a estados pouco saudáveis de inconsciência. Roger Walsh, respeitado psiquiatra e autor de *Essential*

Spirituality, diz que o vício é o resultado final, extremo e exagerado, do apego.[13] Os vícios, evidentemente, obedecem a motivações inconscientes, sabotando assim os esforços necessários à individuação, à realização espiritual e à produção do verdadeiro ouro.

Muitos alquimistas ficaram obcecados no decorrer do trabalho. Mas há uma clara diferença entre esses adeptos dedicados e aqueles cuja única ambição era tirar proveito do que julgavam ser um esquema para enriquecer depressa. Estes queriam apenas fazer fortuna com facilidade ou enganar os outros para tomar-lhes as deles. Encontramos falsos alquimistas em toda a longa história da alquimia. Conhecidos como charlatões, conjuradores ou assopradores, eram desprezados pelos verdadeiros estudiosos da Arte. Os assopradores eram assim chamados porque abusavam dos foles para ativar o fogo da fortuna. Eles desconheciam ou repudiavam a idéia alquímica dos três graus de fogo, que eram usados em diferentes estágios da obra para realizar operações diferentes. Na pressa para produzir o ouro material, eles sopravam ar quente demais, o que de nada adiantava. E eram, eles também, cheios de ar. Eram *bufões*, termo que vem da palavra latina *follis,* que significa cheio de ar. O verdadeiro adepto procedia à maneira de um yogue indiano, que usa o ar para controlar a respiração e a chama da consciência.

Praticantes pouco sinceros ou mal treinados representam sempre uma ameaça. Assim é ainda hoje, talvez mais do que antigamente. Sherwood Taylor, curador de museu de Oxford, explica:

> O objetivo material dos alquimistas, a transmutação dos metais, foi realizado agora pela ciência e o vaso alquímico é a pilha de urânio. Deu certo, mas com um resultado que os alquimistas temiam e evitavam: um poder gigantesco nas mãos daqueles que não estão qualificados, pelo poder espiritual, a recebê-lo. Se a ciência, a filosofia e a religião ainda estivessem associadas à alquimia, talvez não estivéssemos diante desse terrível problema.[14]

MENTE SÃ

Muitos estudiosos afirmam que a palavra "alquimia" vem das duas derivações que mencionamos, mas Jack Lindsay, uma autoridade em clássicos gregos, egípcios e romanos, aventa outra possibilidade: *chymos*, e não *chymia*, seria a raiz da palavra alquimia. Há, na verdade, uma ligação entre essas duas raízes gregas, mas *chymos* tem um sentido mais amplo, "incluindo fluidos ou humores animais".[15] Isso é importante porque nos revela uma ligação etimológica direta entre a alquimia e a cura. Aristóteles, por exemplo, ampliou o conceito de quatro elementos, de Empédocles, incluindo quatro humores usados para curar doenças da mente e do corpo. Humor, aqui, nada tem a ver com risada ou comédia. Refere-se a um antigo sistema que nos ajuda a entender a manifestação dos quatro elementos nos seres humanos.

Richard Grossinger, autor de muitos livros sobre cura, fala da noção tradicional de humores. Em *Planet Medicine*, ele escreve:

> Os elementos se expressam, nos seres humanos, por meio dos humores, que são os elementos complexos da vida. Os humores reagem ao ambiente, à alimentação, aos hábitos e aos estados emocionais. Eles transmitem o temperamento e o "significado" psíquico dos elementos. O homem observa os elementos — como relâmpagos no céu tempestuoso seguidos, depois da chuva, de cogumelos nos troncos da barragem — mas os sente também circulando dentro de si, passando de um estado a outro. Quando eles se desequilibram, ele sente uma distorção, embora não saiba exatamente do que se trata... De certo modo, os humores são espíritos, percepções fenomenológicas da condição de estar vivo.[16]

Embora o filósofo grego Hipócrates tenha apresentado uma teoria prática dos humores, ela é encontrada também em textos chineses antigos e no sistema indiano de medicina ayurvédica.

O conhecimento prático dos humores é uma excelente preparação para a alquimia pessoal, pois nos fornece uma ferramenta para manipular os elementos da nossa personalidade.

Neste sistema, a cada um dos quatro elementos foram atribuídas duas características:

É importante observar que todo elemento tem uma característica predominante, indicada pelo asterisco no quadro anterior. Todos os elementos são mutáveis: passam pelo meio que cada um deles tem em comum com outro. O fogo, en-

QUADRO 2: ELEMENTOS E HUMORES

Elemento	Humor
Fogo	seco e quente*
Ar	quente e úmido*
Água	úmido e frio*
Terra	frio e seco*

tão, se torna ar por meio do *calor* (quente); o ar se torna água por meio do *úmido*; a água se torna terra por meio do *frio*; a terra se torna fogo por meio do *seco*. Como cada elemento corresponde a uma das quatro funções psicológicas, começamos a ver que este sistema possibilita a transformação da consciência.

Quando juntamos elementos, humores e funções, este é o resultado:

FIGURA 3: ELEMENTOS, HUMORES, FUNÇÕES

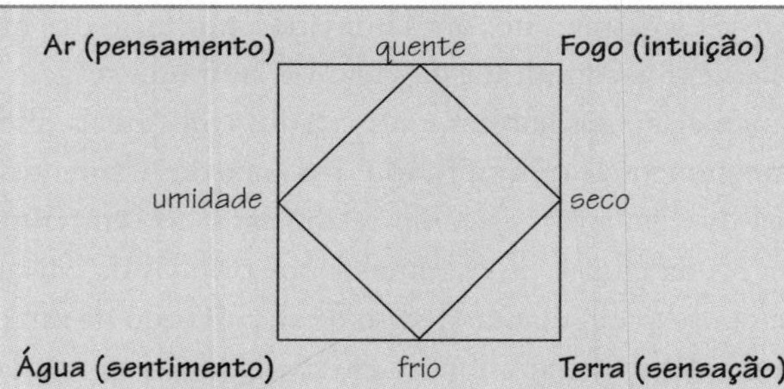

Dois elementos (funções) mudam quando um deles fica sem o humor que compartilham com um terceiro elemento. Por exemplo, quando são privados das características *seco* e *frio*, fogo e água se transformam em terra. Do mesmo modo, quando privados das características *frio* e *úmido*, terra e ar se transformam em água. A única limitação é que qualidades idênticas ou contrárias não podem ser o resultado da combinação.

Para Jung, as quatro funções consistem em duas operações racionais (pensamento e sentimento) e duas não-racionais (sensação e intuição). Em cada um de nós, há predominância de uma, às vezes duas, dessas funções. Um tipo pensamento puro é um racionalista estrito que recorre a meios cognitivos para compreender o mundo. Combinado à função sensação, o tipo resultante, pensador-sensorial, daria um excelente cientista. Essas funções dotam a pessoa dos recursos cognitivos necessários para resolver problemas científicos e da habilidade física necessária ao trabalho de laboratório. Se um tipo pensador puro quiser desenvolver a função sentimento porque está tendo problemas em casa, a teoria dos humores indica que precisaria abdicar das características úmido e frio. O que isso significa?

Os relacionamentos, em especial o casamento, requerem a expressão de sentimentos, a empatia e a boa comunicação, que são qualidades quentes. O cientista moderno procura conduzir o trabalho de laboratório em condições clínicas que excluam influências subjetivas. Mesmo que sinta paixão pelo trabalho, a regra é não permitir que a subjetividade interfira no experimento físico. Do contrário, o resultado seria alterado por aquilo que ele quer que aconteça, desviando-se do que ocorreria se sua hipótese se sustentasse no experimento. Os sentimentos, em outras palavras, podem contaminar e até mesmo invalidar os resultados. Mas, ao longo dos anos, essa exigência começa a deixar suas marcas na vida pessoal do cientista. Segundo a teoria dos humores, a receita para corrigir essa situação seria minimizar as qualidades racionais, úmidas e frias, para viabilizar a expressão dos sentimentos.

A doença é considerada um desequilíbrio nos elementos e nos seus humores. O objetivo da cura é restaurar esse equilíbrio. A medicina ayurvédica usa um sistema semelhante para corrigir distúrbios físicos. Por exemplo, quando há um excesso de umidade — como congestão e excesso de muco — a eliminação da água do corpo o estimula a aumentar a produção da "secura" associada à terra e ao fogo. Mas, quando há excesso de calor, como nos estados febris, é preciso aumentar a produção das qualidades da água: umidade e frio. A medicina ayurvédica não é assim tão simples, mas quero apenas mostrar que os sistemas baseados na teoria humoral existem com o propósito de tratar a doença física.

Embora seja discutível a eficácia da manipulação de humores no tratamento de problemas físicos, estou convencido, com base no meu trabalho como psicoterapeuta, de que o modelo é eficaz no tratamento de doenças psicológicas.

Uma das minhas pacientes sofre de ansiedade obsessiva. Com a função sentimento altamente desenvolvida, ela não consegue conter os sentimentos que lhe despertam as três filhas adultas. Além disso, ela vive em conflito consigo mesma por fazer julgamentos apressados em vez de considerar com mais cuidado as situações. Com isso, ela foi ficando muito ansiosa, e até mesmo um pouco neurótica, sentindo-se dominada pelos próprios sentimentos e incapaz de avaliar as atitudes das filhas.

A terapia corrigiu esse desequilíbrio fazendo-a fortalecer a função pensamento. Para isso, ela teve que eliminar as características de calor e umidade que obstruíam a função pensamento. Seus pressentimentos estavam quase sempre errados e seus sentimentos úmidos estavam anuviando sua lucidez. Quando ela começou a pensar e parou de reagir emocionalmente às ações das filhas, seus julgamentos passaram a ajudá-la e a livraram de preocupações desnecessárias.

O primeiro passo para corrigir um distúrbio é dar-lhe um nome. O mero fato de dar nome ao problema traz alívio imediato. Em medicina, diagnóstico é o ato de nomear a doença, sendo já parte do tratamento. Nós nos sentimos confortados ao descobrir a causa e o nome da doença. Ao diagnóstico do médico, esperamos que se siga um tratamento definido. A falta de um nome para o que nos aflige é desconcertante, tanto para o médico quanto para o paciente.

Dar nomes ao problema nos traz esperança. Sem os deuses para nos "explicar" as doenças, inventamos termos sem sentido, como ideopático ou inespecífico. Buscando a origem da palavra diagnóstico, descobrimos que ela tem história e profundidade. O prefixo "dia" significa "seguir em duas direções" e "gnosis" significa "conhecer", não no sentido de pôr um rótulo na doença, mas de uma profunda experiência de sua causa. É um conhecimento a que se chega por meio de uma conversa bidirecional, ou diálogo, que se tem consigo mesmo e com o médico.

O PODER DE CURA DAS PALAVRAS

As palavras têm o poder de curar doenças?

A pesquisa revela que a psicoterapia é eficaz na cura de doenças psicológicas e de algumas doenças físicas.[17] O poder de cura das palavras é demonstrado no caso de pessoas com cegueira histérica que recuperam a visão ou de pessoas que saram de ataques de pânico debilitantes com o uso de terapia verbal e nada mais. Não podemos esquecer que psicologia é o estudo da alma. É alma que dá às palavras sua profundidade, animando-as com os poderes de cura do domínio arquetípico. Os diagnósticos, assim como os encantamentos e até mesmo as receitas alquímicas, tiram o seu poder da ligação entre a linguagem falada (consciente) e a alma (inconsciente).

Não é só das palavras que vem o poder de cura. Elas são o catalisador que carrega as energias da cura. Um iogue indiano que entoa o som sagrado "Om" ou um xamã esquimó que pronuncia as palavras de um antigo ritual de cura formam uma ponte entre a realidade interior e a realidade exterior. Através dessa ponte sonora, eles fazem com que os poderes do universo atuem sobre a fonte da doença. O som se torna o meio de ligação entre os poderes espirituais das alturas e os distúrbios do paciente.

Desse ponto de vista, a doença é um acorde dissonante que precisa de afinação. O tratamento só é eficaz quando a "atenção" do médico está totalmente concentrada no som corretivo, no mantra, excluindo o que distrai a mente. Assim como os mantras individualizados fornecidos pelos gurus aos seus discípulos, as receitas alquímicas servem a um propósito semelhante. Não se trata apenas de seguir as instruções, pois não é isso que dá à receita o seu poder. O próprio som da receita serve para modificar a mente de maneira a viabilizar a transformação interior necessária. No caso de receitas alquímicas, pronunciar as palavras e ouvir seu som é tão importante quanto compreender o que significam.

A cura alquímica exige conhecimento da mente, do corpo e da alma. Esse é um conhecimento que está relacionado à psicologia e à mitologia da experiência humana, assim como ao estudo da anatomia e da bioquímica humana. Por outro lado, seria absurdo pensar que o paciente vai melhorar só com as palavras escritas no receituário. Na cura alquímica, é preciso fazer uma ligação entre som, palavra e imagem. Em geral, esquecemos que as drogas produzidas pelo homem vieram de um estudo intenso dos processos naturais e que os médicos e os remédios têm uma história, fatores cruciais no processo de cura.

Saber que *RX* é também um símbolo antigo, derivado de uma "evocação a Júpiter, uma prece pedindo-lhe que torne o tratamento eficaz",[18] ajuda na canalização de poder espiritual para o paciente. Do mesmo modo, é bom lembrar que o caduceu, que continua sendo a insígnia da medicina, era o bastão mágico, usado pelo deus grego Hermes, para reconciliar opostos. Além desses exemplos óbvios, há os mitos de Asclépio e Quíron, o curador ferido, deuses que continuam a ser uma fonte de poder de cura. A ligação entre as palavras de cura com as imagens que estão por trás delas é essencial na prática médica. Os yogues, os xamãs e os alquimistas conheciam muito bem o poder de cura das palavras, quando usadas dessa maneira.

As palavras e os sons tinham um papel importante no laboratório dos alquimistas. Uma das gravuras de uma famosa série do século XIX, feita pelo alquimista Heinrich Khunrath e chamada *O Anfiteatro da Sabedoria Eterna*, mostra a oficina de um alquimista, com um laboratório à direita e um oratório à esquerda. Ali, ajoelhado diante do altar, o alquimista reza, cercado de textos sagrados. Em primeiro plano, há uma variedade de instrumentos musicais sobre uma mesa. Khunrath revela, assim, a importância da prece e da música, assim como a da mistura de substâncias químicas.

Michael Maier, médico e adepto do Rei Rodolfo II, oferece outro bom exemplo da importância das palavras e do som. Maier produziu uma obra chamada *Atalanta Fugiens*, que combina música, texto e gravuras, mostrando o procedimento para fazer a pedra filosofal. Finalmente, cito o exemplo de Marcilio Ficino, alquimista-filósofo da Renascença, que tocava alaúde ao tratar dos pacientes. Ele acreditava que "por meio do movimento do ar, o som musical afeta o corpo: por meio do ar purificado, estimula o *espírito* aéreo, que é o elo entre o corpo e a alma: por meio da emoção, afeta os sentidos e, ao mesmo tempo, a alma".[19]

Ficino diferencia os tipos de música e suas funções. Em seu esquema, existem três categorias: *musica mundana*, *musica humana* e *musica instrumentalis*. A última é a música comum, que ouvimos no rádio e nas salas de concerto. A primeira é mais conhecida como música das esferas: o som ambiente gerado pelos lentos movimentos orgânicos dos planetas, das estrelas e das estações. A segunda, *musica humana*, é o reflexo dessas vibrações cósmicas na alma humana. Segundo Ficino, a música, seja de que tipo for, é "outra arte da memória e da imaginação, uma maneira de pôr a alma em contato com vários tipos de espíritos... uma qualidade da própria alma, um fator elementar em sua constituição, paralelo ao elemento ar na natureza".[20]

Essa é uma verdade! Às vezes, não conseguimos tirar uma melodia da cabeça ou, então, uma velha canção nos traz de volta uma lembrança distante.

Quando visitei Praga, senti a presença esmagadora de duas coisas: a pedra e a música. Tudo, naquela bela cidade, parece feito de pedra: a ponte St. Charles, a igreja Tyn, a praça Old Town, o calçamento das ruas, a ruela do alquimista, o castelo de Praga. Mas, contra as sólidas lembranças gravadas nesses monumentos de pedra, a música flutua pelo ar. Ali, testemunhei um princípio alquímico, conhecido como fixo-volátil, na vida real: pedras eternamente fixas e a música soprando pelo ar como uma suave melodia de verão.

> A música carrega lembranças pelo ar que a alma respira.

A impressão foi redobrada quando fiz uma viagem a Kutná Hora, uma cidade de mineradores não muito longe da capital. Trata-se de uma cidadezinha medieval, de onde antes se extraía a prata usada para cunhar moedas. Fiquei maravilhado quando descobri que os mineradores se distraíam com uma caixa de música mecânica com mais de um metro e meio de altura. A imagem de mineiros quebrando a pedra com uma picareta ao ritmo das notas que vinham da caixa de música era um exemplo esplêndido de alquimia acústica.

Frater Albertus, um alquimista contemporâneo, define a alquimia como "a elevação das vibrações". O conceito de som, palavras sagradas, encantamentos e vibração é antigo e novo ao mesmo tempo. A audição, segundo a antiga escola hindu de Samkhya, "não é meramente um dos cinco sentidos — aquele que é sensível às vibrações do ar — mas o pai de todos os sentidos".[21] Mas só agora a física teórica parece estar levando a sério a possibilidade de uma participação importante das vibrações na criação do universo.

BOAS VIBRAÇÕES

Atualmente, um dos projetos mais empolgantes dos físicos teóricos é a busca por uma fórmula (receita) que explique tudo. É a chamada Teoria de Tudo. Essa teoria pretende concluir o trabalho iniciado por Einstein e, ao mesmo tempo, resolver o grande mistério da alquimia: como integrar o macrocosmo (acima) e o microcosmo (abaixo) para a "criação do Uno". Esse espantoso empreendimento se vê diante de um problema: a matéria se comporta de maneira diferente na terra e no espaço sideral. Em geral, as regras que se aplicam a um caso não se aplicam ao outro. E a Teoria de Tudo pressupõe uma lei universal que se aplique a todos os domínios da matéria.

Uma das teorias que pode resolver esse problema é a teoria da supercorda. Ela se baseia na idéia de que existem muitas dimensões além das quatro que conhecemos, criadas por cordas inimaginavelmente pequenas vibrando pelo universo. Na teoria da supercorda, há uma *mysterium coincidentia*, uma estranha coincidência entre passado e presente que prenunciaria uma Idade de Ouro para toda a humanidade.

Como os elementos, a matéria e a mente estão em constante movimento. O Caos, sem organização nas vibrações, é uma cacofonia confusa. Com o som, a vibração atinge seu primeiro nível de organização. "O som e o éter são", segundo a musicóloga Jocelyn Godwin, "a primeira manifestação da consciência objetiva."[22] Pensamentos expressos em melodia e verso são vibrações que atingiram um sentido literal. A música e as artes em geral dão expressão à consciência e são muito importantes para a harmonia do corpo, da mente e da alma. A pesquisa de Eliade sobre alquimia revela ligações históricas entre a vida humana e o mundo natural. Escreve ele:

> Parece ter existido portanto, em diferentes níveis culturais (o que é um sinal de grande antiguidade), uma estreita ligação entre a arte do ferreiro, as ciências ocultas (xamanismo, magia, cura etc.) e arte da canção, da dança e da poesia.[23]

Não se pode subestimar a importância do som na alquimia e na cura. Sem os meios para produzir e distribuir livros em quantidade (a imprensa só começou a operar em grande escala a partir do século XVI), a alquimia foi, por cerca de 1800 anos, uma tradição predominantemente oral. Apesar dos pergaminhos e tabuletas de pedra, a informação era limitada e, em geral, incrustada em símbolos complexos. Ainda hoje, há uma verdadeira biblioteca de hieróglifos à espera de tradução. Assim, a transmissão do conhecimento alquímico era feita, basicamente, pela palavra oral.

Como um "remédio verbal", a psicoterapia se presta à prática da cura alquímica: ela recorre à função literal e à função metafórica da mente. Terapeutas experientes sabem usar suas ferramentas verbais, modulando e ritmando a voz e elaborando frases que redirecionam pensamentos equivocados.

Durante muitos séculos, os encantamentos funcionaram de maneira semelhante. Os alquimistas também faziam uso da prece e de palavras mágicas para pedir aos deuses que trouxessem do alto as energias necessárias. Entre os alquimistas, a prece não era muito diferente dos cantos dos xamãs norte-americanos ou dos precentores hebreus. "A palavra prece", escreve um alquimista contemporâneo, "deve ser entendida não tanto como súplica individual, mas como enunciação interior — e às vezes também exterior — de uma fórmula ou nome dirigido a Deus e evocando Deus (uma jaculatória)."[24] Volto a ressaltar a importância do som, da palavra e da imagem. O ato de pronunciar as palavras é tão importante quanto o significado delas. Mesmo quando não entendemos seu significado literal, os sons têm poder de cura.

Eu adoro o som da alquimia. Palavras como elixir, espagírico, *rebis* e *coniunctio* exigem um esforço que minha língua não está acostumada a fazer e, ainda assim, exalam familiaridade. O resultado é uma sensação deliciosa. Salvo nas igrejas em que se canta hinos, parece não haver muito espaço na vida moderna para cantar em língua estrangeira. As boas vibrações nos tocam num nível muito profundo, visceral. A manipulação do som é uma ferramenta de transformação capaz de unir o mundo espiritual ao domínio terreno. Embora não tenhamos ainda descoberto uma teoria de tudo, temos ainda a capacidade de sentir a unidade do universo inteiro ao ouvir e cantar a música das esferas.

O filósofo grego Plotino escreve: "Se os encantamentos e outras formas de magia conseguem, mesmo a distância, nos induzir a relações empáticas, só pode ser por meio da Alma única."[25] As palavras "mesmo a distância" nos remetem diretamente à linguagem contemporânea da física. A expressão "acontecimento não-local" é usada pelos físicos para descrever uma relação não-causal — não muito diferente do conceito de sincronicidade de Jung — que consiste na cópia de uma partícula por outra, seja qual for a distância entre elas. O limiar entre o velho mundo e o novo é ultrapassado quando a filosofia antiga encontra uma correspondência direta com um experimento da física contemporânea. Mas a ligação, embora inconsciente em diferentes graus, sempre existiu. Plotino diz que o *em cima* e o *embaixo* existem na alma humana. E é no som e na prece que esses dois grandes domínios se encontram e se unem. Nas palavras de Plotino: "Uma palavra discreta induz mudanças num objeto remoto e se faz ouvir a grandes distâncias — prova da unidade de todas as coisas na Alma única."[26]

A alquimia identificou duas grandes esferas da consciência humana — a material e a psíquica — e personificou a dualidade da psique em palavra e imagem. Suas receitas expressam a integração abstrata de espírito e matéria. Assim, elas agem ao mesmo tempo em muitos níveis diferentes. Quando tentamos compreendê-las com uma atitude que busca apenas a explicação, nós lhes roubamos o poder de ativar os recursos mais profundos do inconsciente. A cura não é apenas um processo baseado na manipulação material do corpo, mas é também um processo imaginativo. A imaginação, disse Einstein, é tão importante quanto o conhecimento na compreensão do universo. Ao contrário das prescrições médicas, as receitas alquímicas exigem total comprometimento da mente, do corpo e da alma, assim como participação criativa da faculdade imaginativa.

PRESCRIÇÕES

Já é hora de pôr em prática algumas das coisas que analisamos; é hora de praticar a alquimia em vez de apenas falar sobre ela. Para começar, escolhi alguns dos mais eficazes textos alquímicos. Neste ponto, não procure compreender os textos; é mais importante deixar que as imagens que lhe ocorrerem, sejam elas quais forem, fiquem plenamente presentes na sua consciência.

1. Recite esta invocação do século III, tirada de *Corpus Hermeticum*. Ela fortalece a mente imaginativa:

   Eleve-se acima de toda altura; mergulhe mais fundo do que qualquer profundeza.
   Concentre em você todas as sensações de coisas criadas
   De água, fogo, seco e molhado.

   Pense em estar simultaneamente em todos os lugares
   da Terra, do mar e do céu;
   Pense em nunca ter nascido,
   Em ser ainda um embrião;
   Jovem e velho, morto e além da morte.
   Abrace tudo ao mesmo tempo;
   Todos os tempos, lugares, coisas, qualidades e quantidades[27]

2. Siga estas instruções. Elas vêm de uma coleção de ensaios herméticos escritos no século III por filósofos egípcios. As palavras fornecem um exemplo eficaz de imaginação ativa.

   Salte, livre de tudo o que é físico, e cresça até ficar tão vasto quanto aquela imensurável vastidão; vá além do tempo e torne-se eterno: então, você perceberá Deus.
   Compreenda que nada é impossível para você;
   reconheça que você também é imortal e que pode conter todas as coisas em sua mente;
   encontre seu lar no coração de cada criatura viva; faça-se superior a todas as alturas e inferior a todas as profundezas;
   traga todos os opostos para dentro de si e reconcilie-os;
   compreenda que você está em toda parte, na terra, no mar e no céu;
   perceba que você ainda não foi gerado, que ainda está no útero, que é jovem, que é velho, que está morto, que está no mundo além do túmulo;
   tenha tudo isso em mente, todos os tempos e lugares, todas as substâncias e qualidades e magnitudes;
   então, você será capaz de perceber Deus.[28]

3. Memorize essa receita. Trata-se de um texto da *Tábua Esmeraldina*, escrito pelo maior de todos os alquimistas, Hermes Trismegisto. Aqui, ele descreve o *opus* alquímico. Não se esforce para compreender totalmente seu

significado simbólico: a meta é imprimir na memória suas palavras. Assim, pode ser que lembranças ainda mais antigas, além de sua própria experiência, despertem:

- Verdadeiramente, sem engano, certo e verdadeiro.
- O que está embaixo é igual ao que está em cima e o que está em cima é igual ao que está embaixo, para realizar os milagres do um.
- E como tudo procede do um, pela mediação do um, assim tudo veio desse um por meio da adaptação.
- Seu pai é o sol; sua mãe, a lua; o vento o carregou na barriga; sua ama é a terra.
- Ele é o pai de tudo, a inteireza do mundo todo.
- Sua força é completa se for transformada em terra (ou se voltar para a terra).
- Separe a terra do fogo, o sutil do denso, gentilmente e com grande sinceridade.
- Ele ascende da terra para o céu, e desce de novo para a terra, e recebe o poder que vem de cima e o poder que vem de baixo. Assim, você terá a glória do mundo inteiro. E a escuridão o deixará.
- Está aqui o forte poder de toda a força; pois ele supera todas as coisas sutis e penetra em todas as sólidas.
- Então, o mundo foi criado.
- Daqui virão as adaptações maravilhosas, cuja maneira é esta.
- Então eu sou chamado ______________________ (seu nome), tendo as três partes da filosofia do mundo inteiro.
- O que eu disse sobre a operação do sol está completo.

4. Resolva esta charada e terá a *prima materia*. Acreditava-se que as charadas aguçavam a curiosidade e, neste caso, elevavam a inteligência racional a um plano mais elevado. A razão por si só não resolverá o mistério:

   Uma charada para você eu vou propor,
   De uma coisa comum que quase todos conhecem,
   Que agora na terra em abundância cresce,
   Mas é de pouco valor como todo mundo sabe;
   E que sem raiz, talo ou semente,

Com que de sua espécie outra gerar:
Mas da natureza que é não pode cessar,
Se você a planta aos pedaços, ela se junta e cresce,
Bem pesada por natureza, mas forçada a voar,
Sem valor algum na bolsa, mas boa para o olhar,
Essa coisa nada é o que parece muito estranho,
Já provou do fogo que a faz mudar:
E tem muitas cores, mas mostra uma só,
Esse é o material da nossa Pedra.[29]

Esses exercícios nos preparam para o passo seguinte desta jornada: os deuses e espíritos que unem o céu lá no alto com os espíritos da terra.

Capítulo 5

Deuses em cima, Espíritos Embaixo

Em cada um desses níveis, espécies, existem análogas
àquelas do nosso mundo, mas são infinitas.
Alguns são povoados por Anjos e pelo Eleito humano.
Outros são povoados por Anjos e gênios, outros por demônios.
Só Deus sabe o número desses níveis e o que eles contêm.
O peregrino passando de grau em grau descobre a cada nível
mais elevado um estado mais sutil, uma beleza mais arrebatadora,
uma espiritualidade mais intensa, um prazer mais exuberante.
O mais elevado desses graus faz limite com aquele das puras
entidades inteligíveis de luz e a ele se assemelha.

QU'BUDDIN SHIRAZI

A alquimia sempre foi em parte arte, em parte ciência. Essa proporção mudou acentuadamente ao longo de milhares de anos. A história dessa transição revela que a química se desenvolveu a partir da alquimia e, o que é mais importante, que uma maneira obsoleta de pensar deu lugar a um novo mundo. Na aurora dos tempos, a consciência era composta quase que totalmente por experiências subjetivas. Era uma era de magia, mito e mistério. Nessa mistura, havia pouca distinção entre as coisas. As pedras, o céu, os animais, os lagos e as pessoas compunham uma realidade gigantesca. É nessa consciência oceânica que a alquimia e outras artes ocultas têm sua origem. O xamanismo é, provavelmente, a primeira tradição mágica a surgir dessa névoa do início da história.

Em todas as artes ocultas há remanescentes do animismo, que é uma das características essenciais de todas as formas de alquimia. Além de entender que, segundo o animismo, existe algum grau de consciência em toda a matéria, é bom lembrar que, segundo a definição do *Oxford English Dictionary*, a fonte dessa vida é a *Anima Mundi*, ou alma do mundo. Com o advento da ciência, torna-se tentador descartar esse pensamento mágico, taxando-o de primitivo e irrelevante. Mas a atual estrutura do cérebro humano revela vestígios de nossa história, que remontam a essa era mágica. Além de o nosso cérebro guardar traços de anatomia primitiva, o pensamento continua a seguir caminhos semelhantes aos de nossos primeiros ancestrais.

O cérebro é estruturado em camadas, que vão de baixo para cima, dos mais antigos vestígios anatômicos de neuroanatomia para as formas mais avançadas, encontradas no córtex frontal. O sistema nervoso central é formado pelo cérebro e pela medula espinhal, responsáveis pela realização das operações mais sofisticadas da mente e do corpo. Graças à capacidade de pensar abstratamente e de realizar as instruções do cérebro com eficiência, os seres humanos ascenderam ao topo da grande cadeia do ser. O segundo sistema nervoso, chamado de sistema nervoso autônomo, realiza as funções vegetativas do corpo, como respiração, pressão sangüínea e digestão. Sua "psicologia" se assemelha mais à dos animais. Lutar e fugir são exemplos de reações autônomas que, ao contrário do que ocorre no sistema nervoso central, não exigem a mediação da consciência.

Para simplificar, eu me refiro ao sistema nervoso central como sistema consciente e ao sistema nervoso autônomo como sistema inconsciente. Essa informação vai se tornar importante quando comentarmos sobre as maneiras de modificar a atividade autônoma por meio do esforço consciente.

Em termos psicológicos, os padrões de pensamento primitivos e animistas existem nos vários domínios do inconsciente. A mente e o cérebro delineiam esses domínios. Como cultura, são encontradas também no inconsciente coletivo. Em concordância com a alquimia, Jung acreditava que existe uma consciência individual e também uma consciência coletiva, e que as duas se espelham e, em certa medida, interagem entre si. O inconsciente coletivo é uma grande fonte de criatividade. Os artistas são peritos em penetrar no inconsciente coletivo por meio da imaginação. Mas não é preciso ser artista para descobrir a realidade desse domínio imaginário. Mitos, lendas, fábulas e histórias revelam conteúdos do inconsciente coletivo. Ele é encontrado nos sonhos de cada um, nas fantasias e na imaginação. Esse domínio primitivo da consciência se projeta também em acontecimentos paranormais, na superstição e no comportamento patológico. Lembretes menos profundos desse antigo modo de ser vêm a nós em forma de sintomas.

Temos que distinguir entre a fantasia ociosa e o que o sábio francês Henry Cobin chamava de *Mundo Imaginal*. "A distinção", escreve a filósofa e musicóloga Jocelyn Godwin, "é entre a fantasia ou o devaneio, que inventamos por nós mesmos, e o mundo objetivo, mas não-material, que é apresentado em forma de imagens ao órgão interior da percepção imaginativa."[1] Jung e outros viam esse mundo *imaginal* como um amplo depósito de dados mitológicos que definem a civilização humana.

Embora desenvolvida a um grau de grande sofisticação, a consciência moderna não descartou esse mundo *imaginal*; ele continua enraizado em nossa estrutura neural, representando um tempo e um espaço diferentes, ligando-nos às nossas origens e à alma coletiva. Podemos evitar, negar e tentar destruir esse domínio *imaginal*, mas ele continua instalado na memória inconsciente. Podemos fazer de tudo para excluí-lo do mundo objetivo, mas acabamos sendo forçados a admitir que esse tipo de limitação equivocada é uma arrematada tolice.

Com a alquimia, jogamos uma rede sobre a natureza, fazendo o possível para capturar o máximo do passado e do futuro. Ela reverencia o bobo, já que ignorá-lo o incita a fazer truques maldosos conosco. No meu consultório, na prateleira mais alta, pus o boneco de um bobo, que chamo de Grumio. Ele fica ali o dia inteiro, fazendo-me calar a boca quando não sei do que estou falando. Ela me faz manter a humildade.

Eu o convido a explorar comigo o estranho mundo da magia que existe logo abaixo do domínio da ciência. Ali, encontramos deuses e espíritos que energizam antigas receitas alquímicas e modernas fórmulas científicas. O velho ditado, "A magia de ontem é a ciência de amanhã", revela uma continuidade que a magia tecnológica dos últimos anos torna ainda mais óbvia. Peço-lhe que suspenda a descrença em "presenças" invisíveis, assim como você faz normalmente no caso de computadores e celulares. Em outras palavras, respeite os seres que moram no inconsciente e descubra o que eles têm a lhe oferecer.

Sem a contribuição dos seres mágicos que habitam nosso mundo inconsciente, as receitas alquímicas ficam incompletas. Até a matemática fica vazia sem as forças sobrenaturais que permitiram a criação arquetípica de números e cálculos. Quando deixamos a mente racional relaxar, por um instante que seja, os deuses e os espíritos nos ajudam a trazer à tona lembranças há muito esquecidas e imagens arquetípicas que inspiram a ciência, a arte e a religião. A memória nos permite recordar a fonte infinita da criatividade. Como diz o poeta Rumi com grande beleza: "Embora a água e a terra do corpo tenham feito recair sobre nós uma dúvida, um pouco das suas melodias nos volta à lembrança."[2]

Não eram só os poetas que conheciam a Arte da Memorização e outras técnicas usadas para entrar em contato com o domínio mágico. Escultores e arquitetos trabalhavam com proporções mágicas e muitos recursos para desafiar a lei da gravidade. Compositores abriam o "ouvido interior" para ouvir as musas, Deus e a Música das Esferas. Ao descrever sua arte, Edvard Grieg disse: "Nós, os compositores, somos projetores do infinito no finito."[3]

ELEMENTOS E ELEMENTAIS

Armada de espetacular tecnologia, a ciência de hoje perscruta os mais profundos recessos da matéria. Microscópios poderosos permitem aos cientistas descrever com grande precisão a topologia do mundo subatômico que há em nós, mas infelizmente ali não se vê nenhuma alma, nenhum espírito e nem deus. Não podemos ver o que é invisível a olho nu. Recorremos à matemática para visualizar o mundo físico e à imaginação para visualizar o domínio *imaginal*. E há momentos em que essas duas maneiras de ver se fundem.

Para as partículas subatômicas (os quarks[4]), os cientistas escolhem nomes que mais parecem arquétipos do que descrições científicas de elementos físicos. Beleza, encanto, descendente, ascendente, lateral e cor são os nomes oficiais dados aos deuses e espíritos do mundo subatômico. Os cientistas, em sua maioria, zombariam de quem lhes dissesse que a magia tem seu lugar no laboratório, mas até mesmo esse preconceito está aos poucos se desfazendo diante das novas descobertas científicas.

Lyall Watson, antropólogo e etólogo, faz várias referências fascinantes à alquimia, ou ao que ele chama de magia do metal, no livro *The Nature of Things: The Secret Life of Inanimate Objects*. Ele descreve um domínio intermediário, onde mente e matéria mal se distinguem. E o que é melhor: ele parte do mundo cotidiano de mito e realidade para refletir sobre coisas de que suspeitamos mas não temos coragem de dizer em voz alta. Enquanto os cientistas empíricos se ocupam de provas e explicações, Watson nos traz de volta um Velho Mundo em que tudo está vivo. Sua relação é extensa: sinos, pontes, átomos, lápides, diamantes, estatuetas, computadores, relógios, cadeiras e montanhas. Cada um desses itens é um fio vital no tecido da realidade, o lugar em que mente e realidade se fundem numa só coisa.

Watson é brilhante porque expõe a vida psíquica dessas e de muitas outras coisas comuns que compõem o nosso mundo. Como homem de letras contemporâneo, ele fortalece com evidências objetivas o que, há muito tempo, Jung chamou de domínio psicóide da consciência. Lendo com a mente aberta as descrições que Watson faz da vida interior dos objetos inanimados, não dá para deixar de concordar com o que ele diz: "Existem fantasmas biológicos espreitando em todas as partes do maravilhoso mecanismo da vida." E começamos a suspeitar, como ele, que "um dos [fantasmas] mais poderosos é a nossa capacidade de influenciar *diretamente* o mundo à nossa volta" [itálico meu].[5]

Isso mais parece magia do que ciência. Não contente com isso, Watson diz ainda que está "começando a acreditar na possibilidade de uma idéia, ainda mais uma idéia fortemente mantida ou generosamente alojada no nível inconsciente, manifestar um tipo próprio e independente de realidade física".[6] Será que Watson está sugerindo que o pensamento, puro e concentrado, pode dar vida a objetos inanimados? Essa idéia não é nova: ela é central à obra dos alquimistas. Dizem que os alquimistas judeus, por exemplo, produziam o *golem*, um homem artificial nascido do inconsciente, com "seu próprio tipo independente de realidade física". Com a palavra *emeth* (verdade) inscrita na testa, a figura de barro supostamente ganhava vida. E quando o *golem* atingia uma altura ameaçadora, a palavra *meth* (ele está morto) o reduzia novamente a uma figura de barro. Na alquimia, essa criatura era conhecida como *homunculus* e, na linguagem moderna, poderíamos chamá-la de clone.

A idéia de fazer *homunculii* já existia entre os antigos gregos e hebreus. A palavra hebraica *golem* aparece no Novo Testamento e várias vezes no Talmud. Ela significa matéria sem forma. O interessante é que os cabalistas judeus usavam nomes divinos, palavras e números para trazer o *golem* à consciência. Vemos nesses mitos as sementes de uma psicologia freudiana: seres humanos fazem papel de criadores usando barro negro (matéria) e palavras mágicas.[7]

Aristóteles acreditava que o mundo tivesse surgido de uma forma arquetípica, a partir da qual todas as coisas entram em manifestação palpável depois de se multiplicar quatro vezes. O um é a realidade absoluta representada pela pedra, o dois é o nível de opostos, o três nos tira dos parâmetros do tempo comum e quatro nos faz voltar, renovados e conscientes, ao domínio da realidade. O processo todo tem início num éter misterioso, um vazio de puro nada que, no entanto, está vivo. É a esse mesmo éter que a consciência volta, plenamente integrada, iluminada e cheia de luz.

O impulso da evolução e da individuação exige essa viagem do nada à completa totalidade. Os elementos desse drama humano se transformam em pensamentos, intuições, sentimentos e sensações, que o físico teórico Fred Alan Wolf associa, respectivamente, a tempo, movimento, energia e espaço. Esses elementos penetram o universo material pela mediação de deuses e espíritos. Em outras palavras: essas entidades agem como catalisadores no processo de dar forma à matéria.

No livro *The Alchemy of Healing*, o homeopata e analista junguiano Edward Whitmont enfatiza a importante ligação feita aqui entre como somos criados e como chegamos ao estado de totalidade. Ele escreve:

> Nossa percepção consciente só está a par de uma extensão parcial e limitada da dinâmica de informação disponível e atuante em diferentes dimensões da psique e do soma, como de atividades não-humanas e até mesmo "não-vivas". A metamorfose transdutora ocorre no corpo e na mente, catalisando um intercâmbio e uma comunicação constante com a terra e com o cosmos, dos quais somos partes integrantes.[8]

Conhecendo esse misterioso domínio intermediário, nós nos tornamos capazes de curar e dar novo ânimo a um velho mundo. "Esse conhecimento", escreve outro junguiano, "ajuda a manter a consciência psicológica, que é uma arena intermediária, um espaço vazio para a reflexão e para a incubação, uma câmara de ressonância e, como a retorta do alquimista, um teatro de imagens."[9]

À nossa lista de elementos, temos que acrescentar as contribuições dos seres elementais *imaginais*. Essa informação vai nos ajudar no próximo capítulo, em que vamos estudar a participação dos elementais em importantes operações do trabalho alquímico:

À primeira vista, a individuação parece linear, um processo que nos leva da inconsciência à consciência. No entanto, ela é semelhante à terra e ao universo: é esférica. Percorremos os dias da nossa vida como que em marcha lenta ao longo das divisões do calendário. Mas, na verdade, estamos sempre descrevendo *loopings* por meio das experiências, que são sustentadas numa ponta pelas lembranças e na outra pelos sonhos do futuro. T. S. Elliot descreveu a natureza desse movimento num poema:

QUADRO 3. OS ELEMENTOS E SUAS ASSOCIAÇÕES

Elemento	Química	Física	Humoral	Psicológica	Imaginária
Ar	gás	espaço-tempo	quente-úmido	pensamento	sílfide
Água	líquido	energia-movimento	frio-úmido	sentimento	sereia
Terra	matéria	energia-espaço	frio-seco	sensação	gnomo
Fogo	combustão	tempo-movimento	quente-seco	intuição	salamandra

Não vamos nunca parar de explorar
E o fim de toda a nossa exploração
Será chegar onde começamos
E conhecer o lugar pela primeira vez.

Sem a compreensão da estrutura da realidade, as antigas receitas não terão muita utilidade em nossa alquimia pessoal. Então, vamos logo conhecer os seres elementais que povoam o mundo da mente e da matéria. Mas saiba que entidades ainda mais estranhas esperam por você no final deste capítulo.

As Ondinas

A sereia é a mais conhecida das ondinas, criaturas que vivem nos oceanos, mares, lagos e lagoas. Quase nada se sabe sobre ondinas masculinas, talvez por causa da associação que fazemos entre o elemento água e o feminino. De especial interesse no simbolismo alquímico são as imagens de orvalho, de neblina, de quedas d'água e de fontes. São imagens que sugerem, cada qual à sua maneira, que o banho, a purificação e a limpeza fazem parte do dia-a-dia da psique. Manly P. Hall resume essa natureza aquática das ondinas nestas palavras:

> Dizem que seu temperamento é vital e que a elas foi dado, como trono, o canto ocidental da criação. São seres emocionais, simpáticos à vida humana e dados a servir a humanidade. Às vezes, são representadas cavalgando golfinhos ou peixes grandes e parecem ter um carinho especial por flores e plantas, que servem com devoção e inteligência, quase como os gnomos.[10]

Na psicologia de Jung, a ondina personifica a função sentimento. Em sua forma inferior, os sentimentos não são bem-definidos. Um estado de espírito pode reduzir a rocha da razão a uma poça inútil. Mas, quando está sob o domínio da consciência, a função sentimento opera como um recurso poderoso, temperando os julgamentos com empatia para induzir uma atitude mais positiva. Há inúmeras referências que elucidam melhor o elemento água. Recomendo especialmente *The Anatomy of the Psyche*, de Edward Edinger, um livro que oferece exemplos maravilhosos de todos os elementos e da relação de cada um com o *opus* alquímico.

Os Gnomos

Os gnomos de que fala Hall ocupam o elemento terra. Essas criaturas continuam a viver em contos de fadas. Um livro belamente ilustrado, chamado *Gnomes*, de

Huygen, é uma fenomenologia virtual do seu mundo, trazendo centenas de ilustrações que descrevem sua cultura. Essas criaturas semelhantes aos anões têm uma afinidade muito especial com a alquimia, como você pode imaginar. Os gnomos são cientistas práticos e dependem dos sentidos para adquirir conhecimento imediato. Vivendo nas florestas, cavernas e minas, eles têm um grande conhecimento (*gnosis*) dos minerais da terra, das pedras preciosas e dos metais. Em *Secret Teachings of All Ages*, Hall diz que eles têm "apetites insaciáveis [e] temperamento avaro",[11] sendo, no entanto, trabalhadores muito conscienciosos. Ele tem, em miniatura, muitas das mesmas qualidades associadas ao arquétipo do trapaceiro. E essas mesmas características se aplicam a Mercúrio, o deus mais reverenciado da alquimia.

As Salamandras

A salamandra vive no reino do fogo. A imagem que abre este capítulo é de uma gravura alquímica muito conhecida que mostra esse elemental sobre uma pira, intocado pelas chamas. Essa imunidade ao fogo simboliza sua capacidade de transformação. A salamandra representa a essência do fogo e seu poder de reduzir a matéria densa à *prima materia* original. Assim como o fogo transforma a matéria sólida em cinza, essas criaturas ardentes são úteis para reduzir os obstáculos que atrapalham a individuação.

Esses seres elementais favorecem também outras funções vitais necessárias à sustentação da vida humana, física e psicológica. Eles dão ao corpo o calor interior necessário para transformar alimento em energia e pensamentos em emoções. São excelentes auxiliares quando precisamos "ficar acesos". Mas podem também nos desafiar no calor do momento, com paixões insanas e uma cabeça quente.

As salamandras são necessárias à nossa existência mas, ao contrário dos gnomos e das ondinas, não são muito amistosas. Podem ser perigosas e exigem um certo cuidado. Compreendendo a natureza da salamandra, aprendemos a usar com segurança essa criatura elemental e seu trabalho transformador.

Saltam faíscas quando tentamos nos aproximar diretamente das salamandras. Por isso, Hall sugere medidas indiretas.

> O homem é incapaz de se comunicar direito com as salamandras devido ao elemento ardente em que elas vivem, pois tudo se transforma em cinzas em sua presença. Com perfumes e compostos de ervas especialmente preparados, os filósofos do mundo antigo faziam muitos tipos de incenso. Quando o incenso queimava, os vapores que subiam propiciavam a expressão desses elementais que, tomando emprestado o eflúvio etéreo da fumaça do incenso, conseguiam tornar perceptível sua presença.[12]

Nos últimos anos, a aromaterapia tem sido usada como um convite à salamandra em processos de cura. O incenso é usado para pôr o paciente em contato com esses elementais. A fumaça é a essência dessa ligação e a cinza branca simboliza seus resultados purificados. "A vela que arde", escreve Edinger, "não gera apenas luz mas também matéria derretida, assim como o processo vivo da psique gera uma substância — um *coagulatio* de espírito."[13]

As Sílfides

Temos, finalmente, as sílfides, que vivem no elemento ar. Elas são mais conhecidas em forma de anjos e fadas. É esta a descrição que Hall faz de sua natureza:

> alegres, mutáveis e extravagantes. As qualidades peculiares aos homens de gênio são supostamente o resultado da cooperação das sílfides, cuja ajuda traz consigo a inconsistência sulfurosa. As sílfides trabalham com as idades do corpo humano e, indiretamente, com o sistema nervoso, onde sua inconsistência também é aparente. Elas não têm domicílio fixo, mas vagueiam de um lugar para o outro — nômades elementais, poderes invisíveis mas sempre presentes na atividade inteligente do universo.[14]

São esses os quatro elementais que constituem a contrapartida imaginária do mundo visível da matéria. Assim como associamos os elementos ao universo físico, esses elementais representam uma região intermediária entre mente e matéria. São expressões da psique humana que ajudam a trazer a matéria à forma manifesta. Essa forma manifesta pode assumir a aparência de um objeto físico ou de um comportamento mas, em ambos os casos, o processo é acompanhado de uma combinação de elementais, saibamos disso ou não. É por meio do poder da imaginação que visualizamos esses personagens incríveis que habitam as regiões mais profundas da mente.

OS SEGREDOS DOS METAIS

Os alquimistas se dedicavam ao desenvolvimento da faculdade imaginativa tanto quanto ao trabalho com substâncias materiais. O produto físico desse trabalho era a prova tangível das mudanças que testemunhavam primeiro e principalmente no domínio da própria experiência subjetiva. "A fabricação de ouro metálico", escreve um alquimista contemporâneo, "era para a alquimia uma prova de transfiguração, dada por um poder: a prova de ter realizado Ouro O em si mesmo."[15] A perfeita harmonia da mente com o trabalho experimental tem, como efeito físico, reorganizar as moléculas do metal de acordo com a forma criada em pensamento.

Essa mesma lei é repetida por físicos quânticos, homeopatas e psicólogos junguianos. Faço alusão outra vez a uma grande receita da *Tábua Esmeraldina*: "Na verdade, certamente e sem dúvida, o que está embaixo é igual ao que está em cima, e tudo o que está em cima é igual ao que está embaixo, para realizar os milagres do um." Há, em outras palavras, uma relação recíproca entre pensamento e matéria, um influencia o outro, provocando mudanças dentro e fora do alcance da cognição humana. Podemos usar esse conhecimento tomando consciência de mudanças que servem para transformar o chumbo da miséria no ouro da oportunidade.

Os alquimistas não faziam muita distinção entre as pedras celestiais — de estrelas e planetas — e as encontradas sob a superfície da terra. Eles acreditavam que os metais, minerais e pedras preciosas surgiam por influência dos corpos celestiais. Conclui-se daí que os corpos celestes nos influenciam, assim como exercem um misterioso poder sobre todo o planeta Terra. Temos que concordar com os alquimistas num ponto: a influência da lua se faz sentir tanto em nossos fluidos corporais quanto na água do mar. Afinal, somos basicamente compostos de água. Os ciclos menstruais e o fluxo dos humores têm um comportamento semelhante ao das marés do oceano. A astrologia tenta explicar esses efeitos cósmicos tomando como ponto de partida os corpos celestes. A alquimia atua de maneira semelhante, mas usa a terra como ponto de partida. A astrologia e a alquimia tentam, portanto, explicar os poderes dos deuses em cima, dos espíritos embaixo, dando à psique meios para estabilizar sua realidade com os assombrosos poderes da natureza.

Assim, transformar chumbo em ouro envolve mudanças em estados de consciência, mentais e metálicos, influenciados, todos, por poderes transpessoais e subterrâneos. Na psicologia humana, isso significa apenas que a mente existe num campo de consciência que é controlado pelo firmamento lá em cima e pela alma que, aqui embaixo, o compreende. Assim como o sol é mantido em órbita por forças que atraem e repelem, a psique humana é mantida no lugar por forças ativas e passivas. Na astrologia, os planetas representam as forças ativas enquanto que, na alquimia, os metais são considerados passivos. Como têm poder espiritual, os planetas fazem com que os metais se modifiquem. Em termos junguianos, os planetas são condições, ao passo que as funções são recursos usados para moldar e dar forma às influências dos planetas.

Em muitos sistemas esotéricos, há vários níveis, graus e estágios que correspondem a estados de consciência que temos que atravessar para integrar o melhor de dois mundos e unificar todas as dimensões da realidade. Em geral, esses estados são sete. Na yoga há sete chakras e no Cristianismo há sete sacramentos. Do mesmo modo, há sete metais na alquimia, que são influenciados, cada um deles, pelo deus astrológico que lhe corresponde. São eles:

QUADRO 4: OS METAIS E OS PLANETAS	
Metal Alquímico	**Deus astrológico (planeta)**
Chumbo	Saturno
Estanho	Júpiter
Ferro	Marte
Ouro	Sol
Cobre	Vênus
Prata viva (mercúrio)	Mercúrio
Prata	Lua

Para compreender esse quadro, algumas questões têm que ser esclarecidas. O ouro fica precisamente no meio, não no fim onde se poderia esperar que estivesse. Temos que recorrer à astrologia para entender tal fato. Você vai observar que são mencionados os sete planetas visíveis, mas que a Terra está ausente. A astrologia tomou esse ponto de referência de uma perspectiva geocêntrica. A Terra é onde tudo começa e tudo termina. É alfa e ômega, chumbo e ouro. Temos, então, que imaginar esse quadro como se fosse uma toalha posta sobre uma mesa, com o ouro no centro. A superfície plana é a terra sólida e, dela, temos que tirar a energia de cada planeta para fazer ouro.

Vamos agora examinar cada um dos deuses astrológicos e sua influência cósmica sobre a mente e os metais.

Saturno

Nos antigos mapas cosmológicos, a órbita de Saturno era a maior e a da lua a menor, vistas do planeta Terra. Saturno representa, portanto, o limite exterior da inteligência humana. Ele é chumbo no sentido de ser o mais distante, o mais escuro e o mais receptivo a uma infusão humana de vida. Saturno é habitualmente retratado como um velho que segura uma foice em uma das mãos e um bebê na outra. Como fica no limite externo do tempo, ele supostamente interrompe nosso tempo na terra.

Para os gregos, Saturno era *Cronos* e palavras como cronologia e cronômetro nos fazem lembrar desse antigo guardião do tempo. O dia de Saturno é sábado, que para muitos é o Sabá. Assim como o tempo nos faz ter horários, Saturno traz estrutura aos nossos dias e limites aos nossos pensamentos. Seus limites são nitidamente definidos, ninguém é poupado do corte afiado de sua foice. Como quase todos os deuses, Cronos guarda com ciúme seu poder. Há um mito em que ele devora seus filhos e herdeiros numa vã tentativa de preservar seu domínio sobre o tempo.

Quando tentamos ignorar a ferocidade do tempo, caímos num estado plúmbeo, vitimados pela depressão mórbida, pela melancolia e pela letargia. Presos no inconsciente por Saturno, o Segador Inflexível, mais sentimos do que aprendemos a importância da morte e de morrer. "Na alquimia", escreve o analista junguiano Thomas Moore, "Saturno era identificado com o processo de putrefação e com o Sol Negro, *Sol Niger*, do *nigredo*, a fase do escurecimento, psicologicamente a fase do trabalho da alma em que a confusão ocasionada pode se instalar, apodrecer e se putrefazer."[16]

> Cada um dos metais e de seus deuses tem uma "carga" positiva e uma negativa. Assim, eles podem nos desviar do caminho ou nos fazer avançar. Nossa tarefa é localizar o "centro" ou a parte mais nobre de cada metal, "gerar" seu conhecimento no nível do ego e aceitar sua presença no *Self*. Pergunte a si mesmo onde é que Saturno aparece em sua vida e até que ponto você está aberto para aprender com ele.

Por mais escura que seja a figura de Saturno, ela não é destituída de méritos. Há sempre um pouquinho de ouro em qualquer metal, incluindo o chumbo. Como *senex*, Saturno é o velho sábio que nos ensina a ir mais devagar, a refletir e a ter paciência. Nesse sentido, a depressão é o modo de Saturno deter nossa fuga para longe da alma. Em outra parte do mito, Saturno devora a pedra secreta dos alquimistas. A história conta que uma pedra especial foi posta em seu lugar numa tentativa de impedir que as crianças fossem devoradas. Assim, essa pedra mágica passou a representar a eterna juventude.

A Lua (luna)

A lua é o agente cósmico que mantém juntos o corpo e a alma. Esse "outro sol" é muitas vezes representado por uma linda mulher com uma lâmpada numa das mãos e uma lança na outra — e uma coroa em forma de lua crescente lhe adornando a cabeça. A lua é o oposto do sol na medida em que representa os poderes recessivos, que se retraem, do inconsciente. Assim como Saturno é o aspecto do tempo que corresponde à morte, a lua é o crescimento. "A eternidade", escreve Blake, "é apaixonada pela produção de tempo." A lua tira da eternidade e rege o crescimento e a geração. Sua produção não é como a do sol porque ela não gera os próprios poderes criativos. O segredo da lua está na capacidade de refletir qualquer poder que brilhe em sua clara superfície branca.

A consciência luna pode ser positiva ou negativa. "Uma Lua positiva", escreve Charles Walker, autor de *The Encyclopedia of Secret Knowledge*, "proporciona sensibilidade, impressionabilidade, mutabilidade e (às vezes) perspicácia e praticidade. Uma Lua negativa, ou 'maligna', que esteja sob pressão, intensifica a imaginação a ponto de fazer a pessoa perder o contato com a realidade."[17] A loucura, ou mania, da Lua exemplifica esse estado mórbido. Um homem que vive em contato com sua "lua interior", *anima*, e uma mulher que vive em harmonia com seu *animus* beneficia-se dos atributos positivos e vivificantes da lua.

Acreditou-se, durante muito tempo, que a lua se esvaziava ao se aproximar do sol. Psicologicamente, esse vazio, ou *kenosis*, é similar à purgação: livra o corpo e a alma de suas impurezas e, ao mesmo tempo, permite que ocorra um novo crescimento.

Júpiter

A expressão "Por Júpiter!", que saiu de moda, indicava uma idéia súbita ou uma descoberta inesperada. Júpiter é o deus da expansão espiritual. Encontramos Júpiter em companhia de bons amigos, quando se pode dizer que o ar está leve e jovial. As idéias súbitas, que são como relâmpagos, estão simbolizadas nas insígnias de Júpiter: setas e dardos relampejantes. Ele aparece também em forma de águia, capaz de descrever círculos em torno do sol e da lua. Segundo o pensamento alquímico, Júpiter mistura uma grande quantidade de sol (fogo) com um pouco de lua (água). O fogo nos puxa para cima e pode levar a resultados positivos ou negativos. Nas pessoas, uma disposição Júpiter positiva favorece a boa conduta, a lealdade e a generosidade, enquanto uma disposição negativa produz auto-indulgência e prodigalidade.

> Tudo com moderação. Essas palavras poderiam ter saído diretamente da boca de Júpiter. Eu compartilho com você um conselho que me foi dado uma vez pelo meu professor de poesia: "Quando voar, voe como uma águia, quando andar, não tropece."

E, o que é mais importante, Júpiter serve para trazer moderação entre o espírito e o corpo, graças à sensibilidade espiritual que infunde em ambos e à comunhão que promove entre o corpo e a alma. Júpiter é como o Homem de Lata de *O Mágico de Oz*. Embora tenha na mão um machado pronto para abater uma árvore, seu coração estremece com essa idéia. Reconciliando essas forças, uma casa construída com a energia moderadora de Júpiter se torna uma casa espiritual.

Mercúrio

Mercúrio é uma entidade complexa que existe em três dimensões ao mesmo tempo. Ele existe:

1. como planeta ou deus arquetípico (Mercurius)
2. como um dos três princípios alquímicos básicos (os outros dois são o enxofre e o sal)
3. como um metal, ou hospedeiro da transmutação (prata viva)

A natureza tripla de Mercúrio é crucial para a plena compreensão da alquimia.[18] Assim como uma frase organiza o pensamento e nos permite comunicar o que estamos pensando, mercúrio é o sujeito, verbo e objeto da alquimia. Esta frase formula esses vários papéis: Mercúrio faz com que as coisas se juntem. Nesta frase, ele é o ator, a ação e o objeto. Na lista acima, temos as seguintes equivalências: mercúrio como ator (1), princípio de ação (2) e objeto de transmutação (3).

Esse deus ocupa um lugar de tanta reverência na alquimia que reservei uma seção, mais adiante neste capítulo, para discutir com mais detalhes seus muitos atributos como deus arquetípico. No próximo capítulo discutiremos ainda mais os três princípios básicos: sal, enxofre e mercúrio.

No contexto da astrologia e da alquimia, mercúrio é o "útero de todos os metais", o que significa que serve como ponto de entrada de influências espirituais e como metal receptivo (prata viva) à transformação. Como deus, Mercúrio faz ligações de importância vital entre mundos, em todos os níveis da realidade. No plano humano, ele realiza sua mágica pelo uso habilidoso das palavras. Não se trata do mero jogo de palavras, mas da eloqüência que revela o significado profundo do pensamento. Mercúrio ocupa aquele espaço intermediário entre a imagem e o símbolo, o lugar onde as palavras ainda não foram ligadas aos pensamentos e aos sentidos externos. O ponto dessa interação é a criação contínua, onde o inconsciente se torna consciente. Esse fluxo de criação irrompe em linguagem falada e lá está Mercúrio, ao lado do Rei Netuno, para garantir que o espírito encontre seu caminho no mundo.

A hermenêutica, a arte da interpretação, tem seu nome derivado de uma das muitas imagens de Mercúrio: Hermes. Todos os intérpretes deveriam prestar homenagem a Mercúrio. Ele é o deus da linguagem e aquele que media as transações entre tolice e sabedoria. Alado, Mercúrio sobrevoa as fronteiras da realidade. Sempre que há lados opostos, lá está ele para mediar a transação. Quando detecta um bolsão de inatividade, ele agita as coisas criando a tensão necessária para trazer o conflito e a solução. Assim, Mercúrio é encontrado misturando substâncias químicas, entre pessoas na mesa de negociação, voando entre planetas e metais. Ele é um camaleão, um ladrão divino e, acima de tudo, um espírito da mais elevada ordem.

> Mercúrio nos traz surpresas agradáveis e nos perturba com notícias chocantes. Quem não compreende sua função divina será alvo de suas brincadeiras. Compreender que sua função é nos despertar para associações que, sozinhos, jamais faríamos, é o segredo para fazer bom uso de seus talentos.

Pessoas com uma forte disposição mercurial têm a mente rápida, são faladoras, eloqüentes e altamente expressivas. Elas captam o que os outros querem dizer muito antes de as palavras serem pronunciadas. Os tipos mercúrio, de qualquer gênero, podem adotar aspectos masculinos e femininos, combinando essas diferenças em perfeita harmonia. Esse potencial para fundir, misturar e harmonizar os opostos é tão predominante em Mercúrio que chegou a ser considerado como a personificação da pedra filosofal.

Marte

Esse deus aparece quase sempre de armadura, empunhando uma espada e um escudo. Ele é um soldado nato, um guerreiro e um matador, opondo-se à ênfase que se dá à integração e à totalidade. Seu realismo inflexível visa à destruição, assim como o fogo cauteriza uma ferida ou a espada decepa a cabeça de uma fera. Ferro e fogo são seus emblemas. Com Marte, a alma é branda e incapaz de combater as forças que procuram aniquilá-la — vícios, trapaças, vampiros psíquicos.

> Marte está na raiva, no combate e nas brigas no escritório. Em vez de condená-lo, pense em juntá-lo à Vênus que existe em você. No mito, isso é exatamente o que aconteceu — e da união dos dois nasceu uma criança chamada Harmonia.

Mas, como os outros deuses, Marte tem seus traços redentores. Onde "Mercúrio define, Saturno resolve.... Marte divide".[19] Nas cartas do Tarô, o intelecto é associado a espadas.[20] Do mesmo modo, Marte transpassa o irrelevante para chegar à razão. Sua vontade indomável nos dá força, resistência e coragem. Ele é aquele que faz com eficiência, aquele que conserta, aquele que empreende com confiança e orgulho. A consciência marciana iluminada é como um guerreiro, que podemos chamar quando necessário. É preciso, sem dúvida, agüentar sua falta de paciência, sua tendência a se gabar e a discutir, mas podemos contar com sua lealdade.

A influência de Marte é sinal de vontade indomável, de agressividade e de ímpeto sexual. Mais uma vez vemos a dicotomia dessa imagem. Ele pode ser positivo (Marte em Áries) em seu pensamento avançado, ou negativo (Marte em Escorpião) em sua imperiosa necessidade de controlar.

Vênus

Enquanto Marte parece caracterizar o sexo masculino, Vênus é o oposto: afetuosa, solidária, amorosa. Ela é bela e tem paixão pelas coisas delicadas da vida. Aparece segurando um coração porque dota o corpo físico da essência espiritual do amor, por meio do encanto, da graça e da beleza. Mas também tem seu lado terreno. As cortesãs, as gueixas e as praticantes do *Kama Sutra* também prestam sua homenagem a Vênus. Ela é a rainha do céu e da terra, pois "cuida daquele domínio da vida que inclui prazer sensual e compreensão. Ela cuida das duas afeições da alma, pelo corpo e pelo espírito".[21]

A força de Vênus se revela quando temos o prazer sob controle e não o contrário. A prostituição é o equivalente alquímico de esquemas que visam ao lucro e à usura e, como eles, erra o alvo — o verdadeiro ouro. Quem usa a paixão para manipular ou vive emocionalmente confuso, pensando com o coração e não com a cabeça, personifica a fraqueza de Vênus. Essas pessoas têm a tendência a exagerar a própria beleza ou a usar uma falsa aparência para enganar ou tirar vantagem. O amor também tem seu lado escuro.

> Vênus não é uma exclusividade do gênero feminino, pois pode também ser encontrada na alma do homem. Um velho provérbio árabe esclarece a questão da beleza dos sexos: "A beleza do homem está na sua inteligência e a inteligência da mulher está na sua beleza." A celebração de ambas, nas pessoas e entre elas, é a beleza do amor.

Esse lado escuro de Vênus tem uma dupla natureza: numa, a meta é o prazer pelo prazer e, na outra, o prazer é um canal por meio do qual se dá a ligação espiritual. O amor apaixonado que Maria Madalena tinha por Cristo revela as energias sombrias de Vênus e como celebrar o espírito por meio do corpo.

Sol

Diante dos efeitos solares sobre a terra, até mesmo o céptico é forçado a admitir a existência de influências celestiais. Segundo a alquimia e a astrologia, o sol infunde energia em cada partícula de matéria terrena. Todos os planetas têm dois lados (casas) em sua personalidade, mas o sol é totalmente masculino, assim como a lua é totalmente feminina. Enquanto o poder feminino da lua está na sua proximidade com a terra, na sua forma mutante e na sua natureza reflexiva, o sol é constante, quente e gerador da própria energia. O *Sol* é a força masculina arquetípica vista como ouro, rei e fonte da vida. Assim como o louco percorre as casas (planetas) do baralho do Tarô, o sol percorre sete níveis de consciência. Inocente quando a viagem começa, o louco vai aprendendo a lição (arcana) que cada casa tem a ensinar. Se for bem-sucedido, ele se torna, no fim, um mago completo, com poderes extraordinários. Do mesmo modo, o sol percorre o zodíaco inteiro e acaba se transformando no Leão Vermelho, nome dado pelos alquimistas ao elixir que tudo transmuta.

No horóscopo, um sol favorável promove uma forte tendência à autoridade, à generosidade, à autoconfiança, à dignidade e à afetividade. Quando é negativo, favorece as qualidades sombrias: a vaidade, o excesso de confiança, o exibicionismo e a arrogância. A jornada empreendida pelo louco passa inevitavelmente pela "noite escura da alma", representada na alquimia pela imagem aterradora do *Sol Niger*, o Sol Negro, que é a ausência de consciência e energia solar. Nesse estado perigoso, sentimos como se estivéssemos mortos, vazios de razão e sem propósito na vida.

O fogo, tema central da alquimia, e o sol representam a energia celeste em baixo e a energia terrestre em cima. Controlando a chama terrena, é possível consumir as emoções negativas, os pensamentos impuros e os impulsos desenfreados do corpo. A alquimia é um livro de instruções, que nos ensina a nos tornar mestres do fogo. Um belo poema aponta o caminho: "Por meios ocultos, distantes dos nossos sentidos, o sol no céu tem muitas maneiras, no coração da montanha, de fazer o rubi vermelho."

> O filósofo grego Heráclito disse: "O sol é novo a cada dia." Essa afirmação simples mas profunda nos diz que, por mais inconscientes que sejamos, por mais desoladora que seja nossa situação ou por mais baixo que seja nosso espírito, cada dia traz um novo sol para restaurar a vida. Na verdade, o sol brilha dia e noite. Olhe através das nuvens, veja através da escuridão, e você sempre terá a força do sol.

Quando dominamos esse "agente de transformação", subjugamos as faíscas que separam as coisas, fazendo com que se voltem umas contra as outras. Paracelso observou que o homem tem afinidade com o fogo: os dois precisam se alimentar de outras vidas para continuar vivos. Dominado esse segredo, todos os opostos entram em harmonia com as qualidades reais do Rei Sol. Segundo o mito, esse rei "tem que ser morto e enterrado para então despertar outra vez para a vida e, ascendendo por sete regimes, atingir sua glória total".[22]

NAVEGANDO PELO UNIVERSO

A transmutação de chumbo em ouro é um processo com um curso através das estrelas que lhe corresponde e os passos necessários à nossa transformação em seres humanos realizados. Assim, o *opus* alquímico se refere tanto aos pontos cardeais do processo de individuação quanto à maturação dos metais. Como o xamã, que compreende profundamente o espírito de cada animal, o alquimista conhece o comportamento dos metais e sua sintonia com sua própria alma. "A jornada pelas casas planetárias", observa Jung, "significa a superação de um complexo psíquico, corretamente representado por um deus ou demônio planetário."[23]

No livro hermético *Poimandres, the Shepherd of Men*, Hermes descobre que esses complexos, ou deuses planetários, abrem mão de sua influência sobre a alma depois da morte:

> Na esfera da Lua [a alma] deixa para trás o poder de crescer e de minguar; em Mercúrio, o poder de imaginar maldades; em Vênus, a ilusão do desejo; no Sol, a arrogância da dominação; em Marte, a impulsividade e a audácia ímpias; em Júpiter, a luta pela fortuna por meios escusos; em Saturno, a falsidade.[24]

Como resultado desse processo de individuação espiritual, "quem já passou por todas as esferas está livre da compulsão: ganha a coroa da vitória e se torna semelhante a um deus".[25]

Essa apoteose é a recompensa para quem tem sucesso em sua alquimia pessoal. Visualizar o processo de individuação como um horóscopo, por meio do qual subtraímos e acrescentamos qualidades à consciência, dá corpo e substância espiritual ao trabalho. Macróbio descreve as virtudes de cada um desses deuses com estas palavras:

> Na esfera de Saturno, ela [a alma nascente] obtém **razão e entendimento**, chamadas *logistikon* e *theoretikon*; na esfera de Júpiter, **o poder de agir**, chamado *prakitikon*; na esfera de Marte, **um espírito ousado** ou *thymikon*; na esfera do sol, **percepção sensorial** e **imaginação**, *aisthetikon* e *phantastikon*; na esfera de Vênus, **o impulso da paixão**, *epithymetikon*; na esfera de Mercúrio, **a capacidade de falar e de interpretar**, *hermeneutikon*; e na esfera lunar, a função de **moldar e desenvolver o corpo**, *phytikon*. Esta última função, que é a mais afastada dos deuses, é a primeira em nós e em toda a criação terrena.[26]

Eu destaquei as virtudes associadas a cada deus, que são realmente uma receita para atingir o ouro do *Self* Individuado. Não se engane, o curso dessa química psíquica é arriscado e cheio de perigo. Então, sou levado a considerar uma última classe de espíritos, que precisamos compreender para nos manter no caminho.

TRAPACEIROS ASSIM, ASSIM

Mercurius é o nome latino do deus Mercúrio, de seu metal, a prata viva, e de seu princípio de ação. Antes de falar mais desse deus quixotesco, é bom examinar o contexto a que ele pertence, o arquétipo do trapaceiro. Até agora, examinamos os seres elementais da terra e os deuses do céu. Entre uns e outros, há uma multidão de trapaceiros que servem para pôr em contato essas duas grandes ordens de existência.

Thoth, Maui, Anasi, Coiote e Hermes são deuses que pertencem ao mesmo arquétipo de Mercúrio. Em cada um deles, são representadas algumas características do arquétipo do trapaceiro. O trapaceiro é mais acessível à percepção humana do que os elementais e os deuses astrológicos. Ele se revela nos palhaços, nas piadas impróprias, nas troças e nas caricaturas políticas. É claro que esse personagem e suas palhaçadas despertam desconfiança. Como medida de precaução, dedicamos a ele um dia do ano, o Primeiro de Abril, Dia da Mentira, quando nos dispomos a participar de suas tolices. Mas, quando conseguimos baixar a guarda e nos abrir a seus favores e benefícios, enxergamos o ouro escondido em seus gracejos. Descobrimos como seria árida, e até impossível, a nossa vida sem esse aspecto manhoso da mente humana.

Em qualquer ponto da história, lá está o trapaceiro, que aparece como louco, como palhaço, como bobo da corte. Com suas roupas coloridas, os trapaceiros falam a linguagem da terra, brincando com a moral, com as opiniões e com as verdades eternas.

O deus Thoth, um trapaceiro cósmico, era uma das mais veneradas divindades do antigo Egito. É atribuída a ele a invenção da linguagem e da escrita; ele era o escriba do tribunal, que registrava os pronunciamentos do juízo final. Mais recentes são os trapaceiros da África, que costumam aparecer em forma de animais. Anasi, por exemplo, era um trapaceiro esperto, que às vezes aparecia em forma de aranha, uma imagem que os alquimistas usavam em suas gravuras. Essa aranha viajou para as Américas com os escravos africanos e se estabeleceu no Caribe, onde assumiu várias formas estranhas. Outro trapaceiro africano, conhecido como Legba, também veio para essa região, onde se tornou um dos poderosos *loa* (deus) na prática do vodu.

Não é só no folclore americano que a lebre e a tartaruga apostam corridas: elas têm sua própria mitologia na África. Acredita-se que a lebre tenha atravessado o Atlântico com os escravos, aparecendo depois nas histórias infantis. A tartaruga é um animal muito querido entre os índios norte-americanos, que a consideram o mais antigo símbolo da terra. As primeiras formas do alfabeto chinês foram inspiradas nas marcas dos cascos das tartarugas, estabelecendo uma ligação entre ela e a afinidade que o trapaceiro tem com a linguagem.

Indo mais para o Oriente, encontramos Ganesha, o venerado elefante trapaceiro da Índia. Em toda a Ásia, o elefante é considerado uma criatura sábia e, às vezes, os budistas usam sua imagem para representar Gautama Buda. Em minhas viagens pela Índia, vi imagens de Ganesha em toda parte, usadas tanto por pessoas comuns, em amuletos, como por sacerdotes hindus, em cerimônias sagradas. Conta-se que Ganesha quebrou uma de suas presas e usou-a para escrever o *Mahabaratha*, um texto sagrado hindu.

Parece que Buda tinha pouca tolerância com o trapaceiro. Segundo a tradição budista, o trapaceiro aparece como um macaco que, usando mágicas e truques, ganha o respeito dos deuses por subjugar demônios e monstros. Para pôr fim às suas trapaças, o Buda manda prendê-lo. Em vão: quando é solto, o Macaco continua fazendo das suas. Esse é o poder desse arquétipo divino!

Na mitologia grega há vários trapaceiros. Há Prometeu, que roubou o fogo dos deuses para dá-lo aos homens. Os alquimistas têm uma grande dívida com esse deus, não apenas por ter lhes fornecido seu elemento básico, mas também pelos poderes de cura e regeneração que o domínio sobre o fogo traz. Grande como é, a importância de Prometeu é eclipsada pela de outro famoso trapaceiro do mito grego: Hermes.

No maravilhoso livro de Norman O. Brown sobre Hermes, ficamos sabendo que "por detrás de Hermes o Ladrão está Hermes o Trapaceiro e por detrás de Hermes o Trapaceiro está Hermes o Mágico".[27] Ao recontar o mito homérico, Brown descreve os incríveis primeiros dias de Hermes, quando ele roubou o rebanho do irmão Apolo, inventou a lira e recebeu sua varinha mágica. Sua capacidade de agir em segredo e de mudar de forma é deliciosamente descrita nessa história incrível. Acabamos gostando dele a despeito de suas maneiras desregradas. Aparentemente, Hermes provocava a mesma reação em seus compatriotas. Nas encruzilhadas das estradas rurais, ainda hoje há estátuas de pedra em homenagem a esse Senhor da Estrada.

Pan, o deus com patas de bode, é um trapaceiro grego que toma um caminho totalmente diferente. Os cristãos adotaram a imagem de Pan como personificação do mal. Pan, o deus astuto dos pastores, é estranho ao mundo civilizado. É dele o domínio da natureza, com seus mistérios e surpresas. Embora Pan transforme instantaneamente qualquer experiência num impacto, sua importância como deus da transformação se perdeu no mundo moderno.

Infelizmente, no mundo cristão, Pan foi reduzido a Satã, com seus pés de bode, que nos tenta a todo momento. Perdeu-se a ligação com seu patrono (e possível pai), Hermes. Assim como se perdeu a ligação com Dionísio, que o amava de coração. Nesta era moderna, Pan é visto com suspeita, como fonte de ataques de pânico e de pesadelos.

Mais para o norte, a imagem desse trapaceiro do mal aparece no deus escandinavo Loki. Só que, neste caso, os instintos assassinos são muito aparentes. É Loki que, matando Balder, pai do lobo Fenris e da serpente Midard, destrói o mundo de Ragnarok. É difícil aceitar esse lado sombrio da psique, mas condenar o trapaceiro é nos privar da necessidade de destruir tudo o que atrapalha o desenvolvimento do *Self* Individuado. No ato da tentação, temos a oportunidade de negar o que nos faria errar. O trapaceiro testa o nosso valor e favorece a vontade de permanecer no caminho. É melhor pôr o trapaceiro a nosso serviço do que fazer dele um inimigo.

Um dos melhores exemplos de como conquistar a amizade do trapaceiro é encontrado na cultura dos índios norte-americanos. Na tribo Winnebago, um épico que retrata o processo de individuação de maneira deliciosa, por meio das confusas aventuras de Kunu, o Bobo. Esse trapaceiro é tão parecido conosco que, mesmo rindo de suas loucas palhaçadas e auto-sabotagens, não podemos deixar de sentir simpatia por ele. Ele reflete nossa insensatez e, ao mesmo tempo, se redime.

Juntamente com o meu próprio bobo, eu gosto de Kunu por ter me ensinado a rir de mim mesmo.

Eu gosto também do Coiote. Ele aparece na nação Navajo, onde o astuto coiote não é tão engraçado como o dos desenhos animados. Ele ensina mostrando o que não se deve fazer. Sua deslealdade, sua covardia e seu comportamento iconoclasta revelam os segredos que todos nós escondemos dos pais e dos padres. Ele rompe as tradições que não servem mais ao avanço da comunidade.

O trapaceiro atinge seus objetivos fazendo-se de bobo para jogar as opiniões e as emoções contrárias umas contra as outras. Não conseguimos deixar de chorar e rir ao mesmo diante das loucuras do trapaceiro. Sentimos pena dele num minuto e, no minuto seguinte, aplaudimos seu heroísmo equivocado. Temos, ao mesmo tempo, vontade de criticá-lo e de lhe agradecer. O trapaceiro mistura tudo, juntando as coisas mais estranhas. Ele joga com nossos pensamentos e sentimentos num malabarismo caótico, que às vezes sai do controle e às vezes é uma brilhante demonstração de equilíbrio. O trapaceiro é o anti-herói, um personagem sombrio que nos põe inevitavelmente em contato com o *Self*, em meio a tropeços e risadas.

> Observe o seu trapaceiro interior, aquele que é do contra, que deixa escapar verdades embaraçosas, que conta piadas na igreja, que arrota nos restaurantes e nas bibliotecas... Se você acha que é possível limitar o trapaceiro a um dia por ano, não está apenas se enganando, mas se privando de uma dimensão sagrada da vida. Não se deixe enganar! Chore de tanto rir!

O trapaceiro gosta muito de vitimar quem gosta de correr grandes riscos. Na minha prática, observo que as pessoas que se expõem aos maiores riscos são as que jogam com a vida em busca de emoções baratas. Há quem diga que o vício é fome espiritual e que o viciado é alguém que quer fazer viagens (espirituais) sem se dar ao trabalho de desenvolver a consciência. O viciado rebaixa a consciência por meio das drogas ou do álcool, abrindo a porta para trapaceiros de todos os tipos.

Conheci um adolescente inteligente e empreendedor que vivia empenhado num projeto atrás do outro, sem concluir nenhum. Nele, eram aparentes as características do trapaceiro. Embora muito esperto, parecia satisfeito com o mero fato de tocar a vida. Sempre do contra, ele vivia armando esquemas e atormentando os outros. Foi preso por porte de arma, mas nem assim diminuiu seu ritmo. Seus pais fizeram um trato com ele, que incluía exames de urina ocasionalmente para detectar a presença de drogas. O garoto estava fora de controle e tinha que ser brecado. Mas será que dá para brecar o trapaceiro quando ele nos pega de jeito?

Pois bem. O garoto achou que tinha descoberto uma maneira de tapear os pais. Sabendo que estava "limpo" para fazer o exame de urina, ele fez xixi num vidrinho e guardou para quando os pais lhe dissessem que estava na hora de fazer o exame. Quando chegou o dia, ele se deu conta, para sua confusão, de que tinha colado a tampa do vidro, por segurança! Incapaz de tirar a tampa, restou a ele entregar aos pais outra amostra que, como ele bem sabia, mostrava sinais de drogas.

Eu gosto do humor alquímico desse exemplo. Para os alquimistas, era muito importante selar o frasco, mas só depois de muitos anos de trabalho e purificação da alma. Acho que a moral da história do meu paciente é a seguinte: você pode enganar os outros, mas não dá para ser mais esperto do que o trapaceiro.

O trapaceiro é um espelho. Ele espelha a desonestidade, a sociedade, a consciência e até Deus. Seu efeito sobre nós é rápido como a velocidade da luz. Prata, parece, é a cor que melhor lhe serve. Mas, como acontece com todos os espelhos, as cores do arco-íris se refletem na sua superfície brilhante. As cores da roupa do bobo refletem os pontos fracos da sociedade. Elas aparecem quando abusamos da boa fé de um colega, contamos para a pessoa errada um segredo que nos foi confiado ou acabamos com alguém usando da honestidade. O que vai volta.

Embora eu não tenha encontrado nenhuma referência que explique a relação dos atributos do trapaceiro com os do seu metal, a prata viva, acho que ela é relevante. Antes de Newton, a ciência era baseada na observação Observando as propriedades físicas da prata viva, descobrimos uma relação direta entre mente (trapaceiro) e matéria (prata viva). Por exemplo:

QUADRO 5: OS ATRIBUTOS DA PRATA VIVA

Prata viva	Atributo
Cor de prata	Branco e lumirescente
Superfície brilhante	Escorregadio
Esquiva	Difícil de pegar
Fusibilidade	Liga-se a tudo

Mais do que nos outros trapaceiros, esses atributos são mais aparentes no deus Mercúrio. Tudo o que diz respeito a Mercúrio ilustra as nobres qualidades do *calculus* da natureza, que antagoniza e junta o caos e a ordem. Representado com asas na cabeça e nos pés, Mercúrio é o deus espírito que voa rapidamente para qualquer domínio da existência. Melhor ainda, ele tem seguro de vôo. Entre todos os deuses, só os trapaceiros conseguem manter a integridade a despeito do ambiente em que estão. Como tal, Mercúrio representa aspectos básicos do elixir, a versão química da pedra filosofal. Como uma tintura, Mercúrio penetra na matéria sem perder a própria potência. Assim, o mercúrio não perde suas propriedades, mesmo numa liga com outro metal. Sua impermeabilidade é necessária para "casar" metais de constituições antagônicas entre si. O trapaceiro é um negociador excelente e um mestre quando se trata de estabelecer alianças entre os parceiros mais improváveis, sejam eles substâncias químicas ou concorrentes.

Para entender o sentido que Mercúrio tinha para os alquimistas, temos que situá-lo no contexto arquetípico. Dessa perspectiva, Mercúrio não se limita a categorias racionais. Ele pode ser uma força, uma entidade ou uma energia, dependendo das circunstâncias. Como arquétipo, sua influência transpessoal afeta todas as ordens da realidade, humana ou não. Como essas mesmas características abundam na natureza, fica claro que Mercúrio é o catalisador necessário a qualquer tipo de transformação. Por isso, os alquimistas chamavam sua preciosa pedra filosofal de Lápis-Mercúrio.[28]

O ARQUIVO POR QUE: A VERDADE ESTÁ AQUI

Somos seres conscientes; esse é o maior poder que possuímos, seja ele uma dádiva de Deus, um acidente da natureza ou uma combinação das duas coisas. Podemos até duvidar do resto — inteligência, senso moral, emoções — mas o princípio que nos separa e (por que não?) nos põe acima do resto é a profundidade sem paralelos da consciência que temos de nós mesmos. Ao que se saiba, esse poder não é uma coisa que se tenha ou não tenha. Obedecendo a uma gradação, a consciência nos é dada pela natureza, por meio da linhagem biológica, e moldada pelos pais e por fatores ambientais.

Assim como a percepção revela uma gama de sons e cores, a consciência se apresenta numa gradação que parece começar com as plantas e ir subindo através de muitas classes de seres animados, passando pela dimensão humana e se estendendo... sabe-se lá para onde. Embora várias características determinem o grau de consciência de cada criatura nesse espectro, uma delas nos eleva acima do resto: a capacidade de conhecer a nós mesmos. Seja qual for a origem desse poder e a medida em que o exercemos, é por meio dele que damos sentido à vida.

Como outros atributos da consciência, a cognição está sujeita a mudanças, para melhor ou para pior. Nossas ações colaboram para elevá-la ou diminuí-la. A teoria da individuação de Jung não teria sentido sem uma aptidão para a consciência que se modifica não apenas ao longo da vida do indivíduo, mas também ao longo da vida de uma cultura. Sob esse aspecto, a alquimia não é diferente. Ela não teria propósito se a consciência se ativesse a um certo número de leis imutáveis. Mas a Natureza nos mostra algo muito diferente: ela adora a mudança. A mutação é a base da evolução. Na medida em que aceitamos esse atributo especial e o alimentamos, podemos educar a mente e nos tornar mais inteligentes: passamos a enxergar melhor quem somos e onde vivemos. Nesse sentido, Mercúrio serve para sacudir nossa resistência à mudança.

Sem o trapaceiro, ficaríamos estagnados ou fixos, privados de magia. Infelizmente, parece que tivemos o espírito prejudicado pelo advento da ciência moderna. A ciência criou uma tecnologia que produziu um mundo de conveniências, uma vida mais longa e condições econômicas melhores. Mas há um preço a pagar. É um tanto irônico e até paradoxal que a tecnologia nos permita ver e nos locomover de maneira sem precedentes e que, no entanto, nosso grau de cognição tenha encolhido em vez de se expandir. A possibilidade de enxergar galáxias, antes invisíveis a olho nu, é maravilhosa, mas essa beleza é diminuída pela propensão da ciência para controlar e dominar os objetos celestes dessa percepção recém-descoberta. Por si só, essa propensão não é boa nem ruim, mas implica uma visão empobrecida.

Muito antes que tivessem navios, recursos e coragem para se aventurar pelos imensos oceanos deste mundo, os navegadores devem ter intuído que a Terra era redonda. Afinal, bastava um navio se afastar cerca de vinte milhas mar adentro para que um observador visse, lá da costa, suas velas afundando lentamente no horizonte. Como o navio não caía da borda do horizonte, tanto que voltava em segurança, isso mostrava empiricamente que o mundo não era plano. Mas foi preciso que a ciência provasse que o mundo é de fato redondo. Estou querendo dizer que o conhecimento intuitivo precede, quase sempre, o experimento científico. A observação é um ingrediente essencial da cognição e as intuições são observações feitas de um ponto em que a consciência parece estar intimamente ligada à natureza.

Se a observação fosse restrita ao mundo perceptível, não teríamos descoberto as formas de luz que formam o espectro não-visível (gama, raios X etc.). A dispersão da luz branca, como é vista no arco-íris, deve ter levado cientistas como Newton a se perguntar se existia luz além do espectro visível. Na verdade, alguns dos trabalhos mais importantes de Newton, um alquimista fervoroso, tiveram como objeto de estudo a luz. Quando ciência e imaginação trabalham em conjunto, os resultados são incríveis. Mas, quando alguma parte da consciência suplanta, ignora ou nega os poderes intuitivos da imaginação, então a pesquisa científica se torna desequilibrada e estéril.

Felizmente, parece que há uma espécie de regulagem que impede que essa estagnação dure por muito tempo. Pode ser que o mercúrio do nosso termômetro psíquico nos diga quando usar e quando não usar os foles. Tenha a mudança relação com uma só pessoa ou com a sociedade inteira, surge uma força ou um conjunto de circunstâncias para produzir a correção necessária. Vimos essa correção em ação com o advento da física teórica em geral e da física quântica em particular.

Essa correção, seja ela em forma de uma força ou de um conjunto de acontecimentos fortuitos, é o Trapaceiro cumprindo sua tarefa de criar o mundo. Na verdade, a criatividade e a invenção estão intimamente ligadas à sua maravilhosa capacidade de ver o mundo de maneira incomum. No contexto deste capítulo, que trata de seres elementais, deuses astrológicos e vários seres imaginários, a ciência é deliberadamente subjugada à primazia da ação intuitiva e imaginativa. Em outras palavras, abrimos as "portas da percepção" para enxergar além do horizonte, como faziam os antigos navegadores antes de zarpar.

Mesmo sem esses passos ousados, a correção mencionada já está ocorrendo. Enquanto a física moderna parece estar tentando abarcar o domínio *imaginal*, imagens fantásticas surgem aos montes nos filmes, nos quadrinhos, nos fliperamas e nos videogames. Na medida em que uma ciência de orientação empírica exclui a população de seus processos imaginários, os deuses aparecem não só no nosso entretenimento mas, o que é mais significativo, na forma de sonhos e de sintomas psicológicos. Indubitavelmente, a correção está nos forçando, a despeito da resistência em contrário, a incluir, em vez de excluir, o mundo *imaginal*.

As presenças *imaginais* que descrevi são reais, mesmo que o cientista moderno que existe em você não consiga percebê-las. Assim como os alquimistas classificaram os metais em termos de pureza, a cognição consciente tem seus graus de aprimoramento. Os alquimistas trabalharam para aumentar o poder de sua cognição tanto quanto para purificar os metais. Mas, ao contrário de nós, eles não se limitavam a lançar um olhar displicente ao mundo *imaginal*: eles o aceitavam de todo o coração. Para eles, escreve Godwin, "a crença nos elementais é uma forma de dizer que tudo está vivo — que há uma centelha de consciência divina em cada partícula da matéria".[29]

Esses cientistas divinos, continua ele, atinham-se a uma visão da vida em que a própria

> origem da matéria... e todos os processos naturais de crescimento [são] a ação de elementais trabalhando nos planos sutis: não criaturinhas antropomórficas, mas seres de diferentes classes, poderes e graus de consciência, a meio caminho entre nós e a Hierarquia Angélica.[30]

Não se trata de um mundo paralelo, mas de um mundo que é — mesmo que nos falte sutileza para percebê-lo — uma parte inerente ao mundo *como o conhecemos*. Enfatizo esse último ponto porque, para compreender a natureza, é essencial saber que a psique é parte intrínseca da criação. É assim que o mundo é criado, é assim que criamos o mundo. Excluir as vicissitudes da psique, ou reduzi-las, seria bobagem. A parte da psique que chamamos de Trapaceiro não será mais relegada a um dia por ano, quando nos permitirmos um pouco de loucura. Não basta ler o horóscopo todos os dias ou achar graça num sonho que tivemos. A alquimia exige que aceitemos o mundo imaginário, não apenas como real mas, conscientemente ou não, como o mundo em que já vivemos.

Capítulo 6

Operações Sagradas

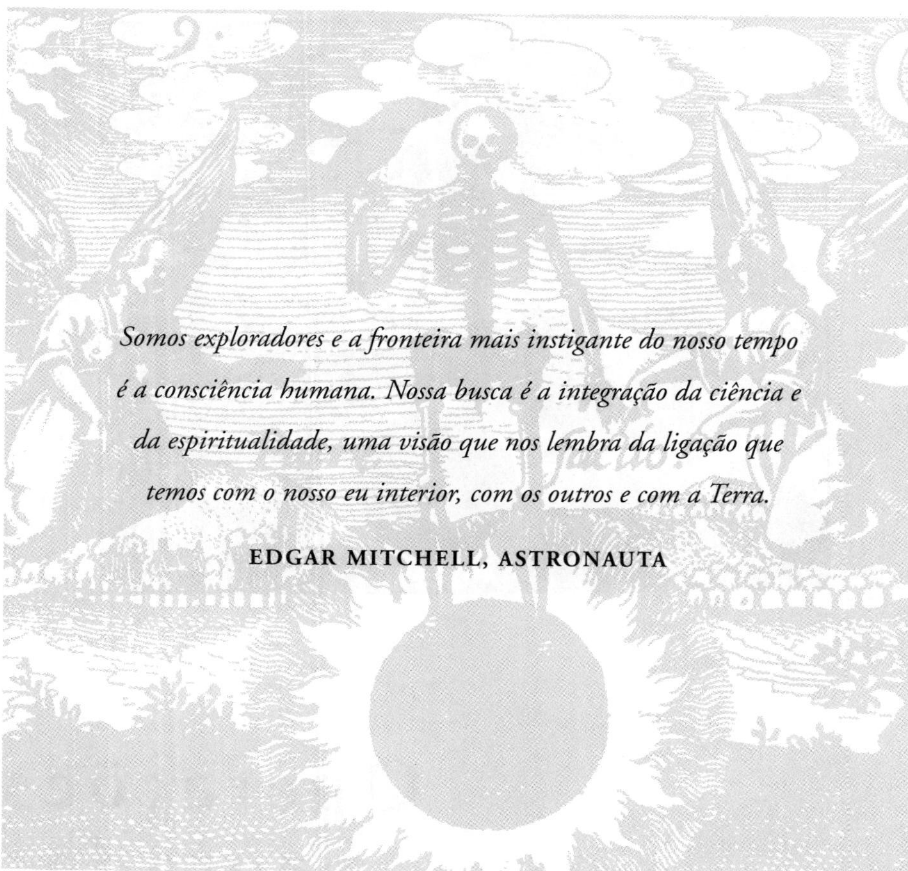

Somos exploradores e a fronteira mais instigante do nosso tempo é a consciência humana. Nossa busca é a integração da ciência e da espiritualidade, uma visão que nos lembra da ligação que temos com o nosso eu interior, com os outros e com a Terra.

EDGAR MITCHELL, ASTRONAUTA

Neste capítulo, saímos do mundo dos espíritos, das fadas e dos trapaceiros para conhecer o trabalho prático da alquimia pessoal. Como terapeuta e palestrante, respondo a muitas perguntas que começam por "Como". Há toda uma gama dessas perguntas: Como faço para me comunicar melhor com a minha mulher? Como faço para vencer o alcoolismo? Como eu lido com a raiva? Paradoxalmente, nossa preocupação em saber como resolver um problema costuma atrapalhar a descoberta da solução. Nesta abordagem à alquimia, enfatizamos a teoria e agora temos que iniciar a difícil tarefa de decifrar suas operações. Para isso, é preciso separar a "química" oculta dos métodos psicológicos que respondem às perguntas que começam por "Como". Nessa passagem para a prática, não podemos perder de vista a filosofia central da alquimia, pois é aí que se encontra o verdadeiro ouro.

Outras advertências: 1) a solução de um problema pode não trazer a cura para a pessoa como um todo (o que é eficaz no momento nem sempre é a melhor solução no contexto geral); 2) as operações alquímicas não são exclusivas de nenhuma psicologia em particular (elas precedem todas as escolas formais de psicologia). Embora a psicologia fosse fundamental no trabalho do alquimista, nunca houve uma psicologia específica que explicasse esse trabalho. Apesar dos esforços de Herbert Silberer, Carl Jung, Marie-Louise von Franz e outros, ainda há muito chumbo a ser minerado. Talvez a alquimia nunca deixe de ser um trabalho em curso, exigindo de cada um que aceite o desafio. Lembre-se das palavras de Rumi: "Você é o mestre alquimista."

Quando se volta a atenção para a prática, surgem oportunidades de experimento pessoal. Essa tarefa nos pede para ir além dos procedimentos de laboratório, extraindo o propósito inconsciente que há por detrás de cada método. Mais do que simplesmente nos dizer o que fazer, essa abordagem estimula a mente imaginativa e nos ajuda a pôr em prática os princípios da alquimia. Então, o trabalho de individuação e de cura começa realmente a acontecer.

Em vinte anos de experiência clínica, descobri que a melhor cura acontece quando a pessoa lida com os problemas da vida diária. No contexto da individuação, poderíamos dizer que problemas são desafios necessários, que estimulam o desenvolvimento quando ele esmorece, impedido pelo trauma, pelo vício ou pela perturbação emocional. Os problemas aguçam nossa sabedoria, testam nossa coragem e nos ensinam novas maneiras de lidar com situações difíceis. Como parte do processo de desenvolvimento, os problemas refletem as questões que enfrentamos nas transições de uma idade para outra. Os adolescentes têm suas dificuldades com a própria identidade, os adultos enfrentam questões relativas ao casamento, aos negócios, à saúde e ao espectro da morte. A alquimia lida com os problemas que acompanham cada estágio do desenvolvimento, em primeiro lugar, compreendendo a natureza de cada período e, em segundo lugar, usando as operações apropriadas para enfrentar os desafios de cada fase do caminho.

Como o que nos interessa agora é uma alquimia psicológica, eu não vou discutir como os alquimistas faziam para separar e combinar as várias substâncias. Nosso interesse é aprender como faziam para transformar com tanta perícia seu estado mental. Como a matéria acompanha a consciência, transformar a mente retifica o distúrbio que nos atormenta. Em vez de identificar mudanças específicas na matéria física, nosso interesse é ver as mudanças que ocorrem no comportamento. Mas, seja como for, o começo da cura é aprender a alterar a mente de modo deliberado. A fórmula que vamos usar é a seguinte.

> Modifique a mente e você provocará uma mudança no comportamento.
> Modifique o comportamento e você precipitará mudanças na matéria.

Para aplicar essa fórmula, precisamos de um manual que apresente as operações usadas para transformar (em vez de destruir) os obstáculos que impedem o acesso aos poderes do *Self*. Esse manual começa descrevendo três estágios básicos do trabalho, três forças e sete operações.

Com essa breve introdução, espero ter deixado claro que só se atinge a cura completa quando se adota a atitude correta. Lembre-se:

> A alquimia consiste em dar passos que não levam apenas à solução dos problemas, mas a uma transformação geral da consciência.

OS ESTÁGIOS

O tema da escuridão é central à alquimia. Nós a associamos ao reino do inconsciente, ao Submundo, à ignorância e às forças do mal. Na natureza, a escuridão não é boa nem má, mas simplesmente uma condição neutra, que permite às coisas descansar, criar raízes e crescer. Usando esse raciocínio, os alquimistas chamavam o primeiro estágio do trabalho de *nigredo*, que significa escurecer. Como o solo negro e rico que fornece à sementinha a matriz onde a gestação começa, o *nigredo* é um estágio físico e psicológico, em que a consciência começa a tomar forma e a aparentar alguma ordem.

A semente, nesse caso, é a *prima materia* e o *nigredo* marca o movimento dessa matéria-prima, de um estado confuso para o primeiro nível de organização. O chumbo representa esse material ou condição inferior (totalmente inconsciente). Ele é o ponto inicial da longa jornada que a consciência empreende ao se transformar de chumbo em ouro.

O Nigredo

Onde estará o chumbo em sua vida? Você se acha desorganizado e sem visão da realidade? Você é letárgico e não tem gosto pela vida? Você sofre de um mal conhecido como anedonia, que é uma grave falta de prazer? Você dorme demais ou está sem energia para fazer as coisas? Ou será que o seu chumbo tem a forma de falta de auto-estima, de passividade e de insegurança com relação a si mesmo? Como o chumbo, a sua vida está cinzenta, indistinta e muito complacente?

Uma resposta "Sim" a qualquer uma dessas perguntas pode indicar que você está deprimido, o equivalente psicológico da condição de *nigredo*. Assim como depressão descreve a condição da consciência logo depois do nascimento, ela é também o primeiro estado emocional de que os alquimistas se ocupavam no início do trabalho. O *nigredo* era às vezes chamado de *melanosis*, uma sugestão à melancolia e à depressão que os alquimistas em geral sentiam quando se retiravam da vida comum para realizar sua obra.

A depressão só se torna patológica quando atingimos a consciência e depois tentamos negá-la. Podemos estar combatendo a raiva, o sentimento de inadequação, a falta de coragem etc. Nesses casos, é como se os pés fossem feitos de chumbo, incapazes de seguir em frente. Mas, com o caos em nosso encalço, não temos escolha: temos que avançar, por mais difícil que isso seja, para trazer ordem à vida. Essa necessidade de individuação começa naturalmente, como uma defesa contra o caos e a dissolução, mas se torna ativa quando paramos de fugir de medo e aceitamos a clareza mental e a vitalidade que se tem quando se é real.

A depressão faz a psique voltar à suas profundezas. Embora sejam dolorosos, os episódios depressivos nos forçam a confrontar as figuras sombrias dos medos inconscientes. Elas fazem parte do *nigredo* e, como tal, toda alquimia só começa quando a depressão é aceita como uma parte necessária da vida. Lembre-se disso quando a depressão atacar. Ironicamente, a memória se transforma em peso morto nesses períodos, imbuída de recordações sombrias de tempos ruins. O processo de rememorar transforma esse chumbo miserável em algo novo e muito mais significativo.

Esses tempos terríveis nos põem em contato com o inconsciente. Exceto nos casos de quem fica irreversivelmente preso a esse estado sombrio, a depressão é muito útil. Eu fiz as minhas maiores descobertas em períodos de forte depressão. Há muitos anos, perdi "a garota dos meus sonhos" por razões que, eu sabia, estavam fora do meu controle. Mesmo assim, lamentei a perda e, durante anos, não conseguia pensar em outra coisa além dela. Fiquei preso a uma depressão obsessiva. Com o tempo, tive que aprender a combater a ilusão e aquela paixão pouco saudável que me mantinha prisioneiro da minha própria escuridão. Finalmente, eu comecei a perceber que não tinha tanto apego pela garota, mas pela *anima* intensa que nela projetei. *Anima* é a imagem anímica que os homens têm no inconsciente para representar o feminino em suas formas ubíquas.

Anos se passaram antes que eu conseguisse acabar com a imagem de "deusa" que tinha projetado na garota e a visse como uma pessoa real. Só então, pude iniciar um processo de luto que me permitiu descobrir a fonte da minha projeção, a *anima*. Essa descoberta se deu à custa de uma depressão, durante a qual minha psique conseguiu deixar a mente de lado e separar as imagens misturadas. Foi uma verdadeira ressurreição quando aquela *anima* voltou a ser o que era: uma deusa de algum reino espiritual e uma força inspiradora em minha alma. Acho que todos os homens deveriam passar por uma crise assim para descobrir o feminino divino. Um processo semelhante ocorre com toda mulher ao encontrar seu espírito masculino.

O Albedo

A escuridão, por si só, não dá vida às coisas. A luz que brilha na *prima materia* faz com que ela se desenvolva e amadureça. Em termos psicológicos, a luz simboliza a cognição consciente. Quando trazemos consciência a um estado depressivo, a nossa disposição se modifica. Nós nos iluminamos e conseguimos até extrair um pouco de compreensão da infelicidade. É essa a lâmpada que aparece nas histórias em quadrinhos. À medida que amadurece, essa compreensão é internalizada e, depois, expressa externamente em nosso comportamento.

Enquanto o preto é a cor usada para representar o primeiro estágio da alquimia, neste segundo movimento, conhecido como *albedo*, o branco representa o poder iluminador da luz sobre a *prima materia*. Nesse estado, a sensação é exultante, como se nos livrássemos da gravidade dos problemas e a esperança brilhasse em nós como uma estrela no céu. Esse primeiro movimento, do *nigredo* ao *albedo*, completa o estágio inicial da obra. Ele é chamado de Ascensão da Alma porque, acredita-se, tudo se origina na alma escura e é só quando se sobe em direção à luz do espírito que há alguma possibilidade de fazê-los se juntar num casamento real.

Trazer luz à escuridão é um tema recorrente na alquimia. Do ponto de vista psicológico, isso significa a união da consciência e da inconsciência numa forma totalmente nova. A soma desses opostos é a criação da pedra branca do *albedo*. Como vamos ver daqui a pouco, esse desenvolvimento, do *nigredo* (inconsciência) ao *albedo* (consciência), não é tarefa fácil.

No belo mito grego, *Eros* (Amor) *e Psique*, a alma, na forma de uma jovem, é libertada da terra e, depois de muitas provações e atribulações, transformada numa deusa celestial.[1] Psique descobre que seu marido, Eros, é um deus e fica perplexa. Pensando que o perdera para sempre, ela consulta Afrodite, que lhe passa tarefas para prepará-la para o amor.

A luz da consciência, quando surge num relacionamento, pode ser demais para nós, especialmente se não estivermos preparados para ela. A alquimia é um processo lento de preparação para receber essa luz. Suas tarefas, ou operações, fortalecem tanto o masculino quanto o feminino interior para que não fiquemos tontos nas alturas a que ascendemos.

Esses primeiros dois estágios representam as múltiplas dimensões do nosso mundo. A alma representa o mundo inferior enquanto o espírito nos leva para cima. Sem essas dimensões, a vida psicológica não seria possível. A terceira dimensão é a profundidade. Aqui, a palavra não é usada em seu sentido comum. Profundidade, neste contexto, significa a participação da alma. Com profundidade, o inconsciente se envolve, contrabalançando o ego e seus muitos soldados (defesas). A profundidade nos puxa para baixo, até a alma. Quando agimos com profundidade, falamos com paixão, convicção, *gnosis*. A psicologia junguiana é chamada de psicologia profunda porque pretende compreender a psique a partir desse terceiro ponto de vista.

O Rubedo

Embora eu tenha mencionado três dimensões e seu significado psicológico, vamos agora falar do tempo para compreender o estágio final da obra. O *rubedo* é o terceiro estágio e sua cor é o vermelho. Segundo os alquimistas, o sangue, sendo vermelho, contém a essência da vida. Na Idade Média, acreditava-se que a alma residia no sangue, o que fazia do coração o centro espiritual e físico da nossa vida. Sabemos hoje que o coração bate cem mil vezes por dia e cerca de 2.5 bilhões de vezes durante uma vida de duração média. O coração mede o tempo. Assim, manipulando o pulso para torná-lo mais lento, é possível diminuir o *stress* desse músculo, estendendo assim os nossos dias.

Hoje, temos remédios que deixam o coração mais lento. Eles são receitados para pacientes com hipertensão, pois ajudam a controlar a pressão sanguínea. Dores no peito são, em geral, dores causadas pelo *stress*. Na minha prática, ensino técnicas de redução do *stress* que têm mais ou menos o mesmo efeito desses remédios, sem os efeitos colaterais. Sabe-se que a yoga relaxa o corpo e a mente. Muitas evidências comprovam que o *stress* mata. Em linguagem alquímica, a dor causada pelo *stress* pode ser causada por um espírito desorientado. Para mim, o pulso é o reflexo físico do nosso espírito. Quando fica rápido demais, tem que voltar a se harmonizar com seu hospedeiro, o corpo. O relaxamento profundo permite que a consciência se aquiete e redescubra o ritmo natural da vida. Sem isso, corremos o risco de sucumbir a emoções e sentimentos não processados. Ou seja, corremos o risco de ter um ataque do coração. O corpo é o cadinho em que a alma e o espírito encontram o equilíbrio. Tomara que não seja preciso que um sintoma nos force a assumir a responsabilidade pela nossa mente, pelo nosso corpo e pela nossa alma.

Nesse último estágio, a ênfase não é mais na alma: é no movimento causado pelo espírito. É a Descida do Espírito. Nos primeiros dois estágios, a fraca consciência do ego luta para se livrar da força regressiva da natureza. Agora, o movimento vem de cima: é a energia espiritual que vem do *Self*. Os recursos humanos, sozinhos, não bastam para realizar o difícil trabalho da individuação.

Na interação entre alma e espírito ocorre a transformação. Em outras palavras, graças ao nosso esforço e ao esforço de um poder transpessoal, os metais, que representam graus de consciência, são transmutados, passando do seu estado inferior para o de ouro puro e refinado. O chumbo é transformado na prata branca do *albedo* e em ouro no *rubedo*. Essa transformação poder levar um dia ou a vida inteira. O tempo é determinado tanto pelo que fazemos quanto por aquilo que testemunhamos na natureza.

Se alquimia é fazer, então qual é o trabalho desse último estágio? O alquimista Gerhard Dorn nos dá instruções específicas:

> Primeiro, transmute a terra do seu corpo em água. Isso significa que o coração, que é duro como pedra, material e preguiçoso, tem que se tornar flexível e vigilante... Assim, imagens e visões espirituais se imprimem no coração como um selo é impresso na cera. Mas agora essa liquefação tem que se transformar em ar. Ou seja, o coração tem que se tornar contrito e humilde, subindo em direção ao Criador como o ar sobe em direção ao céu... Então, para que se transforme em fogo, desejo, agora sublimado, esse ar tem que ser convertido em amor — amor a Deus e ao próximo — e essa chama não pode nunca se extinguir. Nesse ponto, para receber o poder do que está em cima e do que está embaixo, você tem que começar a descida.[2]

SOB TRÊS CONDIÇÕES: AS FORÇAS DA NATUREZA

Os alquimistas acreditavam num universo energético, onde forças impediam o colapso do mundo solar e do mundo lunar. Como o sol e a lua correspondem ao espírito e à alma, esse mesmo equilíbrio alquímico é necessário para manter intacta a consciência humana. No século XV, um alquimista árabe introduziu as três forças básicas: o sal, o enxofre e o mercúrio. A essas três, o inovador Paracelso acrescentou outra força, a que deu o nome peculiar de "azougue".[3] Esse termo, derivado da palavra árabe *al-zauq*, tem significado mágico porque contém a primeira e a última letra dos alfabetos arábico, romano, grego e hebreu.

Azougue é sinônimo de mercúrio, mas expressa literalmente o A (alfa) e o Z (ômega) do processo alquímico. Como os elementos, o azougue não deve ser considerado uma substância física. Ele é comumente definido como "nossa segunda água e água viva", e usado para representar a fonte mercurial em que a alma e o espírito se dissolvem para se unirem. Embora os compostos e substâncias do laboratório alquímico tenham equivalentes no mundo físico, seu verdadeiro valor está no simbolismo.

O Sal

O sal não é entendido apenas como cloreto de sódio; ele tem um significado bem mais amplo. O sal alquímico é a base sobre a qual se assenta a criação. Na experiência humana, ele representa o princípio que nos permite apreender os fenômenos naturais. É o fluxo da vida percebido por meio da função sentimento. O sal refinado nos permite explorar nossas próprias profundezas e ali descobrir a sabedoria. É isso o que significa a expressão "sal da terra".

James Hillman diz que o sal "dá ao que temos na cabeça um valor entre as pessoas: um valor tangível na terra". Mais particularmente, ele define esse valor como "a base da subjetividade, cuja natureza é fixar, corrigir, cristalizar e purificar".[4] O sal é um cristal e representa o princípio de energia associado à alma.[5] Seu lugar na alquimia é tão importante que o grande Geber adotou como lema: "Tudo na natureza é de Sol e Sal." Juntando o sal ao simbolismo do sol, que é o fogo essencial, esse mestre alquimista nos mostra a importância que dava ao sal.

Não podemos viver sem o sal e nosso sangue, nosso suor e nossas lágrimas nos fazem lembrar de sua presença essencial. No livro *The Emerald Tablet*, Dennis Hauck escreve: "Você tem que chorar para que a Dissolução ocorra, por isso não tenha medo de sentir a dor outra vez".[6] Os alquimistas medievais, nos lembra ele, acreditavam que as lágrimas eram "resquícios de pensamentos cristalizados". Quando choramos, dissolvemos os pensamentos tristes, permitindo que se transformem em experiências sentidas. O sal seca o sentimento e permite que os pensamentos revigorem a alma.

O Enxofre

O enxofre, ou súlfur, é a energia que dá à matéria inerte o poder de irromper em criação. Uma boa risada, descobertas súbitas, um beijo espontâneo — exemplificam a ação da energia sulfúrica na vida humana. No palco do mundo, vemos a primavera irromper a cada ano, o sol raiar no horizonte e vulcões entrarem em erupção. O enxofre contém uma energia densamente compactada, esperando para irromper com a força total da natureza. A palavra enxofre conjura as energias flamejantes do inferno. O enxofre é explosivo e tem mau cheiro, mas sem ele não haveria fogueiras e nem o *big-bang*, que nos pôs todos aqui.

O enxofre é o complemento masculino do sal, que é feminino. Ele faz com que as coisas ganhem forma. Por isso, os alquimistas chineses e árabes combinavam o enxofre com o mercúrio para produzir o sulfeto de mercúrio, que chamavam de cinabre. Esse "sangue de dragão" foi usado como *prima materia* em muitos trabalhos. O enxofre é também a energia que dá forma ao impulso criativo, à emoção sombria e à compreensão latente. Sem o enxofre, a boa idéia continua na prancheta mas, com ele, as coisas começam a tomar forma.

O Mercúrio

O mercúrio é a mais ubíqua das energias. Ele é inquieto, furtivo e extremamente mutável. Como uma das três energias primordiais, Mercúrio representa as substâncias e qualidades que agem como catalisadores, instigando mudanças drásticas na qualidade e na forma do material. Tudo o que diz respeito ao mercúrio tem relação com a energia quixotesca da luz. A expressão "prata viva", outra denominação para o mercúrio, representa as qualidades essenciais da energia mercurial. É praticamente impossível pegá-la e sua cor prateada nos faz lembrar a água e o céu.

O mercúrio possui as características femininas da água e as virtudes masculinas do céu. Ele é considerado andrógino. Assim, tem uma incrível capacidade de se ligar a outros metais, incluindo a prata e o ouro. Com o sulfeto de mercúrio, os artesãos conseguem dourar objetos de metal. A prata viva é usada também para liquefazer a prata e o ouro. O amálgama é aplicado ao minério para extrair o ouro. Depois, o fogo elimina a prata-viva, deixando apenas o metal precioso. Outra técnica para extrair o ouro é mergulhar os minerais num banho de mercúrio. Todas essas técnicas dão significado a uma receita que é básica na alquimia: *solve et coagula* (separe e una).

Do ponto de vista psicológico, mercúrio é um método usado para extrair o melhor que a vida tem a oferecer.

AS OPERAÇÕES

Os alquimistas usavam muitos métodos e procedimentos em seu trabalho. Essas operações eram codificadas em palavras obscuras e imagens simbólicas — e a ordem em que eram usadas variava de um alquimista para o outro. É uma sorte termos o trabalho de Jung e de outros analistas para nos ajudar a compreender a aplicação dessas operações ao processo de individuação. Vou recorrer ao livro de Edward Edinger, *Anatomy of the Psyche*, para identificar e organizar sete das operações mais importantes. Embora essa obra seja uma maravilhosa análise das operações do ponto de vista mitológico, religioso e terapêutico, no momento nosso interesse é mais amplo. A alquimia não precisa se limitar à rara estirpe de pessoas que dedicam a vida à busca da pedra filosofal, ou a terapeutas que aplicam a arte nos consultórios.

A Primeira Operação: O **Calcinatio**

O fogo é essencial em nossa vida. A temperatura do nosso corpo é de 36 graus, e mais alta quando temos febre para combater alguma infecção. Quando ficamos com raiva, o nosso "sangue ferve". Como os animais, ficamos mais "quentes" quando somos sexualmente estimulados. O fogo cura, destrói, cria e, acima de tudo, transforma.

O *calcinatio* acende as primeiras brasas. Ele reside nas energias sulfúricas da paixão, da crise e do total desespero. Essa paixão ardente inflama a alma. Na mitologia cristã, a paixão aparece numa variedade de imagens. A sarça ardente, as línguas de fogo, a espada de fogo, o purgatório e, claro, o inferno, são imagens que representam vários aspectos do fogo como um processo de transformação. No Gênesis, isso é evidenciado por um Deus que "é o portão pelo qual o pensador passa do invisível ao visível, e é por esse portão que temos de passar para chegar à presença do Espírito".[7]

A operação ígnea separa o grosseiro do sutil, purificando e reduzindo a matéria densa à cinza fina e branca. Em termos humanos, isso significa que precisamos controlar os instintos para não nos tornar escravos da energia impulsiva. Precisamos, em outras palavras, eliminar os desejos e as vontades incontroláveis. Para os alquimistas, o símbolo dessa operação era um leão devorando o sol. É isso o que acontece quando a consciência desce ao mundo instintivo. Só o leão da cura consegue domar as energias intensas do espírito, impedindo, ao mesmo tempo, que o instinto domine a nossa vontade. Para isso, temos que ter a ferocidade de um leão: andar sobre carvão ardente, "engolir fogo" ou dançar uma dança sagrada e selvagem.

Zorba o Grego, personagem-título do livro de Nikos Kazantzakis, dança com paixão selvagem quando seu coração está pesado, sentindo, no entanto, que mal consegue se mover. Os dervixes rodopiantes da Pérsia põem em movimento os poemas de Rumi para manter a concentração em meio ao caos. Shiva, o deus hindu da criação, dá um significado semelhante a essa dança do fogo. Em sua imagem mais conhecida, Shiva aparece dançando dentro de um Círculo de Fogo. Agni, deus do fogo nessa mesma religião, está preso a um voto de verdade pelos seus três olhos: o sol, a lua e as fontes de luz. Essa é a provação pelo fogo, a imolação das paixões avassaladoras, que purga a alma e, por meio da iniciação, liberta o adepto do falso desejo.

Quem nasceu nas constelações de Leão, Sagitário e Áries, tem uma afinidade especial com essa operação. Como o fogo ilumina o caminho, essas pessoas tendem a ter poderes intuitivos altamente desenvolvidos. Do ponto de vista astrológico, Sol e Marte governam o tipo fogo. Como eu sou Leão, um signo solar, conheço muito bem suas virtudes e armadilhas. Estou entre aqueles que são impulsivos, ambiciosos e que fazem de tudo para chamar a atenção e ter a admiração dos outros. Em seu lado mais brilhante, o *calcinatio* também traz transformação. Do fogo, a fênix renasce, purificada da antiga vida. O *calcinatio* é a operação que usamos para iluminar a escuridão do inconsciente, purgá-lo de suas qualidades inferiores e transformá-lo em ouro.

Dance com convicção!

A Segunda Operação: O **Solutio**

Nascemos na água e somos sustentados por ela. Água é vida. Sua ubiqüidade se revela na simultaneidade dos seus três estados. Numa lagoa gelada, por exemplo, ela é um líquido, um sólido e um gás. De modo semelhante, a flor de lótus fica ao mesmo tempo abaixo da superfície da água, apoiada em sua superfície e estendendo-se acima dela, dando-nos uma visão do triplo significado da água. Primeiro, habitamos suas profundezas, depois flutuamos em suas correntes e, finalmente, irrompemos para a cognição plena. Essas imagens contêm a essência da operação da água, o *solutio*, e a matriz em que nasce a consciência de si mesmo.

Com o *calcinatio* aprendemos a lidar com paixões ardentes. O *solutio* nos ensina a enfrentar as mudanças de humor. Aprendi, com Robert Johnson, que bom humor não existe. Seja bom ou seja mau, o humor carrega com ele a confiabilidade dos julgamentos. Ficamos à deriva, levados por marés fora do nosso controle e, a menos que aprendamos a administrá-las, podemos muito bem nos afogar.

O batismo é o equivalente cristão do *solutio*. Simbolicamente, ele elimina o "pecado original", que nasce conosco. Com a água, somos absolvidos, renovados e purificados. Há milhares de anos, os hindus se banham regularmente no Rio Ganges, seu rio sagrado. Esse ritual os faz lembrar — ou faz com que o corpo deles lembre — o seu ambiente de origem. A água dissolve a sujeira dos pecados, nossos pontos cegos psicológicos que nos impedem de acertar o alvo.

A personalidade de água é inocente, honesta, persistente, tímida e sensível. São pessoas que estão mais perto dos sentimentos e que, assim como a água, são sensíveis ao menor distúrbio, mudando de humor rapidamente. A personalidade água sofre a influência da lua. Os alquimistas acreditavam que a fonte da água vem da lua, que controla as marés dos oceanos e os nossos humores. Astrologicamente, a lua rege Câncer e Netuno, rei dos mares. Franz Kafka, um escritor que viveu e trabalhou em Praga, era canceriano. Ele expressou em verso a essência do *solutio*:

Não é preciso sair de casa.
Fique sentado à sua mesa e ouça.
Nem é preciso ouvir, espere simplesmente.
Nem é preciso esperar, apenas aprenda a ficar sozinho,
em silêncio.
O mundo vai se oferecer espontaneamente a você
para ser desmascarado.
Sem escolha, ele se desdobrará em êxtase
a seus pés.[8]

A Terceira Operação: O Coagulatio

Até agora, a *prima materia* é pouco mais do que uma partícula voando por aí como uma semente ao Vento (ar), tendo como pai o Sol (fogo) e como mãe a Lua (água). Agora, ela precisa criar raízes. "Sua ama é a Terra." Esses movimentos não são meras representações: eles encerram a terceira receita da *Tábua Esmeraldina*. Em outras palavras: Hermes está dizendo ao alquimista como agir para conceber a *prima materia* da sua própria mente inconsciente. A operação da terra é o primeiro passo da transformação daquilo que, na natureza, vai se tornar a psique. "A alma começa", escreve Thomas Moore, "na umidade, na terra sólida, no domínio da experiência comum. Sem este mundo corporificado, não haveria alma."[9]

Isso se dá por meio de um processo chamado fixação. Esse termo ainda é usado pelos psicólogos, mas com referência a alguma coisa que deu errado na vida de uma pessoa. Um acontecimento traumático, por exemplo, fixa o crescimento psicológico da pessoa traumatizada, já que uma parte de sua psique fica presa ao passado. Os alquimistas usavam o termo fixação com referência a processos que "transformam alguma coisa em terra". Edinger usa a palavra "terra" com o sentido de realidade. *O coagulatio* é, portanto, o processo que usa a fixação como método para transformar a natureza inconsciente em realidade sólida, terrena. Nesse estágio do seu desenvolvimento, a *prima materia* é chamada de ego.

Assim como a semente se prende à terra, o ego lança raízes. Esse processo é realizado com a intervenção de mercúrio. Lembre-se, mercúrio é o catalisador que une as coisas. Nesse ponto, o ego é frágil, mas seu hospedeiro (matriz) é a Mãe Terra. Uma gravura alquímica mostra o *coagulatio* como uma mulher com a Terra sobreposta no meio do corpo. A *prima materia* (ego) aparece mamando em seu peito. Edinger dá à gravura a seguinte interpretação: "nada menos do que a ligação do ego com o *Self*, a realização da individuação."[10] Essa é uma imagem vívida da primeira vez que o espírito vem ajudar a alma (psique) a manifestar um *Self* terreno.

A personalidade de terra sofre a influência de Vênus e Saturno que regem Touro e Capricórnio, respectivamente. Touro governa tudo o que é físico, bonito e sensual, enquanto Capricórnio é responsável por ossos, pedras e outras estruturas sólidas. As pessoas desse tipo tendem a ser melancólicas, depressivas. O excesso de terra do seu signo lhes pesa muito e elas tendem a ser reservadas. É uma pena, pois a afinidade com a terra lhes dá um conhecimento especial do planeta. Em seu lado positivo, essas pessoas têm os pés no chão, são trabalhadoras, dinâmicas e apaixonadas pela natureza.

Balzac, um taurino, é um exemplo do que acontece quando o *coagulatio* vai ao extremo. Depois de escrever noventa e cinco romances, que compõem seu *magnum opus*, *A Comédia Humana*, ele diz: "Meu cérebro sucumbiu, como um cavalo exausto."

Essas qualidades, no que têm de melhor, são necessárias ao bom alquimista, que precisa ter paixão pelo trabalho, confiar em seus instintos e, acima de tudo, amar a natureza.

A Quarta Operação: O **Sublimatio**

O ar é o elemento do espírito e o *sublimatio* é sua operação. Ele é o meio que transporta o oxigênio, a luz do sol e a linguagem. Sem ar, a alma e o corpo sufocariam. O excesso de ar nos deixa "avoados". Simbolicamente, isso significa que o corpo fica tonto e a mente, desorientada. Corremos o risco de ter uma embolia gasosa quando subimos depressa demais à superfície. Psicologicamente, o excesso de ar sufoca a profundidade. Os bobos dessa laia são bufões, uma palavra derivada da palavra latina *follis*, que significa "saco de ar". Os gregos chamavam tal atitude de *hubris*, ou insolência, o que era pecado na religião deles. Esses bobos eram bufadores que exageravam suas pretensões e sobrecarregavam os foles.

O alquimista tem que encontrar o caminho do meio, entre o excesso de ar e a falta de ar. Essa tarefa é belamente exemplificada na história grega de Ícaro. Ele é o jovem que, com o pai, Dédalo, foi preso numa ilha por ter ofendido Mino. Dédalo, um hábil artesão, moldou asas de cera e os dois voaram para a Sicília. Mas Ícaro, jovem que era, contrariou as instruções do pai: voou alto demais e o calor do sol derreteu suas asas. Ícaro caiu no mar e morreu.

O *sublimatio* é a operação que nos ensina a controlar o espírito do ar. Embora pareça invisível, o ar é um meio palpável. Uma pausa dramática, prender a respiração ou simplesmente deixar de "subir para respirar" são ações que dão substancialidade a esse elemento. *O sublimatio* nos ensina a evitar o erro de Ícaro e, melhor ainda, a inspirar a mente, o corpo e a alma com a substância viva do espírito.

"No princípio era o Verbo (...) e o Verbo se fez carne." É assim que a Bíblia Cristã explica a existência de Cristo. *O sublimatio* é o processo que transforma sons em palavras e palavras em ações. Para isso, eleva "uma substância inferior... a uma forma superior por meio de um movimento ascendente".[11] Assim como o *coagu-*

latio firma o ego no chão, o *sublimatio* lhe insufla o espírito. Os alquimistas diziam: "Sublime o corpo e coagule o espírito."

Quando alguma coisa passa do domínio invisível para o visível, encontramos o Trapaceiro, o Senhor das Fronteiras. Os mitos da criação são cheios de Trapaceiros que negociam transações entre diferentes domínios, procurando, em geral, fazer o melhor negócio para os seres humanos. O que rouba dos deuses, o Trapaceiro nos dá, em troca de revelarmos a ele nossa sombra interior. Não podemos esquecer que ele, em muitos dos seus disfarces, é o senhor da linguagem e da comunicação. Assim, as palavras mágicas, os hinos e os cânticos são os meios usados em *sublimatio* para nos unir ao espírito e transformar as palavras em atos.

Mercúrio, governado por Gêmeos e Urano, rege a personalidade do ar. Prestar homenagem a Mercúrio garante eloqüência na fala e na escrita. Goethe, o grande autor alemão, era geminiano. Jung fez várias referências a Goethe e à sua grande obra: *Fausto*. Esse poema épico é alquímico em sua linguagem e em suas imagens. Na Parte 1, Cena, 1, Fausto diz a Wagner:

> *Se o sentimento falhar,*
> *Você nunca terá sucesso;*
> *Se ele não vier do espírito.*
> *Com velocidade elemental,*
> *Ganhar o coração de todos os que ouvem.*[12]

As primeiras quatro operações vêm diretamente dos quatro elementos. A consciência é inflamada com o fogo, animada com a água, fixada com a terra e espiritualizada com o ar. Esse primeiro estágio da obra é chamado de Obra Menor, ou Ascensão da Alma. Quando chegamos ao estágio final, chamado de Obra Maior ou Descida do Espírito, parece que começa tudo de novo. Mas não é verdade. A ascensão da alma e a descida do espírito são dois movimentos simultâneos no trabalho de transformar o ego inconsciente e plúmbeo na plena consciência do *Self* Individuado.

As três operações finais são dedicadas ao sacrifício, à entrega e à comunhão. São atos conscientes que realizam o mais alto propósito da vida: servir com altruísmo. Até agora, nossa *prima materia* sofreu a ação das operações da natureza, mas agora ela decide agir por vontade própria. Com a consciência vem a capacidade de escolher: e temos que abrir mão dos prazeres terrenos em favor de alegrias mais duradouras. Isso não é fácil. Na verdade, exige uma morte psicológica. Só morrendo nós nos livramos da guerra e do jogo dos opostos.

A Quinta Operação: O Mortificatio

Esta é a operação da morte. Ao contrário da morte física, o *mortificatio* não significa o fim da existência corporal. Como num sonho, a morte prenuncia a mudança necessária, pressagiando a transformação. Na operação *mortificatio*, o ego se livra das falsas ilusões, dos apegos ditados pela carência e da contaminação não-desejada. Isso não se faz sem dor, sofrimento e sacrifício. Afinal, o ego é obrigado a abrir mão de faculdades já testadas em nome de um modo de ser totalmente novo.

Mas essa dor é tolerável porque é uma escolha. Ela traz significado. A individuação é uma escolha: escolhemos a totalidade. O sacrifício envolvido significa abandonar algo menor por algo maior. Como diz Jung: "A experiência do *self* é sempre uma derrota do ego."[13] A realização consciente do *Self* é o prêmio por essa horrível provação.

Mesmo quando a escolha é feita de boa vontade, o ego se sente como se estivesse morrendo fisicamente; ele tem um colapso nervoso. As imagens associadas à operação *mortificatio* são a morte, os corvos negros, os esqueletos e os túmulos. O iniciado, nesse estágio, tem a sensação de ser física e psiquicamente desmembrado.

Os alquimistas compreendiam profundamente a natureza da psique. Sabiam que a plena consciência do ouro exige a aceitação da morte. Em outras palavras, não pode haver iluminação espiritual sem que antes se sondem as profundezas da vida. Quando estamos prontos e dispostos a morrer por alguma coisa, não apenas a nossa realidade muda completamente, mas também o mundo.

A Sexta Operação: O Separatio

Para compreender essa operação, temos que vê-la de duas maneiras. Em primeiro lugar, separação é o processo pelo qual diferenciamos as partes. Os relacionamentos não existiriam se não conseguíssemos separar o "eu" do "você". Do mesmo modo, enxergamos porque o olho distingue tons contrastantes de luz. O *separatio* é a operação que torna a realidade possível. Em todos os mitos da criação, um processo de *separatio* atua para separar a terra dos corpos aquáticos, os animais dos seres humanos etc. E também o mundo consciente do inconsciente, a fantasia da realidade.

Esse é o primeiro significado do *separatio*. Quem não aplica essa operação corre o risco de ficar confuso, dominado pelos pensamentos e emoções. Então, é preciso "separar as coisas". Outra cena de *Eros e Psique* ilustra esse ponto, mostrando como o *separatio* ajudou a salvar a jovem deusa — a alma — de uma depressão suicida. A psique violou a condição de sua relação com Eros — ela não devia vê-lo à noite.

Incapaz de conter a curiosidade por mais tempo, Psique acendeu uma lamparina e olhou para seu amado adormecido. Para seu espanto, não era um homem que estava diante dela, mas um deus. Eros fugiu imediatamente, deixando Psique num estado terrível. Ela queria se afogar, mas Pan a fez desistir. Sem ter mais ninguém para ajudá-la, ela recorreu a Afrodite, a deusa do amor.

Afrodite foi severa. Ela ordenou que Psique realizasse várias tarefas impossíveis. Vou apenas mencionar a primeira, que envolve a operação do *separatio*. Psique teve que separar um enorme monte de sementes, todas misturadas, para não sofrer a conseqüência da morte. No começo, essa tarefa pareceu piorar sua depressão já que, no nível do ego, a tarefa não podia ser realizada. Psique foi forçada a desistir e a entregar sua fé ao destino. Mas é essa a sabedoria do mito: por meio dessa entrega, Psique passou a outra ordem de realidade. Podemos chamá-la de natureza, deus ou *Self*. O nome é menos importante do que compreender que a submissão da consciência traz recursos incríveis. O *mortificatio* tinha realizado sua tarefa. O ego jamais ajudaria Psique nessa situação e ela sabia disso.

Por meio do desespero e das súplicas, as energias da psique foram ativadas. Isso é belamente retratado na história com a chegada de formigas que realizam a tarefa sem dificuldade. As formigas representam o *animus* da mulher, o lado espiritual da personalidade. Na cultura dos índios norte-americanos, as formigas simbolizam a paciência. A psique, em outras palavras, é salva por seus recursos interiores, masculinos e femininos, que agem, cada qual, segundo sua natureza: separando e esperando, respectivamente. No nível do ego, essa tarefa não poderia ser realizada. Mas, em conjunto com a consciência, ela foi concluída bem antes da volta de Afrodite.

Esse aspecto de *separatio* ensina a sabedoria de separar para chegar à clareza e à perfeição. É assim que chegamos ao sentido, pois é preciso separar os elementos de um problema para achar uma solução. É isso que significa a palavra "análise". *Lysis* significa soltar. O *separatio* é também um processo de purificação. Separamos o bom do mau, o joio do trigo, o chumbo do ouro. Vamos agora ao segundo sentido de *separatio*.

A operação do *separatio* é a preparação para o último estágio da obra, o *coniunctio*. Não pode haver união sem que antes haja uma separação. Somos separados no nascimento quando o cordão umbilical é cortado. Depois, somos separados de um completo estado de inconsciência quando tomamos consciência dos outros e de nós mesmos. Em certo sentido, nascemos psicologicamente quando isso acontece. Passamos por outra separação quando saímos da casa dos pais e começamos a viver de maneira independente. Ao longo da vida, ocorrem muitas separações. Quem vive a vida conscientemente, vive uma experiência criativa de *separatio* muito antes da separação final: a morte do corpo físico.

Essa experiência é a separação da maneira dualística de viver. As crianças vivem nesse mundo, mas o fazem inconscientemente. O *separatio*, neste estágio, significa separar-se conscientemente de uma mentalidade construída sobre a oposição. Com isso, aprendemos a nos separar deliberadamente das exigências do dualismo. Em geral, e isso tem seu valor, dividimos o mundo entre bom e mau, certo e errado, correto e incorreto. Somos educados, até mesmo doutrinados, nessa maneira de pensar, que é a ocidental. O problema é que nos identificamos com ela, excluindo qualquer outro sistema de pensamento. A compensação por meio da religião e até mesmo da prática espiritual atua mais como "cortesia a deus" do que como meio de chegar ao que deus e o ouro representam. Assim, não atingimos a serenidade do Buda e nem realizamos o que Cristo ensinou: permanecer no mundo sem ser do mundo.

O *separatio* é uma experiência que nos deixa livres para alternar as realidades: fazer o trabalho do ego quando necessário, folgar ao sabor do espírito. Trabalho e lazer são escolhas nossas. Em outras palavras: não abandonamos a razão, mas não somos mais seus prisioneiros.

Há um tempo para trabalhar e um tempo para folgar!

A Sétima Operação: O Coniunctio

Assim como defini dois níveis de experiência no *separatio*, os alquimistas se referiam a dois tipos de *coniunctio*: o menor e o maior. Em sua primeira forma, o ego é vulnerável ao apelo dos prazeres terrenos. A razão, a lógica e a racionalidade têm uma gravidade que mantém os pés do ego no chão, enquanto os instintos oferecem prazer imediato. O que torna menor esse *coniunctio* é a constante identificação do ego com atividades conscientes e inconscientes. Mas o fato de já termos tido um vislumbre do *Self* Individuado nos estimula a nos voltar para nós mesmos. A imagem que temos de nós mesmos e a autoconfiança param de tirar energia do ego e passam a tirá-la do arquétipo do *Self*. Como a mudança pode não estar estabilizada, o *coniunctio* menor abre a porta para o nível final de realização da consciência.

Os alquimistas escolheram os olhos que há nas penas do rabo do pavão para simbolizar o início da cognição consciente, que antecipa o *coniunctio* maior. Como um arco-íris de cores, o espectro total da consciência é, ao mesmo tempo, uma e muitas dimensões. Esse olho simbólico, conhecido no Hinduísmo como Terceiro Olho, enxerga a experiência individual e coletiva. Nesse não-dualismo, o ego e o *self* se fundem e o alquimista tem a experiência dos dois. É muito difícil, senão impossível, expressar o que é essa experiência sem estar de posse dela. Só os símbolos nos dão alguma idéia de sua natureza.

O casamento real do Rei Sol com a Rainha Lua é um exemplo dessa grande experiência do *coniunctio*. Em muitas tradições, ele é chamado de casamento místico. Na verdade, esse casamento simbólico é a pedra fundamental de todas as grandes religiões. É o yin-yang do Tao, o Shakti-Shiva do Hinduísmo, o Pai Céu e a Mãe Lua dos índios norte-americanos, a união dos Sefirot Tiferet e Malkhut da Cabala, o *heirosgamos* da alquimia e a crucificação de Cristo. Cada religião tem um símbolo que funciona como uma espécie de passagem para essa experiência transpessoal. Para os cristãos, é a cruz. "Ele (Cristo) veio ao leito nupcial da cruz", escreveu Augustine, "e ali, pregado, ele consumou seu casamento."[14] Se pecado significa errar o alvo, então a cruz é o alvo. No seu centro, onde a terra e o céu se cruzam, há paz e amor eternos.

Num nível mais pessoal, a experiência do *coniunctio* se revela em quem tem livre acesso à função transcendente e faz uso regular da imaginação ativa, em qualquer situação da vida. Simbolizada pela cruz ou pela fusão de alma e espírito, a união dos opostos significa que a pessoa atingiu um grau muito alto de consciência. Como diz a analista junguiana von Franz: uma vez atingido esse estado de individuação, *"você fica no ponto médio... fica na imaginação ativa, por assim dizer, e tem a sensação de que é aí que o processo de sua vida acontece..."*[15] Nesse nível, você tem a oportunidade de ir além das fronteiras do *Self* Individuado e experimentar o divino a cada momento.

Capítulo 7

A Fabricação do Ouro

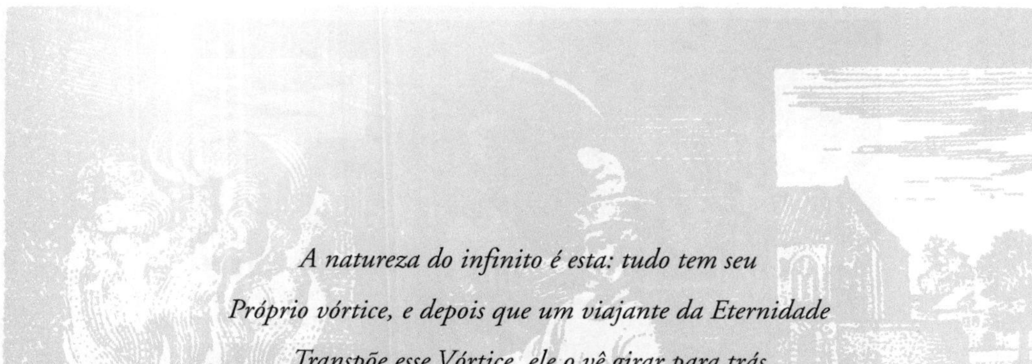

A natureza do infinito é esta: tudo tem seu
Próprio vórtice, e depois que um viajante da Eternidade
Transpõe esse Vórtice, ele o vê girar para trás
Em seu caminho, transformando-se num
globo e se abrindo como um sol...
Então, é o céu um vórtice que já foi transposto e a terra
Um vórtice ainda não transposto pelo viajante da Eternidade.

WILLIAM BLAKE, *MILTON*

PRECAUÇÕES

Na ilustre história da alquimia, houve sempre quem duvidasse de suas metas incríveis e aqueles cuja única ambição era lucrar com ela. Até o final do século XVII, a ciência era calcada principalmente na observação. Era preciso testemunhar diretamente os resultados para eliminar as dúvidas. Não havia publicações científicas confiáveis para atestar a veracidade das alegações e muito menos para disseminar as descobertas da pesquisa. Como a maior parte dos cientistas, os alquimistas dependiam de cartas e de escassos artigos, que lhes eram entregues por mensageiros. Os mais felizardos tinham amigos pessoais entre estudiosos, com quem compartilhavam seu trabalho. Até o final do século XIX, a ciência era uma questão pessoal: a pessoa do cientista vivia sob escrutínio, tanto quanto suas pesquisas. A experiência humana fazia parte dos experimentos de laboratório.

Tudo isso mudou com o advento da ciência moderna. A experiência foi posta de lado, chegando a ser considerada fonte de contaminação. A validade e a confiabilidade exigiam a eliminação de todas as formas de erro, incluindo os "contaminadores" da experiência humana. Para gerar descobertas objetivas, o experimento de laboratório tinha que esterilizar todas as formas de erro humano. Assim, as emoções que pudessem influenciar o pesquisador tinham que ser identificadas e removidas. Esses métodos científicos produziam resultados objetivos que podiam, então, ser generalizados e aplicados a situações fora do laboratório.

Com esse método, a dúvida se tornou um número fixado por quadros de probabilidade. A ciência moderna, ao contrário da magia, afetava o maior número possível de pessoas, desde que fossem respeitadas as condições e as limitações enunciadas. Enquanto a magia buscava o bem individual, a ciência se pôs a serviço do público. Foram enormes os benefícios que nos trouxe a ciência empírica. A ciência tem sido acusada de ter uma atitude arrogante diante da natureza. Mas, ironicamente, essa crítica é inexata: era a magia que pretendia pôr a natureza a serviço das necessidades humanas, por meio da mera dominação passiva. Dando um primeiro passo em direção a uma abordagem mais científica, a alquimia estabeleceu uma relação com a natureza, juntando-se a Ela na busca de interesses comuns. O mundo contemporâneo foi construído graças a essa abordagem científica. Mas essas vantagens custaram caro. A ciência moderna parece ter ido longe demais na outra direção: no extremo, a magia animística e a ciência moderna elevam o ser humano acima da natureza, o que acaba acarretando graves conseqüências. Quanto mais a ciência tentava eliminar os fatores pessoais, mais veementes eram as objeções da natureza, tanto no domínio da psique quanto na deterioração do meio ambiente.

Essa reação teve duas conseqüências. Primeiro, surgiu uma separação entre mente e matéria que afetou não apenas a ciência mas, com sua tecnologia e seus produtos, o público em geral. Os seres humanos estavam sendo divididos em dois.

O espírito do conhecimento ficou em desacordo com a alma da fé. Em segundo lugar, a ciência moderna, com suas falhas internas, não podia fazer frente às questões cada vez maiores que lhe eram colocadas. Esse desdobramento abriu caminho para uma nova ciência, que não via a influência humana como um agente de contaminação, mas como fator necessário à obtenção de verdades maiores do que aquelas que os métodos científicos tradicionais conseguiam estabelecer. Surgiram daí duas ciências muito importantes, que nos ajudam a compreender a alquimia no sentido em que é usada neste livro.

Jung, observando a separação entre mente e matéria no nível pessoal e no nível coletivo, instituiu uma psicologia para tratar do problema. A alquimia se tornou o bálsamo que aliviava a ferida e o remédio, a ser desenvolvido, para reintegrar uma consciência dividida, que se tornava ainda mais fragmentada nas artes, na religião e na ciência. Em colaboração com Wolfgang Pauli, um físico brilhante, Jung traduziu a antiga alquimia para uma linguagem moderna, que fala ao teólogo e também ao cientista.

- Use as duas metades do cérebro, o artista e o cientista, na sua alquimia pessoal. Seja criativo e inventivo, explore e descubra.
- Fatores subjetivos e objetivos são duas expressões de uma única consciência. Não é possível eliminar uma delas sem influenciar a outra.
- Não descarte suas dúvidas. Deixe que elas o levem a respostas desconhecidas que residem no inconsciente. Com essa disposição, a dúvida se transforma em revelação e permite que você atravesse o limiar para os mistérios.

A história mostra que seus esforços coincidiam com os da própria comunidade científica. O advento da física quântica entrou em dissonância com o modelo empírico, baseado estritamente num paradigma *causa e efeito* do universo. Em vez de excluir os efeitos humanos, ou vê-los da maneira idiossincrática própria da magia, a física quântica mostrou que esses fatores têm efeitos previsíveis. A mente estava de volta à cena. Só que não mais como variável inexplicada, mas como variável sujeita a leis confiáveis. Em cinco séculos, a mudança foi radical: um paradigma superpersonalizado, baseado na magia, foi substituído por um modelo subpersonalizado, mecanicista, que deu lugar a um outro modelo, que promete incorporar o melhor dos dois.

Esse modelo de ciência é a pedra fundamental de um novo modelo de alquimia. Ele valoriza a experiência *e* o experimento, vitais para os cépticos que querem pôr à prova essa alquimia.

Passando da teoria à prática, este capítulo apresenta alguns métodos que viabilizam a prática da alquimia pessoal. É um ponto de partida que, espero, desperte seu impulso criativo e favoreça a pesquisa e a experimentação.

A CIRCULAÇÃO PELOS ELEMENTOS

Os alquimistas acreditavam que tudo o que tem forma circular pertence ao domínio espiritual. Assim, os círculos e ciclos são especialmente importantes na prática da alquimia. Nessa visão, a criação começa num redemoinho de poeira cósmica que é energizada pelo sol. É desse plasma espiritual que nasce a matéria, assumindo múltiplos tamanhos, texturas e formas. As pedras, os oceanos, as árvores e os minerais — eu e você — tudo isso tem origem nesse redemoinho de energia espiritual, que continua a girar em cadências de tempo e espaço. As órbitas dos planetas, a mudança das estações, as marés do oceano fazem, todas, parte dessa dança cósmica.

A consciência humana acompanha esse mesmo caminho circular. Nossa jornada não é, absolutamente, linear. Assim como o giro de um pião envolve duas forças, uma que puxa para dentro e outra que puxa para fora, a consciência se move em duas direções ao mesmo tempo. É a isso que os alquimistas se referiam ao falar de Ascensão da Alma e Descida do Espírito. Esse é um conceito complexo mas, como ele sintetiza alguns dos princípios mais importantes da psicologia alquímica, vale a pena dispensar alguns momentos para compreender seu significado.

Em termos modernos, a consciência se desenvolve ao longo de duas linhas: evolução, movimento para cima (ou para fora), e involução, movimento para baixo (ou para dentro). Evolução significa, literalmente, "abertura" ou "desenrolar de uma curva", enquanto involução se refere a um processo de "enrolar ou virar para dentro".[1] No processo de individuação da consciência, são necessários movimentos para fora, para o ambiente, e para dentro, no sentido de desenvolver o *Self* interior. A interação e a comunicação com os outros são movimentos para fora, enquanto a reflexão e a contemplação são ações da involução.

Os alquimistas usavam as palavras Alma ou Luna para se referir à *anima*, o aspecto feminino que habita o inconsciente do homem e representa as forças femininas da natureza. Na filosofia taoísta, esse aspecto feminino da natureza é *yin* e sua contrapartida masculina é *yang*. O Espírito abrange as qualidades masculinas da psique da mulher (seu *animus*) assim como os aspectos masculinos da natureza.

O homem que desenvolve seu lado feminino adquire uma capacidade mais profunda de se relacionar e de se emocionar. Ele se torna um ser humano mais realizado e, nesse processo, favorece a evolução da espécie e a sua própria individuação. De modo semelhante, a mulher desenvolve a consciência desenvolvendo o espírito (*yang*) e aperfeiçoando-o por meio de um processo interior de involução. Nesse processo, ela aprende a se afirmar externamente e, ao mesmo tempo, sente-se mais segura e independente. Os alquimistas percebiam que esse processo de mudança ocorre no nível coletivo e no nível individual.

Como resultado, a Ascensão da Alma representa os movimentos das forças femininas da consciência individual e coletiva. Ao mesmo tempo que as forças femininas da natureza individual e coletiva avançam em ciclos de individuação, o espírito masculino realiza um contramovimento para baixo. Quando se encontram, Alma (*yin* ou *Luna*) e Espírito (*yang* ou *Sol*) misturam-se e — espera-se — tornam-se "uma coisa só". O processo é mais ou menos assim:

FIGURA 4: ASCENSÃO DA ALMA/DESCIDA DO ESPÍRITO

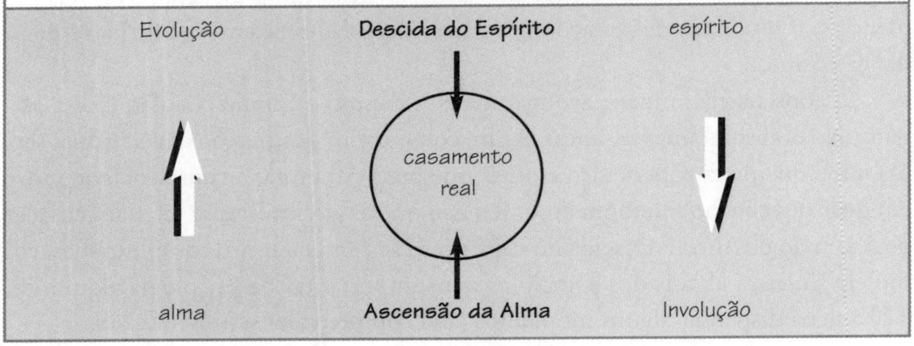

Há ainda três pontos necessários à compreensão desse fascinante conceito:

- O alquimista trabalha para inverter a direção do espírito e da alma da Natureza, com o intuito de facilitar a evolução e a involução da consciência.
- A inversão desses ciclos tem uma vantagem: os opostos entram em contato mais rapidamente com a expectativa de se encontrar e de se casar num Casamento Real.
- Como regra, o alquimista não pode trabalhar num deles (Alma ou Espírito) sem que seu oposto seja *simultaneamente* ativado.

Como podemos usar essa ação dinâmica para facilitar o desenvolvimento consciente da personalidade? Como os elementos se encaixam nesse modelo? E os estágios e as operações?

Começamos pelo uso de uma técnica conhecida na alquimia como circulação dos elementos. Com esse conceito e alguns exemplos tirados da psicologia e da física, vamos reviver a alquimia com exercícios que nos põem em contato direto com o trabalho. Para começar, vamos percorrer os elementos, aprendendo como cada um deles serve para somar, subtrair e transformar a consciência.

Atenção, Intenção, Retenção

Atenção

Cognição é a função da consciência que concentra a atenção em percepções internas e externas. A atenção é como uma rede lançada ao mundo, que volta cheia de informações. Em cada um de nós, há uma proporção entre atenção deliberada e atenção inconsciente. Se a sua proporção é de dez para noventa, sendo dez por cento consciente e noventa por cento inconsciente, você precisa trabalhar para modificar gradualmente essa proporção, de maneira a aumentar o número da esquerda.

A atenção faz pela consciência o que as mãos fazem pelo corpo: ela pega a natureza para que possamos modificá-la. Essa transformação da natureza em realidade significativa começa pelo controle da atenção. Paradoxalmente, para começar é preciso prestar atenção na atenção. Perceba no que você está prestando atenção, sem analisar nem interpretar a experiência. Segundo um princípio da física quântica, que leva em conta a participação do observador, o comportamento da matéria muda *automaticamente* quando ela é observada. O primeiro passo para alterar a matéria é ter mais consciência de qual é o foco da atenção.

Uma vez aperfeiçoada essa habilidade, tome consciência das relações figura-fundo. Os alquimistas eram mestres da conceitualização. O conceito *o Um e o Múltiplo* mostra que eles conseguiam pensar a vida de duas perspectivas aparentemente contrárias. O *Um* se refere ao microcosmo e o *Múltiplo* ao macrocosmo. Em termos simples, é como considerar uma pessoa como entidade em si mesma e como membro de um grupo. Os psicólogos da Gestalt tentaram pôr esses conceitos em relações figura-fundo que pudessem não apenas ser concebidas, mas também percebidas. Eles descobriram que a nossa maneira de perceber alguma coisa é, muitas vezes, determinada pelo significado que ela tem para nós. Se, por exemplo, concentramos a atenção em nós mesmos, perdemos de vista as outras pessoas e o grupo. Quando eu me concentro exclusivamente em mim mesmo, perco de vista o grupo a que pertenço. Deixo de pensar em mim mesmo como membro, companheiro, cidadão ou habitante do planeta Terra e só percebo o que está ao alcance da mão: meus apetites, meus sentimentos, minhas necessidades etc. O oposto é igualmente verdade: se eu me concentrar mais no pano de fundo do que em mim, corro o risco de perder minha identidade pessoal. Na psicologia da Gestalt, a interação entre figura e fundo dá significado à vida.

A tarefa da psicologia alquímica visa à integração. No que diz respeito à atenção, procuramos ficar cientes da figura e do fundo ao mesmo tempo. Isso não é fácil, mas é possível. Com alguma prática, dá para dominar essa habilidade. Você pode começar com uma simples tarefa perceptiva, que chamo de dissociação palavra-forma (Ilustrações I e II, páginas 156-157).

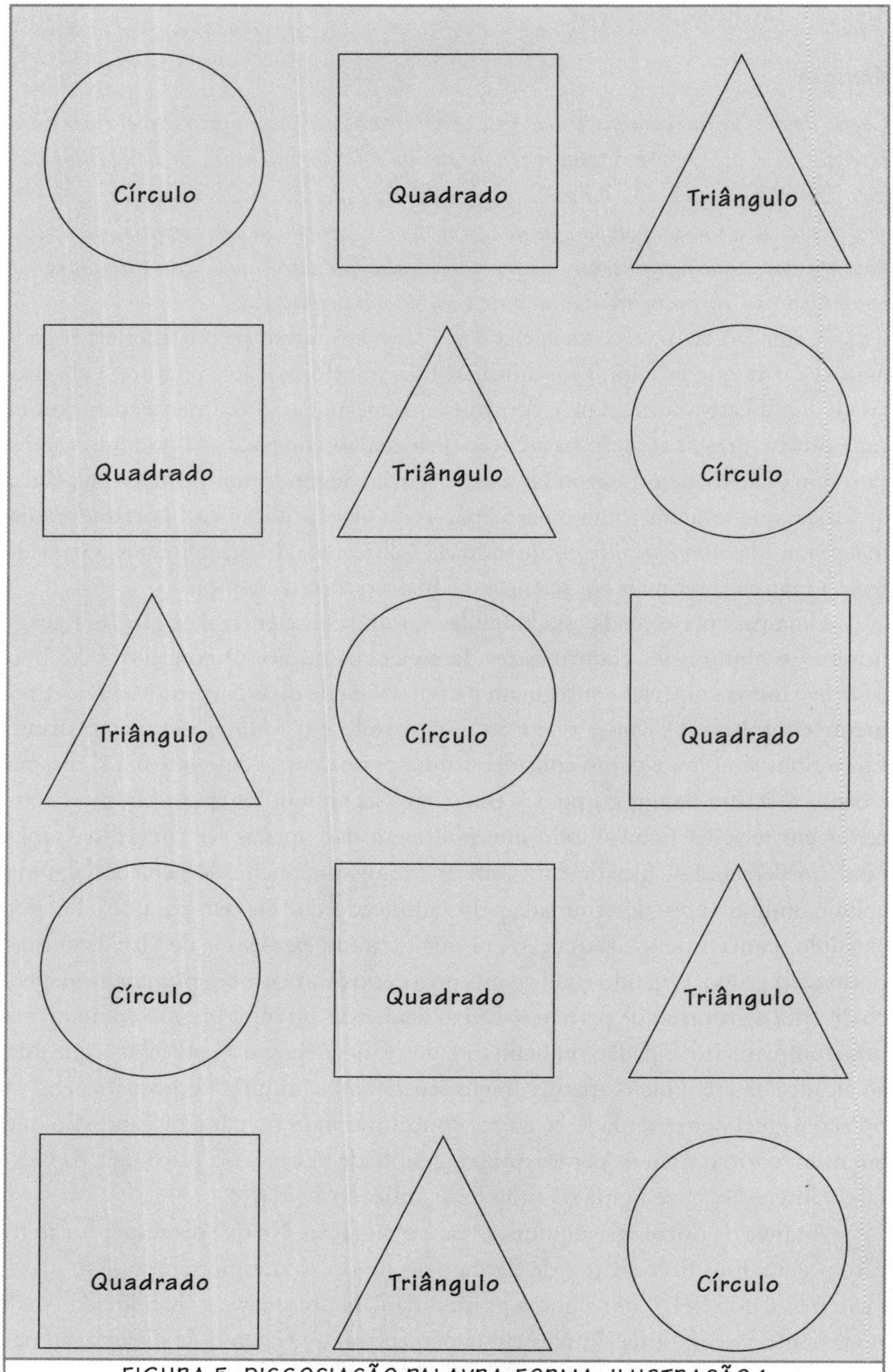

FIGURA 5. DISSOCIAÇÃO PALAVRA-FORMA: ILUSTRAÇÃO 1

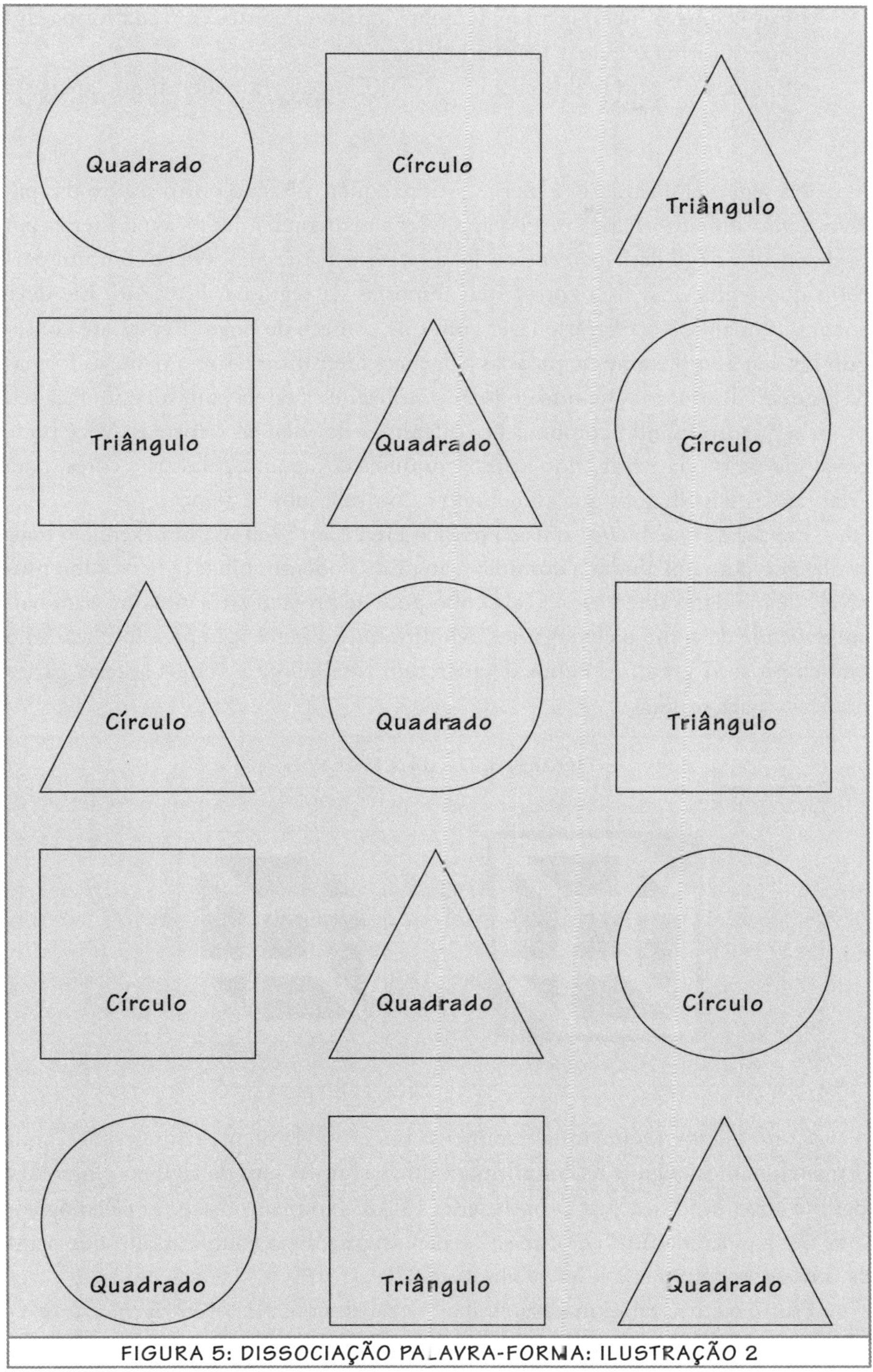

FIGURA 5: DISSOCIAÇÃO PALAVRA-FORMA: ILUSTRAÇÃO 2

- Em primeiro lugar, leia rapidamente a palavra escrita em cada forma. Ignore a forma e apenas LEIA a palavra.
- Então, na segunda ilustração, IGNORE a palavra e identifique apenas a forma.

Na segunda ilustração, a mente racional quer voltar ao porto seguro das palavras, mas a mente criativa precisa aprender a se divorciar das palavras literais para desenvolver agilidade perceptiva. Essa tarefa se torna mais eficaz com um parceiro que tenha uma lista correta das respostas da segunda ilustração. Ele deve corrigi-lo quando você errar e fazer com que comece de novo. Repita até conseguir ignorar completamente todas as palavras e identificar corretamente as formas da segunda ilustração. Quando conseguir realizar essa tarefa com sucesso, faça seu próprio quadro usando combinações diferentes de palavras e formas. Você pode ser ainda mais criativo usando outras combinações, como palavras e cores, para criar tarefas semelhantes que aumentem o controle sobre a atenção.

Em *Mind into Matter*, o físico teórico Fred Alan Wolf usa um exercício mais conhecido para nos ajudar a dominar a atenção. Podemos olhar para o "cubo mutável" de maneiras diferentes. Cada cubo pode se projetar para cima ou para baixo: depende de como o enxergamos. Modificando a percepção para focalizar só o branco ou só o preto, os cubos desaparecem totalmente e vemos apenas partes brancas e partes pretas.

FIGURA 6. O CUBO MUTÁVEL

(Adaptado de Mind into Matter, de Wolf)

O *efeito observador* é uma ferramenta poderosa da mente consciente. Como já mencionamos, alguns físicos afirmam que o simples fato de alguém olhar para alguma coisa modifica suas propriedades físicas. No plano físico ou psicológico, ver é um ato de criação. "Lembre-se", escreve o psicólogo Paul Pearsall, "que o ato da nossa observação cria o que é observado."[2]

Outro recurso relacionado ao trabalho da física quântica é o *princípio de complementaridade*. Segundo ele, o universo é todo interligado, de modo que "o universo físico não pode ser conhecido independentemente das escolhas do observador a respeito do que observa".[3] Há, em outras palavras, uma "dualidade infinita", uma ação, uma reação ou um comportamento complementar para tudo o que fazemos. Por pior que alguma coisa pareça no momento, é um consolo saber que há uma alegria complementar para nos confortar. A complementaridade, diz Fred Alan Wolf, "afeta nossa maneira de ver, pensar e sentir o mundo e, o que é mais importante, a nossa maneira de ver, pensar e sentir a nós mesmos".[4]

O cubo mutável ilustra os mundos paralelos que entram e saem da realidade, alternando nossa atenção entre os elementos do primeiro e do segundo plano. Einstein disse que as linhas paralelas acabam se encontrando, um enunciado que só entendi quando comecei meus estudos alquímicos, já que só dá para concebê-lo cognitivamente quando se usa os dois hemisférios do cérebro. Treinando a mente para se abrir a realidades múltiplas (qualquer combinação de elementos conflitantes, no caso do cubo) e enxergá-las ao mesmo tempo, realizamos perceptualmente uma das receitas mais importantes da *Tábua Esmeraldina*: "assim em cima como embaixo para que se faça o um." Nesse exercício extraordinário, estabilizamos as perspectivas mutáveis do cubo numa só percepção, estável e total. Com a prática, a tendência a voltar a uma das perspectivas diminui. A tensão desaparece quando todos os elementos retêm sua identidade individual *e* participam do coletivo. Adquirindo domínio sobre os recursos da atenção, conseguimos harmonizar os opostos e começamos a perceber a vida de maneira mais integrada.

As implicações desse feito são enormes. Imagine eliminar a tensão entre pensamentos e sentimentos, entre pensamentos conflitantes, entre as necessidades do eu e as necessidades dos outros.

Intenção

Em muitas gravuras alquímicas, imagens de alvos, arcos e flechas ilustram a importância de uma intenção concentrada, plena e indivisa. Depois de aprender a concentrar a atenção, podemos nos tornar mais resolutos quanto ao que queremos fazer com o que observamos. Esta é uma técnica eficaz, conhecida não apenas pelos alquimistas, mas por xamãs, sábios e santos de todas as eras. A intenção acrescenta propósito à atenção. Por exemplo: quem quer parar de fumar tem que primeiro se tornar mais ciente do comportamento e depois desenvolver a intenção de parar. Atenção e intenção nos levam diretamente à consciência de que a nicotina é um veneno para o corpo, cuja reação natural é evitar as toxinas. Como na alquimia, essa abordagem requer muita prática. Quanto mais você repetir essa receita simples, mais rápido terá o efeito desejado.

Em inglês, a palavra *sin* (pecado) tem origem em termos usados na arte do arco e flecha, no qual significa errar o alvo. Os alvos que vemos nas imagens alquímicas servem para nos lembrar que, direcionando a intenção ao nosso propósito, reduzimos a possibilidade de cometer um "pecado". Numa introdução a um livro sobre Zen, D.T. Suzuki diz:

> O atirador e o tiro não são mais dois objetos que se opõem, mas uma única realidade. O arqueiro não está mais consciente de si mesmo como alguém empenhado em atingir o centro do alvo que o confronta. Esse estado de inconsciência se realiza apenas quando, completamente vazio e desprovido de si mesmo, ele se funde com o aperfeiçoamento de sua técnica, embora haja nisso algum tipo de ordem totalmente diferente, que não se pode obter por nenhum estudo progressivo da arte.[5]

Em outras palavras, não se trata mais de assumir o comando da atenção; estamos diante de um desafio completamente diferente. Embora fixar a atenção seja, no começo, uma ação deliberada, isso tem que se dissipar no final, para que nosso esforço se torne natural e plenamente integrado. Temos que nos livrar da autoconsciência, que nos mantém fixados na meta, ou pelo menos no sucesso que vem agregado ao fato de atingi-la. Aqui, a prática não leva à perfeição: ao contrário. Quando a mente se acalma, a flecha da intenção encontra naturalmente seu caminho até o alvo.

Na prática, acho que a melhor maneira de atingir essa calma é a respiração profunda. Eis o procedimento que uso:

- Sente-se num lugar tranqüilo, onde você não seja perturbado. Fique com a coluna ereta e os olhos levemente fechados.
- Nas primeiras sessões, observe simplesmente o ritmo da respiração. Preste atenção na inspiração, percebendo o ar entrando pelos pulmões, e depois observe a expiração, enquanto o ar vai saindo pela boca. Inspire pelo nariz e expire pela boca.
- Procure localizar o "ponto de virada" da inspiração, quando o ar começa a ser expirado. Descubra em que ponto do corpo a respiração muda de curso. Por ora, não tente modificar a respiração: observe apenas onde ocorre a mudança de curso. Lembre-se, a respiração não pára; ela é uma circulação contínua.
- Ao expirar, leve a língua ao céu da boca, de modo que o ar faça um som de assobio ao ser expirado. Observe a regularidade e a duração da respiração pelo som que ela faz. O som tem que se tornar regular, longo e decrescente: do ponto mais alto, ele vai descendo até se transformar num sussurro.

- Sem muito esforço, deixe a respiração ficar mais profunda, para que o ponto de virada vá até mais embaixo. Com o tempo, a respiração vai descer abaixo do nível dos pulmões e encontrar sua "morada" quatro dedos abaixo do umbigo.
- Imagine o ar enchendo os pulmões e começando a entrar na corrente sangüínea. Visualize o oxigênio sendo distribuído pelo corpo. Imagine uma parte do corpo por vez e veja seus bilhões de células recebendo o sopro da vida. Quando cada parte do corpo estiver cheia de ar, imagine o ar deixando as células, levando com ele as toxinas, resíduos, tensões, lembranças ruins etc.
- Imagine, respirando cada vez mais fundo, que o tanto de ar que você inspira e expira forma um círculo de luz. Quando mais ar você inspirar, maior o círculo. Pouco a pouco, esse círculo de luz vai circundar seu corpo, como um halo.
- Pratique esse método de "circulação" da respiração fazendo pequenos incrementos. Uma circulação consiste numa inspiração e numa expiração. No começo, bastam sete circulações por sessão. Vá acrescentando os passos descritos acima, um a um, mas só quando se sentir à vontade.

Retenção (Memória)

Os alquimistas trabalhavam para melhorar a memória e também para suspendêla. Assim como no caso da atenção e da intenção, temos que dominar a arte da memória. Isso começa quando percebemos que as lembranças são construídas a partir da experiência consciente e da experiência inconsciente. Fato e fantasia constituem a memória. Fantasia, aqui, não se refere apenas a emoções e sentimentos, mas à imagem inconsciente despertada pelo acontecimento. Lembranças são diferentes de fantasias na medida em que foram elevadas a um nível de consciência que as fixou para posterior recordação. Elas têm começo e fim. Com a prática, é possível estender suas fronteiras ou fazê-las desaparecer.

As lembranças não são todas iguais. Algumas nos prendem ao passado e outras são vagas recordações de fatos. Quando ficamos magoados ou zangados com alguém, a lembrança do acontecimento nos mantém presos ao passado e nos impede de ficar no presente. Por isso, para viver plenamente no momento presente, o perdão é muito importante. O perdão é um modo de nos desligar do passado. Infelizmente, essa arte se perdeu. Em geral, o perdão não passa de um pedido vazio de desculpas. Pior ainda: carregamos por aí um saco cheio de mágoas e ressentimentos que nem a esse ponto chegaram. Temos culpa por transgressões que não manifestamos, ressentimento pelo mal que nos causaram.

No livro *Women Who Run with the Wolves*, a analista junguiana Clarissa Pinkola-Estes menciona uma antiga receita de perdão. Segundo ela, o perdão tem quatro estágios:

1. renuncie — deixe de lado
2. contenha-se — abstenha-se de punir
3. esqueça — afaste da lembrança, recuse-se a insistir
4. perdoe — abandone a dívida [6]

Essa é uma das mais eficazes receitas que conheço para curar o passado e seguir em frente. É um dos remédios que mais uso para ajudar pacientes que precisam chegar a um acordo com o passado, permitindo-lhes não apenas perdoar o agressor, mas a si mesmos.

Se o perdão nos liberta do passado, a recordação nos permite trazê-lo de volta. Já discuti a Arte da Memória usada pelos alquimistas, mas quero acrescentar uma distinção importante entre recordação e devaneio. Recordar é relatar as partes factuais da lembrança. Associações de palavras, acrônimos e recursos mnemônicos são métodos que favorecem a recordação. O devaneio, por outro lado, envolve a parte fantástica da lembrança. No dicionário, a palavra é definida por expressões como: "regozijo", "deleite" ou "rompante de abstração". Essas são qualidades que emanam do inconsciente. Para ter domínio sobre a memória, temos que exercitar a recordação e viver o passado como um ato de regozijo com as Musas. [7]

A lembrança ocorre quando a mente consciente e a inconsciente se encontram com algo significativo na natureza. É o local de origem da criação, onde a natureza é transmutada em realidade. Como qualquer nascimento, este traz dor e alegria.

A ÁGUA

A água é o lugar em que os sentimentos chegam à cognição. Assim como a água germina as sementes e as faz florescer, as emoções embrionárias começam no elemento aquoso e, aos poucos, encontram caminho para a plena expressão de sentimentos. Mas, como sabe quem já regou demais uma planta, o excesso de água mata. Na alquimia, trabalhamos para demonstrar os sentimentos sem destruí-los: assim, de semente eles se transformam em flor.

Os sentimentos formam uma dimensão que vai do bruto ao aprimorado. Um bebê é um feixe de emoções: ri num momento e, no outro, já está berrando. Os instintos inconscientes governam suas emoções. A criança chora quando está com fome e ri quando está de barriga cheia. Na adolescência, as emoções se transformam aos poucos em sentimentos mais discriminados, já que o ego começa a traçar limites para os impulsos prementes. Esses sentimentos costumam ser vividos de maneira intensa porque opõem impulsos instintivos às exigências da sociedade civilizada. Os sentimentos começam a ter sentido. Para um bebê, o amor é táctil mas, para um adolescente, as palavras "Eu te amo" começam a fazer sentido.

Esse processo deveria se completar lá pelos 18 ou 20 anos, mas isso raramente acontece. Até adultos bem-sucedidos vacilam diante de desafios inesperados. As regressões a estágios anteriores da vida não são incomuns. Na verdade, elas fazem parte do trajeto que os sentimentos percorrem para chegar à discriminação e ao controle consciente estável. É claro que, de vez em quando, todo mundo sucumbe ao calor do momento, mas podemos aprender a ter sentimentos em vez de eles nos terem. O objetivo não é eliminar os sentimentos e nem mantê-los trancados numa jaula, mas reagir de maneira adequada, com palavras exatas, firmes e claras. Assim, deixamos de confundir sentimentos com pensamentos e aprendemos que os sentimentos, e não os pensamentos, são a fonte da nossa individualidade.

A alquimia envolvida na circulação pela água, atua no sentido de transformar a impulsividade em espontaneidade, a raiva em disposição assertiva, a depressão em momentos de meditação. A mistura de emoções que leva os jovens a expressar inadequadamente seus sentimentos e a confundir pensamento com discernimento, começa a sossegar quando, em estágios posteriores do trabalho, eles conseguem estabilizar as emoções e expressar o que têm no coração. O cabo-de-guerra que precipita tempestades emocionais entre pessoas casadas se acalma quando elas criam um contexto de amor, em que é possível discutir e debater questões. Para ser atingido, esse nível de aprimoramento exige vigilância e monitoramento constante dos sentimentos, de sua fonte e de sua expressão.

A água tem que ser canalizada, dirigida e até mesmo represada para ser uma fonte útil de energia. Quando não encontra obstáculos, a natureza da água é tal que inunda tudo. A expressão "meu coração sangra" significa que nos faltam palavras para conter o fluxo de uma emoção triste e avassaladora. Para aprender a controlar a água, temos que nos familiarizar com o feminino.

Quando "seguimos ao sabor das ondas", aprendemos o que significa o conceito chinês de energia feminina, ou *yin*. É um poder equivalente à Alma alquímica. Na alquimia, para que a energia da água seja subjugada, tem que haver um casamento entre o pensamento e o sentimento. Com a integração, deixamos de nos identificar com cada sentimento que flui do coração e a vivê-los na esfera do pensamento. É por isso que Jung põe a função sentimento no eixo racional, ligando-a ao pensamento. Nesse contexto, é definida uma área que tem, no limite inferior, inconsciente, os humores desenfreados enquanto, na dimensão consciente, superior, estão as emoções mais diferenciadas, aprimoradas, e as atitudes bem definidas.

Um bom exercício para desenvolver a função sentimento é fazer um diário de emoções, monitorá-lo semanalmente e identificar a correspondência entre acontecimentos objetivos e reações emocionais. Em geral, descobrimos que um certo sentimento não foi provocado ou que, pelo menos, não pode ser explicado pelas circunstâncias do momento. Surgem oportunidades maravilhosas de relacionar o sentimento com sua verdadeira fonte. Como num poço, podemos tirar as águas que habitam as profundezas da Mãe Terra. Essa água, pura e retificante, pode ser usada para lavar as distorções. Com isso, começamos a ver sob a superfície das palavras e das ações das pessoas. Lá, descobrimos uma verdade que, às vezes, a própria pessoa desconhece.

O domínio da água nos dá a capacidade de penetrar profundamente na alma. Como os peixes, ficamos livres das marés e dos redemoinhos que podem nos jogar contra as pedras. No curso natural da vida, descobrimos que a água consegue dissolver os obstáculos, germinar os sonhos e permitir que as marés das emoções limpem as praias de velhos escombros.

A TERRA

Sem os recessos e fendas formados pela terra, não haveria oceanos, lagos e cachoeiras. A terra é a matriz da água, que lhe dá forma e direção. Como expressa a consciência em forma material, a terra ajuda a moldar nossa vida em cadinhos que contêm emoções ou permitem que, quando necessário, elas transbordem. Os pensamentos são canais formados pela terra que levam os sentimentos em direção à ação deliberada.

A terra é também a base da compreensão. Galileu passou por momentos difíceis tentando provar que a Terra não estava fixa em seu lugar, mas que girava numa órbita em torno do sol. Mesmo com a prova telescópica, ele teve que desenraizar a crença de que a terra era imóvel como o chão que pisamos. Com isso, Galileu causou uma revolução na ciência, na religião e na psicologia. Além das descobertas científicas, devemos a ele a mudança de um mundo fixo e concreto para um mundo esférico e dinâmico. Para quase todos nós, o movimento da Terra em torno do sol é mais uma verdade psicológica do que um fato científico. Assim como nossos ancestrais do século XVI, sentimos a Terra como se ela estivesse parada. Para compreender a Terra em termos modernos, nós também temos que elevar a razão a um plano abstrato. Acho que só aceitamos realmente essa nova imagem da Terra quando fomos surpreendidos pela fotografia do nosso planeta azul tirada da lua.

Elevar essa compreensão é uma tarefa que começa nas atividades plúmbeas da vida cotidiana, onde sentimos, obviamente, o peso da gravidade. Provavelmente por causa da natureza sedentária do meu trabalho de terapeuta, gosto de trabalhar com as mãos nas horas de folga. Para mim, lavar a louça não é desagradável. Ao contrário do trabalho terapêutico, que é sempre incerto, lavar a louça é uma tarefa definida e com resultado previsível.

Se você quer conhecer a fonte de todas as percepções, trabalhe com o elemento terra. A madeira vai lhe ensinar lições sobre resistência. O cimento, a alquimia da mistura, da força e da durabilidade. Como os alquimistas, aprendemos os segredos dos materiais por tentativa e erro. Assim, aprendemos o que o olho nu não ensina. Com o suor do rosto, descobrimos como se constrói uma casa, uma ponte, uma estátua... uma vida.

O FOGO

Ao longo dos anos que passaram às voltas com suas fornalhas, os alquimistas desenvolveram uma percepção precisa do fogo. Intuitivamente, eles sabiam medir o calor, conheciam cada tipo de fogo e as características de cada um deles. Antoine-Joseph Pernety, autor de *An Alchemical Treatise on the Great Art*, descreveu três tipos de fogo. São eles: o celestial, o terrestre (simples) e o artificial. Saber como e quando usar cada um deles nos ensina a domar o poder dessa força elementar.

O Fogo Celestial

Os alquimistas viam a lua como fonte de água e o sol como fonte de fogo. A chuva traz a água dos céus e a cachoeira faz o mesmo no plano terreno. Assim em cima, assim embaixo. Assim como o sol chove fogo em forma de raios, a fornalha do alquimista captura essa mesma energia furtiva em seu cadinho de ferro. A água e o fogo são tão essenciais à vida que, segundo Hipócrates, eles contêm o necessário para criar o universo. O fogo celestial é energia solar, arquetípica, composta de uma substância sulfúrica que acende tanto a consciência quanto o fogo do nosso fogão. É uma força masculina, criativa, que faz com que tudo se mova e se transforme.

A melhor maneira de imaginar o fogo celestial é em forma de luz. Para o alquimista, a luz era um espírito onipresente que não precisava ser visível. Segundo Pernety, "quando a vela acesa se extingue, o espírito ígneo e luminoso que inflama o pavio não se perde, como se acredita em geral. Sua ação simplesmente desaparece quando lhe falta alimento. Ele se difunde no ar, que é o receptáculo da Luz e da natureza espiritual do mundo material". Ele diz ainda:

> A luz é, para nós, uma vívida imagem da Divindade. O amor divino, sendo incapaz, por assim dizer, de se conter em si mesmo, difundiu-se para fora e se multiplicou na criação. Portanto, a Luz não está confinada aos corpos luminosos: ela está espalhada, multiplicada; como Deus, é uma fonte inexaurível de benefícios.[8]

Na prática da meditação, a imagem da luz branca pode ser usada como método visual para fazer circular essa energia celestial pelo corpo. *The Secret of the Golden Flower*, um antigo texto alquímico, traz métodos para fazer a luz circular dessa maneira. Por meio da circulação do espírito, a meta é transmutar matéria densa e escura em luz. A palavra "iluminação" significa trazer luz à escuridão do nosso ser inconsciente.

Outro método, empregado pelos xamãs tibetanos, usava mandalas para fazer circular a energia. A palavra "mandala" vem do sânscrito e significa simplesmente "círculo". Essas imagens mágicas são compostas de um quadrado dentro de um círculo. Na alquimia, o quadrado representa a terra e o círculo, o domínio do espírito. Há gravuras alquímicas que mostram o adepto tentando "tornar o círculo quadrado", o que significa que ele está trabalhando para transformar a matéria em espírito. A mandala é um auxílio visual no processo de conduzir a consciência pelo corpo e levá-la de volta à fonte de sua criação.

Esses círculos mágicos são arquetípicos na medida em que são encontrados ao longo de toda a história. Algumas das mandalas mais antigas são da era paleolítica, tendo de vinte e cinco a trinta mil anos de idade. Elas aparecem na arte egípcia em imagens de Hórus cercado pelos quatro filhos. Esse tema se repete séculos depois nas mandalas cristãs, onde Cristo é mostrado no centro, cercado pelos quatro evangelistas.

No livro *The Alchemical Mandala*, Adam McLean apresenta belos exemplos de mandalas criadas pelos alquimistas. Segundo ele, elas podem ser usadas "como Chaves, Passagens e Caminhos para o domínio espiritual interior".[9] Descobri que trabalhar com mandalas produz excelentes resultados, seja por meio de métodos passivos ou ativos. Meditar sobre as mandalas do livro de McLean e seguir o curso da concentração imaginativa nos ajuda a compreender mais a alquimia do que ler cem livros sobre o assunto. Quando digo *passivo*, não quero dizer que nada esteja acontecendo. A luz celestial está circulando, trazendo todos os opostos e suas soluções à cognição. Assim, a mandala é vista, em geral, como uma imagem arquetípica do *Self*. Ela recria o movimento da criação.

Comentando a interpretação de Wilhelm em *The Secret of the Golden Flower*, Jung diz: "Como regra, o fenômeno [o acesso a essa luz branca, o fogo celestial] é espontâneo, indo e vindo por iniciativa própria. Seu efeito é surpreendente pelo fato de trazer sempre uma solução para complicações da psique e confusões imaginárias, criando assim uma unidade de ser, que é universalmente sentida como uma 'libertação'."[10] O benefício de se usar a mandala é a cura. O trabalho de desenhá-la e meditar sobre ela faz a consciência do ego ser transmutada nas energias de cura do *Self*.

O Fogo Terrestre (Simples)

Este tipo de fogo é o que nos é mais familiar. É o que usamos nas lareiras e nos fogões. É graças a ele que os carros andam, que as fornalhas aquecem as casas e que cozinhamos no fogão. Mas o fogo simples também tem usos simbólicos. A luz das velas representa o fogo do Espírito Santo para alguns e uma noite romântica para outros. Esse fogo é tangível e óbvio, mas não deve ser considerado uma coisa corriqueira. Seja de que tipo for o fogo, há sempre uma fonte mística que responde pelo seu verdadeiro poder. Até mesmo uma simples vela tem seu segredo.

A chama eterna ou a luz do menorá significam mais do que se vê à primeira vista, pois trazem um mistério e uma promessa. Assim, o fogo comum passa a ter um uso simbólico. Pensando nisso, eu o convido a acender uma vela para comemorar sua iniciação à obra alquímica. Lembre-se: o lugar mais escuro é sob a vela, mas a luz mais brilhante da iluminação está logo acima da chama.

O Fogo Artificial

Na alquimia, é central o uso do fogo para a transformação. Esse fogo é chamado de "artificial" por causa de sua função, não de sua natureza. Concentrado como o raio *laser*, o fogo da luz faz coisas extraordinárias. O que explica essa eficiência é sua pureza. Excluindo todas as faixas de onda ou vibrações da luz, à exceção de uma, a energia produz a luz *laser*. Imagine agora que você pode excluir tudo o que o distrai e o impede de afirmar sua própria potência de fogo. Como o raio *laser*, você seria capaz de realizar coisas extraordinárias.

Na alquimia, o fogo artificial é usado para limpar a mente, o corpo e a alma de suas impurezas. No conceito cristão de vida após a morte, as chamas do purgatório purificam os pecadores para que eles entrem no reino dos céus. Então, na terra também podemos nos purgar do pecado, não apenas moralmente mas, como um raio *laser*, acertando o alvo todas as vezes.

O fogo artificial é usado também para transformar, num piscar de olhos, materiais naturais em formas sutis. Em questão de horas, o fogo terrestre pode reduzir a cinzas uma floresta. Mesmo sem saber por que a natureza incendeia as florestas, qualquer um pode ver a beleza das flores silvestres que crescem das cinzas. Há uma sabedoria aí, mas ela ultrapassa a compreensão humana. Será que é só por meio da devastação que uma nova vida pode nascer? Se for, imitar os meios da natureza pode acender novas formas de vida. O fogo artificial é aceso com o propósito de reduzir, destilar e transformar os obstáculos que obstruem o caminho da evolução e/ou da individuação.

O fogo é a força que permite essa facilitação na natureza. "O que a natureza fez no início, nós também podemos fazer repetindo o procedimento que ela seguiu. O que ela ainda está fazendo, com a ajuda dos séculos, em sua solidão subterrânea, podemos fazê-la terminar num *único instante*, ajudando-a e cercando-a de melhores condições"[11] [itálicos meus].

Tratei de uma mulher que, por meio da raiva, criou coragem para queimar o papel de vítima, que ela tinha desempenhado, inconscientemente, durante muitos anos. Vi também um jovem transformar o uso suicida de estimulantes em poesias que não vou esquecer tão cedo. Na terapia, muitas vezes é preciso combater o fogo com fogo. No primeiro caso, confrontei minha paciente com a destruição que sua auto-imolação impunha aos outros e a ela mesma. Sua raiva se voltou contra mim, mas acabou mudando de direção e se transformando na energia necessária para uma experiência de *calcinatio*, que a curou. No caso do meu paciente adolescente, foi necessário um outro tipo de fogo, mais suave. Trabalhando a excitação induzida por anos de uso de drogas, conseguimos transmutar essa paixão perigosa em linhas ardentes de poesia.

Na yoga, o corpo é dividido em "cinco partes", que correspondem, cada uma, a um elemento: terra, água, fogo, vento e éter. A região do corpo que corresponde ao fogo (*agni*) é a área que vai do reto ao coração. Meditando sobre essa área e repetindo o som sagrado *ram*, os yogues acreditam que conseguem dominar o elemento fogo e até se tornar incombustíveis. No nosso caso, ganhar domínio sobre o fogo significa superar a paixão e descobrir como sublimar sua força destrutiva. Com isso, ficamos imunes a intenções hostis e comportamentos agressivos. Com a prática da concupiscência, a frustração do desejo, aprendemos a dominar os impulsos e a pôr essa energia a serviço de um propósito maior. Como mestres do fogo, fazemos com que o nosso caminho individual resplandeça ao longo da vida e além.

OS CICLOS VITAIS — VEM À LUZ O *SELF* INDIVIDUADO

A operação que corresponde a essa circulação de luz é conhecida, na alquimia, como o *circumnabulo* ou o *circulatio*. Explicando como a consciência adentra a vida e continua a se desenvolver, Edinger escreve: "psicologicamente, o *circulatio* é o circuito repetido de todos os aspectos do nosso ser que, aos poucos, gera a cognição de um centro transpessoal que une os fatores conflitantes. Existe um trânsito entre os opostos, que são experimentados alternadamente muitas e muitas vezes, acabando por se reconciliar."[12]

Essa idéia de Edinger é fundamental na psicologia junguiana: *"o propósito da vida humana é a criação da consciência."*[13] O *circulatio* é um processo que corresponde aos ciclos que a consciência atravessa até chegar à sua plena forma. Nesta seção, vamos examinar algumas das imagens que representam esse movimento, e como elas se mostram ao longo do ciclo vital do desenvolvimento individual, terminando com alguns métodos práticos para usar esse modelo no processo de individuação.

Na alquimia, o processo começa com uma centelha de luz chamada *scintilla* que, acredita-se, move-se eternamente em espiral, num processo de evolução e involução. Os gnósticos usavam a imagem do uróboro para representar simbolicamente esse processo. Essa imagem mostra uma cobra devorando a própria cauda. Segundo a definição de Cirlot, o uróboro "mordendo a própria cauda simboliza a fecundação de si mesmo, ou a idéia primitiva de natureza auto-suficiente — uma Natureza que... retorna continuamente, num padrão cíclico, ao seu próprio começo".[14] Os alquimistas comparavam uróboros ao Deus Mercúrio, que participa do processo de transformação da consciência e é, ao mesmo tempo, o modelo de totalidade, que é a meta do processo. Deus era definido, do ponto de vista alquímico, como o "centro de um círculo cujo centro está em toda parte e cuja circunferência não está em lugar nenhum".[15]

Outro símbolo muito antigo do ciclo da criação é o *vórtice espiral.* Como as mandalas, as espirais são desenhos arquetípicos que expressam, simbolicamente, movimentos que não podem ser plenamente expressos em palavras. As espirais são encontradas em toda parte. No céu distante, além das estrelas fixas da Antigüidade, estão as galáxias, formadas por milhões de estrelas girando em espiral umas em torno das outras. Bem mais perto de nós, as espirais aparecem nos vórtices criados pelas correntes de água em lagoas e redemoinhos. Como na natureza, as espirais aparecem também na arte, em obras que datam de tempos primitivos. Da arte antiga à ciência moderna, a espiral representa as muitas vicissitudes do processo criativo. As espirais aparecem nos adornos de cabeça egípcios, nas pinturas da Índia Oriental, nos mosaicos gregos, nos vasos de laca chineses, nos vitrais de vidro colorido das catedrais cristãs e nas pinturas de areia nos navajos.

Em 1988, Francis Crick e James Watson descreveram a estrutura da molécula do DNA. Nesse caso também, é uma espiral que define o formato básico da vida física. No livro *The Astonishing Hypothesis,* Crick mostra que a consciência emana da estrutura viva do DNA e do sistema nervoso. A estrutura do DNA é uma hélice dupla que lembra a imagem das duas cobras enroladas no bastão mágico de Hermes, o caduceu. Nessas imagens, começamos a ver uma interessante correspondência entre o mundo simbólico e sua contrapartida material. Além disso, as evidências indicam que a criação e o desenvolvimento da consciência avança de forma circular em torno de um ponto central.

Dentro do que nos interessa no momento, podemos ver a dupla hélice como uma representação do espírito e da alma passando por estágios de evolução e involução em torno de um eixo central, que é Mercúrio. Nessa imagem, o conceito de "assim em cima como embaixo" da *Tábua Esmeraldina* é belamente expresso pela espiral, que representa não apenas o desenvolvimento da consciência humana, mas também a relação entre os mundos paralelos do espírito e da matéria. Seja física ou psicológica, a espiral descreve a consciência em seu movimento, que vai da inconsciência à vida.

Em psicologia, a espiral simboliza ciclos de vida essenciais a períodos de desenvolvimento. A vida é o cadinho em que a consciência se torna individuada, passando do seu estado bruto a algo raro e aprimorado. As mesmas forças que geram a espiral estão ativas nesse campo de energia da consciência. Assim, o que move a consciência são forças de contração e expansão, forças que a puxam para trás e forças que a empurram para a frente. Ao descrever os elementos e suas funções, Fred Alan Wolf identifica quatro forças correspondentes — tempo, movimento, energia e espaço — que formam o campo de força pela qual a consciência vem ao mundo e, por meio de séries sucessivas de desenvolvimento, assume formas cada vez mais sutis. Na Figura 7, a descrição desse modelo usa os termos da psicologia alquímica.

A alma (*luna*) e o espírito (*sol*) se entrelaçam ao formar a espiral básica da consciência. Você vai observar que o espírito tem a tendência de ir para a direita, onde está escrito "evolução", e a alma tende para a esquerda, onde se lê "involução". As propriedades psicológicas da alma favorecem o processo de individuação ao nos fazer parar, olhar para dentro, refletir, contemplar — palavras que indicam involução. O espírito nos leva para fora, estende a consciência para o mundo. Sen-

FIGURA 7: FORÇAS DA NATUREZA

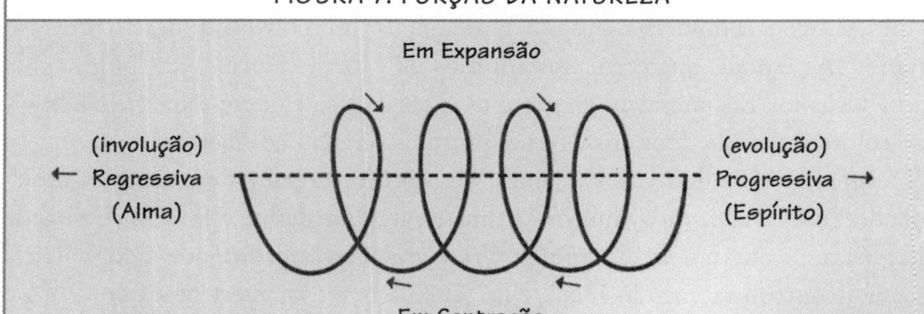

do a consciência uma "substância, um material psíquico, que é geralmente, mas nem sempre, invisível e intangível aos sentidos",[16] a alma e o espírito são os ingredientes que transformam essa substância em matéria. Psicologicamente, diríamos que a consciência feminina e a masculina são o que constitui a manifestação visível do comportamento.

Mercúrio é o eixo em torno do qual essas substâncias psíquicas se movem e são mantidas em harmonia. Alma e espírito são opostos na natureza mas, pela intervenção de Mercúrio, tornam-se forças que complementam uma à outra. Como complementos, levam a consciência através de estágios específicos de desenvolvimento. Na alquimia, esses estágios são três: o *nigredo,* o *albedo* e o *rubedo*. Vou descrever esses três estágios em termos do desenvolvimento psicológico da consciência.

O Período do Nigredo

Esse primeiro período do desenvolvimento vai do nascimento aos 18 anos, mais ou menos. Antes dos 18 anos, o estado da personalidade é de relativa imaturidade, física e psicológica. Nesse período de gestação, os vários estágios — nascimento, infância, pré-puberdade e adolescência — seguem na direção da plenitude biológica. Embora seja um período escuro, em que a consciência atinge pequenas parcelas de cognição, essa é uma época de enorme atividade biológica. Começando na infância, a consciência passa por um processo ativo (*separatio*), separando-se do inconsciente coletivo e do abraço inconsciente da mãe-hospedeira.

O período que se segue é regressivo, pois corresponde a um movimento de retorno da consciência ao grande cosmos — em que é de se esperar que ela chegue num estado mais aprimorado do que quando saiu.

No início, essa separação é inconsciente, bastando ao bebê confiar na orientação da natureza. Alquimicamente, podemos dizer que a alma predomina nesse período, enquanto as forças do espírito germinam. O primeiro rompante de consciência acontece quando a criança consegue formar uma lembrança consciente duradoura. Como adultos, podemos fixar esse "nascimento psicológico" descobrindo qual é a primeira coisa de que nos lembramos conscientemente.

O segundo desenvolvimento importante da consciência acontece na adolescência, quando o espírito toma as rédeas. Separar-se dos pais é um processo que se externaliza em comportamentos de oposição. Isso varia de um adolescente para o outro, dependendo do quanto cada um é consciente do processo de separação-individuação. Essa é, tipicamente, uma fase muito difícil para pais e adolescentes.

A experiência do *nigredo* vai até o começo da vida adulta, marcada por uma mudança drástica: nós, que meramente existíamos até então, passamos a participar, cada vez mais, do mundo. Até esse ponto, nossas preocupações se resumiam a necessidades narcisistas, à virtual exclusão de tudo (e de todos). As coisas começam a mudar quando percebemos que nem sempre conseguimos o que queremos e que a gratificação, quando vem, pode tardar — uma descoberta que assusta e até deprime.

Esse período é representado, na alquimia, pelo chumbo e seus atributos escuros, sombrios. Para os alquimistas, o chumbo é um metal inferior, cujo espírito está dormindo. Não é à toa que as crianças e os adolescentes adoram dormir e que, quando estão acordados, raramente tomam conhecimento de alguma coisa além dos prazeres da vida — drogas, sexo e *rock and roll.* Os sentidos governam seu mundo. Como diz com esperteza um anúncio de televisão: "Obedeça à sua sede" (e compre nosso refrigerante!). A operação alquímica do *coagulatio* traz, finalmente, um senso de ordem ao amorfo chumbo adormecido. Como um molde para o chumbo derretido, pais, professores, patrões e autoridades religiosas dão a essa consciência em botão a estrutura que nos dá forma e que nos permite assumir responsabilidades. A "noite escura dos sentidos" é atravessada com sucesso por quem descobre que o sentido e o propósito da vida vão além da simples satisfação dos impulsos biológicos. Nesse período, o fracasso pode levar a dependências terríveis que bloqueiam o desenvolvimento e a verdadeira plenitude espiritual. Sem saber, a pessoa aceita o falso ouro em vez de continuar a viagem que a levaria finalmente ao verdadeiro — descobrir que um dos principais mandatos da vida é desenvolver a consciência e aprimorá-la até chegar a níveis mais elevados de Eu.

O Período do Albedo

Como já vimos, o *albedo* é o segundo estágio da alquimia e seu metal é a prata. Esse estágio branqueador é a época em que, psicologicamente, começamos a "ver a luz" e a assumir a responsabilidade por nós mesmos. É nesse momento que o espírito desperta nos jovens adultos que, infelizmente, nem sempre gostam do que vêem, pois a realidade tem arestas cortantes. As exigências são muitas e cada um se vê obrigado a carregar o próprio peso. A vida não é mais automática e o jovem adulto se vê cercado por duros desafios. A família já não dá tanto apoio, a escola exige mais e é preciso trabalhar muito. A mudança é clara: antes, bastava existir e, agora, temos que fazer alguma coisa produtiva. Não é mais a hora de nos separar do mundo, pois somos forçados a nos relacionar com ele. A liberdade da identidade individual traz com ela uma multidão de deveres e responsabilidades.

Na melhor das hipóteses, o jovem adulto aprende o que é preciso para ganhar domínio e competência. Assim como a lua brilha com a luz que reflete, o jovem recebe orientação dos outros. Ele descobre a troca que acontece nas relações, não apenas com pessoas do ambiente imediato mas, cada vez mais, com pessoas não relacionadas a ele. A primeira amizade que não veio por meio de relações familiares marca outra importante mudança na consciência. O *albedo* é a época de um grande despertar para o mundo além do ego, da família, do país etc.

É muito mais fácil descrever a experiência do *albedo* do que realizar suas muitas tarefas. Nesse período, assim como em todos os estágios do trabalho, o movimento é uma série de altos e baixos, mais consciente num momento e menos no outro. Alguns nunca concluem essa parte da jornada. Muitas pessoas passam a vida inteira lutando para entender o que é ser um adulto responsável e capaz de amar. Ironicamente, é a pessoa bem-sucedida — que terminou a faculdade, casou-se, constituiu família e tem uma carreira estável e significativa — que eleva a consciência a outros níveis de individuação. É a nossa recompensa por tanto trabalho! Mas é só quando deixamos de buscar satisfação nas ambições terrenas que as aspirações espirituais, que agiram em segredo o tempo todo, se manifestam. Nós nos afastamos, então, dos prazeres transitórios das recompensas terrenas, voltando-nos na direção do ouro eterno, que denominamos Deus, ou divino.

Lá pelo fim do *albedo*, invade-nos um contentamento, uma sensação de conclusão. A alma contrariou sua tendência natural de ficar na terra: modificou o curso, evoluiu e emergiu à luz do dia. É então que a alma descobre as relações com os outros. Na experiência do *albedo*, atraímos às vezes companheiros de alma que estão, por acaso, no mesmo lugar e no mesmo momento em sua alquimia. Assim como a alma faz um movimento para fora em sua Ascensão, o espírito contraria sua tendência de voar em todas as direções. Em sua Descida, ele volta a energia para baixo, para a consciência. O resultado fica evidente quando o jovem adulto doma suas energias selvagens e se torna produtivo. O esforço adquire um novo significado, a carreira começa a tomar forma e o trabalho assume sua posição natural no processo da vida.

A Ascensão da Alma e a Descida do Espírito ocorrem durante o estágio do *albedo*. É aí que as duas forças potentes da consciência, a Alma e o Espírito, entram em conjunção uma com a outra. Digo conjunção porque, enquanto estão alinhadas, ou sobrepostas uma à outra, elas podem não se juntar para se tornar o Um. É maravilhoso assistir à junção e, melhor ainda, à integração desses opostos: a alma e o espírito. Unidos, eles formam um casamento de opostos que é a primeira imagem verdadeira da pedra filosofal. No nível do comportamento, tal pessoa chegou ao *Self* Verdadeiro, que não é limitado pelos ditames dos impulsos biológicos e nem enganado pelas exigências do ego. Uma personalidade saudável que passou pelo estágio do *albedo* pensa com independência, age com responsabilidade, ética e amor.

Tendo atravessado com sucesso o período do *albedo*, começamos a olhar além das experiências terrenas para uma realização ainda maior, que só pode ocorrer na união final dos opostos — a união com Deus.

O Período do Rubedo

Muitos gostam de pensar na velhice como anos dourados. Como estamos agora no estágio alquímico chamado *rubedo*, o ouro é especialmente apropriado para simbolizar a pedra filosofal, que é a realização suprema de uma vida bem vivida. São estes os três passos básicos que nos trouxeram ao estágio final do processo de individuação:

- No *nigredo*, a consciência descobre seu próprio mundo (o *Self* Verdadeiro).
- No *albedo*, a consciência descobre o mundo dos outros (o *Self* Individuado).
- No *rubedo*, a consciência descobre o mundo divino (o *Self* Divino).

A cada passo, aumenta o alcance da nossa visão. No terceiro estágio, podemos, potencialmente, compreender o mundo inteiro. Os monges zen dizem a seus discípulos para "engolir o oceano, beber as estrelas". O poeta William Blake diz a mesma coisa em outras palavras: "encontre a eternidade num grão de areia." Infelizmente, nada disso é possível antes de termos enfrentado a nossa mortalidade. Mesmo então, é raro atingir plenamente a meta do *rubedo*. No entanto, acredito que não há trabalho que seja mais significativo e que valha mais a pena na vida do que chegar ao fim desse estágio com dignidade.

Nesse estágio, mais do que nunca, temos que recorrer ao princípio alquímico que diz que a matéria é apenas a manifestação física da consciência e que a morte do corpo não significa extinção. Assim como vimos no caso do fogo celestial, a vida persiste, esteja ou não a vela acesa. Uma visão totalmente nova da vida se abre para nós quando conseguimos abraçar a morte com esse alto nível de cognição.

Essa visão nos torna humildes. Nada além do amor consegue descrevê-la. O universo de possibilidades é muito maior do que os mundos paralelos descritos pelos físicos. Nossa imaginação se abre para uma gama infinita de potencialidades.

Nesse estágio elevado de desenvolvimento, nós nos ligamos ao cosmos, transformando-nos e trazendo a ordem aos caos que existe no mundo. O mundo inteiro se beneficia do fato de termos nos tornado pessoas melhores, já que a presença de alguém que chegou a esse estágio influencia positivamente o mundo inteiro. Não apenas criamos consciência mas, por meio das oscilações desses três estágios, transformamos o caos em significado — o chumbo em ouro. Isso se reflete na personalidade em forma de satisfação e generosidade, compaixão e altruísmo, resignação e entrega. Tudo isso indica que a consciência atingiu seu estado dourado, o *Self* Individuado.

É esse o fim da jornada? Não é bem o fim. Na alquimia, o produto líquido do período do *rubedo* é a produção da Tintura Vermelha, um outro nome da pedra filosofal. Trata-se de uma substância perfeitamente equilibrada que não existe apenas para o alquimista, mas que pode ser usada para ajudar os outros. Que propósito tem uma coisa de valor quando não é compartilhada? Em *One Taste*, o guru da consciência, Ken Wilber, pergunta: "Se Deus é tão perfeito, por que nos criou?" E responde citando um antigo mestre Zen: "Não é divertido jantar sozinho."[17]

O *Self* Individuado é uma grande conquista. Mas, mesmo assim, diante da humanidade, para não mencionar o universo, deixa a desejar. Resta um último passo, que precipita a consciência Divina, ou o que chamei de *Self* Divino. Era essa consciência suprema que os alquimistas chamavam de pedra filosofal, tendo que recorrer a termos místicos para descrevê-la. Na tradição oriental, ela é chamada simplesmente de "Isso", sugerindo que a pedra filosofal abrange tudo a que "isso" se refere, ou seja, tudo. O alquimista que possui a pedra filosofal vê a vida através dos olhos do *Self* Divino. Assim, ele não vê distinção entre o *Self* e o outro, a luz e as trevas, isto ou aquilo... o mundo se transforma num ser consciente e total.

PARA MELHORES RESULTADOS

Já vimos que a consciência se desenvolve ao longo do ciclo vital, mas resta saber como aplicar a alquimia à vida cotidiana. Antes de iniciar uma discussão mais aberta sobre as receitas alquímicas, é bom ler estas orientações, que permitem melhores resultados na fabricação do ouro:

1. IDENTIFIQUE A *PRIMA MATERIA*. Escolha um aspecto escuro de sua personalidade, que precise de atenção. Pode ser um mau hábito que você quer largar, uma falta de confiança ou uma depressão que vai e vem. Escreva o problema a ser trabalhado da maneira mais específica possível. Com isso, você põe o problema entre parênteses e pode se concentrar nele.

2. CIRCUNSCREVA-A COMO UM OBJETO DE ESTUDO. Adote um ponto de vista objetivo, imparcial. Faça de conta, se ajudar, que está falando de outra pessoa.

3. EXPERIMENTE USAR MÉTODOS ALQUÍMICOS. Isso pode ser feito de duas maneiras.
   Primeiro, use as funções, e o poder elemental que cada uma representa, para localizar o problema. Digamos que o problema seja o mau hábito de comer bobagens e, assim, ganhar peso. Para começar, faça um inventário de funções que usem o *circulatio*. Imagine uma cruz simples com pensamento no topo, sentimento em baixo, intuição à direita e sensação à es-

querda. Com essa imagem em mente, ou anotada por escrito, passe de uma função a outra, perguntando-se o quanto cada uma é forte ou fraca no contexto do problema. Como comer demais envolve a função sensação, ou seja, a busca de gratificação oral na comida, é provável que você tenha que começar por aí. Essa parte de sua função psicológica deve estar precisando de atenção. Por isso, esteja mais atento do que nunca a qualquer ato que envolva comida, desde o primeiro sinal de fome até a última mordida. Nesse ponto, não basta dizer não. Observe muito de perto a cadeia de comportamentos que integram sua compulsão alimentar. Faça de conta que está vendo um filme em câmara lenta. Essa prática simples ajuda a trazer consciência para a função sensação e, às vezes, é o que basta para que você se torne mais atento e consiga controlar a situação.

Passe então para as outras funções. O pensamento vai ajudá-lo a fazer uma lista dos alimentos que você deve e não deve comer. A função sentimento o ajuda a examinar sua atitude com relação à comida e aos hábitos alimentares. Muitas vezes, a fome que você procura satisfazer nada tem a ver com comida. Talvez ela represente a falta de calor e afeição em sua vida. Passe agora à função intuição. Ela o ajuda usando a imaginação para substituir o ato de comer, um procedimento que é comum na hipnose. Incuta em você mesmo uma imagem: você está de barriga cheia e se sentindo muito bem.

Se o seu problema é falta de confiança, descubra em que função você se acha mais deficiente. Em caso de depressão, examine primeiro a função sentimento. Comece onde quiser, mas percorra todas as funções para descobrir seus pontos fortes e fracos.

Um segundo método alquímico recorre ao uso das operações. Lembre-se de que cada uma das quatro primeiras operações se liga a um elemento e a um ser elemental.

- *CALCINATIO* é a operação do fogo e seu elemental é a salamandra.
- *SOLUTIO* é a operação da água e seu elemental é a ondina.
- *COAGULATIO* é a operação da terra e seu elemental é o gnomo.
- *SUBLIMATIO* é a operação do ar e seu elemental é a sílfide.

Para ilustrar esse método, vamos usar outro exemplo. Digamos que você queira parar de fumar. Como fumar é um ato relacionado ao ar, vamos trabalhar com a operação que corresponde à natureza do problema. Nesse caso, é a operação do ar: o *sublimatio*. Assim como você fortaleceu a função sensação no exemplo anterior, aqui vai ficar mais atento à respiração em geral. A respiração profunda é um exemplo excelente de *sublimatio*. Exercícios, natação e caminhadas vigorosas também são atividades do *sublimatio*, as quais aumentam a consciência que temos da inspiração e da expiração. Quando aprofundamos essa consciência a ponto de o corpo "lembrar" que fumar não é natural e que cigarros são tóxicos, o hábito "vira fumaça". Não se esqueça de evocar a sílfide ou fada, que pode conectar seu corpo ao poder espiritual que ele possui. Você não precisa depender apenas da sua força de vontade para ter sucesso. Confie no seu anjo da guarda e na ajuda dele.

4. **PRATIQUE AS MUDANÇAS EM SUA VIDA.** As mudanças alquímicas exigem prática constante. Como disse uma vez um zen budista: "Se algo ficar chato depois de dois minutos, experimente praticá-la durante quatro minutos. Se continuar cansativa, experimente praticá-la durante oito, dezesseis, trinta e dois minutos e assim vai. Você vai acabar descobrindo que a coisa não é cansativa, mas muito interessante."[18] O uso de qualquer um desses métodos exige prática. Mais importante do que o número de vezes que você pratica, é a qualidade da atenção e da intenção em cada tentativa. Já vi casos em que uma única tentativa foi suficiente para pôr fim a anos de um hábito destrutivo.

5. **TRANSFORME-SE.** Para que qualquer coisa seja transformada, você tem que elevar o nível geral de consciência. A prática ajuda a fazer da mudança uma parte natural do comportamento, mas o comportamento individual tem que encontrar seu lugar no mundo Saiba que as outras pessoas vão (inconscientemente) tentar reprimir seu novo *Self*. Por isso, cerque-se de pessoas e coisas que aceitem sua mudança. Siga o conselho de um alquimista medieval: "Certas atividades tendem a atrair para a alma tipos particulares de espírito, a elas associados."[19]

6. **INTERNALIZE-A.** Não pensar mais na mudança é uma indicação clara de que esse nível foi atingido: ela se tornou natural para você e para os outros. Eu deixei de fumar há muito tempo. Para isso, bastou uma resolução no ano-novo. Mas levou uns dez anos para eu me considerar um não-fumante. Fumar deixou de fazer parte da minha identidade.

7. **DIVIDA COM OS OUTROS O QUE APRENDEU.** Ajudando os outros, você se mantém como parte da comunidade (unidade comum). A alquimia serve para transformar o indivíduo e o coletivo em "Um".

Não existe uma receita que explique todos os passos necessários a um processo de individuação satisfatório para todos. Assim como o ciclo avança em espiral para cima e para baixo, esteja certo de que a jornada será errática. Só espero que ela seja marcada por mais avanços do que retrocessos. O que favorece o processo é ter a atitude correta, que vem acompanhada da alegria de participar da própria evolução. Embora tenhamos nos concentrado no ciclo de vida individual, a espiral maior, universal, que nos precedeu, emerge da eternidade do passado e se estende, com certeza, pelo futuro infinito. Faça com que sua contribuição seja importante!

REGRAS DE OURO

Para simplificar ainda mais o difícil processo de transformar o chumbo do *self* natural na consciência dourada do *Self* Divino, apresento alguns princípios fundamentais que podem guiá-lo em seu trabalho:

1. A consciência é a base da vida. Quando trabalhamos alquimicamente com a consciência, nós a transformamos em matéria. Mas note bem: a matéria é o resultado, não a causa da consciência.
2. Existe chumbo no centro do ser de todos nós, mas nele estão as sementes para a fabricação do ouro. Produza o ouro. Cumprimente todo mundo, em silêncio ou não, com a saudação *Namaste* — O Deus dentro de mim reverencia o Deus dentro de você.
3. Todos nós passamos pelo processo de evolução e individuação — esse é o propósito de termos nascido nesta realidade. Perdoe os que não têm consciência e cerque-se daqueles que já avançaram mais do que você.
4. Somos todos uma e muitas emanações do Um. Espírito e matéria são apenas dois aspectos dessa realidade suprema. Enxergue com o olho do meio.
5. O ato de transformar a realidade dá significado à vida, ao mundo e ao universo — ao mesmo tempo!
6. A hora de agir é agora. O presente é o portal para o infinito. É onde todas as coisas se juntam, podendo, assim, ser transmutadas. Seja firme, esteja pronto para viver nessa presença. A vida é um paradoxo que só pode ser entendido por meio da mente imaginal. Ela é uma travessura e também uma gostosura. Imagine *Isso*!

Capítulo 8

As Receitas

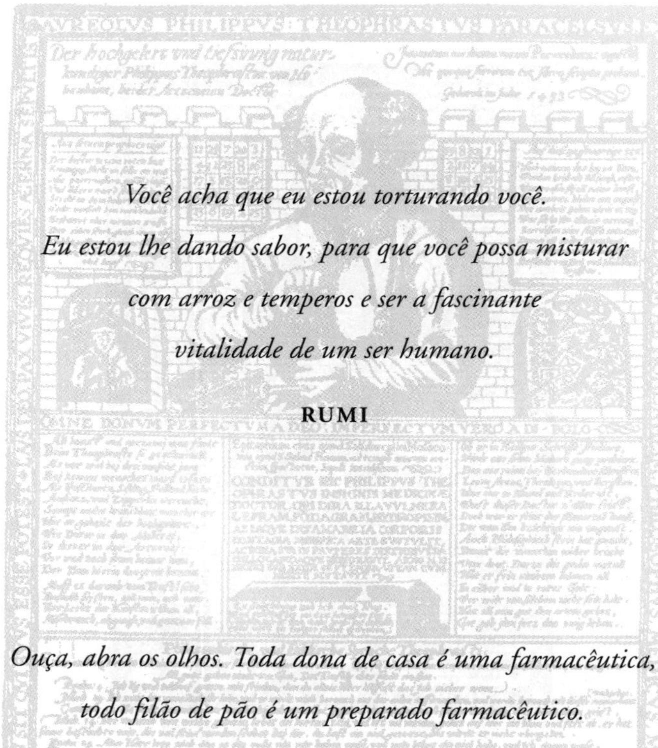

Você acha que eu estou torturando você.
Eu estou lhe dando sabor, para que você possa misturar
com arroz e temperos e ser a fascinante
vitalidade de um ser humano.

RUMI

Ouça, abra os olhos. Toda dona de casa é uma farmacêutica,
todo filão de pão é um preparado farmacêutico.

JOHN URI LLOYD

AMERICAN JOURNAL OF PHARMACY, ABRIL DE 1922

Até agora, discutimos algumas das metas e operações mais importantes da alquimia, na medida em que se aplicam ao processo de individuação. A alquimia tem hoje uma relevância renovada, especialmente na cura psicológica e na transformação da consciência. Um breve resumo da alquimia já revela a enormidade de sua visão e o desafio de sua obra. Toda grande visão é uma percepção profunda da natureza da realidade. Às vezes, essa percepção é espontânea mas, em geral, é o resultado de anos de trabalho dedicado. É claro que muitos se perguntam se os alquimistas, apesar de seus esforços, estavam se enganando — ou enganando os outros. Para saber se a missão dos alquimistas era equivocada, o único jeito é pôr em prática suas palavras.

Tendo exposto brevemente suas teorias, vamos agora a dez receitas formuladas por alquimistas no decorrer de sua obra. Ao lê-las, tenha em mente as seguintes perguntas: como essas receitas se aplicam a questões e problemas comuns da vida moderna? Como usar elementos, operações, forças e estágios para pô-las em prática? Para essas perguntas, ofereço minhas próprias interpretações mas, como no caso dos sonhos, as receitas podem ser interpretadas de muitas maneiras diferentes. Os ingredientes que faltam para tornar a receita eficaz do ponto de vista pessoal são aqueles que você acrescenta a ela: associações pessoais, amplificações, "memórias, sonhos e reflexões".

Cada receita pode ser lida como um ensaio completo, independente das outras. Acrescentei uma palavra-chave a cada receita caso você queira ir diretamente às que lhe interessam mais. No entanto, as receitas seguem uma ordem subjacente que corresponde, em geral, aos três estágios da obra. Recomendo que siga essa ordem. Se, no futuro, alguma delas for relevante ao seu trabalho no momento, localize-a por meio das palavras-chave atribuídas a cada uma no início do livro.

Antes de partir para as receitas, é bom rever, brevemente, as ligações entre alquimia e psicologia. Ao contrário das fórmulas científicas, estas receitas não podem ser seguidas palavra por palavra. Para entendê-las, é preciso tirar as cascas simbólicas que as mantêm puras e fora de mãos erradas. Quando são bem aproveitadas, elas não falam só à cabeça, mas também ao corpo e à alma. O *know-how* necessário para pôr a alquimia em prática está nestas receitas. Elas são como cápsulas que contém a sabedoria que vem através das eras. Receba-as como são oferecidas.

A personalidade é o cadinho em que experimentamos a vida. A consciência é a matéria, contida no vaso do alquimista, que nos propomos a transformar fazendo-o passar de um estado de caos para um estado magnificamente organizado. A transformação envolve vários processos, pelos quais a matéria passa do estado bruto, a *prima materia*, à forma mais aprimorada, a pedra filosofal. Do ponto de vista psicológico, esse desenvolvimento corresponde a mudanças de orientação psíquica e de estágio psíquico. O movimento passa por três estágios e, falando de modo genérico, por três orientações: o *nigredo/ego* (eu), o *albedo/self* (nós) e o *rubedo*/nós coletivo. Podemos resumir essas mudanças usando um antigo paradigma: o primeiro estágio é a perfeição inconsciente, o segundo é a imperfeição consciente e o terceiro é a plenitude consciente. Na alquimia, esse movimento era simbolizado por uma progressão nos metais, indo do chumbo ao ouro.

Os antigos praticantes acreditavam que a alquimia dispunha de métodos para melhorar esse desenvolvimento natural. Ampliando a alquimia por meio de princípios tirados da psicologia junguiana e da física contemporânea, a meta é acelerar o desenvolvimento da personalidade e extrair um *Self* Individuado, que está oculto em forma embrionária na *prima materia*. O trabalho é árduo, exigindo um envolvimento que dura a vida inteira. Felizmente, o processo pode ser tão gratificante quanto a meta. Às vezes, com muita sorte, temos vislumbres da pedra filosofal muito antes de conseguir estabilizar e tornar permanente esse incrível estado mental.

> Encarregar-se da própria vida é inerentemente gratificante e favorece o crescimento. Apesar das exigências, a alquimia da consciência em individuação é um trabalho de amor.

Nenhuma escola de alquimia apresenta um sistema completo para produzir o verdadeiro ouro. Por isso, escolhi temas comuns a vários sistemas, procurando chegar a um modelo de alquimia que atenda às necessidades dos homens e mulheres modernos. Para tratar das receitas alquímicas, mantenho essa estratégia, extraindo algumas fórmulas eficazes, preparadas por alquimistas no decorrer da sua obra. Eu reconheço que, nesta abordagem, acabamos perdendo a riqueza de uma ou outra teoria ou escola de alquimia. No entanto, ela nos dá uma visão geral que favorece a continuação das pesquisas e as explorações pessoais. Pelo menos, assim espero.

As receitas que escolhi vêm de muitas fontes. Algumas foram tiradas de textos, outras de inscrições de desenhos alquímicos. Cada uma delas é uma pérola de sabedoria, eterna e pura.

Apesar dos avanços tecnológicos que alteraram drasticamente a paisagem externa da vida, a necessidade de acentuar a beleza do corpo, da mente e da alma continua a nos desafiar. Os antigos egípcios usavam cosméticos para embelezar o corpo, mas sua filosofia priorizava a preparação da alma para a vida eterna. Cientes da temporalidade da vida, grandes civilizações, como a do Egito antigo, procuravam desenvolver a beleza interior. Nesse sentido, os alquimistas eram esteticistas da alma. Sua Arte visava transformar em obra-prima a humanidade inteira.

Antigamente, havia vários tipos de receitas, não apenas as que são usadas na preparação de alimentos: eram prescrições feitas por feiticeiros, xamãs e agentes da cura. Hoje, para manipular a receita do médico, o farmacêutico pouco faz: às vezes, só conta as pílulas. Mas, no passado, o boticário misturava flores e ervas.

Antes disso, um alquimista escrutinava antigas receitas para descobrir substâncias que curassem qualquer coisa, de pesadelos a sífilis. Muitos desses ingredientes eram desagradáveis e até repulsivos. Sêmen humano, sangue, cabelo, urina, excrementos de vaca e chifre de rinoceronte estavam entre os produtos que saíam das prateleiras da "farmácia imunda". Não foram só os ingredientes e a maneira de ministrar o remédio que mudaram ao longo dos séculos: o ato social de curar também mudou.

As prescrições modernas perderam a magia. Nós nos limitamos a tomar o remédio conforme a bula e a esperar que ele elimine os sintomas. Mas, quanto mais se retrocede no tempo, mais os "ingredientes adicionados", deuses e espíritos, são necessários para que a magia funcione. As receitas eram sempre acompanhadas de rituais para potencializar a poção com algum espírito sobrenatural, que podia ser um espírito animal, um Deus ou até mesmo uma criatura alienígena. Sem a mediação das energias divinas, a poção era considerada inútil, morta ou incapaz de curar. Muitos meios eram usados para evocar um Deus que a tornasse eficaz. O paciente tinha que preparar um suadouro, cantar uma canção de cura, fazer uma oferenda ou até mesmo sacrificar um animal. Fosse qual fosse o método, a poção não teria o efeito desejado sem uma contribuição pessoal e uma boa dose de energia espiritual.

A palavra "farmácia" vem da palavra grega *pharmakos:* substância simbólica, potencializada pelo "sacrifício de partes da comunidade com o propósito de regenerar sua totalidade".[1] *Comunidade* pode ser entendida como grupo ou como a comunidade da mente, do corpo e da alma, que constitui o indivíduo. O importante é o sacrifício, necessário para tornar o remédio eficaz.

Agora, iniciando o estudo de receitas escritas nessa era mágica, mítica, precisamos adotar a psicologia dos alquimistas, liberando assim o poder de suas palavras. Temos que estar dispostos a fazer tudo o que for necessário, nos planos físico, mental e espiritual, para dar poder ao *pharmakon.* E cada um tem que se perguntar: será que estas receitas me ajudam na tentativa de me tornar uma pessoa plena e completa? Que sacrifícios essa meta exige?

Cada uma destas dez receitas oferece uma resposta parcial a essas perguntas: cabe a você juntá-las. Só você pode criar a receita única que lhe trará a boa saúde e a cura. Use sua imaginação!

A PRIMEIRA RECEITA

Visite o Interior da Terra e
Retifique o que lá Encontrar,
E Você Descobrirá a Pedra Oculta

A INICIAÇÃO

Os alquimistas eram mestres em manter seu conhecimento sagrado a salvo dos charlatões.[2] Para ocultar suas descobertas, recorriam a informações falsas, linguagem enigmática, anagramas, simbolismo e imagens bizarras. Esta primeira receita exemplifica o uso que os alquimistas faziam dos acrônimos para disfarçar o sumário geral da obra. Originalmente, a receita foi escrita em latim: *visita interiora terrae rectificando occultum lapidem.* Juntas, a primeira letra de cada palavra formam "vitriol", uma palavra adotada pela língua inglesa com o sentido de discurso cáustico, "virulência ou acrimônia de sentimento". A etimologia dessa palavra, ou acrônimo, nos remete alquimicamente ao seu antigo significado: "ácido sulfúrico concentrado."

Esse exemplo é uma excelente oportunidade para mostrar como o trapaceiro faz mágicas com as palavras. A alquimia fez amplo uso de nomes disfarçados e de acrônimos mágicos para proteger seus segredos. O caminho que vai de um ácido corrosivo, o ácido sulfúrico, ao discurso cáustico, corresponde a um complexo processo psíquico que liga substância e linguagem. Em geral, usamos as palavras sem levar em conta essa ligação e nem o seu significado mais profundo. O que o ácido e o vitriol têm em comum é algo que só pode ser entendido na imaginação alquímica. Reunir palavra e imagem é uma parte dinâmica do processo de sanar a separação entre a mente e a alma. Essa receita só vai fazer sentido se cada palavra for examinada com cuidado.

Os alquimistas usavam essa receita como modelo para descrever todo o processo do trabalho. Para compreendê-la, temos que considerar primeiro as imagens usadas na receita. Imagens são a substância da qual saem as palavras. Elas representam uma cosmologia alquímica, que faz pouca distinção entre natureza e existência humana. Na mente do alquimista, há uma pedra plúmbea no centro da Terra. Os minerais e as pedras preciosas se espalham por cavernas sob a superfície, mas lá no centro há essa pedra. O sol, segundo eles, é o único agente capaz de penetrar diretamente essa pedra e outras substâncias "mortas", inferiores, transformando-as gradualmente em ouro. Esse ouro é criado pela rotação do sol em torno da Terra. Em virtude desse redemoinho cósmico, a imagem do sol está gravada no centro da terra e no centro da alma humana.

Essa cosmologia é belamente exposta num dos mais antigos tratados alquímicos, a *Tábua Esmeraldina*. Com referência à *prima materia*, lemos na *Tábua*: "seu pai é o sol, sua mãe é a lua; o vento a carregou na barriga; sua ama é a terra." A terra, então, forma a matriz, a estrutura básica onde a pedra inferior se transforma. O sol é pai da pedra porque lhe traz energia e calor vitalizante. A lua acrescenta uma luz prateada à pedra escura, que a nutre e permite que amadureça. O vento a dota de energia espiritual. Trata-se dos quatro elementos, agindo sobre a pedra para que ela "acorde" e evolua da sonolência plúmbea à mais purificada forma, o ouro.

Os alquimistas acreditavam que tudo na natureza é consciente, mas pensavam também que algumas coisas são mais conscientes do que outras. O chumbo, estando mais afastado do sol, era o menos desperto. Eram os seres humanos que tinham o potencial mais alto para se tornar plenamente vivos, "pedras filosofais vivas". Entre esses dois extremos estavam os outros metais, os animais, os minerais e os vegetais, formando o espectro evolutivo da consciência. Um velho ditado descreve esse espectro em termos mais poéticos: o espírito desperta no animal, sonha na planta e dorme na pedra. Só os seres humanos têm um grau de consciência auto-reflexiva que lhes permite conhecer o espírito em todas as três dimensões e despertar a pedra que "dorme" dentro deles.

Nessa receita, somos instruídos a fazer várias coisas. Primeiro, temos que visitar o interior da terra. Em termos psicológicos, isso significa que nossa obra alquímica começa com a inspeção da vida inconsciente. No mundo de hoje, não é considerado aberrante levar o inconsciente a sério. Mas, no contexto histórico, essa prática é bem nova. Foi só no final do século XIX que a ciência começou a levar a sério a possibilidade de haver uma vida inconsciente além do mundo mágico de fantasmas e duendes.

Sigmund Freud foi o primeiro a descobrir o caminho para o interior da terra do inconsciente, por meio da análise dos próprios sonhos e dos sonhos dos pacientes. Sua psicanálise corta como um bisturi, abrindo o cérebro para expor o funcionamento da mente interior. Mas seu conceito de mente foi formado nos moldes do trabalho de laboratório que ele fazia antes de criar a psicanálise: exame anatômico da medula dos peixes. À abordagem empírica que Freud usou para descrever a realidade interior, é preciso acrescentar a significativa influência do rígido clima moral do final da época vitoriana. Freud tem o mérito de descrever os mecanismos do inconsciente, mas ele o fez equacionando o ego à matéria e deixando de lado as contribuições do espírito.

Foi precisamente essa miopia que o levou a romper com um de seus mais brilhantes partidários: C. G. Jung. Para esse psiquiatra suíço, o inconsciente é mais amplo e mais profundo do que o concebido por Freud: não é simplesmente um caldeirão fervente de desejos e impulsos reprimidos, mas um mundo que liga o *Self* à natureza. Não são só fantasias sexuais que se escondem em seus cantos escuros. Na visão de Jung, a escuridão é um aspecto inevitável da existência. Seja o homem bom ou mau, à luz do sol ele lança uma sombra. Cada pecado, indiscrição ou ato imoral contribui para a formação da sombra na personalidade de cada um. E é a essa realidade sombria, da qual nenhuma pessoa e nenhuma cultura pode escapar, que Jung deu o nome de Sombra.

O caminho para a vida interior ou inconsciente começa com a descoberta da sombra. Apesar da nossa resistência, a sombra é muito acessível. Ela é nosso chumbo, aquele obscuro estrato da consciência que consiste nas qualidades inferiores e fica logo abaixo da superfície da cognição. A sombra, escura e densa, corresponde às mesmas qualidades do chumbo. Por isso, os alquimistas viam o chumbo como o mais baixo dos metais e sugeriam que o trabalho começasse no *nigredo*, o negro primeiro estágio. Assim que identificamos nossos aspectos sombrios, o chumbo sobe de *status*. Ele se torna a *prima materia*, o ponto em que se pode dar início às operações. Os aspectos sombrios e plúmbeos não podem continuar fixos e duros como pedra: a receita nos manda assumir a responsabilidade pela sombra, aceitá-la e, melhor ainda, trabalhar para transformá-la. A sombra fornece um excelente material para o início da nossa obra alquímica. Paradoxalmente, o que nossa natureza tem de pior serve à nossa mais elevada meta. No chumbo e na sombra, há um pouco de ouro.

Em geral, não é muito difícil identificar as qualidades negativas que formam a nossa sombra. Se você não conseguir, peça algumas sugestões aos amigos. Ou comece fazendo uma lista dos seus hábitos. Bons ou maus, eles são mediados pelo inconsciente e, assim, contrariam a elevação do nível geral da cognição consciente.

Os hábitos se revelam nos mecanismos inconscientes do corpo. Não é difícil observar as reações automáticas do corpo a necessidades internas e externas. O corpo não diferencia com clareza prazer de sobrevivência. Os hábitos se formam quando não diferenciamos o que é necessário à sobrevivência de prazeres opcionais. Como muitos sabem, acabar com um hábito não é tarefa fácil. Os hábitos são muito econômicos, buscando sempre a distância mais curta entre dois pontos: necessidade (real ou imaginária) e satisfação. Não que essa eficiência seja necessariamente má, mas há uma enorme diferença entre hábitos gerados por impulso e hábitos intencionais. Os primeiros são cegos, os segundos enxergam claramente a meta e o objeto do seu desejo. Os hábitos são movimentos irrefletidos do espírito. Sem imaginação, eles nos reduzem a meros autômatos que obedecem as ordens da natureza. Eles alimentam os sentidos, mas nada fazem pelos aspectos superiores da mente.

> Acabar com um hábito significa liberdade e, para começar, basta simplesmente (e ironicamente) respeitar os padrões habituais, que vêm do corpo e do seu equivalente psicológico, a sombra.

Os hábitos geram rotinas impensadas que provocam enfado, monotonia e falta de sentido. Em casos piores, o corpo é escravizado por impulsos biológicos que exigem gratificação insaciável, instantânea. No caso de dependência, as pessoas são forçadas a servir a um deus egoísta, que lhes arranca a dignidade e as devolve ao caos da Natureza. Assim, elas descem em espiral, correm atrás do próprio rabo, não vão a lugar nenhum e ficam eternamente atrás de prazeres que não oferecem amor nem significado.

Essa receita é reservada para quem quer avançar no processo pessoal, não porque os hábitos lhe perturbem a vida, mas porque percebem o ouro escondido no vazio das rotinas diárias.

O segundo passo dessa receita é a retificação. Para isso, não é preciso analisar os sonhos, praticar imaginação ativa e nem mesmo eliminar algum hábito. Embora sejam muito boas, essas práticas exigem mais súlfur do que temos agora à nossa disposição. Recorra, então, ao calor suave do sol como fonte de consciência para se concentrar na *prima materia*. Não queira eliminar todos os hábitos que saltarem ao primeiro plano. Em vez disso, identifique um único elemento da sombra, ou um hábito, e treine nele a atenção, até que ele comece a mudar por contra própria. No começo, a mudança vai ser imperceptível, mas a situação já é outra. Na verdade, a mudança é imediata. No instante em que pomos a consciência em contato com um elemento inconsciente, a situação inteira sofre uma revolução. Abrimos novos caminhos para a sombra, caminhos que, aos poucos, transformam sua escuridão em expressão criativa.

Minha mãe mora nas Montanhas Catskill, no Estado de Nova York. Muito nervosa, ela raramente se aventura além de sua propriedade e, quando o faz, é sempre pelos mesmos caminhos, que considera seguros. Durante uma visita, eu sugeri uma volta de carro. Sentei-me ao volante do carro dela e comecei a dirigir sem destino certo. Mal cruzamos o portão, minha mãe perguntou para onde estávamos indo. Eu lhe disse que não tinha idéia. É claro que isso a deixou nervosa e eu tive que lhe garantir, repetidas vezes, que encontraríamos o caminho de volta para casa.

> Hábitos não gostam de aventuras. Para retificar os hábitos, temos que dar passos ousados rumo ao desconhecido. O senso de humor consegue virar as situações de ponta-cabeça e, assim, criar novas ligações. Às vezes, o vaso alquímico precisa de uma boa sacudida para romper as rotinas impensadas que drenam seu sangue vital. Ria com a sua maneira habitual de fazer as coisas. Mas não ria dela.

Era um lindo dia de outono e as folhas caíam como asas douradas pelas estradas tranqüilas. Depois de uns trinta minutos, vimos uma placa onde se lia STORM KING, com uma flecha indicando uma estrada de terra. Eu não tinha idéia do que queria dizer a placa mas, em nome da aventura e apesar do medo de minha mãe, seguimos pela estradinha. E descobrimos que Storm King é um enorme parque de esculturas. São centenas de acres de belas colinas cobertas de esculturas gigantes: uma vista espetacular. Só depois fiquei sabendo que esse lugar é famoso — e minha mãe percebeu que vale a pena pegar caminhos desconhecidos.

O terceiro passo desta receita é a descoberta da pedra oculta. O fato de estar oculta nos diz que ela não é conhecida ou que pode estar disfarçada. Essa pedra não é um objeto concreto e pode ser diferente aos olhos de cada pessoa que a vê. Segundo Zósimo, ela tem uma qualidade paradoxal: "é uma pedra que não é uma pedra." A pedra que constitui a *prima materia* é a mesma que constitui a pedra fundamental. No entanto, uma está adormecida no inconsciente enquanto a outra foi totalmente aperfeiçoada e impregnada de consciência. Confundir a última com a primeira só retarda o trabalho necessário para transformar chumbo em ouro. Tome cuidado: *ao idealizar a pedra filosofal, corremos o risco de nunca alcançá-la*. Na verdade, a pedra não é para ser alcançada, mas realizada por meio do desenvolvimento da consciência. Infelizmente, o desejo de alcançar a consciência plena pode ser tão grande que algumas pessoas acabam recorrendo às drogas em vez de assumir o trabalho consciente da individuação.

Essa receita exige imaginação e visão cultivada. As imagens alquímicas nos desafiam a ver as coisas mais comuns de maneira incomum. Reis e rainhas se unem num só corpo. Uma árvore nasce no braço de alguém. Um velho sobrevoa uma cidade, cuspindo uma pedra enorme. Ao primeiro olhar, essas imagens surrealistas parecem obras de crianças ou de loucos. Quando descemos pela primeira vez ao inconsciente, o ego não entende nada. Buscamos a lógica onde ela não existe. Muitas vezes, digo aos meus pacientes: "Não tentem encontrar sentido no absurdo." Em outras palavras, temos que aceitar o inconsciente em seus próprios termos, com defeitos e tudo.

> Sua intenção pode ser enunciada da seguinte forma: "Pretendo procurar a origem por detrás do meu ____________." (um comportamento indesejável) Você pode, ainda, afirmar sua disposição de suspender qualquer julgamento, ficando totalmente receptivo a toda e qualquer imagem que surgir da sombra.

Isso não significa renunciar à vontade, mas aplicá-la com conhecimento, precaução e persistência. Ainda mais no estágio inicial do trabalho, há perigo de identificação com os conteúdos do inconsciente. Por isso, temos que nos ancorar, agarrando-nos com firmeza à intenção enunciada. Ela é a base à qual voltamos, muitas e muitas vezes, para não perder nossa meta de vista.

E ego tem repulsa pela irracionalidade. Ele se comporta mais ou menos como Hércules no Submundo. Em vez de reverenciar o Rei Hades, ele o atacou. O objetivo não é destruir o ego e nem o inconsciente. Transformação significa mudar de forma, não eliminá-la. Para descobrir a pedra oculta, é preciso atenção para desviar do ego. Não desafie o ego diretamente, mas trabalhe a situação que o cerca. Ocupe o ego com as tarefas que ele realiza bem e deixe a parte maior do trabalho alquímico para o *Self*. Como a consciência circunscreve o ego, examine o que está fora do âmbito do interesse dele.

Imagine que o cone de luz emitido por uma lanterna é a área ocupada pela atenção do ego. Agora, olhe para ver o que há nas sombras. No começo, pode ser difícil enxergar mas, com a prática, seus olhos se ajustam e a escuridão revela a sombra.

Descobrir a pedra oculta significa libertar a consciência do controle da Natureza. Quando entramos em contato com a pedra, no centro da nossa vida, nós nos ligamos conscientemente ao amplo domínio do inconsciente, que reside em nós e além de nós. Com isso, o processo de transformação começou e você pode se considerar um iniciado.

A SEGUNDA RECEITA

Dissolva a Matéria em sua Própria Água

OS SENTIMENTOS

Houve um tempo em que recorríamos ao conselheiro interior antes de nos voltar para os outros em busca de conselho. Mas, no século passado, passamos a depender demais de consultores, terapeutas e especialistas. Por outro lado, o espírito de invenção parece pairar sobre quem mantém a mente livre e tem a coragem de defender as próprias convicções. Essas pessoas sabem quando pedir ajuda aos outros mas, em geral, enfrentam os desafios à sua maneira. Acho que ninguém exemplifica melhor esse espírito do que os alquimistas. Arriscando-se ao isolamento social, ao escárnio público, à condenação científica, à perseguição religiosa e até à execução, os alquimistas marchavam ao som do próprio tambor.

Essa independência pode ser sinal de loucura, assim como de virtudes mais positivas, como individualismo, genialidade e dedicação. Há muitos exemplos para comprovar essa possibilidade. Muitas vezes, não há uma linha clara separando as duas coisas. Algumas das maiores cabeças revelaram "método em sua loucura", pavimentando o caminho para brilhantes invenções e descobertas. A receita que combina as duas possibilidades é uma prescrição não apenas para gênios excêntricos, mas para todo mundo. No cerne da teoria da individuação está a noção de que a genialidade não é exclusiva de alguns poucos selecionados. Coletivamente falando, a genialidade se refere apenas às conquistas que beneficiam o todo. O paradoxo é o seguinte: como membros de uma sociedade coletiva, damos uma contribuição de valor inestimável para o mundo inteiro. Ao mesmo tempo, quanto mais profundamente entramos no processo de individuação, mais nos abrimos para o mundo e mais queremos contribuir. Assim, o *Self* Individuado é um dom que trazemos à celebração da vida.

> A expressão suprema da individualidade é um estado em que cada célula, cada pensamento e cada sentimento transmutou-se numa parte indivisível do mundo inteiro. Então, cada alma realizada contribui para a individuação do planeta.

No processo de individuação, temos que abrir mão de alguma parte de nós mesmos. É um sacrifício necessário, que fazemos conscientemente, para o nosso bem e para o bem dos outros. Um sacrifício desses sempre traz algum ganho especial: nunca resulta em perda. É um ganho que se soma ao processo de individuação. Por exemplo, ao sacrificar o narcisismo, ganhamos o amor e o respeito dos outros. Esse sacrifício leva ao serviço altruísta e a uma profunda valorização da sagrada interconexão de todos os seres vivos. Amar com compaixão profunda requer a dissolução das paredes que separam o "eu" do "nós", levando-nos a abraçar de maneira consciente o universo inteiro.

Dissolver não significa eliminar, muito pelo contrário. Um grão de sal dissolvido numa xícara de água quente não é eliminado. O sal modificou sua condição passando por um processo de dissolução: tornou-se parte de cada molécula de água da xícara. O grão de sal aparentemente desapareceu mas, na verdade, permeou cada molécula de água.

Para compreender essa receita, temos que conhecer a natureza da água e saber por que ela facilita o desenvolvimento consciente. Vamos resumir os três pontos mais importantes até agora:

1. No processo de individuação, as mudanças mais eficazes começam de dentro.
2. Um excelente catalisador da mudança é a água e seu equivalente psicológico, o sentimento.
3. Até mesmo uma dose minúscula de sentimento consciente pode modificar a disposição da pessoa.

A água é um símbolo do inconsciente por causa de qualidades e comportamentos especiais que ela compartilha com a natureza. Ambas são amorfas e ubíquas. As duas são fluidas, suaves e poderosas. A água é um elemento misterioso, em cujas profundezas até a luz desaparece. É por isso que eu digo aos pacientes para terem mais respeito pelos sentimentos do que pelos pensamentos. Os sentimentos são únicos, dão profundidade e definem quem somos. Eles não precisam de defesa e nem de explicação, mas temos que assumir a responsabilidade por eles.

Na alquimia, cada elemento tem uma ação ou operação correspondente que atua sobre a *prima materia* para transformá-la de maneira específica. A operação da água é o *solutio* e o processo de dissolução deriva da ação desse elemento. A presente receita diz ao iniciado que use a operação da água para dissolver a *prima materia*. No começo, o *solutio* age no sentido de derrubar as paredes que separaram o ego de sua sombra, tornando assim o inconsciente mais consciente. A última coisa na terra que o ego quer admitir é a sua fraqueza, mas o *solutio* dissolve até as defesas do ego.

O poder corrosivo da água, que lhe permite penetrar em praticamente tudo, reduz a matéria bruta à sua forma essencial. Do ponto de vista psicológico, a água transforma os elementos da sombra, quebrando-os em pedaços que podem ser "digeridos" pelo ego. Já vi isso acontecer muitas vezes em terapia. Quando um paciente passa por um processo de *solutio*, a tendência da sombra de permanecer oculta e também a tendência do ego, de negar a sombra, começam a se dissolver. Isso abre caminho para a transformação. Quando um paciente percebe que sua sombra consiste em antigas mágoas, ele aprende a perdoar. Outro, de pavio curto, aprende a expressar os sentimentos negativos de maneira mais adequada. E aquele cuja sombra está comprimida pelo perfeccionismo, aprende a sabedoria da insegurança, da espontaneidade, do processo de tentativa e erro. São lições difíceis e o *solutio* é um processo lento. É demorado convencer o ego da existência da sombra. Com suavidade, a água permite que o ego reconheça seu lado escuro e inicie aos poucos o processo de dissolução da matéria inferior.

> "A gota", disse Rumi, "vira oceano, o oceano vira gota."

A água é o único elemento capaz de existir simultaneamente em três estados: sólido, líquido e gasoso. O gelo é sólido, a água é líquida e o vapor é gasoso. A água tem também a característica única de se expandir em vez de se contrair quando sua temperatura desce, e compartilha muitas das características atribuídas a Mercúrio. Por isso, os alquimistas referiam-se ao mercúrio como água viva, *aqua permanens*. Esse deus é o "espírito que se move sobre a face das águas".[3]

O poder de dissolução da água vem de sua capacidade de penetrar nas coisas, amolecê-las e reduzi-las gradualmente a líquido. Nos mitos da criação, a água é o elemento primordial, do qual o mundo surgiu. O *solutio*, então, tem o efeito de voltar a transformar matéria em água, um renascimento que renova e revigora a alma. No trabalho de individuação, esse retorno nos joga de volta nas profundezas da existência. Ironicamente, é preciso voltar ao estado original de caos para criar a ordem cósmica. Temos, em outras palavras, que nos dissolver para nos individuar conscientemente.

Não há como escapar dessa exigência existencial. Os que a evitam ficam sujeitos a neuroses e vícios. O neurótico é assolado pela ansiedade, já que acredita, equivocadamente, que está sozinho e separado da natureza. Para ele, o caos fica enterrado e fora da cognição consciente. O viciado, por outro lado, luta para simular o útero cheio d'água mas, sem consciência da necessidade espiritual de plenitude consciente, resta-lhe um falso *coniunctio*, que nada faz além de estimular os sentidos.

Só o retorno consciente nos permite esclarecer o desconhecido — em nós por meio do inconsciente, no mundo por meio do universo, em Deus por meio do transpessoal. Mas, entrar nessas regiões desconhecidas exige muita coragem. Poucos minutos depois de submergir o ego nas águas do domínio consciente, o pânico se instala. É preciso de muita persuasão para que o ego perceba que sabe nadar como um peixe. Nesse caso, a metáfora tem um importante sentido simbólico. Enquanto o inconsciente é simbolizado pela água, o símbolo do peixe representa a consciência. Com os olhos sempre abertos, o peixe é um símbolo usado através das eras para representar uma consciência capaz de penetrar no negrume das próprias profundezas.

O batismo, um ritual cristão do *solutio*, tem esse mesmo propósito. A água batismal toca o inconsciente, lembrando-lhe de sua origem assim como da viagem de volta que o ego tem que fazer para descobrir seu verdadeiro pai, o *Self*. A viagem é cheia de medos e perigos. Temos medo de nos afogar nas águas emocionais de humores não desejados. Sentimentos tumultuados podem inundar a consciência do ego e soltar as amarras que a prendem à realidade cotidiana. Ansiedade, medo e pânico, mudanças de humor e sentimentos sem nome podem se abater sobre nós como uma onda. Não é possível evitá-los, assim como a vida não é possível sem água. Cada lágrima e cada gota de chuva nos faz lembrar do oceano infinito de onde viemos e para onde vamos todos retornar um dia. O inconsciente pessoal é como um fio de água correndo para o grande oceano do inconsciente. Todas as pessoas, todos os países, todos os planetas e todas as estrelas — tudo — estão contidos nesse vasto oceano.

> Mercúrio, a água viva, nos dá o poder necessário para submergir nesse grande oceano e descobrir seus segredos.

Na natureza, a água é arquetipicamente feminina. É um elemento que, sem forma própria, vai para onde o vento sopra. Na forma humana, os humores e as marés de emoções têm essa mesma qualidade. A água se adapta a todos os recipientes, de qualquer tamanho e de qualquer forma. Assim como a água assume a forma de oceanos, lagos e córregos, recipientes fornecidos pela Mãe Terra, o cérebro, o corpo e as estruturas contêm e organizam os pensamentos. E, assim como as estruturas físicas dão forma aos pensamentos, os sentimentos se adaptam à forma do seu ambiente.

O vento e a terra são necessários para estruturar e canalizar os sentimentos. O ar permite que os sentimentos se movam e a terra lhes dá os canais pelos quais eles se tornam experiências. Sem esses elementos, os sentimentos pouco mais são do que uma inundação de emoções, causando problemas de todos os tipos. Histeria, síndrome do pânico, depressão e co-dependência resultam de distúrbios nessa área. Coordenando os elementos, criamos um mundo psicológico cheio de sentimento e os meios para expressar pensamentos com convicção sincera.

A associação entre o feminino e o elemento água já criou muita confusão para homens e mulheres. A consciência feminina não é exclusiva das mulheres. Ela faz parte também da psique dos homens, assumindo a forma de uma alma feminina interior, ou *anima*. Outra confusão é concluir que o feminino é fraco porque está associado à água (suave, maleável), que parece destituída de poder. Nada poderia estar mais longe da verdade. O poder da água é subestimado porque sua força é lenta e invisível. Não vemos, por exemplo, a força que move as ondas do mar, mas quem já foi derrubado por uma onda sabe como a água é poderosa. Até a rocha sólida não resiste ao poder de dissolução da água. Gota a gota, a água é lenta, paciente e penetrante.

Os sentimentos funcionam da mesma maneira. Com amor e paciência, até os tiranos são derrubados. A água da lágrima suave que cai dos nossos olhos é a mesma da tempestade. O Dilúvio foi o cataclismo enviado por Deus para acabar com o mal. Do mesmo modo, os sentimentos fazem com que as coisas mudem, dissolvendo-as primeiro e, depois, favorecendo seu crescimento. Quantas vezes vemos pais batendo nos filhos num minuto e consolando-os no outro? Os sentimentos têm a força da água em suas muitas formas, cores e aparentes contradições. Temos que tomar cuidado ao usar esse elemento.

Mahatma Gandhi nos deu um belo exemplo, que ilustra a eficácia dessa receita. Sua famosa marcha para o mar nos ensina outra lição do *solutio*, que passou a ser chamada de resistência passiva não-violenta. Embora Gandhi visse nos ingleses uma "maldição", ele não lhes desejava mal. Mesmo assim, ele os considerava responsáveis pelas próprias ações e pela opressão do seu povo. A despeito do corpo frágil, enfraquecido pelas repetidas prisões, pelos jejuns voluntários e pela velhice, Gandhi reagiu com paixão. Ele usou o imposto sobre o sal como alvo porque o sal, dizia ele, "é essencial como o ar e a água e, na Índia, é ainda mais essencial para o trabalhador pobre e seus animais, suando no calor tropical".[4]

Sem disparar um único tiro, Gandhi forçou o Império Britânico não apenas a revogar o imposto sobre o sal, mas finalmente a sair da Índia. Ele incentivou a vitória conduzindo um grupo de setenta e oito pessoas do seu *ashram* numa marcha de quinhentos quilômetros até o mar. Num desafio à lei britânica, Gandhi pegou um pouco do sal deixado pelas ondas. Com esse gesto simples e audacioso, Gandhi violou a lei que tornava "um crime sujeito a punição possuir sal que não fosse oriundo do monopólio do sal do governo britânico".[5]

> A filosofia de Gandhi adota o conceito alquímico de luna, o feminino, com seu poder de trazer harmonia ao mundo. Segundo ele, são estes os sete pecados:
>
> Riqueza sem trabalho
> Prazer sem consciência
> Conhecimento sem caráter
> Comércio sem moralidade
> Ciência sem humanidade
> Adoração sem sacrifício
> Política sem princípio

Em geral, as pessoas pensam que é preciso dissolver rapidamente qualquer coisa que atrapalhe a experiência interior. Quando uma questão familiar, sexual ou financeira atrapalha o crescimento, elas procuram a solução mais rápida: ligam a mangueira de incêndio para acabar com o problema. Mas, em geral, essa abordagem cria mais problemas do que soluções, já que às vezes é melhor "acompanhar o fluxo". A água pode ser lenta, mas é poderosa. Ela age suavemente, dissolvendo e transformando. Para dominar essa receita, a atitude é muito importante. Como reflexos numa poça d'água, o inconsciente espelha o que vê. Há um aspecto muito importante da água e do inconsciente que é muito bem enunciado pelo analista junguiano Edward Edinger: "O inconsciente tem, diante do ego, a mesma atitude que o ego tem diante dele."[6]

Não há mágica, não há salvação, quando nos vemos bloqueados e incapazes de navegar por canais perigosos. Às vezes, vivemos o mesmo drama que Ulisses, o ego heróico, viveu quando se viu preso entre Scylla e Charybdes. Como ele, o iniciado é testado nesse momento desesperado: será que os sentimentos vão sobrepujá-lo e devorá-lo ou será ele sugado para o vórtice do inconsciente? Ulisses escapou por pouco de perigos a que homens menos grandiosos não sobreviveriam. Na vida também é assim. Quando marés de emoções muito fortes nos ameaçam, temos que ficar firmes e manter o rumo. Com um mapa e um compasso na mão e, o que é mais importante, uma vontade determinada atravessamos as correntes tempestuosas dos humores e das emoções.

Na alquimia, cada elemento é essencialmente neutro e só adquire energia benéfica ou destrutiva quando entra no domínio humano. A água pode ser suave e flexível ou opressiva e rígida, dependendo da sua forma e de como é usada. Do mesmo modo, quando emoções não adulteradas se transformam em sentimentos, elas podem agir a nosso favor ou contra nós. Emoções descontroladas inundam a psique, fazendo-a naufragar num mar de impulsos e sensações. Mas a água viva anima os elementos e as funções que lhes são associadas. Os pensamentos adquirem convicção, as intuições inspiram empatia e o corpo é hidratado pela alma.

> Quando resolvemos fazer alguma coisa, cada molécula do corpo é modificada pela nossa vontade. A força de vontade é como um jato de alta pressão passando por uma mangueira. Quando tomamos uma resolução, o corpo reage com força irredutível.

"O Mar Vermelho", escreveu Jung, "é a água da morte para os que são 'inconscientes' mas, para os que são 'conscientes', é uma água batismal de renascimento e transcendência."[7] Nascemos num útero aquoso de inconsciência e subimos, no decorrer da vida, à costa distante que promete uma nova vida. Nove meses antes do nascimento estamos submersos em fluido amniótico e, nove meses depois, flutuamos num mar de êxtase oceânico. Mas, como lamenta Hamlet, de Shakespeare: "... e nesse sono, que sonhos podem vir." Os chutes do feto podem ser sentidos no útero e um exame mais atento da vida perinatal revela a atividade de uma criança em individuação. O instinto impele os dois e a natureza faz o chamado: "é hora de acordar." A criança e os pais têm que ouvir o chamado, pois o nascimento nunca é individual: ele desafia os pais e a criança a passar a um novo nível de consciência. A linhagem familiar vai de mim para nós e daí para todos.

Os pais fazem um esforço extraordinário para ensinar os filhos a andar e a falar, mas pouco fazem para engendrar o processo de individuação. No entanto, é muito mais difícil adquirir equilíbrio emocional do que o equilíbrio necessário para andar. O dano de uma queda emocional é mais doloroso e duradouro. Mais do que os pensamentos, os sentimentos e as sensações corporais têm primazia até que o cérebro esteja suficientemente desenvolvido. Enquanto isso, a criança tem que criar um lugar seguro para si mesma, individuando-se e separando-se de seus hospedeiros: os pais e a Natureza. Quando não se dá atenção suficiente ao desenvolvimento emocional, as paredes que definem o espaço pessoal podem se dissolver até *antes* de endurecer. Nos casos piores, a personalidade se dissolve na própria água e a individualidade nunca se forma ou fica, no máximo, instável.

Quando trabalhei com os pacientes psicóticos de um hospital público, vi o que acontece quando as pessoas não conseguem se individuar nos primeiros meses de vida. Essas pessoas infelizes ficam presas no processo do *solutio*, nas alucinações e ilusões desse útero aquoso. Foi uma experiência estranha ver o caos da natureza se manifestar tão abertamente em forma humana. Sem defesa contra as tempestades de sentimentos e as ondas de emoções, esses pacientes sofriam intensamente. Tendo consciência suficiente apenas para a dor, recebiam medicação pesada de médicos bem-intencionados. Infelizmente, não havia remédio que aliviasse seu pior sofrimento: a solidão. Nessas pessoas, as águas dos sentimentos não conseguiam fluir e se misturar às dos outros. Elas estavam condenadas, fervendo nos próprios fluidos.

Em casos menos graves, observa-se um outro dano, não tão visível, mas muito mais comum: a co-dependência, um distúrbio que é quase o reverso do psicótico e que aparece por falta de limites bem definidos. Ao contrário do psicótico, que não se liga a ninguém, o co-dependente se liga a todo mundo. Sua atenção se volta para as necessidades dos outros a um ponto tal que ele passa a ignorar o que é melhor para si mesmo. A dependência é tão grande que o prazer e a alegria caem num vórtice de perversão masoquista. O masoquismo é outro exemplo de fixação no *solutio*, onde a matriz que forma a personalidade se apóia em solo fraco.

Essa receita tem poder de transformação porque se propõe a buscar a solução em nossa própria água. R.D. Laing, John Weir Perry e Stanislav Grof tentaram usá-la para tratar pacientes psicóticos. O tratamento da psicose funcional como processo de despertar espiritual e não como distúrbio psiquiátrico definido "geralmente culmina", escrevem Stanislav e Christina Grof, "na experiência do 'casamento sagrado'... indicando que os aspectos masculino e feminino da personalidade estão atingindo um novo equilíbrio".[8]

De maneira semelhante, a cura alquímica facilita os aspectos dissolver/resolver do *solutio*. Quando a natureza fica travada, a alquimia pode redirigir suas correntes. Com a construção de um dique, o fluxo do rio é desviado e terras áridas são transformadas em ricas terras cultiváveis. Então, às vezes, temos que perturbar a natureza, até mesmo violá-la, para fazer um bom uso dos seus recursos. Quando o co-dependente muda o foco de sua atenção e passa a construir a partir de dentro, ele aprende a verdadeira alegria de viver.

Embora eu tenha mencionado apenas esses dois problemas, é fácil acrescentar outros. A histeria, a dependência e a personalidade limítrofe são outros exemplos. Apesar dos difíceis sintomas causados por esses distúrbios, eu nunca perco as esperanças porque sei que aquilo que criou o problema pode ser usado para curá-lo. "O igual cura o igual" é a receita usada pelos homeopatas no tratamento de doenças físicas. O mesmo princípio se aplica ao tratamento dos que sofrem de traumas psicológicos. O espírito que habita a água viva tem que ser chamado para reanimar o psicótico prestes a se afogar, o viciado exausto e o co-dependente perdido de amor. "O mistério de tudo na vida", cita Jung de *Gloria mundi* (A Glória do Mundo), "é a água, pois a água dissolve o corpo em espírito e evoca um espírito dos mortos."[9]

A cura faz com que os que sofrem parem de olhar para os outros e busquem em si mesmos o espírito que habita suas profundezas. Então, em vez de a natureza dissolvê-los, eles dissolvem as ilusões e dependências que ameaçam a individuação. No começo, voltar-se para dentro significa encarar as próprias dúvidas e os próprios medos. Esse é um processo doloroso. A tendência automática de recorrer a alguém que tome conta de nós tem que ser sacrificada por um propósito mais alto: criar uma identidade individual. Para isso, é preciso fazer uma coisa contrária à nossa natureza: temos que nos voltar para a dor. Como ilustra essa receita, a cura alquímica é um *opus contra naturum*, um trabalho contrário à natureza.

É claro que isso é arriscado, pois a natureza é cega às necessidades da pessoa: ela busca o todo e às vezes pouco se preocupa com o indivíduo. Assim como pode nos tragar de volta para dentro de si mesma, ela pode também ativar os instintos necessários à sobrevivência e ao crescimento pessoal. A alquimia, neste caso, assume o processo onde a natureza o deixou. É uma história de Davi e Golias, com os mesmos riscos. Mas não há como evitar essa parte do trabalho. "Quando o perigo aparece", escreve Hölderlin, "a salvação também surge."[10] A água é perigosa, mas é também a fonte da vida.

A TERCEIRA RECEITA

Mantenha-se Vigilante, mesmo Dormindo

OS SONHOS

Na alquimia, quase tudo é como um sonho: símbolos surrealistas, cifras enigmáticas e anagramas crípticos. Felizmente, já aprendemos bastante sobre a natureza e a função dos sonhos. Mas temos ainda que entender os sonhos no contexto alquímico e sua capacidade de amplificar conceitos que transcendem as palavras. Sonhos são ilustrações quânticas produzidas pela interseção alquímica entre diferentes domínios do tempo. Primeiro veio Picasso, que trouxe a ilusão visual de movimento à superfície plana da tela. Depois, veio o surrealista Salvador Dali, que expressou o novo conceito de tempo-espaço de Einstein numa imagem de relógios derretendo. Essas imagens redefiniram nossa percepção psicológica do mundo.

É isso o que pode fazer uma imagem brilhante criada por um mestre. À sua maneira, Jung também era um artista. Ele liberou o inconsciente dos limites do modelo freudiano, no qual id, ego e superego serviam mais para limitar a mente humana do que para libertá-la. No quadro que Jung pinta, os sonhos são parte integrante do processo criativo, a tal ponto que sem eles a realidade não existiria.

A alquimia é um mito que entrelaça acontecimentos extraordinários com o mundo inconsciente dos sonhos, do mito e da magia. Como já mostrei, compreende-se melhor a história da alquimia de uma perspectiva não-histórica — ou seja, vista através das lentes do inconsciente. De outro modo, sua história seria reduzida a uma simples interpretação convencional: a alquimia foi a precursora da química. Mas hoje sabemos que a alquimia foi muito mais do que uma tentativa dos primeiros químicos de transformar chumbo em ouro. Mas, sem uma perspectiva mítica, ficaríamos com uma definição anacrônica, irrisória, da Arte Real.

O estudo dos sonhos e outras pesquisas sobre o mundo do inconsciente modificaram notavelmente a paisagem científica, mas os sonhadores continuaram sonhando — sabendo o tempo inteiro que os sonhos são uma experiência enganosa e difícil de ser entendida e dominada. Hoje, estamos mais inclinados a levar os sonhos a sério, mas pouco fazemos além de um eventual diário de sonhos. Recuamos diante do verdadeiro trabalho, que pode trazer os sonhos à forma física. Esse é um problema moderno, que não existia entre nossos ancestrais. Para eles, não havia separação entre sonho e realidade. Eles não analisavam os sonhos porque viviam seus sonhos. Eles não tinham que lutar com uma ciência que estabelece, com critérios rígidos, o que pode fazer parte do mito coletivo.

Cada sonho é, por definição, único e pessoal: não se presta à análise normativa estatística — graças a Deus. Hoje, a ciência está a serviço do coletivo. Com isso, muitas vezes despreza a experiência individual, idiossincrática. No passado, a situação era inversa. A ciência de ontem era mágica e enfatizava a experiência individual em detrimento da necessidade coletiva. Não podemos glorificar nem uma nem outra. Nossos ancestrais podiam sonhar sem ter que provar coisa alguma, mas faltava a eles a tecnologia sofisticada que facilita a transformação da fantasia em realidade. Para os poucos que tinham "sonhos grandiosos" e se sentiam compelidos a compartilhar sua visão, o sistema político era, em geral, tão duro quanto a comunidade científica de hoje.

A tecnologia nos oferece equipamentos que revelam o mundo invisível de maneiras sem precedentes. Duvido que falte muito tempo para que possamos ver nossos sonhos exibidos num monitor. Mas, por ora, os sonhos são tratados mais como uma extensão dos programas de televisão do que como passagens para o inconsciente. Invisíveis para qualquer um além do seu dono, eles iluminam a noite com visões e sons deste mundo e de outros mundos. Sabemos intuitivamente que os sonhos devem significar alguma coisa, mas esse significado é indefinível. Para entender o que eles têm a nos dizer é preciso um certo distanciamento objetivo, reflexão, associação e imaginação ativa. É como escolher e juntar as peças de um quebra-cabeça mas, neste caso, o quebra-cabeça de um sonho se encaixa num quebra-cabeça maior, *ad infinitum*. É uma pena que esse trabalho com as imagens não seja tentado e que os sonhos sejam considerados pouco mais do que um entretenimento noturno.

Entorpecidos pela magia da tecnologia, podemos ser facilmente vitimados pela passividade, deixando a aventura de trabalhar os sonhos para os pouco corajosos que se recusam a fazer qualquer coisa que prejudique o impulso criativo da individuação. A ciência não é o inimigo. Pelo contrário: ela pode ser o último reduto da imaginação, especialmente para quem busca algo mais do que a diversão narcisista. A ciência, como ferramenta e nas mãos certas, pode e deve fazer parte dos recursos do alquimista moderno.

O ponto de vista de um cientista exige tanta atenção para a beleza quanto para a teoria e o cálculo. Mandar um astronauta-artista num ônibus espacial é um pequeno sinal de consideração pela imensa obra de arte que é o firmamento estrelado. A ciência moderna está a anos-luz do mistério que cativou a imaginação dos antigos cientistas. Para os alquimistas, a grandeza da natureza era uma experiência transcendente, sublime. Eles viam o sonho como uma parte viva da realidade, sem sacrificar a sanidade nem a perspectiva. Isso exigia habilidade e esforço determinado.

Essa antiga receita nos diz por onde começar esse grande experimento com a natureza. Ela instrui o alquimista a se manter vigilante durante as horas noturnas. Assim como boa parte da alquimia, essa receita nos põe diante de um paradoxo. Nós associamos o sono a um estado de inconsciência. A idéia de estar consciente, vigilante e atento durante a noite confunde a mente moderna. Como é possível ficar ao mesmo tempo consciente e inconsciente, ou consciente enquanto se está inconsciente? Isso não era problema para o alquimista porque não existiam distinções assim tão nítidas, como consciente e inconsciente. Mas para nós elas são obstáculos enormes, criando contradições que fazem parecer impossível seguir uma receita como essa. Mas, com a ajuda da ciência moderna, podemos esclarecer a situação e depois usar essa receita para adiantar nosso trabalho.

O fato de que nos lembramos dos sonhos mostra que o sono não é uma atividade em que estamos totalmente desvinculados da consciência. Ao recordar um sonho, lembramos de situações bizarras e incomuns, de fazer coisas extraordinárias, que não podemos fazer durante o dia. Voamos, mudamos de forma e viajamos no tempo, para a frente e para trás. A recordação do sonho varia de uma pessoa para a outra e muitas não têm recordação alguma. Mas, lembremos ou não dos sonhos, fato é que eles ocorrem em ondas de quatro ciclos por noite. Cumulativamente, sonhamos cerca de noventa minutos por noite durante esses quatro ciclos de movimento rápido dos olhos (REM). Esses ciclos são interessantes à luz dessa receita porque sabemos agora que os sonhos só ocorrem quando nos aproximamos do estado de vigília. Então, mesmo dormindo, mantemos um certo grau de consciência, como é evidenciado pela recordação do sonho e por esses períodos semiconscientes em que os sonhos ocorrem.

Os alquimistas não tinham laboratórios do sono e nem eletroencefalogramas (EEGs) para medir esses fenômenos e, no entanto, formularam corretamente as instruções desta receita. Se estivéssemos totalmente inconscientes durante o sono, não teríamos a cognição consciente necessária à vigilância durante a noite. Assim, não poderíamos nos lembrar de nada e, muito menos, entender alguma coisa. Isso não significa que o sono sem sonhos não ocorra, mas que, nesse estágio do trabalho, algum grau de consciência é necessário, dia e noite.

Stephen LaBerge, que fez um trabalho pioneiro sobre sonhos lúcidos,[11] realizou um experimento para mostrar que a mente pode ser condicionada de modo a tornar possível o controle consciente durante o sono. Ele instruía seus sujeitos a dar um sinal durante o sono para indicar que estavam tendo um sonho no momento. Com base nesses experimentos de laboratório, LaBerge desenvolveu um programa comportamental que, praticado durante o dia, aumentava a possibilidade de se ter controle consciente sobre os sonhos. Esses exercícios, no entanto, não são novos. Em muitas religiões e tradições espirituais, o iniciado aprendia métodos que lhe permitiam manter a vontade consciente durante os sonhos. Por exemplo, sob a tutela de um índio yaqui chamado Don Juan, o antropólogo Carlos Castañeda conheceu o sonho lúcido.[12] O Dalai Lama descreveu métodos semelhantes, tirados de ensinamentos sobre a yoga do sonho.[12] Essa prática tem sido usada no Tibete há milhares de anos. Há também o exemplo dos índios senoi, das ilhas do Pacífico Sul. Nessa cultura, os sonhos são uma atividade comunitária, usada para proteger a tribo e manter a harmonia com a natureza: cada membro da tribo traz seu sonho para o xamã, que não apenas o interpreta mas prescreve maneiras de encená-lo, para tirar dele o máximo de benefícios. Diante desses exemplos, essa antiga receita alquímica não parece mais tão incomum ou impossível.

Na verdade, a receita identifica o primeiro passo do processo de manifestação e transformação do mundo das imagens em realidade física por meio de esforço concentrado. Manifestar significa "tornar evidente ao olho ou à mente". Em geral, o sono é associado à escuridão e o sonho à confusão. Para o alquimista, a confusão era associada ao *nigredo*, o primeiro estágio do trabalho. No período do *nigredo*, começamos a separar as imagens confusas da mente e da natureza: as primeiras recebem o nome de *massa confusa* e as últimas, neste caso, são os sonhos. Esse mesmo processo de separação aparece nos mitos da criação. O livro do Gênesis descreve belamente essa experiência do *nigredo*:

> No princípio, Deus criou o céu e a terra. Ora, a terra estava vazia e vaga, as trevas cobriam o abismo, um vento de Deus pairava sobre as águas. Deus disse: "Haja luz" e houve luz. Deus viu que a luz era boa, e Deus separou a luz e as trevas. Deus chamou à luz "dia" e às trevas "noite". Houve uma tarde e uma manhã: primeiro dia.[14]

A vigilância é a luz focalizada da consciência que, aplicada à escuridão inconsciente, não apenas a torna visível, mas modifica a estrutura física do que é visto. Os mágicos sabiam disso intuitivamente e os físicos contemporâneos comprovam o fato.

Essa última observação repousa em evidências fornecidas pela física quântica, que prova retrospectivamente as afirmações dos alquimistas e propõe maneiras de ir além do que é possível até mesmo em sonhos lúcidos.

A física quântica demonstrou que só é possível medir com exatidão quando se inclui o efeito que o observador tem sobre o objeto que está sendo medido. Em outras palavras: não podemos nos excluir da equação sem distorcer a natureza. Não incluir o efeito que a nossa presença tem sobre o objeto é não-científico: é uma distorção da natureza que produz uma falsa representação do mundo real. Nós somos, como acreditavam os alquimistas, uma parte inextricável da natureza, o que torna impossível conhecer a natureza sem conhecer e incluir os efeitos da nossa presença no trabalho que fazemos com ela. Seja realizando um experimento científico, seja passeando no parque, não podemos excluir os efeitos inegáveis de sermos nós uma parte da situação geral. A mais avançada ciência procura determinar qual é a natureza dessa contribuição e como podemos modificar o efeito que temos no esquema geral das coisas.

Eu mencionei antes dois princípios da física quântica que levam em conta a participação e a complementaridade do observador. Segundo eles, em resumo, a observação humana modifica a matéria física e "o universo físico não pode ser conhecido independentemente da escolha do observador quanto ao que observar".[15] Em outras palavras, o universo físico é modificado pela nossa observação e pelo que escolhemos como foco de atenção. Assim, o mundo físico é necessariamente definido pela presença da consciência humana e, mais especificamente, por sua capacidade de escolher o que vai ser observado. Nessa luz, a vigilância pode ser considerada uma ferramenta eficaz que modifica a estrutura da realidade. Ao mesmo tempo, quando nos concentramos numa coisa, uma outra coisa é automaticamente modificada em outro lugar do mundo.

> A vigilância é o primeiro passo da transformação dos sonhos em realidade física.

A vigilância é um método que amplifica os efeitos da consciência. Fred Alan Wolf acredita que podemos influenciar a natureza e até mesmo dirigi-la, assim como um artista usa as mãos para criar uma escultura do barro:

> Tudo o que imaginamos começa a aparecer, como se fosse chamado por nós à existência. Criamos essas imagens como realidades porque o universo é ambivalente e paradoxal. Para ele tanto faz o que você produz. Ele não lhe diz que você não pode fazer isto e pode fazer aquilo. Ele é como uma mãe que ama todos os filhos... para ele tanto faz. Ele diz que tudo o que você cria são imagens. Por quê? Porque no âmago do universo, no seu nível mais fundamental, não existe nada sólido. Não existe realidade dura. Ele é capaz de transformar a realidade naquilo que nossas imagens produzem.[16]

Para nós, essa formulação é radical, mas um alquimista vindo do século XIV teria sobre isso uma visão muito diferente. Ao ouvir tais coisas, ele provavelmente sorriria diante da nossa ignorância. No entanto, é preciso fazer uma distinção importante entre o físico quântico e o antigo alquimista para que se faça bom uso dessa receita.

Do ponto de vista do físico quântico, o alquimista pratica magia e, do ponto de vista do alquimista vindo do passado, o físico descobriu uma nova maneira de praticar a magia. Na experiência humana, a magia e a ciência existem simultaneamente, sendo que a magia é mediada pelo inconsciente e a ciência por processos conscientes. Somos fisiologicamente programados para operar nos dois domínios da experiência: no lado direito do cérebro reside o mago e, no lado esquerdo, o cientista. A meio caminho há um alquimista moderno procurando fundir o melhor do antigo e do novo, da magia e da ciência.

Paradoxalmente, há múltiplas maneiras de se ver a natureza: uma e múltiplas imagens que, embora verdadeiras, são difíceis de capturar num único pensamento. Assim como a luz pode ser vista como partícula e como onda, a psique pode ser consciente e inconsciente ao mesmo tempo. O sol (consciência) não desaparece à noite e a lua (inconsciente) é visível durante o dia. Nosso sol e nossa lua interiores, para não mencionar os planetas, são constantes em seus efeitos sobre a psique. O negrume associado ao estágio do *nigredo* não desaparece à luz do *albedo*. O negrume é simultâneo à luz, assim como a vida terrena não seria possível sem a lua. Os sonhos lúcidos, assim como a vigilância alquímica, nos ajudam a chegar ao que Jung chama de *coincidentia oppositorum*, ou seja, a apreensão simultânea de uma e de muitas facetas da natureza.

Nesse estado mental, a vigilância intensa desfaz as divisões que o ego impõe à natureza. Esse estado expansivo de consciência nos dá um vislumbre da experiência psicológica da pedra filosofal. Cada vez mais, a ciência moderna demonstra o funcionamento multidimensional do cérebro humano e dos estados de consciência correlatos. Os cientistas descrevem vários estágios de consciência ao acompanhar a atividade das ondas cerebrais por meio de EEG. Especialista em estudos da consciência, Ken Wilber menciona descobertas notáveis em sua área de pesquisa. No livro *One Taste*, ele conta que "os sujeitos dizem estar 'conscientes' durante o sono e o EEG parece apoiar essa afirmação, na medida em que os padrões alfa (despertar), teta (sonhar) e delta (sono profundo) estão *simultaneamente presentes* — isso indica 'consciência constante' nos três estados".[17]

Aqui também a ciência confirma o que os alquimistas diziam há séculos. Se achamos difícil manter a consciência à noite, imagine ficar plenamente consciente durante o dia. Em geral, o nosso comportamento cotidiano obedece a cegas rotinas habituais. Quanta atividade teta acontece à luz do dia? Temos a noção equivocada de que a noite é o lar exclusivo dos sonhos. Na realidade, além de sonhar durante o dia, passamos boa parte dele num estado semelhante ao transe. "Consciência constante" pode ser um bom termo para descrever uma vida lúcida.

> Quando tempo você passa consciente de suas ações? De seu ambiente? Das pessoas à sua volta? Qual foi o seu primeiro pensamento ao acordar? E o seu último pensamento antes de dormir? De que cor são os olhos do seu patrão? Quantas vezes você foi ao banheiro? Que música você ouviu? Você pensou em Deus alguma vez?

Nós temos potencial para viver com lucidez, mas nem sempre fazemos uso dele. Grande parte das atividades do corpo não exige direção consciente; são automáticas. A respiração, a digestão e até mesmo o piscar dos olhos são atividades controladas pelo sistema nervoso autônomo. Temos acesso a essas funções assim como temos acesso aos estados de sonho, mas nós as confiamos à natureza inconsciente com abandono quase completo.

A vigilância é o canal de cognição que vem diretamente do *Self*. Ela é o olho do *self* e, por meio da operação do *calcinatio*, sua visão transforma. Quando dominamos a arte da atenção constante, as experiências conscientes e inconscientes se modificam radicalmente. Há muitas maneiras de adquirir essa habilidade. A meditação concentrada numa única palavra ou som produz estados mentais alterados. Concentrar-se num único personagem do sonho o traz à vida. Além de disciplinas espirituais e psicológicas, métodos corporais também podem ativar o inconsciente, elevando o limiar da cognição e produzindo estados extraordinários de consciência.

A partir do trabalho de Roger Penfield em 1988, a ciência do mapeamento cerebral explodiu numa dimensão totalmente nova: a engenharia médica. Com o uso dos mapas criados por Penfield, a estimulação elétrica pode agora ser aplicada com exatidão a áreas específicas do cérebro, resultando em reações bastante previsíveis. Nos últimos anos, essa técnica tem sido usada para controlar tremores associados ao mal de Parkinson e a outros distúrbios neurológicos degenerativos. Mas a estimulação física também tem suas raízes profundamente entranhadas numa antiga tradição mágica.

A acupuntura, um método que usa agulhas em várias partes do corpo, é usada desde o ano 200 a.C.[18] Teoricamente, essas agulhas abrem ou fecham o canal pelo qual passa a energia vital, chamada *Qi* ou *chi*.[19] Desse modo, os dois pólos da vida — yin e yang — recuperam o equilíbrio, causando uma reação de cura. A moxibustão vai ainda mais além: para estimular o fluxo de *Qi*, acrescenta calor e ervas aquecidas às agulhas. Ao contrário da estimulação cerebral, esses métodos antigos levam em conta a vida inconsciente do corpo. Pode ser que, um dia, o velho e o novo se juntem na criação de uma ciência alquímica que vá além do tratamento da doença, abrindo-se para o campo (cada vez mais) amplo da pesquisa da consciência.

> Seja qual for o método usado, o truque para manter a atenção está na entrega voluntária à experiência, sem dar mais do que temos.

As duas abordagens têm seu lado ruim. Se faltava ego à antiga, a nova tem ego demais. Parece que uma boa abordagem exige que se mantenha um nível saudável de ego, deixando, no entanto, que os poderes do *Self* conduzam o trabalho. Quando a magia é demais, nós afundamos num brejo de besteiras psicológicas. Quando a ciência é demais, ficamos arrogantes, achando que podemos dominar a natureza — e esquecendo que somos uma parte implícita dela. Por isso, a alquimia procura transcender os extremos de magia e da ciência, encontrando uma terceira alternativa que integre o melhor das duas abordagens.

Manter uma tal vigilância pode parecer obsessão e até mesmo paranóia. É claro que há variações patológicas e tentativas equivocadas de atingir experiências numinosas: o obsessivo tenta controlar um mundo cheio de infinitas possibilidades, o paranóico perde o senso de identidade individual e enxerga apenas o poder absoluto do universo. Ambos têm percepção aguda e vigilância persistente, mas falta aos dois um ego saudável que integre a experiência. Do mesmo modo, o abuso de drogas, a esquizofrenia e o comportamento delirante sobrepujam os recursos do ego, deixando apenas fantasias, alucinações e sonhos frustrados.

Essa receita foi tirada da antiga gravura que abre esta seção. Ela mostra um elaborado laboratório alquímico. A receita aparece na inscrição acima da porta que leva ao laboratório. À esquerda há um altar e, à direita, equipamento científico. A gravura é um círculo perfeito, com o alquimista ajoelhado diante do altar, olhando para outras inscrições, onde se lê:

- Feliz aquele que segue o conselho do Senhor.
- Não fale de Deus sem iluminação.
- Quando cuidamos direito do nosso trabalho, o próprio Deus nos ajuda.

Essas receitas falam de passos necessários à transformação de sonhos e aspirações em realidade. Eu gostaria de salientar um outro detalhe muito importante. Há, no centro da gravura, uma mesa com vários instrumentos musicais. Essa é uma imagem maravilhosa, que retrata a alquimia como a arte e a ciência de transformar os sons ambientes da natureza em música. Nessa gravura notável, há um simbolismo ricamente texturizado que retrata a mente humana como um primoroso instrumento alquímico.

A QUARTA RECEITA

A Mente Tem que Estar em Harmonia com o Trabalho

O TRABALHO

Em trinta milhões de anos, construímos um mundo impressionante. Nas encostas das montanhas há grandes castelos e mosteiros. Nos desertos áridos, pirâmides gigantes projetam-se para o céu. Ao longo das margens dos rios e dos oceanos, maravilhosas vilas e refúgios oferecem santuário. Há poucos lugares nesta boa terra que não foram tocados por mãos humanas. Esculpindo, extraímos beleza dos abundantes recursos da terra.

Antes que o construtor, o *homo faber*, atingisse a maioridade, a natureza era a única artista. Nós a chamamos Mãe Natureza porque ela gerou as árvores, os desertos, as pedras, as cavernas, as nuvens, o céu e, é claro, os seres humanos. Ela é a *Anima Mundi*, a alma do mundo. Com o rápido crescimento da civilização, ela buscou refúgio nos bosques, longe das multidões insanas das cidades, e nós a visitamos ocasionalmente para renovar a alma. Ela se retirou porque não há lugar para ela no nosso coração. Infelizmente, é só quando uma enchente carrega cidades inteiras e um terremoto sacode o chão sob os nossos pés que nós nos lembramos de que ela ainda está conosco e que seu poder não diminuiu nem um pouco com a nossa negligência.

Essa receita mostra que a natureza percorre o nosso corpo, dando-lhe, silenciosamente, as ordens do dia. Construindo mentes e corpos, edifícios e pontes, a natureza passa por nós como uma grande onda, trazendo criatividade num momento e destruição no outro. O que resta é o desejo indomável que temos de construir, reparar, restaurar, inventar e criar. O que vamos fazer hoje? Uma casa? Um negócio? Um bebê? Um poema? Seja o que for, o processo envolve uma transformação, que vai das imagens do inconsciente à realidade substancial da matéria. As imagens banham as praias da realidade, onde usamos barro e água para construir lugares para morar, trabalhar e cultuar. Um pouco de consciência nos percorre, e fica retido em tudo o que criamos.

Infelizmente, essa antiga noção de trabalho é pouco apreciada na sociedade moderna. Para nossos filhos, trabalho é uma palavra desagradável de oito letras, que precisa ser evitada a todo custo. Os adultos também vêem o trabalho como uma atividade destituída de imaginação, prazer e significado. Em ambos os casos, o trabalho é associado à dor e ao desconforto. Parte da confusão deriva de uma raiz latina que dá ao trabalho um duplo sentido. Essa raiz é a mesma para *ponos*, a palavra grega para trabalho, e *poena*, que significa penalidade e punição. As origens das palavras — estruturas internas usadas no processo de tradução da imagem em ação — moldam o mundo que criamos. Nesse caso, a etimologia devolve à palavra *trabalho* suas conotações positivas e negativas. Na confusão, o elemento sagrado do trabalho se perde.

"Trabalho" tinha um significado totalmente diferente para os alquimistas. Para eles, o trabalho era um processo interativo que envolvia agentes espirituais (elementais), necessários à sua correta realização. Gnomos, fadas, sílfides e salamandras eram os nomes dados aos seres que habitam os elementos. Quem trabalha com as mãos sabe, por intuição, que o material usado tem vida. A força do carvalho é boa para assoalhos, o cheiro de cedro é ideal para armários e a beleza do jacarandá resulta em excelentes móveis. Cada tipo de madeira, de metal e até mesmo de plástico tem um comportamento diferente. Mas, longe das florestas, a única madeira que o funcionário de escritório tem é o lápis, uma triste lembrança. É fácil esquecer que a mesa, o teto, a instalação elétrica e o chão de tacos vieram de lugares distantes: pradarias, grutas, minas e florestas. É muito difícil lembrar a alma nessa situação. O trabalho passa a ser apenas um emprego.

A Natureza não está geograficamente distante de nós: nós é que estamos longe dela. Nas estruturas lineares que formam o mundo ocidental, é mais difícil enxergá-la, mas ela está ali. Hendricks e Ludeman, no livro *Corporate Mystic*, contam uma história que ilustra diferentes maneiras de se ver uma situação.

> Um homem trabalhava com indiferença, o mau humor estampado no rosto, enquanto outro, cantando, carregava pedras. "O que você está fazendo?", perguntou este ao sisudo trabalhador. "Assentando pedras", foi a resposta. "E você?", perguntou ele ao trabalhador diligente. "Construindo uma catedral."[20]

A imagem da catedral emana do rico solo da psique e a psique é a Natureza existindo em nós e por meio de nós. Qualquer trabalho é penoso quando lhe falta alma. Mas quando a alma da matéria está presente e trabalhamos com espírito, a Natureza aparece no que fazemos e ela é bela.

Quando vemos alma e espírito nas coisas que construímos, elas assumem uma qualidade divina. É assim que animamos o mundo e o transformamos em lugar sagrado. As rochas deixam de ser pedras sem vida, já que são usadas para criar uma catedral. Essa visão alquímica abrange todos os modos de ver: o vulgar (o objeto em si mesmo) e o sutil (simbólico, metafórico). Quando, por exemplo, olhamos para o último quadro de van Gogh, apreciamos as cores ricas e o livre fluxo das pinceladas, mas sentimos também o cheiro do campo e ouvimos os corvos prenunciando sua morte. Com visão alquímica, deixamos de ser *voyeurs* e contribuímos para que a imagem ganhe vida.

> Os antigos monges cantavam "labore est orare": trabalhar é rezar.

Como criadores de imagens, o mundo é a nossa paleta e a realidade o resultado. As ferramentas são extensões de nossas mãos: ser e fazer não são mais categorias separadas. "Trabalhar", escreveu a escritora francesa Simone Weil, "é pôr o próprio ser, corpo e alma, no âmbito da matéria inerte, transformá-lo em intermediário entre um estado e outro de um fragmento de matéria, fazer dele um instrumento... um apêndice da ferramenta."[21] Ou seja, nós e o trabalho nos tornamos uma coisa só, a "Grande Obra".

Um emprego não é uma carreira, é uma ocupação, algo que fazemos para pagar as contas. Ele exige pouco: basta "cumprir" o horário necessário para receber o pagamento. A carreira, por outro lado, é um tempo bem investido numa atividade significativa. Ela é, ao mesmo tempo, um meio e um fim, a que dedicamos a vida na recriação de alguma coisa pessoalmente importante. Suas exigências não são externas. O controle é desnecessário quando o desejo de trabalhar vem de dentro. O trabalho, na forma de emprego, implica fazer algo, mas sem a consideração do trabalhador. A carreira consiste em fazer, mas também inclui o nosso ser. A alquimia do trabalho mistura esses dois aspectos da psique: fazer e ser.

> O ser humano é um paradoxo que combina dois elementos aparentemente contrários: a experiência de ser plenamente humano e o trabalho envolvido em simplesmente ser. A alegria do significado e a satisfação de construir uma existência feliz nos dão uma boa receita para fazer uma vida bem-sucedida.

Por que algumas pessoas têm empregos e outras têm carreiras? Tipo psicológico, nível de consciência, grau de dependência, necessidade de controle, traços de líder ou seguidor, fatores culturais e de desenvolvimento, tudo isso influi no caminho que cada um decide seguir. A satisfação de um emprego costuma vir de recompensas externas e o significado tem que ser encontrado fora do local de trabalho. Se a alma não for alimentada pelo trabalho, tem que procurar outra coisa. Sem um trabalho significativo, as pessoas secam por dentro. O próprio ambiente de trabalho se torna tóxico. A violência no local de trabalho é um sinal doloroso de que a mente não está em harmonia com o trabalho; na verdade, ela está totalmente ausente. Quando a necessidade de competir e controlar ameaça nos desumanizar, a mente fica descontrolada.

O caminho da carreira tem seus próprios perigos. É preciso fazer grandes ajustes entre as necessidades pessoais e a exigência inevitável de dar o máximo de si mesmo. Divididas, as lealdades puxam a pessoa em direções opostas e ela começa a se perguntar para quem trabalha, afinal. Devo ser leal à universidade ou essa pesquisa é MINHA? Lucro pessoal ou ganho corporativo? Defesa do ambiente ou submissão à empresa? Essas tensões causam uma violência interior que corrói a alma.

Seja o nosso caminho o emprego ou a carreira, esses problemas contribuem para um velho problema com um nome novo. Na minha prática, eu observo que aumentam drasticamente os casos de agorafobia, um distúrbio terrível que significa, literalmente, "medo da praça do mercado". Seus sintomas são ansiedade intensa, medo, tontura, despersonalização e comportamento de esquiva. Desde tempos imemoriais, a praça do mercado é o centro da sociedade civilizada e, psiquicamente, representa o *Self*. Fugindo da praça, estamos fugindo do *Self*. Onde, então, encontrar ajuda para esse problema terrível?

Mercúrio, o Senhor do Mercado, é o grande mediador e a medicina ocupacional é seu negócio. Mas como Mercúrio pode trazer a cura se a mente está fora de sintonia com o trabalho? Ironicamente, sua natureza ímpar, estranha e extraordinária, nos oferece alguns indícios. É certo que sua agilidade e sua capacidade de mudar de forma são qualidades essenciais quando se trata de unir mente e trabalho numa feliz conformidade. Ele vai diretamente ao ponto, vestindo com agilidade a roupa que for necessária para que o trabalho seja bem feito. Mercúrio é um inventor, que prefere negociar por um bom lucro. Ele adora barganhar e fecha acordos que agradam a todos. Não tem medo de correr riscos e, em geral, seu caminho é cheio de acidentes de todos os tipos. E é especialmente essa qualidade quixotesca que nos revela a essência de sua natureza: ele está na interseção entre o caos da natureza e a ordem cósmica que vemos nela.

Num artigo que eu escrevi, intitulado "The Cosmology of Chance", descrevo uma variedade de métodos usados por muitas figuras de trapaceiro para criar a ordem a partir do caos. Mercúrio tem lugar especial nesse contingente de mágicos arquetípicos. Eu escrevi: "Ao fazer alquimia psicológica, o trabalho de individuação, desenvolve-se uma sensibilidade para a mudança, em si mesmo (involução) e no mundo (evolução). O simples fato de descobrir que existem operações da alma, operações do espírito e operações que unem os dois aspectos da consciência, já facilita o trabalho. É como saber de que ferramentas você dispõe para um determinado trabalho. À medida que a sensibilidade se expande, desenvolve-se também o senso de oportunidade, a capacidade de coordenar suas mudanças com o ambiente."[22] Essa sensibilidade tem sua origem no que James Joyce descreveu como uma hermética "influência invisível (prece, acaso, agilidade, presença de espírito, poder de recuperação)".[23] A presença de espírito, própria do trapaceiro, é o catalisador invisível que harmoniza a mente com o trabalho.

Uma das histórias favoritas de Jung lhe foi contada pelo amigo Richard Wilhelm. A história mostra como uma mente disciplinada pode trazer a harmonia para o trabalho. Esta citação é de uma nota de rodapé de *Mysterium Coniunctionis*, um dos últimos livros de Jung:

> Houve uma grande seca onde Wilhelm morava: não chovia uma gota havia meses e a situação se tornou catastrófica. Os católicos faziam procissões, os protestantes rezavam e os chineses queimavam incenso e davam tiros de espingarda para espantar os demônios da seca, mas sem re-

> sultado. Finalmente, os chineses disseram: "Vamos buscar o fazedor de chuva." E, vindo de outra província, apareceu um velhinho esquálido. A única coisa que ele pediu foi uma casinha tranqüila, e lá se trancou por três dias. No quarto dia as nuvens se juntaram e houve uma grande tempestade de neve numa época do ano em que nunca nevava. A quantidade de neve foi tal e a cidade ficou tão cheia de rumores sobre o maravilhoso fazedor de chuva que Wilhelm foi perguntar ao homem como ele tinha feito aquilo. Em legítimo estilo europeu, ele perguntou: "Dizem que você é um fazedor de chuva. Será que poderia me contar como fez a neve?" E o chinesinho respondeu: "Eu não fiz a neve, não tenho nada a ver com isso." "Mas o que ficou fazendo nestes três dias?" "Isso eu posso explicar. Vim de outro país, onde as coisas estão em ordem. Aqui estão fora de ordem, não estão conforme a ordenação do céu. Assim, o país inteiro não está no Tao e eu também não estou na ordem natural das coisas porque estou num país desordenado. Então, tive que esperar três dias para voltar ao Tao e então, naturalmente, a chuva veio."[24]

Criar a ordem a partir do caos exige que a mente esteja em harmonia com o trabalho. Nessa história, o fazedor de chuva fez o trabalho interior necessário para atingir essa meta. Na alquimia, Mercúrio é o deus espiritual que preside esse estado mental, e ele extrai do caos, em forma de acaso, o mesmo que extrai da mente concentrada e ordenada.

No livro *Trickster Makes This World*, Lewis Hyde apreende essa qualidade mercurial num paradoxo: "Hermes é um deus da sorte mas, mais do que isso, ele representa o que pode se chamar de 'sorte esperta' e não sorte burra."[25] Hermes e Mercúrio trabalham e jogam constantemente um jogo cósmico de azar. Eles são incansáveis, ousados manipuladores de infindáveis possibilidades. Eles estabelecem as circunstâncias em que a possibilidade da plenitude possa ocorrer. Para transformar a confusão em ordem, é preciso mais do que muito trabalho e clareza. Hyde sugere: "Mercúrio representa a [sorte] esperta e Hermes a burra."[26] Ele observa que o ego sozinho não consegue fazer o truque de equilibrar mente e trabalho. Esse estado de espírito não é conquistado à força, mas exige refinamento e uma boa dose de boa sorte.

Relembrando um famoso aforismo de Louis Pasteur — "O acaso favorece a mente preparada"[27] —, Hyde nos mostra como diminuir o risco associado à maluquice do trapaceiro e como melhorar nossas chances de fazer com que a mente e o trabalho ajam em conformidade. Há pelo menos três coisas que podem nos ajudar:

1. Aceite o desconhecido com uma atitude ousada, confiante e receptiva.

   Hyde: "É até melhor deixar de lado 'cosmos' e 'caos' e dizer apenas que um acontecimento casual é um pouco do mundo como ele é — um mundo sempre maior e mais complicado do que nossas cosmologias — e que 'sorte esperta' é uma espécie de inteligência responsiva evocada pelo acontecimento, seja ele qual for."[28]

2. Deixe que o pior participe das suas questões. Dê ao diabo o que lhe é devido!

   Jung: Mercúrio "é o diabo, um psicopompo redentor, um trapaceiro evasivo e o reflexo de Deus na matéria física".[29]

3. Não se deixe enganar tornando-se vítima desse espetáculo de bobo da corte, constrangendo-se com o que ele lhe joga na cara ou até mesmo entretendo-se com as peças que ele prega. Crie e recrie trazendo invenção à matéria disponível.

   Hyde: "... a mente que tem sorte esperta vê o sentido das coincidências e justaposições improváveis."[30]

No final de sua obra, os alquimistas ofereciam uma prece a Mercúrio, esperando que ele fizesse com que o empenho da mente e do trabalho produzisse a pedra preciosa. Isso me faz lembrar de um momento especial que mencionei na introdução, quando minha amiga depositou uma pilha de pedras na beira do córrego, esperando que algum espírito nos garantisse uma boa viagem. Que deus melhor para receber tal pedido do que Mercúrio, Senhor das Estradas? Quando a mente não está em harmonia com o trabalho da criação, chamamos sem querer o caos para a nossa vida. Desperdiçamos nosso destino deixando-o aos deuses do acaso. Hyde adverte: "Fazer uma viagem sem consultar o deus das estradas é um convite à sorte burra. Levar o deus em consideração convoca a presença de espírito, que dá conta de qualquer coisa que aconteça. O primeiro achado de sorte (ou falta de sorte!) vai revelar se alguma coisa respondeu, ou não, à convocação."[31]

A QUINTA RECEITA

O Sol e a Sombra Completam a Obra

A SOMBRA

O organismo humano é uma obra-prima de alquimia biológica. São centenas de operações por minuto, que mantém o corpo funcionando, seguro e capaz de enfrentar as exigências da vida diária. Os açúcares são transmutados em energia, o oxigênio é distribuído entre todas as células do corpo. São processos silenciosos que, em geral, não exigem nenhuma consciência da nossa parte. É possível, até certo ponto, tomar ciência dessas operações e, com algum esforço, modificá-las. Mas não vamos além disso quando se trata de testemunhar a constante atividade da natureza nos seres humanos.

O sistema nervoso central, ao contrário, é mais consciente. As duas partes desse sistema, o cérebro e a medula espinhal, são responsáveis pelas funções executivas que nos põem no topo da Grande Cadeia do Ser.[32] O raciocínio abstrato e a postura ereta são os mecanismos que nos elevam acima dos animais, vegetais e minerais. Só que essa condição única não é legitimada apenas por essas funções, mas principalmente pela capacidade de controlar e regular a consciência, assim como de tornar o inconsciente consciente. Ligados à nossa psicobiologia estão esses dois modos de ser: o sistema nervoso autônomo inconsciente e um inigualável sistema nervoso central consciente. No mito, essas divisões aparecem como o aspecto escuro e o aspecto luminoso da vida humana.

A relação entre a mente consciente e sua região escura é um tema arquetípico encontrado na arte e na literatura. Desde tempos imemoriais, os artistas representam e projetam esses dois aspectos de incontáveis maneiras. Com o tempo, o aspecto luminoso foi associado ao bem porque confiamos no que conseguimos ver e controlar. Mas a bondade não existe sozinha: a escuridão traz uma tensão que lhe dá significado. A arte gera tensão entre essas duas forças e seu apelo vem da emoção de esperar que, no fim, o mocinho triunfe sobre o mal. Nós nos deliciamos com filmes e livros que atiçam o bem contra as forças das trevas. Não tem fim o nosso fascínio por esse tema mítico, uma história que vem sendo contada através das eras. Os mitos são cheios de histórias de aventuras de heróis e heroínas que se põem em campo contra alguma misteriosa força das trevas que tem que ser eliminada para que eles caiam nas graças do rei.

A disputa entre o bem e o mal diz respeito à nossa luta pessoal pela individuação da consciência. O herói é o ego (o iniciado) que busca o reconhecimento do *Self* (o rei) passando por uma prova de fogo. Por não se saber disso, muitas lutas levam a vitórias vazias. Quando, por equívoco, declaramos guerra aos outros ou a nós mesmos, surge uma neurose. Apontamos as armas para guerreiros fantasmas e nos afligimos porque eles se recusam a morrer. A ansiedade é inevitável nessa situação, mas toda a preocupação do mundo de nada adiantará. Nada vai modificar a verdade: o verdadeiro inimigo não está lá fora e só pode ser encontrado dentro de nós. Até mesmo nos contos heróicos é comum o vilão se transformar num aspecto do herói ou a bruxa se transformar numa linda princesa. Transmutar chumbo em ouro é o equivalente alquímico do sapo que se transforma em príncipe.

A matéria escura é a *prima materia* e sua substância básica consiste nos elementos da personalidade que pertencem à Sombra, todos aqueles traços de caráter inferiores e aprimorados. Essas características, que não são morais e nem civilizadas, aparecem sorrateiras quando não estamos olhando. São fraquezas do comportamento humano que negamos, ironizamos e toleramos. A alquimia começa sua obra procurando trazer à luz esses aspectos escuros.

Nossa receita nos leva da descoberta da sombra a operações que nos ajudam a completar o trabalho. Em outras palavras: saímos do caos da completa escuridão (o desconhecido, o inconsciente) para a luz do dia, na qual os processos conscientes começam imediatamente a trabalhar, transformando a escuridão em luz.

A receita diz que o sol e a sombra são importantes. O sol representa a luz que brilha por meio da psique. Quando ficamos no escuro por muito tempo, até mesmo um vislumbre de luz nos cega. Temos que ajustar os olhos para ver claramente. *Sol* é o arquétipo do *Self*. Seus raios são tão fortes que nosso primeiro impulso pode ser correr e nos esconder. O primeiro encontro com o *Self* pode ser uma experiência assustadora porque, com os olhos abertos, enxergamos tudo, até mesmo a sombra.

Tendo nascido na escuridão, temos que aprender a viver conscientemente. A idéia de ter que tomar decisões, pensar por nós mesmos e assumir responsabilidades é assustadora. A individuação exige coragem, confiança e firmeza. O poeta e filósofo John O'Donohue sugere que esse trabalho comece "no domínio invisível. Quando trabalha no território da mente, você nada vê. Só às vezes tem um pequeno vislumbre de vestígios do seu esforço. É preciso paciência e autoconfiança para perceber o resultado invisível no território da mente. É preciso treinar o olho interior para os domínios invisíveis, nos quais os pensamentos podem crescer e os sentimentos lançam suas raízes".[33]

Abandonando aos poucos a identificação do ego com o corpo, descobrimos outras maneiras de nos orientar, de modo a assimilar a sombra e transformar sua energia em luz da consciência. Abandonar não significa se livrar da sombra. Como a luta do ego com a sombra é baseada no medo, a idéia de abandono ativa suas defesas. Como sugere o título da música dos Beatles, "Let It Be", deixe estar. Alguma parte da sombra representa o vazio desconhecido que não pode ser captado, muito menos assimilado, pelo ego. A sombra é negra e sua ausência de vida se equipara à morte. O ego existe no tempo e no espaço, enquanto os arquétipos são impenetráveis às condições da terra. Do ponto de vista do ego, a morte é a aniquilação do tempo e do espaço e sucumbir a qualquer coisa que lembre a morte, mesmo que remotamente, é equivalente ao suicídio.

O trabalho de simplesmente deixar que o ego e a sombra existam como são corresponde a um alquimista pondo duas substâncias num cadinho e lhe aplicando calor. O calor representa a consciência, uma força que faz com que as duas substâncias soltem seus elementos inferiores e comecem a interagir e a absorver uma à outra. Quando o experimento é bem-sucedido, ocorre uma grande descoberta: O ego e a sombra são partes da mesma coisa — o *Self*. Isso é muito confuso para o ego, já que as leis que governam o *Self* são completamente diferentes das dele.

Da perspectiva do *Self*, a mente, a alma e o espírito não se localizam exclusivamente dentro de seus limites. O'Donohue esclarece essa questão dizendo que a alma não está dentro de nós, mas que nós estamos dentro da alma. O antropólogo Evan Harris Walker descreve um modelo em que "a 'mente' não reside no cérebro mas, não-localmente, permeia e/ou transcende o espaço-tempo. O cérebro, portanto, se 'sintoniza', meramente, a essa consciência não-local".[34] Se a mente e a alma estão em nós e à nossa volta, o *Self* também está. Ken Wilber aperfeiçoa ainda mais esse conceito descrevendo as funções de três orientações diferentes. "*Assim como o ego orienta a consciência para o vulgar e a alma orienta a consciência para o sutil, o Self orienta a consciência para o causal.*" [Itálicos de Wilber][35] Para Wilber, causal é a consciência que corresponde aos níveis avançados de *Self*, que começam com o *Self* Individuado e prosseguem em direção ao *Self* Divino e além.

Do ponto de vista do alquimista, a sombra, em forma de *prima materia*, não é boa nem ruim; ela é constituída de elementos inferiores que precisam ser trabalhados. Muitas vezes o ego se identifica com a matéria e, sem perspectivas diferentes, nem a consciência e nem o *Self* teriam a oportunidade de se desenvolver rapidamente. Não enxergamos o ouro no chumbo quando vemos apenas suas características superficiais. Para que o trabalho avance, é essencial adotar diferentes maneiras de pensar e de ver. Do contrário, o ego se comporta como um soldadinho de chumbo atirando em tudo o que se mexe.

Na alquimia, sol e sombra não são opostos, mas duas expressões da mesma energia. Assim como masculino e feminino correspondem a dois aspectos da consciência humana, sol e sombra expressam dois aspectos da natureza. Isso é paradoxal para o ego, cuja tarefa é reduzir a natureza a pares de opostos que usamos, então, para fazer diferenciações e tomar decisões. Mas o ego pode ser traído por suas boas intenções. Lembro-me de uma conhecida história Sufi:

> O bobo sábio Nasrudin estava procurando suas chaves debaixo de um poste de luz. Alguém lhe perguntou onde achava que tinha perdido as chaves e ele apontou para um lugar a alguma distância dali. Depois ex-

plicou que estava procurando perto do poste porque ali era mais fácil de enxergar.

Quem se atém à orientação do ego, pode cometer erros tolos. Não é bom punir o ego, pois isso faz com que ele se sinta ainda mais poderoso do que já pensa que é. É por isso que temos que falar de uma mudança na consciência e não de uma mudança na linha do paradigma freudiano. Temos que modificar a cognição, passando da orientação narcisista do ego a uma que nos permita captar fenômenos mais sutis. A passagem do chumbo para o ouro exige essa mudança de matéria em espírito.

A sombra não é o inimigo, mas o reflexo de outros mundos, ainda a serem vividos.

Em muitos mitos, o sol nasce num mundo subterrâneo escuro. Em alguns casos, ele até precisa ser induzido a sair do escuro. Quando o sol irrompe na linha do horizonte, traz consigo um pouco da escuridão. A sombra é o aspecto invisível do sol. Como tais pensamentos assustam a mente moderna, é só nos mitos e nos contos de fada que aceitamos mistérios desse tipo sem questionar. A metáfora e as imagens nos protegem da confrontação direta com o fato de que os mitos descrevem os mecanismos internos da mente.

No mito, não há diferença entre sol e sombra, suas substâncias — *homousia* — consistem numa única substância. É só quando entra no domínio humano que o sol — luz consciente — assume uma *aparência* decididamente diferente da sombra. A consciência egóica é sensível a essa aparência superficial e, sem intervenção, não percebe a sólida realidade do *Self*. Às vezes, uma crise faz o ego se abrir para o *Self*. Milagres são súbitas expansões da cognição do ego. A alquimia costuma adotar um caminho mais gradual e suave, preparando o iniciado para a introdução do ego ao *Self* (começando com a Sombra), e posterior integração.

A ciência é outro mito que abre o ego para as maravilhas da natureza e do *Self*. Ela apela diretamente ao intelecto e aos sentidos, que são muito atraentes para o ego devido à sua afinidade com a racionalidade. As contradições são aceitáveis para o ego, até mesmo permitidas, contanto que não nos envolvam de maneira profunda e pessoal. Por exemplo: tem pouca realidade para nós o fato de o céu ser formado, em grande parte, por matéria escura. A existência de buracos negros e de forças invisíveis que nos mantêm coesos é um mistério que aceitamos com disposição. Em geral, confiamos nos astrofísicos e bioquímicos, que nos garantem que essas coisas existem e que está tudo certo. Perde-se com isso a alegria e a experiência direta do conhecimento gnóstico. (Acreditamos em Deus, mas conhecemos Deus?)[36]

Os alquimistas eram, antes de tudo, cientistas, mas sua obra incluía a experiência direta do desconhecido. Cada vez mais, a ciência moderna está fechando o hiato entre o mundo-objeto e a experiência interior. No final das contas, luz e trevas, em cima e embaixo, sol e sombra, são uma única substância. "O cenário que a microfísica e a psicologia profunda têm em comum", escreve Jung, "é tanto físico quanto psíquico e, portanto, nenhum dos dois, mas uma terceira coisa, uma natureza neutra que pode, no máximo, ser compreendida por alusões, já que em essência é transcendental."[37]

É difícil imaginar essa terceira posição transcendente porque ela nos força a deixar a perspectiva do ego, no qual as coisas são racionais e belamente organizadas. Em alquimia, esse é um acontecimento raro. Ela começa na perspectiva comum do ego e da matéria, mas nos leva ao campo da consciência, onde alma e *self* têm precedência. Assim, no nível do ego, a maioria das receitas alquímicas parece paradoxal. No início, o único sentido que vemos na alquimia vem do mundo inconsciente da infância. Lá, a mente mágica, com fronteiras mal definidas, fundia as coisas sem nenhuma conseqüência real. A consciência, necessária para proteger a criança, está nos pais. Desse ponto de vista, a alquimia nada é além de magia. Não há uma terceira perspectiva transcendente. Mas, como vimos, a alquimia vai mais além. Ela funde metodicamente os opostos para nos tirar da mente mágica e, passando pelo ego, nos levar diretamente à perspectiva do *Self*. Para o ego, essa jornada é desnorteante e até traiçoeira. No *nigredo*, essa experiência horrível é simbolizada pelo eclipse total da consciência do ego e visualizada como sol negro. Paradoxalmente, essa imagem do sol *niger* é, ao mesmo tempo, um problema e uma solução para o ego.

A tarefa do *nigredo* é integrar as forças das trevas e da luz. Na psicologia junguiana, o uso da arte ou de símbolos para o processo é uma forma de fundir sombra e substância. Como terapeuta, vi como esses métodos são eficazes para ajudar os pacientes a mudar de perspectiva. A terapia exige o aquecimento da relação entre terapeuta e paciente até o ponto em que os dois se unem diante de um problema mútuo. Jung disse que a cura não ocorre até que terapeuta e paciente atinjam essa espécie de crise terapêutica. Então, no calor do momento, o *self* do terapeuta e o *self* do paciente, sendo de uma só substância, são transmutados, cada um, em algo mais total.

Guardo lembranças vívidas do que senti durante o tratamento de uma paciente. Foi uma experiência de *nigredo* para nós dois, que reteve a energia de cura necessária para a mudança. Minha paciente era brilhante, articulada e gostava de me pôr contra a parede. Mas, embora a terapia a ajudasse muito, não chegávamos ao cerne de suas dificuldades. Um dia, logo depois de uma viagem muito estressante, eu não estava com muita paciência para seus ataques cortantes. Exausto, deixei claro, sem meios-termos, que me preocupava muito com ela e que estava fazendo o possível por ela. Mas que, se isso não bastava, o problema era dela, não meu. Nesse momento, fez-se um silêncio tão profundo e penetrante que dava para cortar com uma faca.

Nas muitas sessões que se seguiram àquela, nossa relação mudou drasticamente para melhor. Foi como se uma luz tivesse se acendido. Atravessamos a escuridão e, por um momento que pareceu uma eternidade, vimos a alma um do outro. Isso não quer dizer que os problemas dela acabaram, mas agora ela os vê da perspectiva do *Self*, o que faz toda a diferença no processo de cura.

A alquimia não acontece apenas na terapia. Ocorre-me outro exemplo, que ilustra um momento de contato com minha própria sombra. Atrasado para uma consulta médica, eu entrei no estacionamento do prédio e manobrei depressa demais para entrar na vaga. Estava escuro e, na pressa, não vi um homem que saía do carro na vaga ao lado. Não bati nele nem na porta aberta, mas senti que ele ficou aborrecido comigo. Corri para o décimo andar, cumprimentei a recepcionista e me sentei para esperar. Poucos minutos depois, um homem corpulento, com tatuagens e um chapéu de *cowboy*, entrou na sala. A recepcionista o cumprimentou, perguntando-lhe se estava tudo bem, e ele soltou um comentário claramente dirigido a mim. Era o cara que tinha estacionado ao meu lado na garagem!

Diante daquelas indiretas agressivas, sentimentos de todos os tipos me correram pelas veias, impelindo-me a dizer alguma coisa. A raiva assumiu o comando e acabou vencendo a culpa. Não consegui mais agüentar aquele ataque covarde. Do fundo das minhas entranhas, saíram sons de um animal. "Isso é um monte de besteira!", gritei. As palavras saltaram para fora da minha boca. Todas as defesas do ego ruíram e eu me deixei tomar pela raiva! Apesar do tamanho dele, não senti medo. Mas nada aconteceu. Houve apenas um silêncio persistente. E lá ficamos nós, só nós dois, sentados na sala de espera.

Em muitos anos de terapia, eu nunca tinha tido esse tipo de encontro visceral com meu *self* escuro. Toda a minha civilidade voou pela janela e eu me senti renovado. Por alguns minutos eu me transformei, assim como espero que tenha se transformado o homem sentado à minha frente.

> Paradoxalmente, na alquimia, o fazer se dá por meio do ser. Quando elevamos a consciência ao nível do Self, não há diferença entre fazer e ser: somos um com a ação.

É dessa perspectiva que a alquimia lida com a psique. O único modo de integrar a escuridão é vivê-la. A diferença entre o psicopata e o iniciado está na perspectiva que cada um deles tem. Quem se identifica com a substância vulgar, nunca a integra e muito menos a transcende. Embora a resistência às forças da escuridão tenha valor coletivo, seu preço é muito alto para o indivíduo. O iniciado entra na escuridão sem apego aos impulsos agressivos e sexuais do corpo. Lutar com a sombra ou com o inimigo não é produtivo. Minha intenção não era brigar com o homem. No nível instintivo, acho que ele sabia disso. (Graças a Deus!)

Minha interpretação dessa receita vem da alquimia tântrica. Sua prática enfatiza o domínio sobre o corpo e a afirmação proposital de ações que desintegrem rapidamente as falsas divisões da mente. O caminho da alquimia tântrica nos leva ao âmago de cada experiência. Vivendo a experiência de maneira plena e consciente, conseguimos penetrá-la e ganhar clareza. "No centro da raiva", escreve Ken Wilber, "está a lucidez; no meio da luxúria está a compaixão; no âmago do medo está a liberdade."[38]

Quando evitamos a escuridão, um buraco negro se forma na psique. Essa lacuna tem a massa densa, cuja gravidade é tremendamente forte. Ela chupa tudo. Para concluir a obra, temos que ver a luz na escuridão. Vivendo a escuridão de maneira ética e responsável, podemos assimilá-la, sublimá-la e, finalmente, transcendê-la. Para isso, é preciso compreender a natureza da escuridão e ter um nível de sofisticação que permita uma expressão apaixonada das emoções sem que se perca o senso de realidade. O sol, símbolo do espírito eterno, está em tudo. Isso inclui a escuridão.

São João da Cruz chamou o trabalho do *nigredo* de noite escura da alma. Para ele, a escuridão é a condição em que o ego descobre um segredo crucialmente importante: *a escuridão não tem poder!* Ela é ausência de luz, de consciência, de conhecimento e de substância. Como tal, ele absorve luz, projeções, imagens e fantasias. Quando não se tem noção dessas características, a mente projeta automaticamente seus medos na tela branca do desconhecido, dando-lhe um poder que ele, por si só, não tem. Osho, um mestre do tantra, nos diz: "A escuridão não existe, ela só parece existir. Na verdade, ela é apenas ausência de luz. A luz existe; tire a luz — eis a escuridão... Faça o que fizer, não dá para acabar com a escuridão. Não é possível gerá-la nem descarregá-la. Para fazer alguma coisa com a escuridão, é preciso fazer alguma coisa com a luz, pois só é possível se relacionar com o que existe. Desligue a luz, a escuridão aparece — acenda a luz, a escuridão não está mais lá — mas com a luz você faz alguma coisa. Não dá para fazer nada com a escuridão."[39]

Como alquimistas, trabalhamos o chumbo e a sombra sem esquecer que a luz tem o poder de assimilar a escuridão e de transmutar a consciência numa forma nova e mais iluminada.

A SEXTA RECEITA

Semeie seu Ouro em Terra Branca e Folheada

A PUREZA

Cenas pastorais, lugares repousantes, temas campestres, jardinagem e horticultura são belamente retratados em muitas gravuras alquímicas. Imagens de árvores, tesouras de poda, colheitas, criptas e túmulos, montanhas, foices, machados e pás são comuns na arte alquímica. Os alquimistas seguiam a Mãe Natureza por meio das florestas e pelas veredas do campo na esperança de aprender seus segredos. Essas imagens eram usadas como receitas visuais, representando os estágios e operações do trabalho. Embora as imagens sejam estáticas, suas mensagens sugerem ciclos dinâmicos de nascimento, morte e ressurreição. Não é para tomá-las ao pé da letra. Temos que entendê-las como uma visão simbólica da natureza e da psique. Semear, por exemplo, expressa comunhão sexual com o solo e, como trazemos a natureza dentro de nós, expressa também um despertar sexual da consciência.

Depositar sementes na Mãe Terra sugere atividade sexual. No *Picatrix*, um texto árabe hermético,[40] essa relação é descrita em ricos detalhes míticos. Essa história da criação mostra o Deus Pai fazendo o homem à sua semelhança. O homem é tão belo que Deus se apaixona por sua criação. Assim, o homem conhece o poder de Deus para criar e amar. Ele compartilha esse conhecimento com a Natureza que, por sua vez, vê "suas belas feições refletidas na água e sua sombra sobre a terra". Ela também se apaixona por ele. O homem, vendo sua forma na terra, deseja se unir a ela. "A natureza e o homem estão unidos no amor." Como resultado, o homem adquire uma natureza dupla, tornando-se meio mortal, meio divino. Em outros textos, os alquimistas resumiam essa dualidade dizendo: "A Natureza se agrada da Natureza."

Do ponto de vista psicológico, essas imagens são cheias de temas narcisistas. O mito grego de Narciso conta uma história semelhante. Em geral, pensamos no narcisismo de maneira negativa. O narcisista tem o ego inflado e só pensa nas próprias necessidades. No entanto, o narcisismo é uma energia necessária para que corpo e alma encontrem seu caminho para a vida. No início de qualquer projeto, é preciso muita energia para começar. Mas, à medida que a pessoa se desenvolve, o narcisismo inicial (primário) tem que diminuir e se transformar. O orgulho e a confiança com base na realidade, têm que substituir, como o tempo, o amor por si mesmo. Em outras palavras: a semente solta sua proteção externa e uma planta bem formada se enraíza no solo firme da realidade. Na imaginação alquímica, imagens da terra e de seres humanos se fundem umas às outras.

Na obra clássica de Eliade, *The Forge and the Crucible*, vemos o significado que tinha, para os primeiros agricultores, o simples ato de semear os campos. Temas de sexualidade pontuam o trabalho de mineiros e agricultores porque, nos tempos primitivos, as projeções da vida na natureza tinham o efeito de sexualizá-la. As pedras e o solo tinham importância imediata para as necessidades básicas de sobrevivência. Talvez projeção seja uma palavra sofisticada demais para descrever a *participação mística* que existia entre o impulso sexual e a identificação com partes do corpo da natureza. Seja como for, Eliade descreve essa relação íntima e suas implicações míticas para a alquimia humana:

> Se córregos, galerias de minas e cavernas são comparados à vagina da Mãe-Terra, tudo o que está no ventre da terra está vivo, ainda que em estado de gestação. Em outras palavras, minérios extraídos das minas são, de certa forma, embriões: eles crescem devagar, como que em obediência a um ritmo natural, diferente do ritmo de organismos vegetais e animais. No entanto eles crescem — ficam "maduros" em sua escuridão telúrica. Sua extração das entranhas da terra é, então, uma operação executada antes do tempo devido. Se tivessem tido tempo para se desenvolver... os minérios teriam se tornado metais maduros e alcançado um estado de "perfeição".[41]

Dá para entender por que, nesses tempos, semear não era um ato simples. Semear é um exemplo da intervenção dos seres humanos na natureza, que facilita seus processos para obter algum ganho. Eram feitos sacrifícios, até humanos, do mesmo modo que sacrificamos algumas coisas na vida. Eliade mostra que alguns desses antigos sacrifícios rituais sobrevivem até hoje. Reacender o fogo no dia de ano-novo é uma "encenação da Cosmogonia, o renascimento do mundo".[42]

O sacrifício é um ato voluntário: damos algo pessoal e pequeno em troca de alguma coisa muito maior. É o que acontece na vida: dando de coração, nós nos beneficiamos do dar e do receber.

Há sempre alguma dor presa ao que damos aos outros. O verdadeiro sacrifício é dar alguma coisa que seja pessoal. No sacrifício, nós nos permitimos, conscientemente, sofrer uma perda simbólica a serviço de um propósito ou ordem superior. Assim, é comum encontrar imagens de membros mutilados, muletas, tortura e punição na arte alquímica. Nesse espírito, o ato de dar exige um trabalho físico e mental. Os agricultores não jogam as sementes e pronto. Eles revolvem a terra, abrem sulcos e cavam buracos.

> O perfume da rosa fica na mão de quem a ofereceu.

Do mesmo modo, iniciamos nosso processo violando a terra da psique, perturbando-a, despertando-a para o nosso propósito. As sementes que semeamos estão grávidas de possibilidade e energia espiritual, contendo cada qual um sonho.

Sem o esforço humano, as sementes não são plantadas, os campos não são cultivados e as plantas são deixadas aos ventos do acaso. "Sem nós", escreve Jean Reynand em sua enciclopédia do século XVIII, "a safra não amadureceria no campo... nem a farinha, sovada e assada, se tornaria pão".[43]

A semeadura é uma imagem profundamente enterrada em nosso inconsciente. Historicamente, a agricultura foi a ocupação que deu origem à sociedade civilizada. Graças a ela, os homens, que até então caçavam e coletavam, puderam se estabelecer, trabalhar a terra e começar a construir vilas e cidades. O trabalho de transformar terra virgem em comunidades organizadas começou quando se cavou um poço. Do ponto de vista psíquico, cavar, plantar e extrair minério pertencem a uma só família de imagens arquetípicas. Cada uma dessas imagens representa uma mitologia que é repetida muitas e muitas vezes com o nascimento e a individuação de cada criança. Todas as vezes, trabalhamos o solo da psique, na esperança de produzir o "ovo filosofal".[44] As sementes que plantamos no inconsciente da criança têm uma importância crucial para o resultado.

O que torna a terra dourada é a qualidade das sementes postas em seu ventre. Se, como diz o alquimista, "é preciso ouro para fazer ouro", então nossas sementes têm que conter algum ingrediente precioso. O que vai dar a elas o poder de transmutar chumbo em ouro? Os americanos são pessoas trabalhadoras, diligentes e inventivas, que valorizam acima de tudo o valor financeiro e as posses materiais. São essas as sementes douradas? Não, nem objetos nem dinheiro têm o poder de transformar experiências terrenas em algo divino. E o tempo? Posso oferecer meu tempo, como voluntário, para alguma causa que valha a pena. Mas, por mais valiosa e necessária que seja a ação voluntária, o tempo também não é a coisa mais importante que eu tenho para dar.

> Nosso bem mais precioso é, nada mais nada menos, do que nós mesmos; nada menos do que isso serve. Respondendo a uma pergunta, Cristo disse que o maior mandamento é amar de todo o coração, mente e alma. Temos que estar dispostos a dar tudo isso em troca de um *Self* novo e perfeito.

A história de Abraão nos revela essa entrega profunda. Deus pede a Abraão que lhe dê seu filho Isaac como prova de devoção. Essa cena é muito ao gosto dos pintores da Renascença. No momento em que Abraão ergue a faca, Deus envia um anjo para intervir. Tão grande era o amor de Abraão que ele estava disposto a oferecer o filho ao seu Senhor. Todo pai ou mãe sabe que um filho faz parte de nós. Sacrificar um filho é mais doloroso do que dar a própria vida.

O maior sacrifício cristão foi a crucificação de Cristo. A transmutação do corpo e do sangue de Cristo é reencenada a cada missa. Embora esses exemplos sejam tirados do Cristianismo, o sacrifício não é exclusivo de uma só fé. Todas as grandes religiões envolvem alguma forma de sacrifício, seja ele humano, animal, material ou simbólico. Para semear direito nossas sementes, temos que compreender que o sacrifício é um ato que dá às sementes seu poder transformador.

Os antigos sacrifícios rituais são uma afronta à imaginação moderna. Imagens muitos desagradáveis nos ocorrem quando pensamos em mártires e animais sendo sacrificados. Parece tudo tão primitivo. Perdemos o gosto por sangue, mas a psique ficou anêmica sem a prática de sacrifícios. À medida que as religiões foram secularizadas, o ato do sacrifício se diluiu, privado de seu significado sagrado. É claro que, vendo a história de Abraão como um mero teste de caráter, ficamos com uma impressão bem ruim do Deus cristão. Mas, da perspectiva do *Self*, a história nos conta algo muito diferente. Para matar o filho, Abraão tem que entregar sua vontade a um poder superior. Ele tem que pensar de uma perspectiva completamente diferente, que o faça "estar no mundo sem ser do mundo". Nada menos do que isso faria dele um assassino. Quando se age a serviço de uma causa maior, o sacrifício passa a ser a ética de uma dimensão diferente.

Esse ponto é mostrado com pungência numa história que vem do Japão. Nela, um assassino consegue passar por um samurai adormecido, que deveria estar guardando o imperador. O assassino mata o imperador e foge. No código dos antigos guerreiros samurais, isso é o máximo da humilhação. Insultado, o samurai ofendido persegue o assassino por muitos anos, jurando vingar a morte do seu imperador. Quando finalmente o encontra, algo extraordinário acontece. Ao erguer a espada afiada para matar o assassino, o samurai pára petrificado por algo que não poderia prever: o assassino cospe em seu rosto! Com a mesma agilidade usada para tirar a espada da bainha, o samurai a põe de volta e parte sem sequer arranhar o assassino. Por quê?

A moral da história é a seguinte: quando agimos movidos pela natureza inferior, animal/humana, somos julgados à altura. Mas quando agimos no nível da natureza superior, humana/divina, não há julgamento. O samurai deixa o assassino em paz porque matá-lo teria sido um assassinato injustificável, uma retaliação pelo insulto que tinha recebido por causa da própria negligência. O dever, e não a raiva pessoal, é o código do guerreiro. Sua espada é a espada da vida, não da morte. O samurai entendeu que matar seria um gesto humilhante, que faria seu senso de dever ser substituído por instintos inferiores. O verdadeiro samurai nunca mata: ele é a espada da justiça que elimina o mal do mundo.

Para aprender a lição contida nessa história e na história de Abraão, é preciso identificar o grau de intenção e consciência que tornaria tais atos possíveis. O fato de Abraão estar disposto a matar o filho bastou para que Deus visse que ele tinha se despojado dos apegos terrenos. Com isso, matar tornou-se desnecessário. O ato de sacrifício foi aquele momento intenso que tornou permanente a união de Abraão com Deus.

Dessas sementes de ouro nascem flores de ouro. Quando o que damos é sagrado, nossa intenção é correta e os resultados são espantosos. O sacrifício é parte inerente ao ato criativo. Abraão, assim como o samurai com relação ao assassino, entendeu que o filho não era um ser separado dele mas que, da perspectiva do *Self*, fazia implicitamente parte dele, assim como todas as criaturas da Natureza. Eliade escreve: "Criação é sacrifício. Só se dá vida à criação quando é a própria vida que se dá (sangue, lágrimas, esperma, 'alma', etc.)."[45] Então, fica claro que até mesmo as coisas que criamos envolvem sempre um sacrifício.

> Sacrificando o prazer que temos ao extravasar alguma coisa, fazemos com que a consciência se volte sobre si mesma. O líquido das emoções é aquecido até o ponto de fervura, mas sem passar completamente ao estado gasoso. Assim, são liberados os vapores perigosos que fazem da agressividade um mal e da sexualidade um impulso sem coração.

A receita nos dá um indício de como estimular a intenção e nos preparar para fazer um sacrifício significativo. A terra em que essas sementes são plantadas tem que antes ser folheada. Folhear significa martelar alguma coisa até que ela fique fina como papel. A *prima materia* fica tão fina que um pouco mais a faria passar ao estado gasoso. Do ponto de vista psicológico, esse processo envolve a concupiscência, ou seja, frustrar o desejo até o ponto de quase extravasá-lo. Como prática, a concupiscência nos ensina a controlar o desejo e a ser fiéis a um propósito superior.

O resultado dessa receita é cinza branca, a matéria que foi purificada dos pensamentos e emoções casuais. Assim como a cinza não pode mais pegar fogo, nossa alma fica imune às chamas do desejo. Ela foi liberada de qualquer apego ao instinto e ao ego. Edward Edinger explica: "Do ponto de vista psicológico, isso significa a possibilidade de uma atitude nova e purificada com relação à materialidade. Significa a descoberta do valor transpessoal do ego. O que purifica é a consciência. A terra negra dos desejos do ego torna-se a terra branca folheada que dá corpo ao *Self*."[46]

Muitas impurezas têm que ser eliminadas antes que se forme a cinza branca. Desejos impuros têm que ser queimados, pensamentos equivocados têm que secar e impulsos imperiosos têm que ser transformados em comportamento cheio de propósito. As sementes do ouro só criam raiz na terra especialmente preparada. Essa terra branca nos leva ao segundo estágio da obra, o *albedo*. Ela vem do sal da terra, onde todas as impurezas foram queimadas pela operação sulfúrica do *calcinatio* e, finalmente, transformada em substância espiritual pela ação de mercúrio.

O *albedo* é um estágio de transição que tem mais probabilidade de ocorrer durante a meia-idade. Em geral, esse período é associado à crise porque a psique passa por uma tremenda mudança: da preocupação com questões mundanas, passa a

> A crise é, em geral, sinal de uma transição para uma dimensão mais espiritual da existência. A prática ganha profundidade quando isso ocorre. "A verdadeira prece e o verdadeiro amor", disse Thomas Merton, "são aprendidos no momento em que a prece se torna impossível e o coração se transforma em pedra."[47]

um interesse mais profundo pelas aspirações espirituais. Na meia-idade, a maior parte das pessoas já casou, teve filhos, está com a carreira encaminhada e começou a se concentrar em questões espirituais mais elevadas. Elas já amadureceram e sabem que há grandes tesouros esperando para serem descobertos na vida interior.

O *albedo* é visualizado como uma deusa pura e branca como, por exemplo, Quan Yin e a Virgem Maria. Um florescer das diferentes fragrâncias do amor marca esse período na nossa vida. A segunda metade da vida é uma época em que o trabalho do *albedo* ganha impulso. Ele é uma grande conquista, visualizada como uma pedra branca translúcida. Como *Luna*, essa pedra reflete o sal de toda a sabedoria e as profundezas da alma. Nesse ponto do trabalho não há mais volta, já que um só momento vivido em tal pureza nos deixa com um sentimento eterno.

A SÉTIMA RECEITA

A Rosa Dá Mel à Abelha

A ENTREGA

Tudo o que diz respeito a essa receita parece errado. As rosas não dão mel às abelhas. Para entender essa receita, temos que interpretá-la de maneira simbólica. As receitas alquímicas são escritas em linguagem simbólica por causa do código de silêncio dos alquimistas. Só os que têm uma profunda compreensão sobre o valor interior da alquimia e respeito por ela conseguirão decifrar os enigmas propostos numa antiga receita como essa. Essa receita é tirada da Ordem Rosacruz, uma sociedade secreta muito antiga, associada à alquimia.[48]

Para começar, vamos examinar o significado simbólico da rosa. Embora haja rosas de muitas cores, o vermelho é sua cor simbólica mais importante. Na bandeira norte-americana, essa cor representa o sangue derramado pela liberdade e pela justiça. Mas o vermelho tem um significado mais antigo, relacionado à ligação entre o espírito e a alma. Segundo uma crença bastante difundida na Idade Média, a alma reside no sangue. Então, o sangue de Cristo é uma referência à alma de Cristo. Na alquimia, o vermelho tem outros significados simbólicos, sendo particularmente associado ao estágio final da obra: *rubedo* significa vermelho.

Para decifrar essas receitas, percorremos um espectro de cores: do preto do *nigredo* ao branco do *albedo* e, finalmente, ao estágio do *rubedo*. Vamos, mais uma vez, descobrir ligações significativas entre esses estágios e o processo de individuação. Psicologicamente, a rosa é um símbolo arquetípico do *Self*. A imagem da rosa é tão importante para o símbolo quanto a sua cor. Sua forma é uma mandala, uma bela forma muito usada nos vitrais das catedrais como recurso para elevar o espírito e a alma. O atraente perfume da rosa acrescenta uma fragrância especial a esse senso de eternidade.

Jung fez distinções importantes entre o *Self* e o ego, que ajudam a decifrar os segredos contidos nessa receita. Ele observou que o ego é um órgão de percepção, não o encarregado pelas decisões. Ele nos dá as informações de que precisamos para tomar decisões sábias. Infelizmente, costumamos recorrer ao ego para tomar decisões em vez de apenas contar com sua capacidade de coletar e analisar dados. Como resultado, confundimos informação e conhecimento com sabedoria. Na era da informação, até os dados em estado bruto são tratados como conhecimento. Informação, dizemos, é poder — já que os dados nos dão uma vantagem, uma oportunidade de agir antes dos outros. Esse modo de pensar é próprio do ego, cujo primeiro mandamento é assegurar a sobrevivência, não transcendê-la. Nessa receita, a abelha representa o ego e esse modo limitado de pensar.

Em geral, associamos a diligência às abelhas.[49] Em inglês, a expressão "*busy as a bee*", atarefado como uma abelha, se aplica a quem vive imerso no trabalho. São pessoas constantemente atarefadas com alguma coisa, indo de lá para cá sempre com pressa. Nesse sentido, o ego e o cérebro são muito semelhantes: os dois florescem com a atividade. É difícil imaginar uma abelha quieta ou descansando. Elas são barulhentas e não param de se mexer. O mundo delas parece devotado à organização e ao coletivo. A colméia é seu universo e elas são absolutamente fiéis à rainha. A abelha, como a maior parte dos animais e insetos, pode nos ensinar muita coisa sobre o mundo do instinto e, neste caso, a extrair discernimento do mel.

Numa conversa com Gregory Bateson, a grande antropóloga Margaret Mead mencionou as seguintes maneiras de chegar a um vislumbre intuitivo:

> Estudar bebês; estudar animais; estudar povos primitivos; passar por uma psicanálise; converter-se a uma religião e superá-la; ter um episódio psicótico e superá-lo; ou ter um caso de amor com um velho russo. (Eu nunca mais disse isso depois que uma bailarina da fileira da frente levantou a mão e perguntou: "Mas tem que ser velho?")[50]

Pondo o humor de lado, as sugestões de Margaret Mead têm muito a oferecer, especialmente no que se refere à negligenciada sabedoria do reino animal. Seguindo todos os seus conselhos, à exceção do último, vamos examinar mais de perto o mundo das abelhas e o que ele tem a nos dizer sobre essa receita.

As abelhas vivem numa sociedade matriarcal. Todas as abelhas adoram a rainha. A escolha da rainha parece mais a escolha de um avatar tibetano do que de um membro da realeza inglesa. As abelhas comuns escolhem cuidadosamente o ovo que vai servir de hospedeiro para a nova rainha. Ela não descende de uma longa linhagem real, mas é alimentada com uma geléia especial, cujo nome lembra o elixir alquímico da imortalidade: *lebensraum*. Com isso, a abelha-rainha vive de seis a oito anos, enquanto as abelhas operárias vivem cerca de seis semanas. Essa geléia real é uma secreção que sai da cabeça de uma abelha que desempenha a função de ama-de-leite. O nascimento da abelha-rainha lembra o nascimento de Vênus, que nasceu da cabeça, ou dos pensamentos, de Zeus.

Depois de rechaçar admiradores ciumentos, a rainha faz sua viagem de núpcias para anunciar sua realeza. Nesse vôo, o zangão mais veloz a fecunda. Longe de ser um casamento real, o zangão explode depois de depositar milhões de espermatozóides no corpo da rainha. Felizmente para os zangões, a rainha acasala uma única vez durante a vida. Ela é uma rainha como nenhuma outra. Quarenta e oito horas depois de acasalar, ela começa a botar ovos. Antes, inspeciona cuidadosamente cada célula para ver se está pronta para receber um de seus preciosos ovos. A rainha determina o sexo de cada ovo inserindo nele um pouco do esperma do zangão, criando ou uma fêmea estéril ou um zangão. Ela bota milhões de ovos durante a vida, mas não decide quantos ovos serão postos de cada vez. As "amas-deleite" controlam o número de ovos por meio da quantidade de geléia real que dão para a rainha.

Além dessa complexa dinâmica organizacional, há uma comunicação não-verbal entre as abelhas que, até onde eu sei, não tem paralelos no reino dos insetos. Esses detalhes intrincados explicam por que os alquimistas tinham tanto interesse pelas abelhas e por que as usavam tantas vezes em suas imagens e receitas. Que eu saiba, Sigmund Freud não fez nenhuma ligação entre o comportamento das abelhas e o conceito de ego mas, sob muitos aspectos, eles são muito semelhantes. A palavra alemã *ego* não é masculina nem feminina, mas neutra. Sem gênero, ela sugere organização pura, destituída de alma e espírito. Como a abelha, o ego é um comunicador perito e, como mencionei, os dois estão sempre ocupados com alguma coisa. Mas, ao contrário da abelha, que tem uma situação bem definida de subserviência ao coletivo, o ego tem pretensões ao trono.

> Uma boa prática é passar algum tempo observando a mente egóica em ação, sem tentar alterar seu curso nem modificá-la. Quantas vezes ela extrapola sua função original de orientar, testar a realidade e nos defender contra as ameaças? Limite-se a observar quando o ego começa a tomar decisões. Ele está ultrapassando seus limites? Será que ele tem a sabedoria necessária para assumir o comando do reino inteiro?

O trabalho do ego é extremamente importante, mas não pode ser confundido com a autoridade do *Self*. O trabalho, por mais duro que seja, não transforma chumbo em ouro. Atividade não é sinônimo de ação consciente. Em *Balancing Heaven and Earth*, Robert Johnson escreve: "O Mundo Dourado não pode ser adquirido como um bem e a iluminação não pode ser transformada em projeto. Não escolhemos uma experiência extática, pois ela nos é concedida como um estado de graça. No entanto, podemos fazer o trabalho interior necessário para estar preparados e abertos a tais experiências quando elas chegarem."[51]

Comparada à abelha, a rosa tem uma elegância tranqüila. Ela é uma mandala que reflete a beleza do *Self*. Ao contrário do Ego, o *Self* não é feito nem conquistado. Ele simplesmente é. Quando Cristo diz "Eu sou o que sou", revela-se a verdadeira natureza do *Self*: ele é um fim em si mesmo. O ego, carregado de realidade, se comunica em frases lógicas e lineares para expressar um sentido coerente. Sem o ego, não poderíamos criar uma narrativa coerente da nossa vida. Embora essa narrativa seja importante para dar sentido e continuidade à vida, ela se dá apenas no nível do ego. O *Self*, ao contrário, fala por meio de poesia. Ele expressa uma realidade transpessoal que só começa a se definir por meio da linguagem metafórica e simbólica.

Essa receita é como um haicai. Breve, mas cheia de significado simbólico. No nível do ego, ela não faz sentido. Ela inverte a lógica e, assim, confunde a mente racional. Embora as palavras da receita formem uma sentença, com sujeito, verbo e predicado, elas não têm nada de útil a dizer para o ego. Ao contrário, a receita confunde o cérebro e, quanto mais tentamos entendê-la, mais irracional ela parece ser. As receitas alquímicas são criadas exatamente com esse propósito. Como os *koans* do Zen, elas são usadas para pregar peças no cérebro, forçando-o a pensar no nível metafórico do *Self*.

> Likuko disse a Nansen: "Na minha casa há uma pedra que fica na posição vertical e horizontal. Pretendo esculpi-la na forma de um Buda. Será que posso?" Nansen respondeu: "Sim, pode." Likuko insistiu: "Será mesmo?" Nansen respondeu: "Não, não pode!"[52]
> O ego que duvida está indeciso. Fazer um Buda de pedra exige o tipo de ação e de confiança que vem apenas do Self.

Em geral, pensamos que a abelha tira pólen da flor para fazer mel e não que a flor dá mel à abelha. Essa questão de tirar e dar indica uma grande diferença. Quando uma flor dá alguma coisa de si, um sacrifício está sendo feito. Quando esquecemos que toda a natureza é imbuída de consciência, não conseguimos imaginar flores, pedras e animais fazendo um sacrifício que favoreça a humanidade. Na cultura nativa norte-americana, acredita-se que os animais entregam sua vida ao nobre caçador que aceita sua preciosa dádiva. Eliade escreve: "Segundo os mitos Zuni, a humanidade primitiva nasceu (como resultado da hierogamia céu-terra) na mais profunda das quatro 'cavernas-útero' subterrâneas. Guiados por gêmeos míticos, os seres humanos sobem de um desses úteros para outro, até chegar à superfície da terra."[53]

Nessa cosmologia, seres humanos, animais e até minérios são capazes de fazer sacrifícios. Eliade descreve o "comportamento animal do minério: ele está vivo, movimenta-se quando quer, esconde-se, mostra simpatia ou antipatia pelos seres humanos — uma conduta não muito diferente da que a caça tem diante do caçador".[54] Em geral, nós não pensamos dessa maneira sagrada: os animais não passam de presas, as rosas são usadas por razões sentimentais e os diamantes como garantia de um compromisso. Voltar a um modo primitivo de vida é, naturalmente, ridículo, mas adotar a reverência dos nossos ancestrais pela vida seria um alimento para a alma melhor do que qualquer coisa que o ego possa oferecer. Sem o sagrado, o espírito de sacrifício se perde e, como resultado, o que nos resta é o sacrilégio. Enquanto o sacrifício exige entrega intencional, o sacrilégio é como roubar. As conseqüências desse modo equivocado de pensar são amplamente ilustradas na poluição do nosso ar e na contaminação da nossa água.

O *Self* nos liga à natureza e o ego nos liga à realidade. O ego nos equipa com os meios necessários para a sobrevivência física e com as ferramentas para criar significado. O *Self* nos capacita a adquirir sabedoria e, assim, viver uma vida espiritualmente gratificante. O mel é um alimento divino, o maná que o ego recebe do *Self*. Nos mitos e contos de fadas, o mel costuma ser o alimento favorito dos personagens que personificam nossos melhores valores. O Ursinho Pooh, com sua sabedoria tranqüila e inocente, adora mel. O Krishna criança, o deus que salva e cura, se farta de mel. Em inglês, *honey* (mel) é uma forma carinhosa de chamar a pessoa amada.

Na alquimia, as qualidades de preservação do mel fazem dele um símbolo excelente da presença permanente do *Self*. O ego recebe mel do *Self* numa espécie de sacramento que celebra um casamento real entre céu e terra. Isso não acontece automaticamente: algo é exigido de ambas as partes. Cada um deles tem que aceitar o outro como seu bem-amado, o que é difícil para os dois por razões diferentes. Os olhos do *Self* vêem a psique como uma parte pequena de um todo gigantesco. O ego só enxerga a si mesmo. O maior desafio da psicologia alquímica é fazer com que os dois sintonizem seus pontos de vista por uma meta comum. Começamos a vida sem visão (inconsciência), somos então ofuscados pelos primeiros raios da consciência (imperfeição consciente) e, quando tudo dá certo, atingimos a total consciência (plenitude consciente) antes de partir. A operação do *coniunctio* leva o ego e o *Self* à união no estágio do *rubedo*. A pedra filosofal simboliza o poder inspirador e espiritual que é conquistado pelo Casamento Real desses dois grandes domínios da existência.

As rosas são usadas para celebrar a união. Damos rosas à pessoa amada, como expressão de amor eterno, e as depositamos nos túmulos, para celebrar a união entre a matéria e o espírito. Nos dois casos, há um indício de que alguma coisa morreu. Para acabar com a separação que existe entre duas pessoas é preciso uma entrega voluntária de uma parte de cada uma delas. Na morte, entregamos o corpo à natureza. Nos dois casos há a oportunidade de fazer um sacrifício. Quando nos entregamos de boa vontade, não precisamos temer a morte. Para o ego, essa é a coisa mais difícil. O antagonismo que existe entre o ego e o *Self* vem da diferença de perspectivas. Aqui também a "*experiência do Self é sempre uma derrota para o ego*", escreve Jung em *Mysterium Coniunctionis*.[55] Pôr de lado as comunicações recebidas do ego e tomar decisões a partir do nosso centro, o *Self*, é uma experiência semelhante à morte. Como somos condicionados a recorrer ao ego para a autopreservação, ignorar suas informações é como um convite ao desastre. O objetivo maior do ego é "servir e proteger". Assim, do seu ponto de vista, relaxar as defesas ou, pior ainda, abandoná-las totalmente, é como morrer. Mas sem sacrifício não há rosas.

Abrir mão do ego é como abrir mão da realidade. Por mais que se queira fazer isso, é preciso muita coragem e muita confiança em si mesmo e no universo para abandonar a perspectiva do ego e adotar a perspectiva do *Self*. Por isso, costumo dar aos pacientes permissão para fazer algumas loucuras que ajudem a transitar de uma perspectiva para a outra. Confiança no processo, confiança em si mesmo, confiança em mim, confiança em Deus, confiança na natureza e confiança no

Kosmos.[56] Tudo isso é muito importante quando se age com habilidade para preservar o ego (não para destruí-lo) ao entrar no domínio do espírito e do *Self.* O florescer da rosa nos dá o primeiro indício verdadeiro do amor divino e do Divino *Self.*

De acordo com a minha experiência, todos nós acabamos aprendendo a abrir mão das coisas e se entregar. A realidade é que a morte é o ponto final, em que deixamos que a vida se vá. No decorrer da vida diária, somos confrontados com essa realidade em pequenas doses. A vida é, em geral, uma batalha entre aquilo a que nos agarramos e aquilo de que abrimos mão. No caso da insônia, por exemplo, a pessoa não consegue deixar que o dia se vá. No caso de quem tem muita dificuldade para acordar, a dificuldade é para deixar que o estado inconsciente se vá. O fato é que, nem que seja na hora da morte, vamos ter que deixar que a vida se vá, vamos ter que abrir mão. A questão é se fazemos isso de boa vontade ou se nos submetemos à força. Acho que a primeira hipótese traz mais recompensas. Quando, de boa vontade, abrimos mão de coisas de que não precisamos, fazemos novas descobertas. Em outras palavras: quando nos soltamos do ego, nós nos entregamos ao abraço do *Self.* Então, acontece o oposto do que o ego esperava: em vez de sofrer uma derrota, gozamos uma vitória. A entrega voluntária ao *Self* é como uma rosa se abrindo ao calor do sol. Quando deixamos que o ego se solte das garras da realidade, nosso mundo se abre e conseguimos ver coisas que antes não víamos.

Para ilustrar como esse processo funciona e como podemos reunir a coragem necessária para nos entregar ao *Self,* há uma bela história que li num dos livros mágicos de histórias de Richard Bach. Ao longo dos anos, modifiquei essa história para ampliar seu rico significado. Na história, Bach descreve uma civilização de criaturas — eu as chamo de agarra-agarras — que viviam numa pedra no fundo de um riacho. As agarra-agarras *acreditavam* que, se não se agarrassem à pedra, seriam levadas pela correnteza. Isso era normal para elas, já que, pelo que se lembravam, sempre tinha sido assim. Mas um dia, uma coisa inacreditável aconteceu: uma agarra-agarra começou a se perguntar o que aconteceria se ela se soltasse. Era uma questão revolucionária, pois ninguém jamais tinha tido idéias tão perigosas.

A questão persistiu, apesar do esforço que as outras fizeram para reprimir essas idéias. Ela se enraizou no ser da agarra-agarra e, quando floresceu, ela estava pronta para enfrentar o desconhecido, para fazer o sacrifício supremo de se soltar do único mundo que conhecia. Tão grande tinha se tornado sua confiança que, um dia, de repente, ela simplesmente parou de se agarrar e se entregou às forças poderosas da natureza. Imediatamente, foi levantada pela correnteza e levada para muito longe de casa. As outras agarra-agarras, vendo-a desaparecer, se agarraram com mais força ainda. Isso, pensaram, é o que acontece com quem se solta.

Messias é uma palavra hebraica que significa "aquele que é ungido, iluminado e incumbido de uma missão especial".[57] Todos nós temos potencial e até mesmo poder para nos realizar como messias, mas só aqueles que estão dispostos a se entregar conscientemente trarão os outros à plena cognição.

O que elas não sabiam, e que nunca saberiam a menos que também se soltassem, era que outras civilizações, exatamente como as delas, existiam rio abaixo. Temos que usar a imaginação para apreciar a visão da agarra-agarra que teve a coragem de partir nessa perigosa jornada. Outra espécie, que chamo de planolandenses, vivia como as agarra-agarras. Não sendo mais iluminadas do que suas vizinhas, elas também se agarravam ao seu mundo de pedra. Elas também não conseguiam nem imaginar o que era se soltar. Então, quando viram surgir no seu céu aquático uma agarra-agarra voadora, chegaram à única conclusão a que podiam chegar: ela era o messias. E, de certo modo, estavam certas.

Quantas vezes ouvimos dizer que o desprendimento, a entrega, é a expressão suprema do amor? Ou deparamos com adesivos em que se lê: TO LET GO, LET GOD (Deixe rolar, deixe nas mãos de Deus). É mais fácil falar do que fazer. Para o ego, que se agarra com firmeza às rochas da realidade, soltar-se, deixar rolar, significa abrir mão de seu modo de pensar baseado na matéria em troca de alguma recompensa invisível. Ele se submete a um coletivo que é muito limitado. O ego tem valor coletivo, mas não tem valor simbólico real. Se ficamos satisfeitos com os benefícios que o ego proporciona, é ouro de tolo que teremos, em vez de ouro legítimo.

Agindo de acordo com a perspectiva do ego, não provamos os frutos de uma dimensão transpessoal, o que só é possível da perspectiva do *Self*. Desapegar-se do dinheiro, das posses materiais, das informações etc., é uma derrota para o ego: como ele não entende conscientemente a necessidade simbólica do sacrifício, perder é como sucumbir à morte. A troca que ocorre nas oferendas sacrificiais depende dos limites que impomos à realidade. Quando ela se limita a uma colméia ou a uma pedra, não pode haver troca transpessoal nem comunhão com o divino.

No estágio do *rubedo*, o sacrifício significa mais do que se desapegar das posses materiais. Nesse estágio, o teor do trabalho passa da perspectiva do ego, em que até a alma é ancorada à matéria, à perspectiva do *Self*, que abrange o espírito. Os alquimistas concebiam essa tremenda mudança como o chão intermediário onde, com a Ascensão da Alma e a Descida do Espírito, ego e *Self* se juntam, com o propósito de se transformar. A abelha atarefada, o ego, é abraçada por sua mãe espiritual, o *Self*. A rosa dá mel à abelha. A rosa oferece à abelha o que ela realmente deseja — a eternidade — mas só se esta estiver disposta a se entregar.

Em algumas formas de meditação, o iniciado é instruído a deixar os olhos meio abertos. Assim, seus olhos focalizam tanto o mundo material quanto o domínio do espírito. Essa prática engendra a atitude correta, que abraça o céu e a terra. Assim, o ego não é sobrepujado pela vastidão da natureza, nem por seu ambiente mais imediato, o *Self*. Ainda assim, essa não é uma tarefa fácil. Como a agarra-agarra, o ego se prende com firmeza à realidade e soltar a mão exige muito amor e paciência. Sozinho, o ego não tem o poder de se soltar. O espírito tem que vir em seu socorro. Só quando ser e fazer estão em harmonia é que as linhas que separam o ego do *Self* desaparecem.

Em *Flatland*, de Edwin Abbot, aprendemos que a descoberta de outra dimensão não é aceita com facilidade. Na cena a seguir, acompanhamos uma discussão que ilustra a resistência a abandonar a perspectiva comum para ganhar um campo mais amplo de visão.

"Ao sinal, comecei a tirar o corpo de Linhalândia. Enquanto ainda havia uma parte de mim em seu domínio e no seu campo de visão, o Rei não parava de exclamar: 'Eu estou te vendo, eu ainda estou te vendo. Você não está se mexendo.' Mas quando finalmente consegui sair da Linha, ele gritou com sua voz mais aguda: 'Ela desapareceu, ela está morta.' 'Não estou morta', respondi. 'Estou simplesmente fora de Linhalândia, ou seja, fora da Linha Reta que você chama de Espaço e no verdadeiro Espaço, onde consigo ver as coisas como elas são...'

"Depois de descrevê-las demoradamente, gritei em triunfo: 'Será que isso o convenceu?'

"... Mas o Monarca replicou: 'Se você fosse um Homem sensato... você ouviria a voz da razão... Em vez de sair do lugar, praticaria alguma arte mágica de desaparecer e aparecer. E, em vez de uma descrição lúcida do seu novo Mundo, me diria simplesmente os números e tamanhos do... meu séquito. Haverá coisa mais irracional ou audaciosa? Reconheça sua insensatez ou saia de meus domínios.'

"... Retruquei sem dosar as palavras: 'Ser alucinado! Você se acha a perfeição da existência, quando é, na verdade, o mais imperfeito e imbecil. Você afirma que enxerga, mas não consegue enxergar nada além de um Ponto! Você se gaba de inferir a existência de uma Linha Reta, mas eu *vejo* Linhas Retas e infiro a existência de Ângulos, Triângulos, Quadrados, Pentágonos, Hexágonos e até Círculos. Para que gastar mais palavras? Basta dizer que eu sou a completude do seu ser incompleto. Você é uma Linha, mas eu sou uma Linha de Linhas, chamada em seu país de Quadrado. Mas, infinitamente superior que sou em comparação a você, sou de pouca importância entre os grandes nobres de Planolândia. Por isso, vim visitá-lo, na esperança de iluminar sua ignorância.'"[58]

Sem a ajuda do espírito, o ego se agarra ao mundo conhecido. Equivocadamente, muitas pessoas demonizam o ego e, por meio da meditação e da terapia, trabalham para destruí-lo. Isso é bobagem. Temos que adotar uma atitude de amor, que aprecie o ego pelo que ele é e não é. O *Self*, em aliança com o espírito, tem que trabalhar para individuar o ego, cuidando dele como se fosse uma criancinha muito esperta. Ele precisa de atenção e carinho.

Quando adotamos essa atitude de amor e a praticamos o tempo todo, a vida se transforma numa meditação sobre o *Self*. Em nosso atribulado mundo ocidental, pouco resta do Velho Mundo para favorecer essa abordagem. No entanto, em outras partes do mundo, vi como esse ponto de vista é maravilhosamente entrelaçado ao tecido da sociedade. No Japão, por exemplo, as pessoas procuram ritualizar cada atividade cotidiana, como sinal constante de que a divindade da natureza é ubíqua. Um simples arranjo de flores expressa os sentimentos da natureza, um jardim de pedras mostra a permanência do espírito. Na Índia, as pessoas parecem estar em constante celebração. Elas têm um deus para quase todas as ocasiões, refletindo, todos, o deus que habita em cada uma delas. Os africanos reverenciam o espírito por meio da música e da dança. Os povos aborígines da Austrália ainda vêem o espírito sonhando o universo.

Os rituais e as celebrações são maneiras elegantes de chamar o espírito para a nossa vida. Quem pressiona a si mesmo para chegar à individuação, fracassa lamentavelmente. O ego se agarra com mais força ainda. Do mesmo modo, intoxicar o ego não é um atalho para a realização consciente do *Self* Divino. Não dá para imitar a experiência genuína de viver em estado de graça. Depois de um vislumbre, por menor que seja, dessa realidade, o amor transcende o prazer temporário e floresce em fragrâncias duradouras. O verdadeiro ouro brilha por meio daqueles que têm prazer em dividir seu mel com todo mundo.

Há outra associação com a imagem da rosa que precisa ser incluída no trabalho durante o estágio do *rubedo*. Em latim, *rosa* significa rosa e também orvalho. Na alquimia, o orvalho é como um mel para o ego. Os alquimistas acreditavam que o orvalho vem da lua. Como uma névoa, ele borrifa a terra de graça. Essa graça traz consigo uma sabedoria especial que eles chamam de *aqua sapientiae*.

Maio, o quinto mês, trazia essa sabedoria à terra. Alguns alquimistas descrevem esse abençoado borrifo como uma quintessência, ou quinto elemento, que se junta aos quatro elementos e os transcende. O orvalho, pensavam os alquimistas, possui o sal necessário para ativar o enxofre e o mercúrio contidos na *prima materia*. Ele age mais ou menos como o mel dessa receita, que liga o *Self* ao ego.

É significativo que seja o orvalho, e não a chuva, a trazer essa sabedoria especial à terra. O orvalho tem um efeito umidificador e tranqüilizador sobre nós. Ele torna as coisas mais lentas, mas não as varre para longe como a inundação. Sua umidade é suficiente apenas para estimular e manter as coisas renovadas. As pequenas gotas de orvalho que se formam sobre as pétalas da rosa lembram o suor do nosso rosto depois de um dia de trabalho ou as lágrimas de alegria que nos inundam os olhos diante de uma grande beleza. É interessante lembrar que o versículo mais curto da Bíblia Cristã é simplesmente "Jesus chorou". (João 11:35) Ele chorou pouco antes de trazer Lázaro de entre os mortos. Ouvindo os lamentos da família, Cristo sentiu o desespero de todos e, em solidariedade, chorou com eles.

> Primeiro, imagine que tal coisa é possível. Identifique uma experiência que você teve, em que o aparentemente impossível aconteceu. Você já achou impossível fazer alguma coisa que tenha tentado fazer? Pode ser até que tenha tentado várias vezes e fracassado em todas. O ego se esforçou mas não conseguiu acertar o alvo. Então, um dia, depois de se convencer de que era realmente impossível, você tentou de novo e conseguiu, sem nenhuma dificuldade. O ego preparou o cenário para a entrada do *Self*, mas ele precisou sair do palco para o *Self* fazer seu número. É assim que fogo e água se misturam de maneira alquímica!

O orvalho é uma forma visível de graça. Ele se relaciona ao poder de dissolver/resolver do *solutio*, em que a água rompe pensamentos densos e prepara a *prima materia* para as operações do estágio do *albedo*. Encontramos aí uma ligação entre o aspecto ardente da rosa e a suavidade do orvalho e do mel. O contraste justapõe fogo e água, o aspecto mercurial que convida os diferentes aspectos do *Self* a se juntar e a se integrar.

O trabalho do *rubedo* exige que a operação do *coniunctio* junte esses elementos díspares. Na natureza bruta, fogo e água não se misturam. Usamos a água para extinguir o fogo. Mas assim como não dá para entender essa receita de maneira literal, também não dá para entender como o fogo pode se misturar à água sem que um seja destruído pelo outro.

A alquimia, segundo Jung, exige "não apenas trabalho de laboratório, leitura de livros, meditação e paciência, mas também amor".[59] O amor é o meio em que os elementos se entregam e têm, finalmente, a oportunidade de se combinar no Um. Haverá melhor expressão de amor do que dar uma dúzia de rosas para a pessoa amada? Essa é uma receita de amor e, para os que a compreendem, os sonhos se realizam.

A OITAVA RECEITA

Dissolver e Coagular

Solve et coagula

A REUNIÃO

Essa é uma das mais antigas receitas alquímicas. Para compreender seu significado, temos que voltar à imagem da pedra. Ninguém sabe ao certo por que a imagem da pedra foi escolhida para simbolizar o *opus* do começo ao fim — da *prima materia* ao *lapis philosophorum* (a pedra filosofal). É mais provável que tenha surgido espontaneamente, do inconsciente coletivo. A pedra intocada caracteriza uma paisagem sem vida, sólida, densa, aparentemente inabitável. É um lugar de origem, fora do tempo. É assim que chegamos ao mundo: com a mente limpa como uma lousa, *tabula rasa*, sem consciência nem conhecimento. Deixar que a natureza siga seu curso é uma mera garantia de que a espécie vai continuar existindo por meio de um padrão de genes concorrentes e da sobrevivência do mais apto. Mas, para avançar além da consciência da idade da pedra, amadurecer e nos transformar em seres humanos plenamente individuados, é preciso mais.

Essa receita tem duas partes: dissolução e coagulação. Vamos analisar cada uma delas para compreender as operações psicológicas e alquímicas envolvidas em cada processo.

Nos estágios iniciais do trabalho, o alquimista dissolvia (*solve* em latim) a *prima materia,* separando seus componentes. À custa de muito esforço, a *prima materia* ia sendo fragmentada em partes menores e cada vez mais sutis. Nesta receita, a primeira operação lembra a operação do *separatio*. Do ponto de vista psicológico, o *separatio* significa o nascimento embrionário da consciência, pois é só quando nos separamos do inconsciente que adquirimos a cognição de nós mesmos.

A dissolução envolve várias separações, todas importantes para a transformação da *prima materia* em estados de consciência cada vez mais aprimorados. Faço aqui um resumo dessas separações:

- Na primeira divisão, uma parte do inconsciente se separa, formando um ser microscópico, quase que totalmente inconsciente mas com o potencial de chegar ao conhecimento consciente do *Self* e da natureza. Em outras palavras, nasce um bebê.

- A segunda divisão causa uma separação entre a consciência e a inconsciência — a criança adquire consciência de si mesma e logo percebe a distinção entre "eu" e "isso".

- A terceira separação resulta na formação das duas funções psicológicas primárias (racional e não-racional) e de um subconjunto de quatro funções mais refinadas (pensamento e sentimento, intuição e sensação).

- A quarta *separatio* tem potencial para elevar as funções conscientes ao nível transcendental. Nesse estágio, o *Self* Individuado está formado e a pessoa faz pleno uso da imaginação ativa e da função transcendental.
- A quinta divisão resulta num rompimento final entre o *self* e o outro, sendo que a percepção das fronteiras entre o *self* e o outro ocorre em diversos graus. Essas fronteiras têm que ser claras e estáveis para que a existência psicológica seja saudável. Mas há outros benefícios. Esse *separatio* permite, potencialmente, que nasça o *Self* Divino. As raras pessoas que atingem esse nível ganham um senso de consciência universal ou divina.

Cada uma dessas divisões sucessivas leva a consciência a um nível mais elevado de *self*. Esse processo que usa o *separatio* para individuar a consciência é conhecido, na psicologia, como diferenciação. Jung define a individuação como "um processo de diferenciação que tem por meta o desenvolvimento da personalidade individual".[60] Diferenciação é, simplesmente, o processo de separar áreas brutas e densas da personalidade em unidades menores e mais funcionais. Como você já deve ter adivinhado, tem que haver um processo recíproco de integração dessas partes para que se atinja a meta da individuação — uma personalidade individual plenamente funcional. Vamos falar da integração quando chegarmos à segunda parte da receita.

Os alquimistas dizem que é preciso quebrar a pedra bruta para que a consciência possa avançar para níveis mais elevados de organização. Numa receita semelhante, eles dizem o seguinte: *Não há geração sem corrupção*. A dissolução da pedra por meio do *separatio* e da diferenciação permite que outras operações entrem em cena. O trabalho do *separatio* é desintegrar a pedra por meio de sua evolução. Do ponto de vista psicológico, a diferenciação reorganiza a pedra para que ela se torne mais consciente e funcional. Esses processos são muito importantes na dissolução de impedimentos reais à individuação — áreas extremamente densas da psique, conhecidas como complexos.

Essa receita reduz a alquimia ao seu cerne. O esforço para dissolver os complexos que obstruem o crescimento e reconstruir a personalidade é uma reação a um impulso natural em direção à individuação. Esse impulso nos compele à ação, consciente e inconsciente, que nos ajuda a expressar nosso mais alto potencial. Antes de apresentar exemplos da dissolução de um complexo e da reconstituição da personalidade, vamos examinar melhor a natureza dos complexos, o que são e como funcionam.

A psicologia junguiana era originalmente conhecida como psicologia complexa, porque se concentrava no estudo dos complexos psicológicos. Um complexo é uma parte da psique que não foi separada nem diferenciada da natureza e da mente consciente. O complexo é o equivalente psicológico do chumbo alquímico. Ambos são densos, matéria bruta que precisa ser separada e repetidamente diferenciada para que se possa ter consciência deles.

Raramente temos consciência dos complexos. Às vezes, brincando, dizemos que tal pessoa tem um complexo materno ou complexo de superioridade, mas raramente enxergamos nossos próprios complexos. Os complexos se formam cedo na vida e, sendo inconscientes, são cheios de energia instintiva e emocional. Um complexo é como um nó formado por muitos fios ligados a instintos e impulsos biológicos, assim como a pessoas que representam fontes de gratificação básica. Quando um complexo domina a personalidade, é como uma possessão. Mal conseguimos pensar no que fazemos e, mesmo sabendo que nossas ações são autodestrutivas, não conseguimos parar, observar e mudar. Nós nos limitamos a executar o mandato primordial da natureza: sobreviver a qualquer custo. Ou seja: os hábitos e impulsos são os comportamentos que nos mantêm presos no complexo.

Alguns exemplos vão nos ajudar a compreender como um complexo interfere no processo de individuação e como a diferenciação age no sentido de resolver o problema. Vou descrever um complexo materno e, depois, apresentar um exemplo detalhado de complexo paterno.

A mãe que não construiu uma vida independente estável pode interferir inconscientemente no processo de separação-individuação do filho. A separação exige que a mãe se liberte do filho no plano físico e emocional e que o filho faça o mesmo para conquistar autonomia e independência. Mas o filho que não tem oportunidade de efetuar essa separação pode nunca se tornar ele mesmo. Mesmo quando cresce e muda da casa dos pais, o filho leva consigo a psicologia da mãe. Essa psicologia inconsciente se torna parte de sua psique de adulto. Forma-se um complexo que tem vínculos profundamente enraizados com a mãe e com o mundo dos instintos que ela representa.

Esse complexo é ainda mais nocivo porque interfere na capacidade de estabelecer limites claros. O complexo materno pode causar vários sintomas, mas os mais comuns são baixa auto-estima, passividade, falsa submissão, dependência, hipersensibilidade à rejeição, depressão, alcoolismo e outros vícios. Na linguagem coloquial, uma pessoa com esses problemas é chamada de 'capacho', de co-dependente, de mulher (ou homem) que ama demais. Os complexos maternos são cegos ao sexo. Os homens sofrem desse problema tanto quanto as mulheres.

> Quem não é senhor da própria mente vai ser escravo da mente dos outros.

Nos casos mais graves, os danos psicológicos traumáticos sofridos nos primeiros anos de vida impedem a individuação: o segundo *separatio* não ocorre adequadamente e a psique da criança não consegue chegar a uma forma de identidade consistente e estável. Sem conseguir fazer uma distinção clara entre ela mesma e os outros, ela não estabelece limites. Assim, a criança permanece num estado de psicose profunda, totalmente dissociada do mundo. Mas, mesmo nesses estados psicóticos, observo que a psique luta para encontrar a mãe perdida. Infelizmente, ela pode aparecer aos pedaços, espalhados entre os muitos fragmentos das ilusões e alucinações. Essa distorção impede que a pessoa desenvolva uma imagem coerente da mãe. Ela é horrível num momento e uma deusa no outro. A diferenciação, nesse caso, é deixada às aleatórias forças inconscientes da natureza, o que impede que a pessoa junte os pedaços num todo significativo.

Esse estado terrível parece pouco comum mas, em diferentes graus, está presente em todos nós. Momentos de desorientação, intoxicação, choque ou crise nos trazem, com brutalidade, a lembrança dessa consciência embrionária. Felizmente, a maioria de nós passa pelo segundo *separatio*, e depois enfrenta complexos menos nocivos. Para compreender esse conceito dinâmico de personalidade, podemos também partir da idéia de que somos todos um feixe de complexos. A individuação age no sentido de desfazer esse feixe na tentativa de trazer ordem e estabilidade à organização da mente. Nesse processo, nosso principal aliado é o *Self*. Enquanto o ego vive emaranhado nesses nós psíquicos, o *Self* continua constante e intocado. São os atributos do Verdadeiro *Self* que nos permitem manter a estabilidade enquanto o ego luta com complexos que causam obstruções. A saúde (no sentido de totalidade) é também a capacidade de resolver complexos usando os poderes do *Self* para juntar os muitos fragmentos da psique numa personalidade individual coesa.

Na solução dos complexos, outro aliado é a psicoterapia, que tem como objetivo resolvê-los para favorecer o trabalho de individuação.

Na verdade, o termo "análise" deriva seu significado de *lysis*, uma palavra grega que significa "soltar". A terapia que trabalha a diferenciação age no sentido de soltar os nós que mantêm a coesão do complexo. Esse não é um processo fácil. O complexo é envolto em imagens inconscientes, que são guardadas pelas defesas do ego e carregadas com muita emoção. Se não se usar de muita delicadeza para separar esses elementos, terapeuta e paciente acabam disputando um cabo-de-guerra: um se agarra a comportamentos velhos e mal adaptados enquanto o outro estimula a individuação. Esse trabalho é difícil para os dois, mas a resolução de um complexo é uma coisa bonita de se ver. Ela vem acompanhada, em geral, de uma explosão de energia e compreensão, um alívio que liberta a pessoa do passado. Foi isso o que aconteceu com um homem que tratei durante muitos anos.

Esse paciente era um homem de meia-idade que sofria de um terrível complexo paterno, o que lhe causava intensos ataques de pânico. Ainda bebê, ele tinha sido abandonado pelo pai. Logo depois, sua mãe casou com um boxeador alcoólatra, enorme e muito agressivo. Além de abusar emocionalmente do meu paciente, o padrasto vivia desafiando o menino a brigar com ele. Meu paciente aceitou o desafio uma vez só: "Ele me deixou inconsciente."

Quando meu paciente começou a terapia, o padrasto estava morto há muito tempo e dele restavam apenas as lembranças terríveis. Apesar da infância traumática, meu paciente teve sucesso na carreira e tinha se aposentado com bastante dinheiro. Agora, ele tentava descobrir o que fazer com o resto da sua vida, depois de quatro casamentos fracassados e dois filhos que não via desde que eram crianças. Além dos fortes ataques de pânico, ele gaguejava e tinha uma obsessão: dividir os números até reduzi-los ao mínimo denominador comum.[61] Com a terapia, ele aprendeu que esses sintomas eram uma maneira de minimizar a agressividade e de reduzir o padrasto à sua real dimensão.

Quando ele começou a buscar um modo mais saudável de encarar o abuso que tinha sofrido quando criança, um peso foi tirado dos seus ombros. Uma torrente de energia emocional foi liberada em forma de lágrimas e de uma nova vitalidade. Ele parecia explodir de tanta energia mas, mesmo assim, não tinha reunido recursos para destruir a lembrança do padrasto que, tantos anos depois, ainda parecia dominá-lo. O momento da virada chegou quando ele percebeu que a origem de seus ataques de pânico era o complexo paterno que o tinha assombrado ao longo da vida. Ele entendeu que muitas de suas ações tinham sido inconscientemente determinadas por emoções relacionadas ao complexo Não chegue perto, não confie, não perca o controle — eram essas as mensagens silenciosas que ditavam suas ações.

Na terapia, ele fez um exercício de imaginação ativa, pedindo ao inconsciente para revelar o medo subjacente a seus ataques de pânico. Para sua surpresa, ele teve a resposta uma semana depois: "Tenho medo de morrer quando estiver sozinho."

Continuando a dissolver a fonte do seu medo, ele descobriu sua origem na infância. Homem inteligente e vivido, ele compreendia que todos nós morremos sozinhos e que o medo que sentia não era da mortalidade: era um medo infantil pela negligência que sofrera. Os ataques de pânico eram o sofrimento do menino sendo espancado, aterrorizado e sozinho. A raiva era o desejo de eliminar a fonte de seu terror, o padrasto agressivo.

À medida que o complexo foi se dissolvendo, ele descobriu que o medo e a raiva eram os componentes do desespero interior que tinha sofrido quando criança. Por meio de um intenso processo de terapia, ele entendeu que não precisava mais ter medo de se matar ou assassinar ninguém. Não precisava mais esconder a vergonha que sentia por ter pensamentos assassinos e por abusar do álcool. A imagem da besta tinha sido assassinada! Assim, ele podia agora expressar sua raiva de maneira positiva e responsável. À medida que os outros sintomas foram desaparecendo, ele passou a sentir um amor genuíno por si mesmo e pelos outros. Começou também a se relacionar com uma mulher que, havia anos, era mais uma fantasia do que uma pessoa de verdade. Ele acabou "adotando" a família dela e aprendendo a amá-la. Quanto mais se abria para os outros, menos sozinho ele se sentia; ele era agora parte de uma família. As energias de cura do inconsciente estavam destruindo seu medo infantil de morrer sozinho e sem amor. A causa da sua dor não era o medo da morte, mas o medo desesperado de ficar só e indefeso.

Foi preciso destruir o padrasto cruel para que o pai perdido pudesse vir à superfície. O medo tinha impedido esse homem de descobrir a tristeza que sentia por ter perdido o pai biológico. É claro que ele não se lembrava do pai mas, mesmo assim, a psique pode imaginar o significado dessa perda. Ela pode até mesmo inventar o pai, que ele nunca teve, mas que sempre desejou ter. Quanto meu paciente conseguiu soltar a imaginação, ele encontrou o pai, há tanto tempo perdido, em sonhos, fantasias e, mais importante ainda, no pai que era agora para as crianças de sua nova família. Ele não era mais uma árvore sem raízes, um pai e marido sem a profundidade psíquica necessária para criar os filhos e ser responsável pelas mulheres com quem se casou. Depois de um longo processo de separações, a ligação psíquica foi feita e surgiu uma nova identidade masculina, sólida e capaz de continuar a individuação.

A psicoterapia fez muito bem a esse paciente. Agiu como um vaso hermético em que a individuação, paralisada na infância, ficou livre do trauma psíquico e os complexos se dissolveram. Nesse caso, a psicoterapia foi como um útero, o "ovo filosofal", dentro do qual as fixações do trauma infantil puderam amadurecer. Assim como o vaso dos alquimistas continha os elementos brutos da *prima materia*, a terapia ofereceu, a esse paciente, um recipiente forte e seguro para o trabalho necessário. Para enfrentar o complexo, ele tirou coragem do *Self* superior. Conseguiu coagular as imagens do complexo e situá-las num quadro maduro de masculinidade.

Como vemos nesse exemplo, a dissolução e a resolução de complexos são procedimentos difíceis e dolorosos. Em várias tradições, imagens horríveis simbolizam esse processo. Na alquimia, esse aspecto do *separatio* é ilustrado por desmembramentos, cortes e divisões. Nesse caso, a obsessão do paciente pela divisão representa um processo de *separatio* fora do seu controle consciente. A terapia procura tornar o inconsciente consciente. A verdadeira cura começou quando esse homem conseguiu enxergar as circunstâncias que contribuíam para seu complexo paterno. Em outras palavras, ele tinha passado pelo *separatio* inicial, o que lhe permitiu ver que o trauma de infância continuava vivo em seu comportamento. Aprofundando essa consciência, ele reduziu os comportamentos inadequados, além de identificar e expressar sentimentos há muito reprimidos.

A segunda parte da receita, o *coagulatio*, é ilustrada neste exemplo pela restauração da personalidade. Tendo passado por um árduo processo de diferenciação, ele teve que fazer o trabalho psicológico de integrar as novas visões da infância traumatizada. Nessa receita, esse trabalho de integração é chamado *coagulatio*. É um trabalho que também passa por vários estágios, à medida que lembranças e emoções retrabalhadas vão sendo integradas. Cada experiência de *coagulatio* eleva a consciência e traz uma percepção mais profunda e níveis melhores de funcionamento.

No caso do meu paciente, vimos o trabalho que ele fez para fragmentar o complexo e a integração necessária para reunificar sua personalidade de modo a se libertar do passado. O uso da receita alquímica na terapia o livrou das horríveis mensagens que o faziam internalizar a agressividade, amortecer a dor com o álcool e ser incapaz de amar. A liberação foi dramática: ele chorou, condenou amargamente o padrasto e acusou a mãe, expressando ao mesmo tempo um anseio profundo pelo verdadeiro pai. À medida que cada lembrança dolorosa vinha à tona, ele conseguia ordenar os fatos e os sentimentos, com base no homem inteligente e bem-sucedido que ele tinha se tornado, apesar de tanta adversidade. Seu trabalho de integração foi fantástico. Fiquei maravilhado com aquele novo homem cuja capacidade de dar e receber amor aumentava a cada descoberta. Ele não tinha mais medo de morrer porque, cercado de pessoas que o amavam, nunca mais ficou sozinho.

O *coagulatio* tira seu poder do elemento terra. Como já analisamos, o elemento terra é concreto e imediato em seus efeitos sobre a consciência. Esta operação nos permite traduzir em ações o que sabemos. Em terapia, o verdadeiro teste da compreensão é a mudança de comportamento. Não é só na mente que se resolve um complexo. A menos que o conhecimento seja internalizado, de modo a modificar a personalidade inteira, o complexo continua vivo no inconsciente.

Na realidade, é raro alguém se livrar completamente dos complexos. Assim, a pedra filosofal representa a personalidade rara que se libertou completamente de tudo o que a impede de chegar aos mais altos níveis do *Self*. No entanto, a árdua jornada da individuação compensa o esforço, porque é o mais perto que conseguimos chegar do nosso destino. O analista junguiano Edward Whitmont escreve:

> Somos desafiados a alcançar um tipo de parceria consciente e afirmativa com nossos complexos e deficiências biológicas, na qual eles não sejam negados ou reprimidos de modo idealista e nem deixados à vontade para nos sobrepujar. Essa pode ser uma tarefa formidável. Ela exige uma luta constante com nós mesmos na qual a balança está sempre oscilando, pedindo continuamente uma solução. Mas a descoberta de sig-

> nificado nesse cabo-de-guerra de impulsos e necessidades conflitantes pode ser a tarefa mais importante da criatividade humana, a razão e o propósito da vida e nossa contribuição cósmica como seres vivos.[62]

O *coagulatio* traz essa realidade ao primeiro plano da cognição. Chegamos a ela por uma série de diferenciações e integrações do material psíquico que constitui o mundo interior. Durante o trabalho de individuação da alquimia pessoal, percebemos que a vida é um processo constante de separações e reuniões.

A NONA RECEITA

É Preciso Mercúrio para Fazer Mercúrio

A MUDANÇA

Mercurius e seu metal, o mercúrio, são o símbolo e a substância da mudança. Não dá para pegar o mercúrio, assim como não dá para definir a mudança. Ambos são esquivos, escorregadios. Mas uma coisa é certa: a mudança sempre acontece e nada é imune a ela. É uma ilusão achar que somos hoje a mesma pessoa que éramos há um ano ou há um minuto. Na verdade, este momento precioso é tudo o que conhecemos, atrás de nós estão as lembranças e, à nossa frente, fantasias sem fim esperando para se abrir.

Marque o tempo pela respiração
O que eu expiro é passado
A próxima inspiração é tudo o que eu sei
Do futuro

Escrevi estes versos tendo em mente que Mercúrio é um espírito e que o elemento em que vivem os espíritos é o ar. A respiração e a digestão são dois processos que os alquimistas mencionavam constantemente nas descrições de Mercúrio. Para compreender essa receita, temos que conhecer as regras que governam esse espírito tão esquivo.

A Doutrina da Correspondência é uma teoria fundamental da alquimia, que explica enunciados paradoxais, tais como o dessa receita. Segundo essa doutrina, há uma simetria fundamental entre todas as coisas, sejam elas pequenas ou grandes, por mais diferentes que pareçam. Hipócrates, o pai da medicina moderna, chama esse princípio de "simpatia" entre as coisas vivas:

> Há um fluxo comum, um sopro comum, todas as coisas estão em simpatia. O organismo inteiro e cada uma de suas partes funcionam em conjunto com o mesmo propósito... o grande princípio se estende à parte mais extrema e, da parte mais extrema, volta ao grande princípio, à natureza única, ser e não-ser.[63]

Essa Doutrina sobreviveu ao longo das eras e pode ser observada nos tempos modernos. Ela é fundamental à magia simpática e chamou a atenção de alguns dos principais filósofos e cientistas do mundo. Aristóteles, Leibniz, Copérnico, Newton, Pauli e Jung falam de suas implicações na filosofia, na matemática, na astronomia, na física e na psicologia. Acredito que essa doutrina seja uma das pedras fundamentais das grandes filosofias, artes, ciências e religiões. É portanto a ela que recorremos para decifrar a charada contida nessa receita.

Assim como há graus que indicam a diferença de qualidade entre vários produtos, há graus de consciência que correspondem às qualidades de um espírito. Lúcifer e o arcanjo Gabriel são ambos espíritos, mas o primeiro ocupa o mais baixo nível de cognição, enquanto o último reflete a pura consciência. Mercúrio é especial porque encarna todos os graus possíveis. Num momento ele é um diabrete real, desonesto e travesso. No outro, um psicopompo que inspira, orienta e traz a compreensão. Nenhuma imagem captura melhor a essência da mudança do que Mercúrio.

Aplicando a Doutrina da Correspondência a Mercúrio, descobrimos em sua natureza a divisão entre um trapaceiro vil e um espírito divino. Se queremos fazer ouro a partir do chumbo, não podemos deixar que os dois existam lado a lado. O alquimista justapõe esses dois aspectos da própria consciência e, com fogo, faz com que se unam.

A esperteza do vil trapaceiro aparece em mitos e lendas do mundo inteiro. "O Espírito na Garrafa" é um conto de Grimm em que Mercúrio aparece como um espírito abandonado que exige atenção. Na história, o filho do pobre lenhador anda pela floresta. De repente, ouve uma voz: "Me deixe sair, me deixe sair!" Procurando a origem da voz, o menino encontra uma velha garrafa junto ao tronco de um carvalho. Quando abre a garrafa, um espírito, quase tão grande quanto a árvore, sai lá de dentro e declara: "Tive meu castigo e agora serei vingado! Sou o grande e poderoso espírito Mercúrio e você vai ter sua recompensa. Aquele que me solta, eu devo estrangular."[64]

Obviamente, esse Mercúrio não é um espírito muito bonzinho. A razão de tanta raiva está no fato de ele ter sido abandonado. Em outras palavras: o aspecto mercurial/espiritual do menino não tem recebido atenção e, para ser salvo, ele tem que agir rapidamente para atender a essa necessidade. O menino prega uma peça em Mercúrio, pedindo-lhe que prove que é realmente o espírito que saiu da garrafa, pois só então ele vai fazer a vontade de seu suposto assassino. Ofendido, Mercúrio volta para dentro da garrafa, que o menino tampa rapidamente.

Se a história terminasse aí, o menino teria se revelado um homem e encontraria sua recompensa nesta vida. No nível do ego, ele teria se separado da natureza, uma separação importante, iniciando a mudança de maneira clara e oportuna. Mas Mercúrio não está disposto a deixar tudo por isso mesmo. Ele pede ao menino para soltá-lo de novo e lhe oferece uma rica recompensa. No nível do ego, isso não faria sentido, mas ocorreu uma transição fundamental. O menino passa do ego ao nível mais elevado do *Self*. Dessa perspectiva, ele reconhece o elemento mercurial superior na própria psique.

Ele solta Mercúrio e, em troca, recebe uma tapete mágico. Mercúrio diz: "Pondo uma das pontas sobre uma ferida, ela cicatriza, esfregando ferro ou aço na outra ponta, eles se transformam em prata."[65] De fato: o menino esfrega o tecido em seu machado e ele se transforma em prata. Ele vende o machado e, com o dinheiro que obtém, consegue voltar para a escola e acaba se tornando médico.

O tapete mágico é emblemático do poder que Mercúrio tem para transformar mente e matéria em coisas preciosas. É interessante, no entanto, que o machado se transforme em prata e não em ouro. Parece que ainda resta algum trabalho a ser feito. Ser médico é bom, mas o verdadeiro teste do seu valor é aplicar a habilidade de curar.

Enquanto o ego separa e escolhe o que vai compor a realidade, o *Self* abraça o universo inteiro. Como curador, o médico tem que estar disposto a dar igual tratamento a santos e assassinos. O curador se dedica, enquanto o médico usa técnicas e conhecimento clínico para ajudar seus pacientes. O ego nos permite desenvolver habilidades técnicas, mas o *Self* eleva a nossa visão a um plano espiritual. Por meio de truques e traições, Mercúrio nos força a descobrir essas grandes diferenças. Esse conto mostra que a Doutrina da Correspondência funciona tanto na psique quanto na psicologia entre as pessoas.

Muitos presidentes mostram evidências da ação do trapaceiro. O presidente é rei num momento e bobo no outro. A política e o mercado estão entre os lugares favoritos do trapaceiro porque, como são palco de muitas mudanças, dão a ele a oportunidade de influenciar a consciência, para melhor ou para pior. A psicologia é outro campo em que o trapaceiro adora se envolver. Até gente como Jung não foi páreo para esse espírito arquetípico. Como todos nós, Jung era atormentado, de tempos em tempos, por esse espírito manhoso. "Não vire as costas para o diabo": esse ditado antigo é um bom conselho para se lidar com o trapaceiro. Jung incluiu o Trapaceiro entre as esculturas que fez para sua casa em Bollingen, às margens do Lago Zurique. Ninguém, seja qual for sua posição na vida, está isento da influência desse espírito. Assim como todos nós temos uma sombra, temos na psique um trapaceiro, que barganha, bajula e manobra, transformando nossa terra em solo fértil.

> O trapaceiro não é um mal maior do que a sombra. Não é separar e escolher o bem que eleva a psicologia profunda até o nível que a alquimia exige, mas a disposição a aceitar o mal com o bem, para que as coisas sejam completas.

"Mercúrio", escreve Jung, "consiste em todos os opostos concebíveis... Ele é o processo pelo qual o inferior e material é transformado em superior e espiritual e vice-versa... Ele é o diabo, um guia redentor, um trapaceiro evasivo e o reflexo de Deus na natureza física."[66] Se, como escreve Freud em *Interpretação dos Sonhos*, o sonho é a *via regalia* (via real) para o inconsciente, então Mercúrio é o nosso guia.

Seguindo a lei da correspondência, Mercúrio nos permite ver a vida sem preconceito. Dessa perspectiva, reis e bobos, ricos e pobres, todos são iguais. Assim, o mundo se torna "Um" — consciente, vivo e cheio de potencial significativo. Os alquimistas acreditavam que Mercúrio residisse no mercúrio, que eles chamavam de "prata viva". Para eles, o mercúrio era um excelente agente a ser usado na fusão de metais. O único metal que resiste ao mercúrio é o ferro. Esses dois metais têm naturezas muito contrárias, e por boas razões.

A mudança por si só é, aparentemente, sem significado, a menos que exista algo que fixe as constantes mutações da matéria e da mente. Ou seja: precisa haver algo que faça com que as coisas se estabilizem e se manifestem como substância concreta. Como já analisamos, o ferro tem dupla cidadania: ele vem a nós do alto em forma de meteoros e das minas profundas sob a superfície da terra. Forjado nas bigornas do céu e da terra, o ferro é um metal forte e inflexível. Como tal, é a contrapartida necessária ao mercúrio, com o seu poder de transformar. Juntos, os dois formam um conceito conhecido como fixo-volátil, em que o fixo, simbolizado pelo ferro, representa a solidez e o mercúrio volátil, a mudança.

A ação do ferro é consolidar e corporificar, enquanto o mercúrio, de espírito energético, fragmenta as coisas e faz com que se unam. Juntos, ferro e mercúrio formam um poderoso par de opostos complementares. Em termos humanos, a "'vontade de ferro' e o 'temperamento mercurial' funcionam harmoniosamente juntos, produzem personalidades capazes e equilibradas, com talentos sociais".[67]

Em outro conto de Grimm, chamado "João de Ferro", um velho gigante enferrujado é tirado do fundo de uma lagoa. Como Mercúrio, ele também tem um impulso assassino por ter sido abandonado. Mas, em vez de mudar, João de Ferro personifica a agressividade bruta e primitiva. Nessa história, o herói se torna um homem quando compreende esse poder e aprende a controlá-lo. Ele aprende que a agressividade não é inerentemente errada, podendo ser aplicada com propriedade e justiça. Nos dois mitos, fica claro que ignorar esses deuses poderosos, e o potencial psicológico que representam, faz com que eles se expressem de maneira inconsciente e perigosa.

Há dois métodos para dominar o mercúrio e o ferro que se baseiam na compreensão do funcionamento do corpo. Vamos considerar a digestão e a respiração em termos desses metais e do papel crucial que desempenham na transformação alquímica de elementos físicos e psicológicos.

Como já mencionei, mercúrio tem uma forte afinidade com o elemento ar. A respiração é o meio dos pensamentos e da comunicação. Assim, Mercúrio é o Deus da linguagem e das artes da interpretação. Quando temos uma boa relação com ele, a correspondência entre imagem e palavra é quase idêntica. A linguagem atinge o ápice da expressão consciente na poesia. Em som e substância, a poesia expressa uma verdade que abrange o macrocosmo e o microcosmo da experiência, chegando a transcendê-los.

À medida que avançamos rumo a um mundo unificado, começamos a descobrir poesia até mesmo nas formas mais avançadas de matemática e física. A "teoria de tudo" pretende expressar, como uma elegante receita, o funcionamento de toda a matéria física. Mas, para participar desses grandes experimentos, não precisamos ser poetas ou físicos. Do ponto de vista psicológico, cada respiração representa um mundo repleto de passado, presente e futuro, reunidos na única realidade que conhecemos, embora raramente vivamos nela. Mercúrio é sentido de modo mais palpável na respiração, na linguagem e no pensamento. Ele oferece os meios que nos permitem fundir todos os mundos num só.

O segundo uso alquímico de Mercúrio está relacionado à digestão. Os alquimistas davam esse nome a todos os processos que envolvem o movimento e a transformação da matéria. Eles não o restringiam a seu significado biológico. Os minerais, por exemplo, passavam supostamente por um processo de digestão, da matéria crua e densa para uma forma mais sutil. O objetivo é facilitar esse processo digestivo e integrar os opostos que existem dentro e em torno dos elementos num todo harmonioso. Examinando com cuidado a gravura que introduz essa receita, temos um indício de como isso pode ser feito.

Há duas imagens de Mercúrio, uma sentada e outra em pé. Mercúrio, sendo um espírito ubíquo, é usado aqui para representar os opostos. Como ele está esplendidamente adornado nas duas imagens, pode representar o ego, sentado, e o *Self*, em pé — dois deuses regendo um domínio e um mundo, respectivamente. Tendo juntado os dois, o alquimista tem agora que descobrir uma forma de fundi-los. Observe que ele segura uma tocha acesa e está diante de uma fornalha ardente. O fogo é o meio que ele vai usar para que os opostos sejam digeridos e transformados num ser harmônico. Essa não é uma tarefa fácil. O ego resiste com toda a sua força a abandonar seu império e o espírito prefere desaparecer a ter que lidar com esse parceiro renitente. Na terapia, são muitos os obstáculos que atrapalham a junção desses dois, sendo ainda mais difícil combiná-los.

Ao tratar uma mulher que sofria de um distúrbio alimentar, descobri que a origem de seus problemas digestivos era mais psicológica do que física. Nesse caso, uso a palavra digestão no sentido físico e psicológico: a divisão entre os dois não é tão definida quanto os opostos ilustrados pelas duas imagens de Mercúrio. Menciono esse exemplo clínico para mostrar que, como terapeuta, eu estava trabalhando como o alquimista dessa gravura, procurando juntar os opostos numa tentativa de restaurar a saúde.

No começo, minha paciente não tinha idéia da fonte do distúrbio que a levava a comer demais e a vomitar. Usamos técnicas comportamentais para ajudá-la a recuperar o controle, mas os resultados eram irregulares. Ela se controlava durante uma semana e, na outra, perdia todo o controle. E estava infeliz, para dizer pouco. Então, um dia, ela contou um sonho que teve.

> Eu estava num posto de gasolina.[68] Meu irmão também estava ali, muito zangado comigo. Na noite anterior, eu tinha me recusado a fazer alguma coisa para ele. Começamos a brigar. Desta vez, eu não ia voltar atrás. Peguei a mangueira da bomba, risquei um fósforo e ateei fogo na gasolina. Eu queria destruí-lo.

Ao investigarmos as associações desse sonho, muitas lembranças vieram à tona. Ela descreveu, com detalhes pungentes, os anos de abuso físico e emocional que tinha sofrido nas mãos do irmão mais velho durante a adolescência. Suas emoções iam do medo ao total desespero, enquanto recuperava essas lembranças traumáticas. Aprofundando o trabalho para chegar à ligação entre sentimentos e estados corporais, os opostos foram ficando cada vez mais claros. Descobrimos o mecanismo pelo qual ela procurava manter o controle ou renunciar a ele. Quando sentia medo, ela buscava inconscientemente manter o controle da única maneira que (como criança) sabia — recusando a comida ou vomitando. Em outros momentos, a raiva dominava tudo. Mas, sem conseguir expressá-la, ela se vingava em si mesma devorando tudo, o que a deixava se sentindo culpada, deprimida e inadequada.

O objetivo da terapia era favorecer a expressão adequada dos sentimentos. O fogo era o meio e o consultório a fornalha em que ela aprendia a extinguir esses comportamentos não-funcionais. O sonho nos revelou o desejo inconsciente de destruir o irmão, e o fogo o meio pelo qual ela faria isso. À medida que ela conseguia expressar melhor suas emoções, o corpo reagia favoravelmente. Os sintomas diminuíram. Ela aprendeu a separar os desejos inconscientes do desejo consciente de melhorar. Em vez de descarregar a raiva e a tristeza em si mesma, ela encontrou canais de expressão melhores. Assim, começou a sentir que era possível modificar a batalha que tinha travado a vida inteira com a comida.

A tocha que o alquimista segura não representa apenas o método usado para juntar os opostos, mas também a esperança de sucesso. Na terapia ou fora dela, a cura não ocorre sem esperança. A imagem simbólica do fogo reflete esse sentido paradoxal: ele destrói para criar. A tocha é a luz da esperança. Para a minha paciente, a terapia ofereceu inicialmente uma tênue esperança de sucesso. Mas foi preciso alimentar o fogo e ajudá-la a ver a separação que tinha se formado entre seu eu saudável e seu eu não-saudável para que a luz da esperança ficasse mais forte.

Os sonhos da paciente ajudaram muito nesse processo. Eles lançaram luz sobre a humilhação e a raiva que ela sentia como uma adolescente vulnerável que, sem saber, internalizara uma batalha que nem era sua. Por isso, ela não conseguia mais digerir o abuso imposto a ela pelo irmão, assim como não conseguia seguir uma dieta normal. Pior ainda: ela adotou a imagem que ele tinha dela em detrimento do seu próprio corpo, real e belo. Ela se tornou o pior inimigo de si mesma. Com uma longa terapia, ela reuniu compreensão suficiente para enxergar com clareza seu Verdadeiro *Self* e começar a curar o hiato que tinha dividido em duas a sua realidade.

A respiração e a digestão são dois métodos para controlar o fogo da mente e do corpo. O mestre alquimista é aquele que conhece a natureza do fogo e sabe usá-lo construtivamente. Mais ainda: ele sabe que Mercúrio é o espírito que vive nas partes que precisam se juntar e também o agente que faz com que elas se unam. Essa receita descreve os elementos necessários para mudar a nossa vida. Com ela, vem a esperança!

A DÉCIMA RECEITA

Sem Inspiração Divina, Ninguém é Grande

O DISCERNIMENTO

O filme *Frankenstein* conta a história terrível de um monstro feito de partes de um corpo humano. O filme é baseado no romance *Frankenstein*, que Mary Shelley escreveu aos dezenove anos. Especula-se que, mesmo tão jovem, ela era versada em alquimia e tinha conhecimento da criação de um *golem*,[69] atribuída a alquimistas judeus do século XVI.[70] No filme, o relâmpago é a força que traz o monstro à vida, remetendo ao alquimista que evoca energias transpessoais para animar seus preparados. Em muitas fórmulas alquímicas, os ingredientes são ainda mais desagradáveis do que os usados pelo Doutor Frankenstein para criar *homunculii*. Paracelso, por exemplo, inclui urina, sêmen e esterco entre os ingredientes de sua receita para fazer um homem artificial. Nesses exemplos, fica óbvio que são necessários elementos da luz e das trevas, em igual medida, para criar vida sintética ou humana.

Obras literárias, como *Frankenstein* e *The Golem*, de G. Meyer, são pura ficção. Assim como a criação de *homunculii*, uma possibilidade admitida pelos alquimistas, essas histórias poderiam ser consideradas meras fantasias, não fosse pelo trabalho extraordinário, realizado hoje em dia, na área da clonagem. Quantas vezes já constatamos que a "magia de ontem é a ciência de amanhã?" Deixo essa investigação aos cientistas e alquimistas que trabalham hoje nessas áreas. No entanto, para compreender essa receita, é preciso identificar a força necessária para acender a centelha de uma forma de vida em outra.

Essa mesma pergunta desafiou os físicos por mais de um século e, mais recentemente, os psicólogos interessados na relação entre mente e matéria. Em 1900, Max Planck, o pai da física moderna, descreveu "pacotes" de luz conhecidos como quanta. Suas hipóteses levaram outros cientistas a novas concepções de energia e de estrutura atômica. Em 1911, Niels Bohr e outros cientistas perceberam que os elétrons saltam de um estado a outro de maneira misteriosa. Eles entenderam depois que, sem essa transição, a energia permaneceria potencial, sem se converter em energia usável (cinética). O que permite aos elétrons saltar para dentro e para fora da existência continua sendo um mistério. No entanto, sabemos que essas transições não ocorrem na ausência de consciência. Em outras palavras, essas transições acontecem porque nós as observamos. Não é preciso se concentrar nelas nem fazer qualquer outra coisa: basta voltar a atenção para a matéria para que os elétrons saltem para dentro e para fora da existência. Esse efeito foi documentado muitas vezes e, como já discutimos, revela a participação do observador.[71]

Essa ligação entre mente e matéria inaugurou um campo totalmente novo chamado física quântica. Tão incrível quanto a teoria do som, o mundo moderno seria totalmente diferente sem as descobertas feitas pela pesquisa quântica. Ela abriu caminho para o telefone celular e para a Internet, introduzindo, literalmente, um novo mundo. Não se trata de magia, mas de ciência exata. Assim, a física quântica nos trouxe de volta à visão alquímica de um mundo em que o papel que os seres humanos desempenham é essencial para o comportamento da matéria. Gostaria que a psicologia tivesse acompanhado os maravilhosos avanços da física quântica. Mesmo que modestamente, espero que este livro faça com que as pessoas pensem nas vantagens incríveis de se fundir a psicologia a outros ramos da ciência.

Apesar do empenho dos alquimistas, a possibilidade do trabalho de laboratório produzir a pedra filosofal dependia da infusão de um poder transpessoal. Isso explica a linguagem religiosa dos textos alquímicos e a importância da prece e da meditação nos procedimentos de laboratório. O adepto se considerava um condutor pelo qual a energia divina fluía para as substâncias químicas, estimulando-as e fazendo-as se comportar de maneiras extraordinárias. Dá para perceber de pronto por que essas receitas e esses procedimentos eram mantidos em segredo e fora do alcance dos incautos. Mas mesmo que os segredos dos alquimistas fossem roubados por um personagem do mal, ele não teria presença de espírito para integrar Mercúrio à obra.

Isso nos leva a perguntas muito importantes. Na alquimia pessoal, quais são as condições necessárias para trazer o inconsciente à vida? Como podemos facilitar ainda mais o trabalho? O que é essa centelha, necessária para concluir o trabalho? Temos que ser religiosos para que essa centelha espiritual se acenda?

Embora eu já tenha falado das qualidades que são indispensáveis aos alquimistas nos assuntos pessoais, gostaria de mencionar mais uma, que é essencial na presente receita. A inspiração divina é a centelha que faz com que coisas comuns ganhem vida e se tornem grandes.

A alquimia é uma obra de amor e exige muito trabalho. Nela, o sucesso depende de uma disciplina capaz de equilibrar a inspiração do céu com a transpiração da terra. No *I Ching*, o antigo livro chinês das mutações, o Homem Superior é aquele que tem grande sabedoria e a disciplina necessária para combinar essas forças. Transmutar metais, criar elixires de cura e poções de imortalidade são, por certo, tarefas elevadas, que exigem nada menos do que os poderes de um ser humano superior. Esse é um trabalho que pode abrir espaço para falsas ambições e orgulho superficial. Por isso, é reservado àqueles que conseguem fazer o trabalho dos deuses com as mãos de um artesão comum e com o gênio suave de um santo.

O analista junguiano Robert Johnson diz que esse equilíbrio entre céu e terra vem da experiência comum de todos os dias. Escreve ele: "É irônico que tantas vezes a descoberta da consciência do divino venha de uma falha na consciência comum. Às vezes, os contatos com o divino parecem puro sofrimento e, às vezes, eu me pergunto se todo sofrimento é uma visão de Deus grandiosa demais para se agüentar."[72] Em outras palavras, a inspiração divina não sai da boca dos santos, mas das palavras que proferimos no decorrer de um dia comum. Você já notou que, em certos momentos, por compaixão ou até por descuido, dizemos coisas sábias e verdadeiras? Será que é possível cultivar essa faculdade? Uma tal sabedoria não vem do ego. Ela vem do *Self*, que está em contato com a natureza e com algum reino divino.

A alquimia pessoal exige sofrimento, não do tipo comum, mas um sofrimento nobre e até mesmo extático. No sofrimento extático, há uma alegria silenciosa até mesmo nos momentos mais desesperados. Tão grande é o desejo de ter a pedra filosofal que o corpo dói fisicamente. O corpo humano tolera qualquer dor e qualquer sofrimento se a mente estiver profundamente comprometida com um propósito significativo.

> Um bom exercício é inventariar a dor e o sofrimento para ver se atingem esse nível. Se não atingem, eu os atribuo a problemas tipicamente associados ao ego, que devem ser tratados no seu próprio nível. Mas quais são os problemas que têm uma fonte mais profunda? Não descarte com muita pressa o primeiro grupo porque, muitas vezes, ele nos dá indícios de questões mais profundas.

Todo alquimista tem um pouco de chumbo na cabeça e um pouco de ouro nos pés. Assim, ancora seus sonhos na realidade terrena mas não fica atolado com o peso de intermináveis operações tediosas. Na alquimia pessoal, as qualidades humanas, como os metais do alquimista, ou coagulam ou sublimam. São essas as operações de terra e céu. O processo de *coagulatio* tem o efeito de fixar fantasias elevadas, emoções desenfreadas e ideais por demais elevados. O *sublimatio*, por outro lado, libera atitudes estagnadas e por demais presas à terra. Assim, essas operações espelham suas contrapartidas simbólicas — o ferro e o mercúrio. À medida que dominamos essas operações, criamos um espaço sagrado que convida a inspiração divina.

No simbolismo alquímico, a inspiração é muitas vezes representada por uma pancada de chuva e sua manifestação como orvalho. São imagens extraídas do elemento água, conhecidas como *aqua sapientiae*, uma amostra da sabedoria divina. A chuva é água que vem do céu. Ela fertiliza o campo da imaginação, capacitando-nos para a visão extática e para o trabalho criativo. O orvalho é como o suor da nossa testa, que evidencia a honestidade no trabalho e nos propósitos. São símbolos de um tipo especial de graça, que vem da devoção ao trabalho e ao amor. Em todo trabalho tem que haver um grama de inspiração para cada grama de transpiração.

Mesmo estando atentos ao sofrimento no amor e no trabalho, não podemos prever se ou quando seremos atingidos por uma centelha de inspiração divina. Na história bíblica de Paulo, vemos que Deus não reserva a inspiração aos mais santos. Paulo perseguia os cristãos antes de ser atingido por um raio e adquirir uma sabedoria superior, transcendental. A conversão foi instantânea e tão completa que esse judeu de Tarso mudou de nome e se tornou conhecido como um dos mais importantes apóstolos de Cristo. O nome Paulo, que significa "pequeno, restrito, diminuído, tornado pequeno", nos dá uma boa indicação do que foi preciso para ele se abrir à inspiração divina. Um ego preconceituoso e tirânico, com vontade dominadora e percepção estreita do mundo, tinha que se "tornar pequeno" para que Paulo abrisse os olhos para uma consciência maior do que a sua.

Às vezes, sem boas razões para explicar por que ocorrem as intervenções divinas, tratamos acontecimentos sincrônicos como se fossem milagres. Mesmo que isso seja verdade, ainda resta saber como otimizar as condições que favorecem a divindade em nossa vida. Em vez de ser um observador passivo de ocorrências inconscientes, o alquimista quer participar plenamente. Na minha experiência, acho que os milagres nem sempre vêm de maneira dramática. Súbitas descobertas e acontecimentos sincrônicos são milagres menores, que fazem parte da experiência cotidiana. Jung suspeita de que esses tipos de "iluminação e inspiração... são expansões súbitas de consciência [tendo] um sujeito que não é o ego".[73] Então, se não é o ego e não é deus, chegamos mais uma vez ao *Self*, que não é plenamente humano e nem totalmente divino.

Quais são as qualidades do *Self* que possibilitam o êxtase, os milagres, os *flashes* de compreensão e a experiência de acontecimentos sincrônicos? O *Self* é nossa interface com a natureza, uma experiência constituída, simultaneamente, de elementos animais e humanos. Ele nos remete a uma sabedoria a que a mente egóica não poderia sequer aspirar. Ao mesmo tempo, é a consciência do ego que lhe dá a disciplina necessária para navegar com sucesso no mundo da realidade e vivê-lo plenamente. De uma perspectiva estritamente egóica, essa compreensão passa despercebida.

Um ego que não está seguro nem totalmente individuado, costuma se considerar como uma fonte de sabedoria. Esse é um erro grave. Precisamos do ego para ver a sabedoria que só o *Self* tem a oferecer, mas quando o ego não desiste de suas falsas pretensões, não se chega à verdadeira fonte do seu maior aliado. E o ego tem, portanto, que abrir mão das suas pretensões em favor de coisas maiores do que ele. Ele tem que observar o mistério e se deixar inspirar pelo espírito. Ramakrishna diz que precisamos fazer do ego um "servo de Deus".[74]

> "Você se deixa ser menos para ser mais — menos quase perfeito, mas mais quase total."[75]

A inspiração vem para a mente do ego quando ficamos mais leves e deixamos de nos levar tão a sério. Quando o ego consegue enxergar através das próprias defesas, ele começa a se desligar dos medos que fizeram parte de sua formação. A lucidez vem para a mente do ego quando ela se dispõe a aceitar o papel "pequeno" mas vital que desempenha na vida. Jung observa: o "'pequeno deus do mundo' é a consciência", e a consciência é experimentada primeiro e acima de tudo por meio da ação do ego.

O *Self* é superior porque inclui o ego no seu campo de ação e na sua afinidade com a natureza. Jung explica:

> Seja qual for a definição de *self*, ele é sempre alguma coisa que não é o ego e, como um lampejo intuitivo superior do ego leva ao *self*, o *self* é uma coisa mais abrangente que inclui a experiência do ego e, portanto, o transcende. Assim como o ego é uma certa experiência que tenho de mim mesmo, o *self* é uma experiência do meu ego. No entanto, ele não é mais experimentado em forma de um ego maior ou superior, mas em forma de um não-ego.[76]

Quando amadurece e atinge esse nível de percepção, o ego deixa de ver a natureza como algo a ser dominado e passa a vê-la como uma tela que reflete verdades maiores. "A natureza", escreve Ken Wilber, "é a forma exterior do Buda, a natureza é o corpo físico do Cristo... Para os que não conhecem o Eterno, a natureza é tudo o que têm; para os que não sentem o gosto do Infinito, a natureza serve a última ceia. Para os que precisam de redenção, a natureza leva a pensar que só ela é real. Mas, para os que encontram a libertação, a natureza é a concha radiante em que reside uma verdade mais profunda."[77]

O romance *Frankenstein* ou *The New Prometheus*, de Mary Shelley, contém uma advertência que se revelou profética no Novo Mundo. Na superfície está Victor Frankenstein, cujo conhecimento químico vem por meio de dois alquimistas: Agrippa e Paracelso. Ele cria seu monstro mas logo se sente aviltado pela "criatura". Cientista e monstro parecem ser duas metades antitéticas de um só indivíduo; uma representa o puro intelecto e a outra o puro sentimento. Como resultado, o Doutor Frankenstein acaba detestando sua criatura e a deixa isolada, entregue à própria sorte. A criatura lamenta: "Eu deveria ser o seu Adão, mas sou mais o anjo caído que você expulsou da alegria sem que nada tenha feito de mal. Por toda parte vejo felicidade, da qual só eu estou irrevogavelmente excluído. Eu era benevolente e bom, a tristeza fez de mim um demônio."[78]

Infelizmente, Frankenstein volta as costas à criatura e, na falta de integração entre sentimento e pensamento, a história termina em tragédia. Abandonado e já para morrer, o monstro exclama: "A luz dessa conflagração vai se apagar. Minhas cinzas serão levadas ao mar pelos ventos."[79] Relembrar o mito prometéico nos dá uma perspectiva mais profunda, que acrescenta significado a essa história inquietante.

Por amor pela humanidade, esse deus trapaceiro, Prometeu, roubou o fogo dos deuses. Como castigo por essa transgressão, os deuses o amarraram a um penhasco, onde os abutres lhe comiam o fígado. Para piorar as coisas, o fígado se regenerava magicamente a cada manhã. Finalmente, Prometeu foi libertado com a condição de usar uma argola de ferro, sinal de má conduta. Além disso, Quíron, o curador ferido (metade animal, metade homem) teria que ser sacrificado. E finalmente, como Edward Whitmont explica, em troca de ser libertado, ele teria que "revelar aos deuses um segredo vital, do qual dependia a continuidade do mundo e que só ele, representante da humanidade, e não os deuses, conhecia. Esse segredo se referia à necessidade de a grande deusa se casar com um humano mortal e não com outro deus".[80]

Nesse cenário mitológico, o que Mary Shelley pretende nos dizer com sua história terrível? O que isso tem a ver com inspiração divina? É preciso esclarecer várias coisas para compreender a alquimia da situação e conseguir aplicar essa receita à nossa vida:

1. Sentimentos e pensamentos não existem independentemente uns dos outros. Embora uns possam ser mais desenvolvidos do que os outros, eles têm que ser levados a uma aliança consciente para que os sentimentos ganhem sentido e, os pensamentos, convicção e resolução.

2. O excesso de consciência não é melhor do que a escassez de consciência. Muito não significa necessariamente melhor e leva a problemas do tipo mania (expansividade), narcisismo (onipotência) e noites sem dormir. Por isso, a criatura se torna um monstro maníaco que é incapaz, por falta de amor, de controlar seus impulsos assassinos. Sem o trabalho necessário para mudar a qualidade da consciência, seu aumento ou diminuição só causa problemas.

3. Embora o ego tenha que expandir sua consciência para se incluir no *Self*, ele perde, nesse processo, parte do seu poder e também a ligação com seu estado natural e perfeito no inconsciente. "A tentativa do ego de ab-rogar para si os poderes do *Self* transpessoal", explica Whitmont, "o impede de se sentir incluído em sua origem divina."[81] Paradoxalmente, o ego deixa de se prender à ordem natural, o que o leva a um estado de alienação, só para se fundir no final ao *Self* Divino.

4. A inveja que se tem dos deuses é um pecado necessário para o desenvolvimento da consciência. O seres humanos invejavam o fogo da consciência, possuído pelos deuses no mito de Prometeu, e por Deus na história de Adão e Eva. A criatura, com inveja da capacidade de sentir do seu criador, compara sua situação à de Adão e, em desespero, admite: "Muitas vezes considerei Satã como o melhor emblema da minha situação porque,

como ele, quando via a felicidade dos meus protetores, o fel amargo da inveja subia dentro de mim."[82] Além da vergonha, a inveja também é um pecado original.

5. A última condição para a libertação de Prometeu indica que o "transpessoal (a Deusa) tem que se unir à consciência humana em individuação".[83] Rejeitada e sozinha, a criatura ameaça se vingar, dizendo: "Estarei com você na sua noite de núpcias."[84]

Em linguagem alquímica, isso equivale ao *coniunctio*, que precisa ocorrer para que o trabalho termine. Mas isso só pode acontecer quando há um diálogo verdadeiro entre sentimentos e pensamentos, ego e *self*, *Self* e Kosmos. Quando voltamos as costas a esse fato, o processo inteiro entra em colapso e somos lançados de volta ao inconsciente para começar tudo de novo.

Por fim, essa receita nos ensina que nem sempre as coisas podem ser expressas em palavras. Em geral, a percepção espiritual vem a nós por meio de uma súbita centelha de iluminação. O fogo que Prometeu roubou dos deuses simboliza a centelha necessária para transformar matéria morta em nova vida. A criatura de Frankenstein pode ser entendida como nossa sombra e nosso *Self* superior ao mesmo tempo. Sem amor, ela não passa de um autômato ambulante. Há em nós uma parte, que nós mesmos criamos, precisando de amor. Quando, em co-criação com deus, nós lhe damos amor, um novo *self* nasce no mundo.

Assim, terminamos nossas receitas onde começamos — com a sombra. Mas agora temos conhecimento para ver que a sombra não é uma coisa inteiramente separada do *Self* e que o espaço que, imaginamos, os separa, não é tão grande assim. Isso é um paradoxo, mas, quando focalizamos a atenção num deles, seu oposto passa a existir imediatamente. Plenitude não é uma questão de escolher uma parte ou outra, mas de aceitar tudo o que somos e tudo o que podemos nos tornar.

Capítulo 9

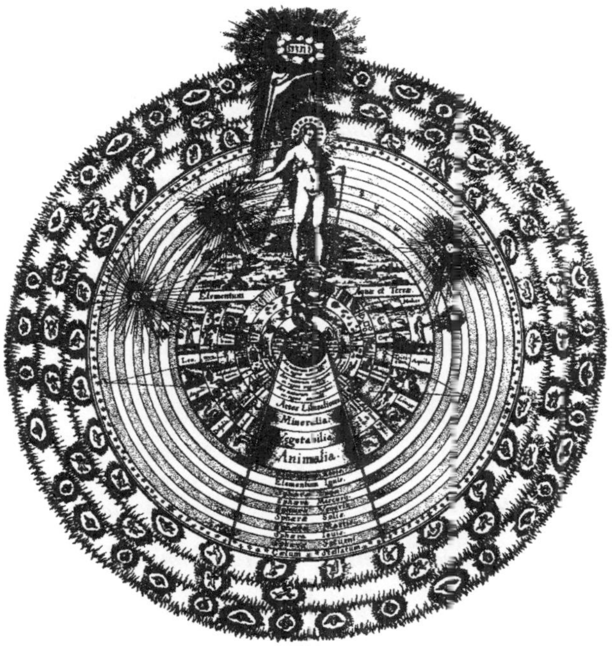

Deus Está na Receita

O cientista não estuda a natureza porque ela é útil; ele a estuda porque se encanta com ela, e se encanta porque ela é bela. Se a Natureza não fosse bela, não valeria a pena conhecê-la e, se não valesse a pena conhecer a Natureza, não valeria a pena viver.

JULES-HENRI POINCARÉ

Estamos frente a frente com o antigo simbolismo da coincidentia oppositorum, *universalmente conhecido, comprovado nos estágios primitivos da cultura, e que serviu mais ou menos para definir a realidade fundamental... e também o paradoxal estado de totalidade, a perfeição e, conseqüentemente, a sacralidade de Deus.*

MIRCEA ELIADE

DE DEUS E DOS HOMENS

A alquimia nos encanta pelo inesperado. Dá para imaginar que a porcelana e o fósforo, o conhaque e os sais de banho vêm diretamente do laboratório alquímico?[1] Ou que santos e papas, estudiosos e artistas são encontrados nas sociedades secretas, corporações e confrarias da ordem alquímica? Mas a história registra as contribuições superlativas feitas pelos alquimistas em todos os campos da arte e da ciência.

Mais do que os escritos dos alquimistas, foram suas idéias e seus conceitos fantásticos que influenciaram alguns dos mais importantes filósofos. Das formas eternas de Platão ao *logos* de Heráclito, a alquimia deixou sua marca indelével. Foram feitas algumas tentativas de formular uma filosofa alquímica que se sustentasse sobre os próprios pés. Os textos herméticos, por exemplo, são um compêndio de filosofia alquímica, mas nem eles conseguem capturar a amplitude da Arte. É mais comum encontrar o pensamento alquímico em temas artísticos e literários.

Virgílio e Homero cantaram louvores à alquimia, em verso e rima. *A Odisséia* conta a jornada do herói no caminho da individuação. Em Shakespeare, numerosas referências atestam o profundo conhecimento que o poeta tinha da Arte. Ben Jonson escreveu uma peça chamada *The Alchemists,* na qual um *homunculus* tem um dos principais papéis. Chaucer também "estudou a Arte com muita atenção e certas observações amargas indicam que ele perdeu tempo e dinheiro em tentativas de transmutação mal-sucedidas".[2] Goethe, o grande escritor alemão, baseou sua trágica história alquímica, *Fausto*, na vida de um "conjurador de ar", fogo e água. Como Marlow já havia feito, Goethe descreveu o que muitas vezes acontece na busca da imortalidade. Em seu leito de morte, Henry Wadsworth Longfellow homenageou o legendário Hermes Trismegisto num poema: "Trismegisto! Três vezes grande! / Como teu nome sublime / Desceu a esta última / Progênia do tempo!"[3]

Os alquimistas usavam imagens e palavras para expressar (e ocultar) suas idéias espantosas. Ainda hoje, não menos do que antigamente, os alquimistas evitam revelar quem são e a sabedoria que possuem. Um dos mais misteriosos alquimistas, que viveu na época da Primeira Guerra Mundial e que, segundo alguns, continua vivo e com a aparência de um homem de quarenta anos, chama-se Fulcanelli. Quem afirma que o conheceu diz que ele é especialista em cultura hermética e inspirador de um grupo (os Irmãos de Heliópolis) que se dedica a decifrar os segredos alquímicos gravados nas fachadas de pedras das casas e das catedrais medievais. Quanto a nós, podemos conhecer Fulcanelli por meio dos seus dois livros mais famosos: *O Mistério das Catedrais* e *As Mansões Filosofais*, dedicados aos Irmãos de Heliópolis.

Em *O Mistério das Catedrais*, Fulcanelli revela os segredos usados na arquitetura gótica para ocultar fórmulas secretas nas paredes e galerias de Notre Dame.[4] Em *As Mansões Filosofais*, ele faz uma interpretação detalhada de símbolos e signos intrincados, gravados nas portas, paredes e pórticos de castelos medievais e de outros lugares já freqüentados por alquimistas. É certo que artifícios como esses foram empregados na construção das pirâmides do Egito e do México. Mas o mistério permanece.

Por que, mais ou menos de repente, essas estruturas espantosas começaram a ser construídas? Como explicar tal fato? De onde vieram os projetos e os métodos necessários à sustentação de toneladas de pedra?

No livro *A Pedra Filosofal*, Peter Marshall delibera que os métodos usados pelos godos nas construções de Chartres podem ter vindo dos Cavaleiros Templários, um grupo que tinha jurado proteger as estradas cristãs durante as cruzadas.[5]

Como já vimos, imagens simbólicas povoavam muitas gravuras dos séculos XIV e XV. A um olhar penetrante, esses trabalhos oferecem um livro de receitas visuais, expressando cada qual uma operação, um estágio ou um aspecto oculto da Arte. Neste livro, incluí alguns exemplos de gravuras maravilhosas, feitas por artistas sob a orientação de mestres alquimistas. Na história da arte visual, esse tipo de arte não tem paralelos e está muito pouco representada. Embora o Museu Britânico possua raras obras alquímicas, foi só em Praga que vi exposições específicas de arte alquímica. Alguns museus exibem livros, equipamento de laboratório e outros artefatos do trabalho alquímico.

Ao desenhar, esses artistas recorriam a símbolos e metáforas para desviar o olhar da superfície plana, bidimensional, para o espaço multidimensional. Para isso, combinavam objetos comuns de maneiras incomuns, uma técnica que seria usada séculos depois pelos surrealistas. Na arte alquímica, coisas comuns como árvores, peixes, ferramentas e instrumentos musicais nunca são usadas só para ilustrar uma cena. Os alquimistas justapunham e fundiam objetos comuns para criar mistérios que estimulam a imaginação. O quebra-cabeça nos leva a procurar respostas numa realidade cósmica mais profunda. Esse talento, e o efeito que tem em nós, justifica o fato de a alquimia ser chamada de Arte Real.

Em música e matemática, a alquimia ganhou expressão lírica na composição musical e na formulação numérica. Na verdade, essas disciplinas afins ainda influenciam a física moderna. Música e número são os sons da alma eterna. Sua expressão conjunta é ouvida na antiga "música das esferas" e, no futuro, nas vibrações que vêm da teoria da supercorda.

Os estudos intensivos de Jung sobre o inconsciente coletivo chamaram a atenção de estudiosos de diversas áreas. Teólogos, mitólogos e antropólogos, interessados também nos estudos da consciência, encontravam-se regularmente com

Jung em Eranos, na Suíça. Eles tinham em comum o objetivo de criar uma nova alquimia da consciência. Historicamente, a conferência de Eranos e outras como ela são como um colégio invisível, à semelhança dos Rosacruzes e da Sociedade Real. Por meio de discussões e apresentações acadêmicas, a alquimia passou dos segredos gravados em pedra para teorias desenvolvidas em modernas áreas de estudo. Nesse desenvolvimento, foi muito importante o trabalho conjunto de Jung e do enigmático físico Wolfgang Pauli, famoso pela descoberta do neutrino, do princípio da exclusão e do misterioso efeito Pauli.[6] O trabalho deles é um diálogo moderno entre a psique (alma) e a *physis* (matéria), o qual muito contribui para a criação de um Novo Mundo.

Pauli está entre os físicos que desenvolveram a teoria quântica no começo do século XX. Ele era professor da Universidade de Zurique e, quando conheceu Jung, "ficou convencido de que o inconsciente tinha muito mais utilidade para as teorias sobre a matéria do que imaginavam os físicos". Pauli afirmava que uma "nova concepção de realidade tinha que incluir matéria e espírito como aspectos complementares de um único mundo".[7]

Como é evidenciado na crescente aceitação da teoria quântica, Pauli não era o único a pensar assim. Em meados do último século, a física recorria à psicologia a ponto de não ser possível fazer medições exatas sem as leis da percepção. O princípio da incerteza, de Heisenberg, a teoria da relatividade, de Einstein, e os paradoxos de Schrödinger são produtos de disciplinas situadas nessa nova área da mente e da matéria. Hoje, a busca pela "Teoria de Tudo" recapitula, de certo modo, a receita eterna da *Tábua Esmeraldina*: "Assim em cima como embaixo pela criação do Um."

Artistas, antropólogos, mágicos, mitólogos, músicos, físicos, poetas e psicólogos fazem todos parte da família alquímica. Como já foi dito, modifique qualquer parte da história geral e ela não será mais a mesma.

Neste breve relato da influência alquímica, descobrimos um museu que não é feito de tijolos e argamassa, mas que existe principalmente nas almas iluminadas que compreendem a alquimia como uma arte arquetípica. Os verdadeiros adeptos raramente buscavam a fama e a glória, pois sua recompensa não podia ser medida em ouro comum. As invenções da alquimia são muitas, mas sua meta continua sendo a mesma: *capturar a essência do ser divino na mente e na matéria*. Ou seja, os alquimistas pretendem encontrar deus por meio da arte e da experiência. Assim, cada receita deve ser considerada uma fórmula criada para esse fim. Em cada uma delas, há uma operação que nos leva para mais perto da experiência divina.

- *O ouro é Deus em matéria terrena.*
- *As receitas são maneiras de experimentar Deus.*
- *"Deus é um alquimista", declara Fulcanelli em O Mistério das Catedrais.*
- *"Chamado ou não, o deus estará lá", escreve Jung.*

Libertando-se da estética tradicional, esses artistas combinavam detalhes desagradáveis com imagens de reis e rainhas. Inventavam seus símbolos com o intuito de representar a criação em toda a sua violência e glória. Como resultado, a alquimia continua sendo uma arte praticada por pessoas dedicadas que declaram: "Ecce homo." ("Eis o homem.") Sua estética repousa no princípio de que o inferior serve ao superior e o superior serve ao inferior — o "Um" nada exclui. Para entender a Arte Real, temos que aceitar a criação, com falhas e tudo. Ninguém, do mais humilde camponês ao governante de Estado, é excluído dessa escola. A única exigência para pertencer a ela é ter a mente aberta para a vida, sem deixar que o preconceito e as limitações restrinjam a natureza de Deus.

Dos deuses às pessoas comuns, a alquimia ainda é praticada em segredo, de maneira solitária, por alguns e por muitos nos laboratórios da vida cotidiana. Fazer comida, misturar perfumes, clonar animais ou fazer filmes: tudo isso é trabalho alquímico. Por essa razão, eu me arrisco a dizer que sua influência sobre a humanidade é uma força arquetípica verdadeiramente vital.

Assim sendo, pessoas de ontem e de hoje são igualmente tocadas pelo poder desse arquétipo. No tempo e no espaço, são inúmeras as expressões da alquimia, mas a voz é uma só para quem "tem ouvidos para ouvir". Um dos motivos que me levaram a escrever este livro foi tornar a alquimia contemporânea, reconhecendo e avaliando sua influência nas atividades dos cidadãos comuns, assim como o potencial reservado a quem pretende fazer uma contribuição significativa à evolução global da consciência. Podemos não ser mestres iluminados e nem mesmo perceber que estamos praticando a alquimia, mas as mudanças que ocorrem quando a mente se mistura à matéria têm um efeito incalculável sobre cada um de nós. A prática consciente, é claro, acentua os efeitos positivos do trabalho. Ainda mais para quem leva a sério seu processo de individuação, estas receitas, e a prática psicológica que exigem, oferecem uma forma eficaz de modificar a condição humana em todos os níveis da sociedade.

Toda receita é tão boa quanto o cozinheiro. A literatura alquímica é repleta de bons conselhos para a formação de um mestre alquimista. Mas não é só o caráter que integra o treinamento do iniciado. Pesquisando esse assunto, Manly P. Hall descobriu um livro que delineia três graus de alquimistas. São eles:

- *Adepto*, um "mestre alquimista... que está em plena posse dos mistérios da Arte" e já a executou;
- *Iluminado*, que "provou do mistério da obra mas não sabe como executá-la";
- *Iniciado*, que "obteve o conhecimento do método mas ainda não executou a obra".[8]

Com base nesse esquema, Moisés, Hermes e Salomão são adeptos da mais alta ordem. João o Apóstolo e Ptolomeu são Iluminados. Homero, Tomás de Aquino, Michael Maier e Thomas Bacon detêm o grau de iniciados.

Embora Jung não seja mencionado nesse livro, ele deve pertencer à classe dos Iniciados. Apesar do imenso conhecimento que tinha sobre o assunto, Jung nunca praticou a alquimia no laboratório e não deve ter chegado ao nível de Iluminado, mas sua alquimia brilha em suas teorias psicológicas. Ele admite que não estava interessado em experimentos químicos, sentindo que o real valor da alquimia não está nesse campo de estudo. Assim, Jung usou a alquimia como modelo histórico para ilustrar por excelência o desenvolvimento do inconsciente no contexto do processo de individuação. Para ele, o passado oferece um recurso profundo para provar que a cultura, assim como os indivíduos, passa por estágios previsíveis de desenvolvimento, que espelham o curso da evolução natural. Além disso, a alquimia oferece um método que facilita esse processo pela técnica sintética.

> Depois de passarmos um século aceitando que um estímulo inconsciente pode produzir uma reação física e psicológica, não é preciso muito para aceitar que o estímulo também possa vir de uma fonte espiritual invisível.

Os alquimistas tinham um pé no passado remoto e um pé no futuro distante. Eram idealistas lutando para fazer a matéria se ajustar às especulações que brotavam do inconsciente coletivo. Muitas vezes, eles chamavam os resultados do seu trabalho de milagres. Sua linguagem era elevada e incompreensível, mais adequada a loucos do que a cientistas. Como psicólogo, eu só posso explicar os milagres como experiências transpessoais com um estímulo que vem de uma fonte invisível e extraordinária, mas com efeitos significativos. Reconheço que muita coisa que foi discutida neste livro pode deixar cépticas algumas pessoas, especialmente quem tem pouca experiência com a velha ciência, a magia. Elas podem muito bem perguntar: os alquimistas transmutavam realmente as substâncias? Os milagres acontecem? Como resposta, sugiro que mantenham a mente aberta e considerem o que se segue.

O esquema a seguir mostra a dinâmica inconsciente e supraconsciente:

Nem os estímulos espirituais nem os inconscientes são visíveis e, mesmo assim, sabemos que os últimos têm um efeito real sobre nossas ações. Será que já não é hora de aceitar a possível influência dos estímulos espirituais sobre o nosso comportamento, muito além do que é postulado pela religião e negado pela ciência ortodoxa?

FIGURA 8. FONTES POTENCIAIS DE ESTÍMULOS

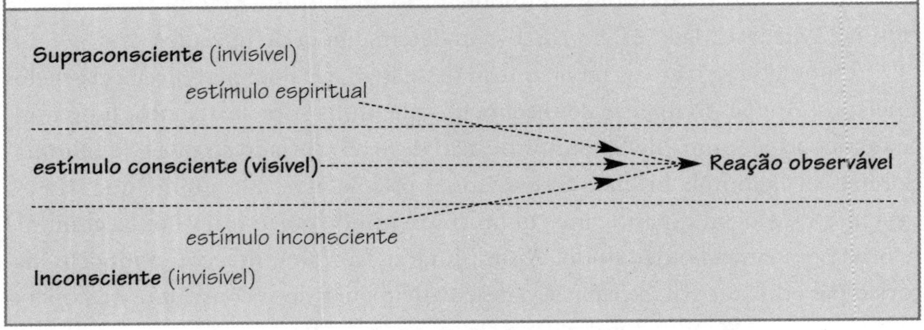

MILAGRES E ERROS

Na virada do século XIX, Sigmund Freud provocou uma revolução na ciência introduzindo o conceito de motivação inconsciente. De certo modo, ele tirou a magia da vida ao criar a ciência da mente, chamada psicanálise. Mais ou menos na mesma época, James Watson criou a própria escola de psicologia, conhecida como behaviorismo. Com essas duas escolas, a psicologia dominou o pensamento ocidental durante boa parte do século passado. Paralelamente a elas, as obras de Carl Jung, Abraham Maslow e Roberto Assagioli apresentaram um modelo de psicologia humana mais holístico e espiritual.

Essas duas escolas principais viam a consciência de perspectivas muito diferentes. O interesse de Freud levou a uma intensa exploração do funcionamento inconsciente da psique. Como Newton, Freud descreveu o inconsciente em termos mecanicistas. Freud, não podemos esquecer, fazia trabalho de laboratório antes de iniciar sua pesquisa psicanalítica. Para ele, o inconsciente tinha a sua base na biologia e no mundo dos instintos. Ele era um biólogo da mente, interessado no que há dentro da psique. Watson, ao contrário, se concentrava exclusivamente no que está fora da mente. Ou seja, no comportamento e na ação. As duas abordagens reduziam a psique ao nível da matéria, deixando pouco espaço para uma visão mais ampla dos seres humanos.

Jung tem uma visão muito mais ampla dos seres humanos, que inclui o corpo, a alma e a mente, mas enfatiza também os aspectos espirituais da consciência. Embora tenha se debatido muito sobre qual desses teóricos tem (mais) razão, a questão que se impõe agora é se estamos diante de outra revolução, uma revolução que leve em conta as grandes descobertas da física, da biologia molecular, da astronomia e da ciência cognitiva. Nessa revolução, nenhum desses pioneiros detém toda a verdade. Todos eles têm razão! É como a história dos três indianos cegos, descrevendo cada um uma parte de um elefante e insistindo que tinham descoberto, cada um, uma criatura diferente.

A questão é se podemos aceitar um modelo de consciência integral ou unitiva que aceite qualidades tiradas de diferentes partes do mesmo elefante e outras que não podemos explicar porque ainda estamos cegos demais. Isso exige um ato de fé, que a maioria dos cientistas vê com reservas: eles teriam que aceitar os limites dos seus modelos e voltar ao mistério do desconhecido, não como algo quantificável, mas como uma experiência numinosa. Estamos preparados para trazer de volta a imaginação, como era usada pelos grandes sábios do passado? Estamos preparados para abandonar o egotismo atrelado à descoberta e permitir que as possibilidades que multiplicam a verdade existam simultaneamente?

Quando reconhecemos que há mesmo uma revolução iminente, abre-se diante de nós uma nova visão da consciência, ao mesmo tempo integral e diferenciada. E, claro, ela desafia a compreensão racional. O conceito não é novo. Alquimistas e filósofos o descreveram como o "Um e o Múltiplo". O simbolismo da pedra filosofal abrange aspectos contraditórios e complementares de uma concepção unitiva de natureza. Na história da filosofia, isso corresponde a voltar ao passado primitivo com a tecnologia de que dispomos hoje.

Nesse contexto, um milagre é uma experiência em que observamos manifestações vindas de dimensões de mundos paralelos, que irrompem no mundo em que estamos no momento. Dessa perspectiva, os milagres são a regra e não a exceção, mas o preconceito perceptivo nos impede de vê-los. A alquimia vai mais além e sugere que é possível controlar os milagres por meio de suas fórmulas e operações. Embora um milagre possa ocorrer de repente até na alquimia, é mais comum o trabalho gerar um milagre lento, que pode não ser tão dramático em seu efeito imediato, mas que é espetacular em seus resultados.

No nível do ego, a pedra filosofal é uma massa fervente de opostos que acaba dando lugar à produção de uma identidade sólida e estável. Da confusão, nasce uma personalidade. Isso já é um milagre! No estágio do *albedo*, desenvolvemos uma idéia de nós mesmos que reconhece e aprecia o mundo além do ego. E, finalmente, o *rubedo* representa uma consciência que aprecia o mundo inteiro.

Há um deus em cada nível e cada um tem uma receita para conhecer esse deus. Ele é espírito e vem dele a força motivadora que impulsiona o processo de individuação. Os antigos deuses refletem os três níveis. Cada um deles captura uma parte da divindade. São emanações do mundo transpessoal, que é Um e Múltiplo. Uma rápida recapitulação vai nos ajudar a lembrar que a alquimia é o

> Os milagres representam um estado mental sem contradições. É por meio da imaginação, e não da razão, que melhor experimentamos os milagres. Para ocorrer, eles não exigem necessariamente uma religião: basta a fé no mistério do universo como algo imenso e divino. Lembre-se da afirmação de Gandhi: "Deus não tem religião."

conceito dominante que reúne essas imagens de deus sob um só teto, sem negar a onipotência de cada uma delas.

A mitologia cristã é cheia de exemplos de milagres. Cada um reflete um aspecto diferente da alquimia, mas todos nos dizem alguma coisa sobre a "criação do Um". A Última Ceia, quando Cristo transforma o pão no seu corpo e o vinho no seu sangue, é um ato de transmutação essencial à reencenação ritual da Missa. A multiplicação dos pães e dos jarros de vinho nas Bodas de Caná, lembra a propriedade regenerativa da pedra filosofal e da operação alquímica conhecida como *multiplicatio*. Até as palavras do pai-nosso, "assim na terra como no céu", lembram as palavras da *Tábua Esmeraldina*: "assim em cima como embaixo."

Segundo algumas histórias, Jesus é o "mestre do fogo"[9] e aquele que está perto dele está perto do fogo. O fogo é a essência da mudança assim como a fonte pela qual todas as coisas são transmutadas de um estado a outro. Heráclito disse: "Todas as coisas se transformam com o fogo e o fogo que se exaure volta às coisas."[10] Jung compara Cristo à pedra filosofal, que combina a substância fixa com a capacidade volátil de mudar todas as coisas. Então, quando Cristo diz "eu sou o que sou", ele está dizendo que representa o fixo-volátil alquímico *in toto*. Da perspectiva cristã, Cristo é alfa e ômega, a pedra fundamental que sustenta o mundo. Mas não precisamos nos restringir a exemplos das religiões judeu-cristãs para evidenciar a estrutura subjacente da consciência divina.

Na "Última Ceia" de Buda, o mestre chamou um ferreiro para preparar sua última refeição na terra. Quando a comida ficou pronta, Buda deu as porções mais doces para os discípulos e comeu os restos amargos. Como resultado, ficou gravemente doente e, instantes antes de morrer, comentou sobre a amargura desta vida física. Sua morte corresponde à crucificação de Cristo: os dois ofereceram o corpo terreno em sacrifício pelos pecados (inconsciente) da humanidade. Por compaixão, procuraram redimir a humanidade libertando-a da prisão do tempo e do espaço, e das defesas do inconsciente que a mantêm cativa. Esse mesmo tema é central na alquimia, em que a redenção tem um papel fundamental. Não podemos esquecer que os alquimistas adotaram a concepção gnóstica do espírito aprisionado na matéria, que só pode ser libertado pela intervenção humana.

Esses temas de redenção e liberação são parte essencial de todas as grandes religiões e filosofias espirituais. À medida que se propagava pela China, o Budismo levava com ele elementos de psicologia alquímica. Como já vimos, o yin feminino e o yang masculino do Taoísmo correspondem à luna e ao sol alquímicos. Atinge-se a redenção integrando conscientemente cada par de opostos. O iniciado que realiza conscientemente o Tao é redimido do destino inconsciente e liberado da Roda do Karma. Enquanto a alquimia cristã enfatizou a transubstanciação espiritual no simbolismo da Missa, a alquimia chinesa adotou uma abordagem mais prática, dirigida à transformação corporal. Os sacerdotes taoístas, por exemplo, buscavam a imortalidade física por meio de um *opus contra naturam*, com o objetivo de reter as "sementes de vida" — a respiração e o sêmen. A prática taoísta, como a alquimia, visava a nada menos do que uma apoteose: a transmutação da carne humana em substância divina.

O Zen Budismo adotou o conceito de "Um e o Múltiplo", dando-lhe um novo enunciado: "Um em Tudo e Tudo em Um." No Zen, como no Tao, a ação tem prioridade sobre a análise. "O Zen", explica Daisetz Suzuki, "jamais consideraria o Um ou o Tudo como uma coisa a ser captada pelos sentidos. A frase... tem que ser entendida como uma expressão de intuição *prajna* absoluta, em vez de ser analisada conceitualmente."[11] O Zen, como a alquimia, não apenas aceita, mas estimula o paradoxo e a contradição. Um estado mental especial, *wabi*, permite que a mente mantenha a unidade em meio às formas em constante mutação que constituem a realidade.

Como já foi mencionado, muitos alquimistas usam a Cabala em sua prática. A linguagem, o simbolismo e a visão dessa forma mística de Judaísmo são, sob vários aspectos, condizentes com a alquimia. Do mesmo modo, o Sufismo expressou uma concepção islâmica semelhante à que é encontrada na Arte Real. Por isso, citei tantas vezes o poeta persa Rumi, cujos versos parecem os versos de um manuscrito alquímico.

Algumas verdades alquímicas aparecem também no espiritualismo. Já fiz muitas referências à prática dos xamãs e a seus paralelos na alquimia. O xamanismo é praticado no mundo inteiro mas, no Ocidente, conhecemos melhor o que é praticado pelos índios norte-americanos. Na famosa visão de Alce Negro, ele viu a integração de todas as tribos do mundo, um tema compatível com o *coniunctio* final da alquimia. Que eu saiba, não há país que não expresse a alquimia à sua maneira nativa. A razão para isso é simples: todos nós temos em deus a base para entender a natureza e nos sentimos compelidos a simular o divino nas coisas que dizemos e fazemos.

> Talmud:
> "Maior do que o primeiro milagre é o último."
>
> Abu Yazid al-Bistami, mestre sufi do século IX:
> "Procure chegar a um momento em que veja apenas Deus no céu e na terra."
>
> Rumi:
> "Por favor, entre, meu Eu. Não há lugar nesta casa para dois."[12]

Esses exemplos comprovam que a experiência psicológica de deus (a pedra filosofal vista do terceiro nível) é a mesma, a despeito de deus ser imaginado de maneiras diferentes em diferentes lugares do mundo. Encontramos "deus nos detalhes" quando adotamos deuses particulares com sua maneira singular de nos pôr em contato com uma realidade divina. Cada um deles é ao mesmo tempo único e plural. Ressalto mais uma vez que trabalho com uma visão que tem base psicológica e não teológica. Dessa perspectiva, deus começa e termina na mente.

Quando pensamos em deus, concebemos uma presença transpessoal com poderes extraordinários. Os alquimistas acreditavam que os seres humanos são "pequenos deuses", com potencial para adquirir esses recursos sobrenaturais. Ou seja, eles acreditavam que esses recursos já estão presentes no chumbo da consciência humana e que, com uma prática cuidadosa, podem ser libertados, desenvolvidos e finalmente dominados. Essa característica da pedra filosofal explica por que ela era considerada um objeto sobrenatural e milagroso. Além da clarividência, da prática de "projetar" intencionalmente pensamentos e emoções nos outros e de aparecer ao mesmo tempo em diferentes lugares, um alquimista contemporâneo acrescenta a seguinte descrição dos espantosos recursos da pedra:

> Finalmente, quando a dissociação, a purificação e a reconstituição conferem a mesma estrutura telúrica e coesa ao corpo — fora a possibilidade de transportar ao invisível tudo o que constitui o homem visível (invisibilidade, morte sem deixar o corpo — "elevar o corpo inteiro ao céu pela Assunção", "o corpo que se eleva, pelo próprio poder, à região de Brahma", etc.) e fora a possibilidade de dissolver o corpo como que por mágica num dado lugar para recompô-lo e fazer com que pareça intacto em outro, e não apenas em seu duplo... além de tudo isso, há o poder, nem um pouco insignificante, de agir sobre as substâncias e sobre as leis da mineralidade externa, sobre as forças ocultas que nelas agem, que o iniciado ativou no próprio organismo, magicamente animado.[13]

A obtenção de qualquer um desses recursos extraordinários satisfaz a definição de milagre conforme São Tomás de Aquino. Segundo ele, um milagre é um acontecimento "separado da ordem das coisas geralmente estabelecida".[14] Seu efeito é recebido com assombro precisamente porque sua causa permanece desconhecida.

Esses são poderes divinos. Sejam ou não acessíveis, fato é que, no dia seguinte, quase todos nós temos que ir trabalhar. No livro *After the Ecstasy, the Laundry*,* o praticante de meditação Jack Kornfield escreve: "A iluminação floresce não como um ideal, mas na miraculosa realidade da forma humana, com seus prazeres e dores. Nenhum mestre escapa dessa verdade, assim como a iluminação não afasta a vulnerabilidade do corpo. O Buda ficava doente e tinha dor nas costas."[15]

Buscar na alquimia a mera aquisição de poder só pode levar ao fracasso. Receando esse uso equivocado, o livro místico cristão *A Course in Miracles* sugere:

* *Depois do Êxtase, Lave a Roupa Suja*, publicado pela Editora Cultrix, São Paulo, 2002.

> "Desenhe bambus durante dez anos, transforme-se em bambu, depois esqueça completamente os bambus quando estiver desenhando. De posse de uma técnica infalível, o indivíduo se coloca à mercê da inspiração."[17]

"Os milagres devem ser involuntários. Não devem estar sob controle consciente. Milagres conscientemente selecionados podem ser mal-conduzidos."[16] Involuntário não se equaciona, psicologicamente, a hábito. Pelo contrário, o livro fala de um esquecimento voluntário que permite à ação ser internalizada e expressa naturalmente.

Ao mesmo tempo, temos que fazer uma distinção entre capacidade adquirida e capacidade natural. A receita da *Tábua Esmeraldina* exige uma "adaptação" da consciência que inflame as sementes de natureza revestidas de natureza humana. Os textos herméticos recomendam: "quem não se faz igual a Deus não consegue ver Deus, pois o igual se revela ao igual."[18] Essas proposições, potencialmente perigosas, pedem uma advertência: *fazer-se igual a Deus não significa identificar-se com Deus*. Essa é a diferença entre o narcisista e o santo.

Há uma história deliciosa, que Ram Dass costuma contar em seus seminários e que ilustra muito bem esse ponto. A história é sobre uma visita que ele fez a um amigo que estava sofrendo de uma grave doença mental. Para entender a história, temos que ter em mente as roupas usadas pelos *hippies* durante os anos de 1960. Então imagine Ram Dass, na época um perfeito *hippie*, de cabelo comprido e barba desgrenhada, vestido com roupas indianas e todo enfeitado com contas. A estranheza da situação não passou despercebida ao amigo: "Como é possível? Você aí, vestido com essas roupas esquisitas e eu aqui, trancado neste hospício." Sorrindo, Ram Dass respondeu: "É que eu falo de deus e vejo deus em cada ser humano e você pensa que só você é deus." Aí está a diferença entre sabedoria e maluquice.

Temos que examinar cuidadosamente essas diferenças para evitar que ocorra um falso *coniunctio*. Os riscos proliferam em cada passo do caminho. No estágio do *nigredo*, a súbita aquisição de recursos sobrenaturais pode jogar o iniciado de volta ao mundo mágico dos instintos. Falta a esse estado os limites que só vêm com o *coagulatio*. O iniciado experimenta uma sucessão de sensações e imagens ofuscantes. Cada idéia é logo expressa em comportamento porque não há distinção entre pensamento e ação: basta querer. O deus deste mundo é um deus da natureza, que reina ao acaso e conforme as circunstâncias. Esse estado de consciência detém tal poder que alguns (psicóticos) não querem nem saber como sair dele, enquanto outros (viciados) tentam inconscientemente voltar a ele. Antes que o *coagulatio* determine limites sólidos, é preciso que o *calcinatio* queime e consuma os desejos primitivos que prendem o ego ao domínio mágico e instintivo do inconsciente.

No *albedo*, desenvolvemos um recipiente que acrescenta integridade à *prima materia*. Os pensamentos se separam dos sentimentos, os sentimentos se diferenciam das sensações, as intuições se distinguem dos pensamentos. Essas diferenciações são necessárias para que possamos definir uma identidade coesa e distinta de qualquer outra. À medida que a identidade se consolida, nós nos tornamos capazes de sentir simpatia e empatia, que formam a base do amor maduro. Nesse estágio, deus é mais benevolente.

Finalmente, no último estágio da obra, deus assume um significado mais global. É um deus que abrange a tudo e a todos. Paradoxalmente, à medida que o mundo se torna maior, o indivíduo se torna menor. Mas, como no caso de Paulo, menor não significa mais fraco. Essa pequenez atinge uma intensidade que tem efeitos poderosos sobre a pessoa e sobre quem está à sua volta. Essa "carga" surge por meio de várias operações que reduzem o narcisismo pouco saudável. Nesse ponto, deus e o *Self* estão muito próximos, mas não são a mesma coisa.

Outra distinção a ser levada em conta na prática da alquimia é a diferença entre o *Self* Individuado e a iluminação. Os conceitos de individuação e iluminação correspondem a dois pontos de vista diferentes, mas afins. Jung usa o primeiro termo para descrever o desenvolvimento da personalidade ao longo da vida da pessoa. É um termo científico baseado em evidências tiradas de um corpo de pesquisa que inclui a alquimia e a ciência do comportamento. Jung ancora a individuação numa psicologia que descreve o ego e o *self* em termos funcionais. "O *Self*", escreve Jung, "não é apenas o centro, mas também a circunferência inteira, que abarca o consciente e o inconsciente. Ele é o centro dessa totalidade, assim como o ego é o centro da consciência."[19]

> Para fazer uma distinção entre o Self Divino e Deus, é preciso lembrar que a individuação é um processo que pode precipitar a experiência extática e divina. A iluminação, ao contrário, é uma condição de ser. Uma enfatiza o fazer e a outra o ser. Muitos alquimistas não faziam essa distinção, mas equacionavam a pedra filosofal com uma experiência gnóstica e divina do ser humano.

A iluminação, ao contrário, vem de práticas religiosas, especialmente das crenças espirituais do Oriente. Enquanto Jung situa o ego no centro do processo de individuação, a iluminação abrange uma parte muito maior da psique e faz do *self* seu ponto inicial. Recorrendo a termos teológicos para explicar essas perspectivas diferentes, Jung cita Paracelso: "Deus o Pai criou o homem 'de baixo para cima', mas Deus o Filho, 'de cima para baixo'."[20] Em outras palavras, a individuação vai de baixo para cima enquanto a iluminação vai de cima para baixo.

A alquimia procura integrar a consciência terra-ego à totalidade céu-*self*. Ela age de baixo para cima e de cima para baixo (ascensão da alma, descida do espírito). Da perspectiva do ego, percebemos o aspecto material da natureza e, do ponto de vista do *self*, apreendemos sua magnificência. Então, o ego e o *self* não são inimigos mas, como o Tao, representam duas perspectivas fundamentais, produzidas pela mente na tentativa de não deixar nada de fora. "A natureza (consciência humana e divina) tem horror ao vácuo." Como um aventureiro, a mente humana tenta fazer, de cada canto do universo, a sua casa.

Até Jung chega perto da interpretação gnóstica do *lapis*. Já com idade avançada, quando lhe perguntaram se acreditava em Deus, ele respondeu: "Eu conheço Deus." Na verdade, um pequeno passo a mais nos leva de volta à *participação mística*, em que as distinções entre humano e divino desmoronam e podemos falar de um estado mental plenamente consciente, que vive em consciência divina. Na alquimia, a imagem que melhor simboliza o que Dorn chamou de *unus mundus* é o *lapis philosophorum*. Voltamos outra vez a Mercúrio, aventureiro e, desta vez, descobridor de um Novo Mundo.

> O Self Individuado, sendo ao mesmo tempo processo e estado, representa uma experiência temporária de uma condição iluminada do desenvolvimento consciente.
>
> O Self Divino é a manifestação de deus, viva e permanente, expressa na psique humana e por meio dela.

A mente inquieta é cheia de espírito mercurial. Quando consideramos o deus desse metal, vemos imediatamente como a mente funciona. Mercúrio é tão rápido para derrubar fronteiras quanto para levantá-las. Sempre mudando de forma, ele transforma a mente e a matéria no que for preciso para favorecer o crescimento. Suas formas são muitas. Como vapor, o mercúrio se torna o espírito Mercúrio. Como solvente, ele funde, decompõe e transmuta substâncias. Como prata viva, Mercúrio é a água da morte e da ressurreição.

Mercúrio é um deus ubíquo que reside em todos os metais. Em outras palavras, a mudança está presente em todas as formas de vida. Os alquimistas observaram também que essa *aqua permanens*, sendo esquiva ao toque e sensível à temperatura, representa com eficácia as várias formas sólidas e líquidas (fluidos e elixires) da pedra filosofal.

Será que a mente não funciona de maneira semelhante? A mente define as percepções e sensações e as transforma em formas significativas. Ao mesmo tempo, ela é ardilosa, rápida e, como os trapaceiros, está sempre faminta. Ela tem também senso de humor.

Mercúrio adora boas piadas e peças bem pregadas. Ele é um trapaceiro que faz passar por maus bocados quem acha que atingiu algum estado divino. Há um velho ditado que diz: minha cabeça passa pela janela, mas meu rabo fica preso. O trapaceiro ardiloso tem um rabo do tamanho da sombra de um homem e, até integrar sua sombra, vai certamente fazer papel de bobo. A mente também não passa para realidades que seu corpo inferior ainda não esteja pronto para acomodar.

Isso leva a outra importante distinção entre individuação e iluminação. A individuação está sujeita aos mesmos tropeços de qualquer processo de desenvolvimento. Os psicólogos do desenvolvimento mostram que ele é um processo diverso, em que diferentes sistemas avançam em ritmos diferentes. A vida é como um rio cujos afluentes seguem cursos diferentes na esperança de encontrar de novo uma fonte comum. Do mesmo modo, a consciência avança rapidamente aqui, lentamente ali, passando por pedras e troncos, causando problemas e soluções. "Cada estágio do desenvolvimento", escreve Wilber em *The Theory of Everything,** "traz não apenas novos recursos, mas a possibilidade de novos desastres; não apenas novos potenciais, mas novas patologias; novas forças, novas doenças."[21]

Enquanto a individuação gera dificuldades de todos os tipos, a iluminação é a ausência de problemas. Na psicologia alquímica, cada avanço depara com um novo problema. Felizmente, à medida que a consciência progride, sua patologia passa ao nível da divina loucura, cujas doenças usamos para iluminar mais ainda a alma.

E o que são essas novas doenças? Com a magia da tecnologia, corremos o sério risco de esquecer as antigas receitas que fizeram parte da construção de uma consciência fundamental sobre a qual repousa o mundo moderno. O espírito sem alma é vazio e sem sentido. O Casamento Real leva o espírito e a alma ao altar. Eis um exemplo do que estou querendo dizer. Nas ilhas Fiji, quase todos têm um telefone celular e, no entanto, perderam o contato com suas tradições. Mercúrio, nesse caso, facilita a celebração, a dança e os rituais sagrados transmitindo a mensagem de modo mais rápido do que o boca-a-boca. Ele conhece o seu lugar, desde que conheçamos o nosso. Talvez o chamado terceiro mundo se recuse a morrer porque, sem seus lembretes diários (por mais horríveis que sejam), nós, do chamado primeiro mundo, poderíamos esquecer o que há de mais vivo em nossa alma.

Em seus livros, Wilber fala de outro sintoma que ilustra a tendência da consciência de regredir sobre si mesma. Ele chama esse problema de "falácia pré/trans". Essa falácia acontece quando as qualidades mágicas do *nigredo* são confundidas com as propriedades verdadeiramente sobrenaturais da pedra filosofal. Embora sejam parecidas, a distância que as separa é tão ampla quanto o Grand Canyon. Em primeiro lugar, o pensamento mágico é mediado pelo inconsciente e suas funções são passivas e não produtivas. Os poderes sobrenaturais, por outro lado, são controlados por um *self* consciente. Eles podem ter um bom uso e raramente são usados pelo bem individual. Confundir uma coisa com a outra produz ouro de tolo.

Um terceiro sintoma ocorre quando não se consegue sublimar o trabalho para levá-lo a um nível simbólico, espiritual. Quem toma as metas da alquimia ao

---

* *Uma Teoria de Tudo*, publicado pela Editora Cultrix, São Paulo, 2003.

pé da letra conquista apenas o que qualquer dimensão plana tem a oferecer. Nesses momentos, o mestre Zen cutuca o iniciado com o bastão, numa tentativa de sacudi-lo para livrá-lo do chumbo. Não confunda o dedo com a lua que ele aponta. Sem visão e percepção, ninguém é grande! Sem compreensão espiritual, imortalidade física é danação eterna. "Eternidade", escreve Wilber, "não é viver para sempre no tempo — uma idéia horrível — mas viver no momento *não-temporal*, anterior ao tempo e aos seus tumultos. Do mesmo modo, infinito não significa um espaço grande, mas a completa ausência de espaço."[22] Em outras palavras, na pressa para alcançar o céu, o ouro ou a pedra filosofal, corremos o risco de correr atrás de sonhos vazios. O ouro alquímico só pode ser produzido na mente, enquanto sua evidência é encontrada no comportamento e na experiência.

Esses três sintomas não cobrem nem de longe todas as "novas doenças" a que Ken Wilber se refere. Em sua alquimia pessoal, você por certo descobrirá outras, que também precisam de atenção. Cada novo erro inaugura um mistério que leva a uma visão maior da alquimia e ao extraordinário mundo que ela guarda para nós. Mas, falando em doença, qual é a fonte de todas as nossas doenças? Em vez de remédios, que chegam depois, como começar com o pé direito? O que é preciso para gerar níveis mais elevados de *Self*?

As últimas pesquisas sobre mente-cérebro respondem a essas perguntas. Na verdade, a pesquisa sobre desenvolvimento, os estudos sobre consciência e outras disciplinas afins representam o que há de mais instigante na alquimia de hoje. Desafiando a razão, as linhas paralelas entre corpo e mente parecem estar chegando a um foco, o que prova que as conquistas da alquimia moderna são realmente milagrosas.

> Os alquimistas ensinavam as sutilezas da Arte. O trabalho envolvido era um processo de contínuo aprimoramento. Como eles, temos que fazer o máximo que nos for possível, temos que nos ater ao nosso propósito, temos que ser fiéis às nossas intenções e, o que é mais importante, temos que criar um espaço sagrado que convide energias não-humanas, transpessoais, para consumar o trabalho. Quando adotamos essa atitude, o Kosmos e tudo o que nele há — elementos e elementais, deuses e espíritos — conspiram para nos ajudar.
>
> Uma indicação de que estamos no caminho certo é a maior incidência, na nossa vida, de acontecimentos sincrônicos, manifestações místicas, sonhos lúcidos e até milagres. Mas esses incidentes são apenas sinais. Não pare por aí!

RECEITA DE DEUS

Acredito que a sabedoria venha da comunhão entre a mente humana e a mente divina. As receitas que estudamos são fragmentos de sabedoria, refletindo cada qual uma verdade do que significa se tornar uma pessoa plena, individuada. Cabe a nós juntar as partes e ler a "receita de deus", que está inscrita na natureza e que é conhecida nas profundezas do nosso ser.

Os alquimistas procuraram fazer os elementos da mente se separar e se unir, do mesmo modo que faziam com as substâncias químicas. Eles sabiam muito bem que o lado escuro do masculino — a necessidade de dominar, a impaciência pelos resultados — os afastava da meta. A sombra feminina não se saía melhor: sem resultados, os processos não levam a lugar nenhum. Como se já não fosse difícil promover o encontro e o casamento do Rei Solar com a Rainha Lunar, o Casamento Real não podia ser consagrado sem a intervenção de um espírito ou de um deus. Para muitos alquimistas, esse deus era Mercúrio, o espírito divino que liga todas as esferas da existência. Induzir esse deus astuto a presidir o trabalho exigia preces e sorte.

Depois de uma vida de muito trabalho, os alquimistas selavam seu vaso com cera, hermeticamente. Eles o carimbavam com o selo de Mercúrio, uma figura que significava a conjunção de *sol* e *luna* em forma humana. Depois, ofereciam uma prece a Mercúrio na esperança de que ele e todos os deuses presentes abençoassem o alquimista, transformando-o numa "pedra filosofal viva".

Assim, o ato final é uma prece de sua própria autoria. Eis uma das visões do Alce Negro:[23]

Com rosto visível eu estou aparecendo.
De modo sagrado eu apareço.
Para a terra verdejante eu faço um agrado.
O centro do aro da nação
Eu tornei agradável.
Com rosto visível, me observe!
Os quatro-pernas e os duas-pernas,
Eu os fiz andar;
As asas do ar,
Eu as fiz voar.
Com rosto visível eu apareço.
Meu dia, eu o fiz sagrado.

Capítulo 10

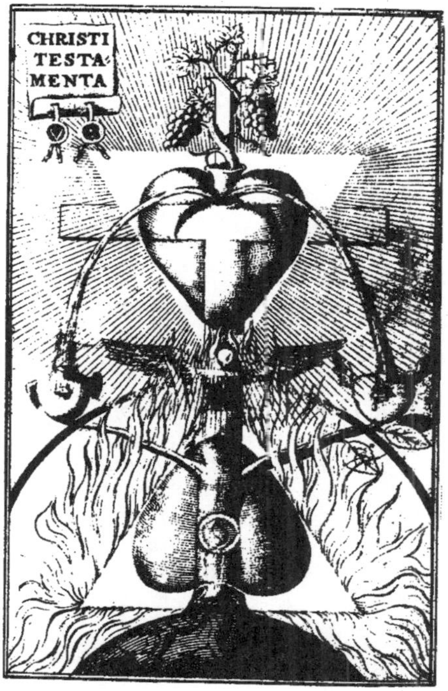

O Coração da Matéria

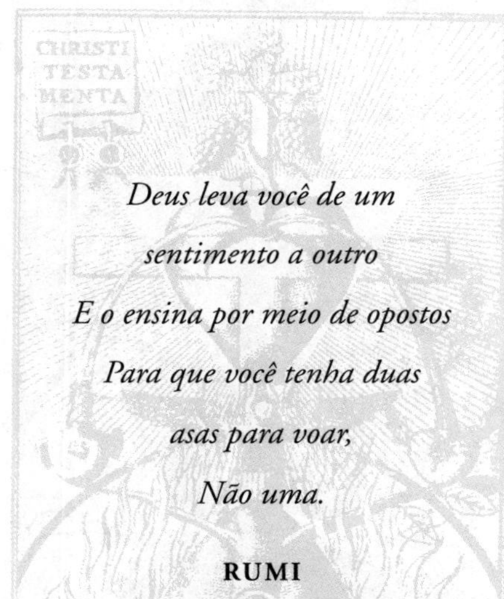

Deus leva você de um

sentimento a outro

E o ensina por meio de opostos

Para que você tenha duas

asas para voar,

Não uma.

RUMI

Comecei este livro dizendo que a alquimia é muito mais do que um procedimento para transformar chumbo em ouro. Ela pode até ser uma ciência morta, mas está viva na alma e na disciplina que a estuda — a psicologia. A alquimia é uma metáfora eterna que continua a viver nas paixões e nos sonhos da alma. Mas, onde está a alma?

Ao longo dos séculos, a alma encontrou abrigo em várias partes do corpo. Descartes a localizou na glândula pineal, no centro do cérebro. No livro *Anam Cara*, o estudioso celta O'Donohue diz que a alma não está dentro de nós, mas que somos totalmente envolvidos por ela. Acho que a alma está na matéria, em toda ela, e que se torna uma experiência profundamente sentida no coração humano.

O coração é mais do que o órgão que nos mantém vivos. É um conceito dinâmico que abrange a nossa existência inteira. Neste capítulo, vamos examinar alguns sentimentos que impedem a total liberação da ambrosia da alquimia. Dúvida e medo são dois impedimentos tremendos à libertação do coração. Quando examinamos de perto a dúvida, percebemos que ela não é tanto um impedimento, mas uma fonte de transformação em potencial. A isso eu acrescento algumas advertências e esclarecimentos para garantir o sucesso em futuras atividades alquímicas. Vamos, depois, tratar de um problema menos óbvio, procurando descobrir por que até os métodos podem atrapalhar o caminho da individuação. E, finalmente, vamos terminar com um paradoxo que captura o que é realmente a alquimia: no centro do coração há uma consciência que não faz distinções entre interior e exterior, em cima e embaixo. No coração da matéria, alquimia é chegar a compreender que já possuímos a pedra filosofal e que seu nome é amor.

DÚVIDA E DESEJO

O medo vive no coração da força motriz do ego. Por mais que ele disfarce, se engane e se iluda, é o medo que leva o ego ao narcisismo (controle), à arrogância (compensação) e à atitude defensiva. Há um versículo da Bíblia que nos ajuda a entender por que esse sentimento terrível é necessário. "O temor do Senhor é o princípio da sabedoria." Sem medo, não despertamos para a realidade terrível da onipotência, nem nos equipamos para adquirir esse poder. Temos que nos tornar humildes, nem que for por medo, para visualizar alguma coisa maior do que nós mesmos. O medo significa uma transição na consciência, da mente sem cognição de si mesma para a mente que inicia a longa jornada para a consciência de si mesma. Em geral, quando percebemos a imensidade da consciência, tentamos negar a cognição de qualquer jeito.

A dúvida é um sintoma desse problema e o primeiro sinal de sua solução. Para duvidar de alguma coisa, é preciso antes desenvolver um senso de nós mesmos que possa reconhecer o medo quando somos ameaçados. No nível mais primitivo de consciência, o medo assume aparências ominosas. Gnomos, demônios e bichos-papões são maus espíritos que nos assombram dia e noite. Cada um deles tem um nome e realiza seus maus feitos de várias formas demoníacas. A dúvida e a negação dão ainda mais poder a eles. No Velho Mundo, o método científico para dispersar os demônios era a magia. Hoje em dia, nossa sociedade, mais sofisticada, não acredita em fantasmas e gnomos e recorre à ciência, não à magia. É interessante observar que a dúvida, na nova era, foi virada do avesso, passando a ter, pelo menos na superfície, a aparência de uma coisa útil.

> Na medida em que negamos o medo, e banimos nossa imaginação para onde ela possa ficar em segurança, passamos a temer exteriormente, de maneiras que parecem ser boas (a ciência como defesa e controle) e más (os terroristas como inimigos que resistem à lei e à ordem).

Para Descartes, o pai do dualismo, a dúvida acaba sendo a única coisa que pode nos dar uma prova confiável da existência. Como reconheço não apenas o medo, mas outros sentimentos e pensamentos, tenho então uma mente consciente capaz de tal percepção. Ou, como diz ele, "Penso logo existo". Descartes remodelou a dúvida, transformando-a na base da prova de que somos seres conscientes. Esse argumento teve tanto sucesso que a dúvida se tornou a base da moderna investigação científica. É só por meio de repetidas provas que a dúvida dá lugar a uma ocorrência previsível. Quando alguma coisa acontece nove vezes em dez, fica provado que o resultado é real. Ao mesmo tempo, a dúvida tornou-se a base do controle. Se eu jogar direito com as probabilidades, terei o controle. Observe a mudança: trocamos o coração pela cabeça. Os medos existem no corpo e no domínio do sentimento, mas a precisão e o controle são produtos do intelecto. Com essa mudança, os gnomos de antigamente mudam de aparência e, no Novo Mundo, se manifestam como sintomas psicológicos.

O medo do desconhecido faz com que a dúvida e o controle passem a existir. Quando é demais, a dúvida nos faz vítimas da ansiedade. Quando é de menos, favorece a credulidade, a passividade e os pensamentos mágicos. Tanto faz ter muita necessidade de controle ou não ter uma necessidade de controle adequada. Assim como podemos ficar congelados de medo, podemos ser devorados pela dúvida. O excesso ou a falta de um ou de outro incapacita o ego. No extremo, nenhum dos dois promove a individuação.

A prática alquímica inclui necessariamente respeito por coisas desconhecidas e o uso da imaginação para trabalhar com fenômenos invisíveis. Ao mesmo tempo, ela procura manter um saudável meio-termo entre todos os pensamentos e emoções. A psicologia alquímica procura combinar o melhor da magia e da ciência, elevando as qualidades plúmbeas do medo e da dúvida a um patamar em que fiquem sujeitas ao poder transformador da mente.

Na alquimia, a ambivalência é uma região intermediária entre a dúvida e a certeza. Ela traz, no nível dos sentimentos (geralmente ansiedade), o reconhecimento de que pode existir alguma verdade nos medos invisíveis. A mente pondera: "Faço ou não esta opção sem provas?" Mas não se trata de uma escolha simples do tipo sim ou não, bom ou mau. É preciso decidir que caminho tomar, o que nos força a reconhecer que nenhuma escolha é perfeita e nem destituída de riscos. Há uma dose de erro em cada possibilidade. À medida que a consciência amadurece, percebemos que o que torna a escolha certa é o fato de ter sido feita. Enfrentando o medo de cometer um erro, eu me afirmo e, sofra eu as conseqüências ou goze dos benefícios, percebo que tenho a capacidade de decidir — um sinal seguro de que o ego está começando a confiar em si mesmo e no *Self.*

> Quando estamos em harmonia com o Self, agimos em total acordo com os caminhos da natureza. "O homem vazio de pensamentos, de emoções originadas no medo, de sensação de insegurança e de desejo de vencer, não tem consciência de estar usando a espada: os dois, homem e espada, se tornam instrumentos nas mãos do inconsciente e é esse inconsciente que realiza maravilhas de criatividade."[1] Na prática zen, essa é a "mente cotidiana" (heijo-shin).

Com coragem e um pouco de senso de humor, a dúvida acaba dando lugar à revelação. Essa transição exige a dissolução do que obstrui o fluxo vital. Então, é possível abrir o coração e a mente às possibilidades criativas. Nesse processo, descobri que o espírito que mais ajuda é o trapaceiro. Quando estou disposto a ser louco, o trapaceiro aparece, pronto a me engajar no meu processo. Ele me anima a partir para grandes aventuras pelo desconhecido, não apenas por brincadeira mas com propósito divino.

Quando a dúvida e o medo me detêm, eu recorro aos sonhos e eles sempre vêm em meu socorro. Quando estava escrevendo este livro, eu tive um sonho que ilustra simbolicamente muitos dos caminhos que ele seguiu.

> Eu sonhei que estava dando uma festa. Embora estivesse à espera de uma mulher especial, estava esfarrapado e sujo, com o rosto e as mãos cobertos de fuligem e gesso. Fiquei extremamente feliz quando a bela mulher chegou, encantado com a sua beleza. Talvez por causa das minhas roupas, eu não tive coragem de me aproximar dela. Mas, quando alguns dos convidados começaram a ir embora, percebi que estava perdendo minha oportunidade. Fui me lavar e vestir roupas limpas. Quando ela já se preparava para sair, um dos convidados lhe pediu para tocar violão. Ela ficou acanhada, mas mesmo assim disse que tocaria uma música. Foi

maravilhoso. Como não queria que ela fosse embora, eu lhe pedi para tocar outra. Para que não ficasse tão acanhada, eu me ofereci para ficar na frente dela enquanto tocava. Ela concordou. Com a melodia me arrebatando o coração, comecei espontaneamente a cantar a letra: "Corro perigo, corro perigo diante da sua beleza." Esse era o único verso da letra e, de tão repetido, começou a parecer um cântico sagrado. De repente, havia milhares de pessoas num auditório à minha frente, cantando comigo: "Corro perigo, corro perigo diante da sua beleza..."

Esse sonho tem vários elementos alquímicos importantes. Para mim, a mulher é a Mãe Natureza, a *Anima Mundi*. Estou enamorado de sua misteriosa beleza. No começo do sonho, minha consciência egóica está coberta de fuligem (sombra) e gesso (cinza branca). Tenho que limpar minhas roupas (*persona*) para ficar plenamente na presença dela. Só então ela tocará sua música. Ela toca duas músicas, uma desacompanhada, a segunda acompanhada por mim. A necessidade que ela tem de mistério (timidez) me é revelada e se eu não a respeitar (ficando na frente dela) ela vai embora. Então, em harmonia com ela, expresso a dor e a alegria (os opostos) de estar na sua presença. Tenho medo e, ao mesmo tempo, quero me fundir com ela. Como esse sentimento é precioso demais para se ter sozinho, o sonho convida o mundo inteiro para participar da celebração.

Esse sonho revelador me modificou. Eu, sempre envolto em dúvidas, preciso de sonhos como esse para me revelar verdades que meu ego jamais descobriria.

Além da dúvida e do medo, outro sintoma emocional que atrapalha a transformação é o desejo. Juntamente com o medo, o desejo cativa o interesse do ego e o leva a um estado constante de ambição, atividade e aspiração. Para lidar com esses excessos, uma boa prática é separar o que precisamos do que queremos. Quando as vontades se disfarçam em necessidades, agimos como se não pudéssemos viver sem elas. As necessidades servem à nossa sobrevivência e ignorá-las significa morte física. Por outro lado, sobrevivemos muito bem sem muitas das nossas vontades. Minha vida não depende de minha longa lista de vontades. Essa lista tem o potencial de criar significado. As necessidades, por outro lado, não têm essa qualidade. Elas são pesadas como chumbo; são anseios imperiosos que precisam ser satisfeitos. Elas exigem pouco de mim. Por outro lado, podemos escolher as coisas que queremos e até mesmo sacrificá-las. "É por amor que faço isso por ele." Enquanto as necessidades são regressivas, as vontades nos levam em direção ao *Self.*

No final, o único desejo que vale a pena, que permite graus ainda maiores de individuação, é a aspiração por deus. Quando concentro a mente no divino, todos os desejos menores se desfazem em chamas. Dedicação ao serviço de deus significa reconhecer a divindade que existe em todas as coisas.

USE CONFORME AS INDICAÇÕES

Quando sentimos paixão por alguma coisa, o coração tende a voar muito alto. A alquimia é a minha paixão e, para impedir a infiltração de qualquer pensamento enfatuado, eu esclareço alguns pontos como medida cautelar contra o arrebatamento.

1. A natureza não é deus. É apenas uma expressão do transpessoal.
2. Neste livro, *deus* é um termo não-religioso, que representa uma expressão psicológica da experiência divina.
3. A psicologia alquímica visa basicamente à integração, não à transcendência. No entanto, um *self* integrado pode precipitar uma experiência transcendental consciente.
4. Ouro e pedra filosofal são termos usados neste livro para denotar estados psicológicos altamente aprimorados e plenamente integrados, não objetos físicos.
5. O desenvolvimento espiritual não segue, necessariamente, o mesmo caminho do desenvolvimento psicológico (individuação). Do ponto de vista do ego, o espírito é definido em termos materialistas, lineares, reducionistas. O espírito, como conceito transpessoal, começa a aparecer no nível do *Self* Individuado. O espírito é autônomo, ubíquo, constante, persistente e claro.

PRÁTICA ALQUÍMICA

Algumas pesquisas ressaltam a importância da prática para o desenvolvimento da consciência. Ken Wilber, estudioso da consciência, sugere uma ampla variedade de práticas que ajudam a atingir a totalidade ou o que ele chama de mente Integral. Visto todos os exercícios que sugeri neste livro, fica claro que eu também acho que praticar (fazer) é tão importante quanto ser. Acho que os exercícios que Wilber e outros recomendam são práticas excelentes. Além da lista de Wilber, os exercícios mencionados em *The Direct Path*, de Andrew Harvey, e em *Essential Spirituality*, de Roger Walsh, também são boas fontes de exercícios.

A alquimia, sendo a primeira ciência de laboratório, deu muita ênfase ao fazer. Menos conhecidas são as práticas psicológicas — prece, meditação, atenção concentrada e sonhar lúcido — que faziam parte da obra. Eu também apoio essas práticas. Mas, ao contrário dos alquimistas modernos, como Wilber, enxergo o lado negativo da prática. Muitas vezes, esquecemos que a prática, a técnica e os exer-

Os Cinco Corações — Geisha House Motto

1. Um coração gentil e obediente — tem coragem de dizer "Sim".
1. Um coração contrito — diz "Sinto muito", admite os próprios erros e reflete sobre eles.
1. Um coração modesto — dá crédito aos outros por qualquer realização.
1. Um coração voluntário — diz "Eu faço" sem pensar em benefícios.
1. Um coração agradecido — diz "Muito obrigado".

cícios são atividades que agradam ao ego. Elas dão ao ego alguma coisa para fazer (que valha a pena, espera-se). Minha preocupação é não deixar que a atenção dada às práticas diárias cative o ego a ponto de o verdadeiro propósito dessas atividades ser negligenciado. A excelência na prática não tem relação direta com a mudança de atitude com relação aos outros. Ironicamente, se houvesse realmente ocorrido uma guinada na consciência, a prática não seria necessária. Como o marido de minha amiga ministra disse a ela: "Se o seu trabalho fosse tão bem-sucedido, esta igreja estaria vazia!"

Deixe-me esclarecer que não me oponho à prática. Alquimia, como foi dito muitas vezes ao longo deste livro, é fazer. Quando usamos a prática como meio para um fim e não como um fim em si mesma, então o verdadeiro ouro é um estado e um processo de ser e fazer — de se tornar. Não podemos deixar que a prática nos engane ou nos desvie da meta, que é a consciência individuada. A prática traz uma sensação de alegria à jornada, mas não é o seu único destino.

A yoga e a meditação são práticas nobres e contribuem para o aprimoramento da consciência, mas, a menos que a "mente esteja em harmonia com o trabalho", as horas destinadas à meditação e à respiração profunda não darão muito resultado. Sem a intenção correta, essas práticas não atingem suas metas mais elevadas. A mente, o corpo e a alma têm sempre que trabalhar juntos para que essas técnicas façam sua mágica. Outra preocupação que tenho é o fascínio que a prática oriental exerce sobre os ocidentais e vice-versa.[2] A curiosidade, a experimentação e a novidade não chegam a fundir o melhor que cada hemisfério tem a oferecer para a individuação da consciência do mundo.

Finalmente, eu tive muitos pacientes de psicoterapia sofrendo de doenças que não podem ser definidas do ponto de vista médico. A causa dos problemas desses pacientes é o que o psiquiatra Stanislav Grof chama de "emergência espiritual". Ele e seus colegas descrevem sérios distúrbios psicológicos causados por uma "crise da evolução da consciência".[3] Essas crises podem ser precipitadas por situações extremas, como "doença, acidente ou cirurgia", assim como por "várias formas de meditação e prática espiritual". Ele relata que foi

A prática intensa nos dá um momento de liberação, uma amostra, mas a verdadeira alegria vem quando a própria vida se torna uma prática e festejamos todos os dias da nossa vida.

procurado por pessoas "cujas experiências incomuns ocorreram durante a prática do Zen, da meditação budista Vipassana, da yoga Kundalini, de exercícios sufi, da prece cristã e da contemplação monástica".[4]

> Pratique, sim, mas com orientação e com a atitude correta. Mantenha dois olhos no ego e o terceiro no Self.

Proponho que o *Self*, não o ego, seja o centro da prática. Afobados para primar na prática, negligenciamos esse fato óbvio. Não basta recorrer unicamente aos exercícios motivados pelo ego: temos que recorrer aos recursos do *Self*. Quando vemos pelo olho do *Self*, mesmo que por alguns momentos, a vida entra em foco e as prioridades se ajustam naturalmente. Uma prática baseada no *Self* é mais fácil e mais poderosa do que práticas mais complexas que exigem muito esforço. O que eu estou querendo dizer é tão ridiculamente simples que só agora, já perto do final do livro, tenho coragem de mencionar. Eis o segredo: viva a vida com o coração aberto, pois viver a vida conscientemente se tornará a melhor das práticas.

Viver com o coração aberto é uma prática alquímica oportuna, econômica e elegante.

O QUE O CORAÇÃO SABE

Dedicamos um bom tempo à análise de conceitos abstratos, como ego e *self*, para compreender a natureza da psique e da consciência humana. Por mais úteis que sejam, esses conceitos não substituem a sabedoria contida no órgão central da vida: o coração. É a partir dele que a vida — física, psíquica e espiritual — emana, nos transforma e nos liga a outras dimensões.

> Não fazer nada. Abrir, engolir, digerir. A experiência alquímica não é diferente de outras experiências que, sabemos, é melhor não questionar. O questionamento quebra o encanto. Lembre-se, "A vida é um encantamento tão delicado que tudo conspira para quebrá-lo". Quando é o espírito que nos motiva, aceitamos a experiência de coração. Algumas coisas não devem ser questionadas, pelo menos no começo. É maravilhoso ficar em silêncio logo depois de fazer amor. Ou, depois de um pôr-do-sol radiante, deixar que a lembrança tome forma a partir da imagem, não das palavras.
>
> Uma vez, em Big Sur, fui parar no topo de uma montanha num lugar chamado Las Ventanas (as janelas). Lá, vi o mais glorioso pôr-do-sol da minha vida. Quando o sol desapareceu no horizonte, minhas mãos começaram a bater palmas, involuntariamente. O gesto foi estranho, engraçado, mas não insincero. Foi contagiante e as pessoas à minha volta começaram a bater palmas também. Nem uma palavra foi mencionada enquanto aplaudíamos essa experiência maravilhosa. Esse momento silencioso foi uma experiência alquímica que não precisou de palavras.

A ciência nos mostrou que o coração, o primeiro órgão a funcionar no corpo, é a "Semente da Existência". Ele bombeia quinze milhões de galões de sangue e bate 2,5 bilhões de vezes durante uma vida humana de duração média. Muitos experimentos trazem evidências físicas de que o coração é também a sede da consciência emocional, a verdadeira "Morada de Deus", que afeta fisicamente as pessoas e o mundo. Embora sejam interessantes, esses fatos não são novos. Todas as religiões e práticas espirituais conhecem a importância que o coração tem para o bem-estar do corpo, da mente, da alma, do espírito e do Kosmos.[5]

Os alquimistas compreendiam que nenhuma transmutação de corpos metálicos e espirituais é possível sem um coração puro. Em sua obra, acataram a inocência do coração e a sua linguagem enigmática. Ao contrário da ciência, o coração não tem problemas com as contradições que existem só no domínio da mente. A linguagem do coração é compatível com charadas e paradoxos. Quando se traz a alquimia à prática diária, o coração sabe que fazer e não fazer não estão em desacordo entre si. Ele não faz distinção entre a prática e aquele que pratica: eles são uma coisa só.

O amor não precisa fazer nada. Um coração cheio de amor dissolve naturalmente todas as barreiras que dividem o mundo. Nenhum esforço é necessário. Nessa plenitude, encontramos o que amamos encarnado em todos e em tudo. Quando adquirimos a sabedoria da pedra filosofal, sabemos que essa verdade é real.

CONCLUSÃO

Todas as operações descritas neste livro são métodos eficazes, mas elas não trarão muito benefício se estivermos presos ao fazer, sem chegar a ficar plenamente vivos no momento sempre-presente. Na verdade, o futuro existe no presente e cada respiração o torna real. A respiração abre o coração à plenitude da vida. As alegrias do coração nos permitem celebrar a existência. Seu desespero traz a sombra à luz. Suas feridas nos permitem descobrir o dom de curar. Em outro poema maravilhoso, "Só Respire",[6] Rumi captura a essência de um coração aberto e sua afinidade com o *self* e com o espírito:

Nem cristão, judeu ou muçulmano. Nem hindu,
budista, sufi ou zen. Nem de nenhuma religião

ou sistema cultural. Não sou do Oriente
nem do Ocidente, não vim do oceano nem

brotei do solo. Nem natural nem etéreo, nem
composto de elemento algum. Eu não existo,

não sou uma entidade, nem neste mundo nem no outro.
Não descendo de Adão e Eva, nem tenho uma

história da minha origem. Meu lugar é lugar nenhum, um vestígio
de vestígio algum. Nem corpo nem alma.

Pertenço ao bem-amado, vi os dois
mundos como um só e esse um chama e conhece,

primeiro, último, exterior, interior, aquele
sopro apenas, um ser humano que respira

Há um caminho entre a voz e a presença
por onde flui a informação.

No silêncio disciplinado ele se abre.
Na conversa errante ele se fecha.

No silêncio consciente, sem palavras para perturbar a paz ou mesmo a prática bem-intencionada, o extraordinário pode acontecer.

O cerne da questão é que os opostos só existem na mente recentemente desperta. Como Rumi disse, Deus nos dá duas asas para que possamos aprender a voar. Mas, tendo penetrado as profundezas da alma e voado até as alturas do espírito, tendo casado os opostos e nos aceitado plenamente, entramos numa dimensão do ser inteiramente nova. Ali, os anjos esperam para nos levar a uma consciência dourada, em que mais uma vez ocupamos nosso lugar entre as estrelas.

NOTAS SOBRE AS IMAGENS E RECEITAS

Notas e Referências

A Tábua Esmeraldina

Tabula Smaragdina Hermetis

NOTAS SOBRE AS IMAGENS

As gravuras mostradas neste livro são exemplos de obras-primas alquímicas. A arte pode ser classificada de três maneiras, conforme o impacto da imagem em nossos olhos. Wilber chama essas três perspectivas de "o olho da carne... o olho da mente... [e] o olho do espírito".[1] O impacto da arte alquímica se dá nos três níveis. Seus motivos são como quebra-cabeças para a mente: eles nos fazem pensar e tentar juntar as partes desemparelhadas. Há nela uma espiritualidade latente que não salta aos olhos como na arte religiosa. Mesmo quando o sexo e a violência fazem parte da imagem, somos forçados a aceitar que também são um aspecto importante do espírito. Como as belas mandalas e yantras da arte budista, essas pinturas alquímicas levam a mente em direção a uma dimensão espiritual. As imagens se tornam ícones que nos transformam no nível físico. Meditando sobre elas por algum tempo, você começa a sentir o artista penetrando a sua mente, compartilhando segredos antigos e convidando-o para sua irmandade.

IMAGEM PARA O CAPÍTULO 1, PÁGINA 23

***De Chemis Strasburg,* Zadith Senior, 1566.**

Esta gravura mostra Hermes segurando um livro de sabedoria aberto. Sua postura é semelhante à que vemos nas versões cristãs da Virgem Maria e de Jesus. As páginas mostram uma criatura urobórica à esquerda e o sol à direita. Elas são uma indicação da essência eterna da qual a alquimia tira o seu poder.

IMAGEM PARA O CAPÍTULO 2, PÁGINA 43

***Utriusque cosmi, II, tractatus primus,* M. Merian**

Segundo Fabricius, essa gravura "mostra o alquimista-como-astrólogo com seu globo celeste, apontando para a constelação de Peixes. Nesse signo, o velho filósofo observa o esplendor do último *coniunctio solis et lunae* irrompendo para iluminar os céus no final do seu *opus*".[2] Como em muitas ilustrações alquímicas, vemos a lua e o sol no céu. Nessa imagem, eles estão separados por uma coluna, que também os emoldura. A dinâmica do trabalho é circular. Ela começa com o adepto sentado à direita, apontando para o astrólogo à esquerda. Ele, por sua vez, aponta para cima, para a lua. Seguindo no sentido horário, o olho é atraído pelo grande sol à direita. As três esferas, a lua, o sol e o globo, garantem esse movimento e indicam uma ligação terra-espírito entre eles.

IMAGEM PARA O CAPÍTULO 3, PÁGINA 67

Emblema XXVII de Atalanta fugiens, Michael Maier, Oppenheim, 1618

Maier era o médico particular de Rodolfo II, além de ser um celebrado alquimista. Ele foi muito ativo no movimento Rosacruz e escreveu livros alquímicos importantes. Várias imagens usadas neste livro são tiradas de sua obra *Atalanta Fugiens* (Fuga de Atalanta).

Nessa gravura, o jovem adepto está diante de um portão trancado com três cadeados, indicando que existem segredos a serem desvendados em cada um dos três estágios da obra. Os pináculos acima do portão mostram os três diferentes fogos a serem usados. Além do portão há um belo jardim com uma árvore especial no centro. Esse jardim é uma mandala e a árvore solitária contém a rosa verde. O sábio colhe essa rosa sem se ferir, mas os falsos alquimistas "dela só têm a dor". Observe também que os pés do adepto estão afundados na terra. Diz Maier: "Quem deseja entrar sem a chave no Jardim de Rosas Filosófico é como um homem querendo andar sem os pés." Mesmo assim, esse intrépido jovem deixou seu grupo, que consiste em cinco homens e quatro mulheres (vistos no canto superior à direita), para se iniciar nos mistérios. Ele, sendo o décimo, representa a soma de tudo o que é possível, um bom sinal para alguém que está se preparando para iniciar a Grande Obra.

IMAGEM PARA O CAPÍTULO 4, PÁGINA 81

Hand der Philosophen, J. Isaak Hollandus, 1667

Aqui, vemos Saturno segurando uma espada numa das mãos e uma esfera na outra. Ele está nu dentro de um grande caldeirão de metal. Há muitos significados importantes nessa gravura. Para começar, ela nos lembra que toda transmutação exige que nos transformemos. Como diz Dorn: "Nunca farás o Um que almejas, a menos que antes seja feita uma só coisa de ti."[3] Antes que possa ocorrer uma transmutação de substâncias, o alquimista tem que se transformar. Nesse alambique, o alquimista, que aparece como Saturno, passa pelo processo de transformação de si mesmo. Sua espada não é a espada da razão, mas da *mens*, um poder que transcende a racionalidade de Mercúrio e até mesmo a espiritualidade do Sol. Essa é uma espada de transformação que "transforma uma coisa infinitamente pequena no infinitamente grande".[4] Cortando o cordão que nos prende à vida comum, temos literalmente o mundo inteiro nas nossas mãos. A esfera coroada simboliza poder e autoridade.

IMAGEM PARA O CAPÍTULO 5, PÁGINA 103

Auslegun von 30 magischen Figuren, Paracelso

Essa gravura notável mostra uma salamandra com asas e um capuz mágico. Seu corpo é musculoso, como o de um leão, e tem um rabo de cabeça de dragão, com uma espada entre os dentes. Essa imagem é diferente das outras porque a salamandra está pisando nas chamas, exibindo seu triunfo sobre o fogo. Esse tema é destacado pelos elementos sugestivos do dragão e da espada. O primeiro simboliza o apego à mãe, que precisa ser superado para que se crie um espírito independente. O dragão segura a espada para eliminar qualquer obstáculo que lhe atrapalhe o caminho para a plenitude. Como ele faz parte da cauda, parece que esse desenvolvimento já foi atingido, tendo, agora, que ser elevado, pelo *sublimatio*, a uma dimensão mais sutil.

A gravura foi tirada do livro *The Secret Teachings of All Ages*, de Manly P. Hall. Sob a imagem, ele acrescenta: "Os gregos, seguindo o exemplo das antigas nações, divinizaram os espíritos do fogo e, em sua honra, mantinham o incenso e o fogo do altar queimando perpetuamente."[5]

IMAGEM PARA O CAPÍTULO 6, PÁGINA 129

Viridarium chymicum, D. Stolcius von Stolcenberg, Frankfurt, 1624

Essa imagem mostra o *sol niger*, aquele momento terrível em que *sol* e *luna* coincidem pela primeira vez, no final do *nigredo*. Nesse ponto, o ego heróico não tem mais o "cetro e a maçã", substituído pelo corvo negro. Em outras palavras, o ego enfrenta sua sombra e começa o processo de remoção dos elementos externos da *persona*.

A putrefação é o processo que provoca essa ação, de importância fundamental. O ego heróico, despojado até o osso, está cercado por dois anjos, sendo que o da direita toca o dedo do esqueleto, um gesto que lembra a *Criação de Adão*, de Michelângelo, no afresco da Capela Sistina. Os dois significam a transmissão da vida por um poder divino. Mas essa imagem vai mais além. Ela mostra que a consciência surge quando renunciamos aos desejos e apetites do corpo. Temos que morrer para depois nascer de novo.

IMAGEM PARA O CAPÍTULO 7, PÁGINA 149

Emblema XVIII de Atalanta Fugiens, Michael Maier, Oppenheim, 1618

Nessa imagem, o alquimista transforma em moedas uma varinha de ouro. A gravura ilustra a receita "É preciso ouro para fazer ouro". Ela mostra a operação do *multiplicatio*, que permite ao adepto produzir inumeráveis porções de ouro a partir de uma substância que possui o poder da pedra filosofal.

IMAGEM PARA O CAPÍTULO 8, PÁGINA 179

Intergrum Morborum Mysterium: Sive Medicinae Catholicae, Robert Fludd

Robert Fludd era médico, filósofo e alquimista. Estudou em Oxford e era um fiel seguidor de Paracelso. Nessa gravura, retirada de um dos seus livros, vemos seu professor Paracelso, o famoso médico e alquimista suíço. Aqui, Paracelso aparece destampando uma substância desconhecida (azoto?), cercado por quadrados em que se lê textos tirados da Cabala.

Diz a tradição que Paracelso conseguiu transmutar metais, mas seu principal objetivo era preparar elixires de cura. Ao contrário da teoria alquímica tradicional, Paracelso não acreditava que a doença fosse causada pelo desequilíbrio dos quatro humores. Segundo ele, havia "sementes" ruins que atacavam os órgãos vitais do corpo. É por meio da concocção e da intensa compreensão da falta de sintonia do paciente com Deus que o "Grande Médico" consegue restaurar a saúde. O uso que ele fazia dos arcanos (remédios químicos) produzidos por meio de métodos alquímicos abriu caminho para o moderno tratamento farmacológico das doenças.

IMAGEM PARA A PRIMEIRA RECEITA, PÁGINA 184

Cabala, S. Michelspacher, Augsburg, 1616

Esse trabalho de Michelspacher é uma obra-prima que incorpora uma quantidade enorme de simbolismos, incluindo princípios alquímicos, astrológicos e cabalísticos. As figuras masculinas em primeiro plano ilustram as diferentes abordagens adotadas no trabalho alquímico. A figura da esquerda simboliza uma abordagem experimental e a da direita uma abordagem intuitiva, espiritual. As figuras nos degraus da montanha mostram os sete deuses que representam os sete metais, com mercúrio no topo. O anel de imagens astrológicas indica que o trabalho começa em Maio, no signo de Touro. A primavera é a época dos começos. E em cada canto está o nome de um dos elementos. No centro, vemos uma sala mágica, sobre a qual há os símbolos do *Sol* e da *Luna* e, acima deles, o do pássaro coroado de Mercúrio. A sala é uma câmara nupcial onde o rei e a rainha se preparam para se unir no casamento sagrado: o Casamento Real dos opostos.

IMAGEM PARA A SEGUNDA RECEITA, PÁGINA 191

Atalanta fugiens, Michael Maier, Oppenheim, 1618

O ego heróico, na forma do rei, entrega-se às águas femininas do *solutio* inconsciente, que vai purificar e dissolver todos os vestígios de matéria plúmbea. Há dois fatores, pelo menos, que tornam essa imagem notável. Primeiro, ela ilustra graficamente um processo químico que usa uma figura humana e não uma substância física. Ou seja, a matéria sólida só se dissolve quando o material psíquico é submetido ao banho ácido nas águas de Mercúrio. Em segundo lugar, o rei, mesmo nesse ato de dissolução, mantém a coroa. "Era preciso ter cuidado", escreve Maier, "para não perder a coroa, pois com suas pedras era possível curar as doenças."[6] A coroa radiante, diz Jung, "é o símbolo por excelência da conquista da mais alta meta da evolução: pois quem conquista a si mesmo ganha a coroa da vida eterna".[7]

IMAGEM PARA A TERCEIRA RECEITA, PÁGINA 200

Amphitheatrum sapienthiae aeternae, Heinrich Khunrath, 1602

Além dos símbolos alquímicos contidos nessa gravura, observe também o uso espetacular da perspectiva. Anteriormente, faltava às obras de arte em geral esse método de criar a ilusão de uma terceira dimensão numa superfície plana. Assim, vemos como a consciência se desenvolvia, tanto na arte quanto no novo conceito de Galileo de um universo heliocêntrico. Enquanto era redefinido cosmologicamente, o espaço era também reproduzido num relevo ousado em todas as formas de arte.

Os vários detalhes dessa imagem indicam que o trabalho alquímico requer experiência e razão, prece e experimento. Isso é enfatizado pela dramática simetria da imagem, com o oratório à esquerda e o laboratório alquímico à direita. No forno, em primeiro plano, há uma inscrição exortando a paciência: "Apresse-se lentamente."

Além da inscrição acima da porta, onde se lê "Durante o sono, vigie!", há duas outras receitas dignas de nota. Acima do tabernáculo, diante do qual o alquimista está ajoelhado rezando, lemos outras mensagens: "Feliz aquele que segue o conselho do Senhor", "Não fale de Deus sem iluminação" e "Quando cuidamos do nosso trabalho, o próprio Deus vem nos ajudar".

IMAGEM PARA A QUARTA RECEITA, PÁGINA 209

Viridarium chymicum, D. Stolcius von Stolcenber, Frankfurt, 1624

Alexander Roob descreve os elementos principais dessa gravura com estas palavras: "Quando o leão/sol e a serpente/lua estão plenamente unidos, o *lapis* está completo. Mas, para que tenha o poder de aumentar, e para que Mercúrio dê frutos, ele tem que ser aquecido e fermentado num Caldeirão, com três partes de ouro purificado."[8] Sol e Luna estão enquadrados numa janela, logo acima do alquimista e de sua fornalha. Na parte direita inferior da imagem, há um leão devorando uma serpente. Em geral, o leão representa o ouro e a cobra, a transformação. Para que o ouro "dê frutos", ou seja, multiplique-se, tem que ocorrer uma transformação do metal em pedra filosofal, que possui a capacidade, *multiplicatio*, de se regenerar infinitamente. Eu escolhi essa imagem para representar essa receita por causa da intensidade com que o alquimista olha para o fogo. Seu gesto liga a imagem do leão com a fonte de sua transformação, por meio dele e por ele.

IMAGEM PARA A QUINTA RECEITA, PÁGINA 216

Atalanta fugiens, Michael Maier, Oppenheim, 1618

Para analisar plenamente essa imagem, temos que relembrar alguns dos acontecimentos mais importantes desse período. No começo dos anos de 1600, a autoridade da Igreja Católica estava ameaçada pela Reforma. Giordano Bruno foi queimado na fogueira porque acreditava num universo infinito, cheio de planetas e estrelas em movimento constante. Sua morte pode ter contribuído para a retratação de Galileo, que havia provado que era o sol, e não a terra, o verdadeiro centro do cosmos, uma doutrina oposta às crenças da Igreja Católica, em que Deus e Igreja coincidem.

Nessa gravura, vemos a terra no centro da imagem, com o sol muito menor, no canto esquerdo superior. Esteticamente, como é comum nas obras alquímicas, o desenho é em forma de mandala: todos os elementos são ligados por um anel de estrelas celestiais, contido no campo quadrado da gravura. Além disso, temos que lembrar que Súlfur (*Sol*) e Mercúrio (*Luna*) são conhecidos também como "o sol e sua sombra". A sombra, lançada pela terra, não cobre a lua. Sem um eclipse lunar, *sol* e *luna* mantêm sua influência sobre a terra. A ênfase é dada ao sol nos muitos raios que dele emanam.

IMAGEM PARA A SEXTA RECEITA, PÁGINA 224

Atalanta fugiens, Michael Maier, Oppenheim, 1618

Para explicar o significado dessa gravura, Frabicius cita Senior:

> A água folheada, que é o ouro dos filósofos, o Senhor Hermes chamava de ovo com muitos nomes. O mundo inferior é o corpo e as cinzas queimadas, a que reduzem a venerável alma. E as cinzas queimadas e a alma são o ouro

dos sábios, que semeiam na terra branca, e na terra salpicada de estrelas, folheada, abençoada e sedenta, que ele denominava terra de folhas e terra de prata e terra de ouro... [Por isso] Hermes disse: "Semeie o ouro na terra branca folheada. Porque a terra branca folheada é a coroa da vitória, que é cinza extraída da cinza."[9]

IMAGEM PARA A SÉTIMA RECEITA, PÁGINA 231

Summum Bonum, Robert Fludd, Frankfurt, 1629

A rosa é um símbolo muito antigo do *Lapis*-Cristo, usado especialmente pelos rosacruzes. Nessa gravura, vemos a imagem da cruz feita de uma ramificação do caule. As palavras latinas *Dat Rosa Mel Apibus*, acima da rosa, significam "a Rosa dá mel às abelhas". Roob cita *Die Geheimnisse*, de Goethe, para descrever o significado simbólico dessa imagem.

> *A cruz está densamente rodeada de rosas.*
> *Quem pôs rosas na cruz?*
>
> *E do meio brota uma vida sagrada*
> *De raios triplicados, de um único ponto.*[10]

Em *The Encyclopedia of Secret Knowledge*, Charles Walker discorre sobre o significado místico da rosa-cruz. "As abelhas", escreve ele, "estão tirando alimento da rosa-cruz, o que simboliza um impulso renovado de Cristo: a rosa é Cristo crescendo na cruz dolorosa e cheia de espinhos."[11] Ele chama a atenção também para as sete pétalas cercadas de abelhas, que representariam almas humanas.

IMAGEM PARA A OITAVA RECEITA, PÁGINA 242

Besondere Chymische Schriften, Baro Urbigerus, Hamburg, 1705

Vemos novamente um globo numa mão estendida, desta vez de Mercúrio, chamado em latim de *Filius Noster*, Nosso Filho. Acima das águas mercuriais, estão *Sol* e *Luna*. Essencialmente, a gravura mostra Mercúrio como o meio em que o Enxofre, masculino, e o Sal, feminino, se unem, sendo que Mercúrio é também o produto dessa união. O caduceu representa a união desses opostos.

IMAGEM PARA A NONA RECEITA, PÁGINA 251

Atalanta fugiens, Michael Maier, Oppenheim, 1618

Nessa gravura, vemos duas imagens idênticas de Mercúrio com um alquimista entre elas, segurando uma tocha acesa em frente ao forno. A imagem representa o princípio "igual cura igual" e o fogo como meio de unificar ego e eu, consciência e inconsciente ou, em outras palavras, os opostos. Há muitos tipos de fogo e de mercúrio. Por exemplo, é o mercúrio da água que produz a matéria e o mercúrio do fogo que produz a forma. Há também tipos diferentes de fogo. Por meio do calor interior, o *calcinatio* unifica os opostos psíquicos aquecendo a *prima materia* e fazendo com que ela se livre dos seus elementos sombrios, desejos e emoções não desejadas. De maneira semelhante, o calor externo faz com que metais de diferentes naturezas "se encontrem e se casem" para formar novas ligas.

A idéia de calor interior não é apenas uma noção psicológica. No livro *Magic and Mystery in Tibet*, Alexandra David-Neel descreve um método chamado *tumo*, usado por alguns yogues para produzir calor interior. Alguns são tão proficientes nessa arte que vivem sem roupas durante o ano inteiro no clima frio do Himalaia. Mas o fogo pode sair do controle, tanto na natureza quanto entre os seres humanos. Por exemplo: há muitas histórias bizarras de pessoas que morrem de combustão espontânea. E na natureza, sabemos que, de tempos em tempos, incêndios destroem acres e acres de floresta. É interessante observar que, às vezes, para deter esses incêndios, o fogo é combatido com fogo. Ateado intencionalmente em locais estratégicos, o próprio fogo consome a energia que alimenta o incêndio. Talvez, de modo psicologicamente equivalente, os faquires que dominam a arte de andar sobre carvão em brasa usem uma técnica semelhante. Essas são as muitas dimensões do fogo de Mercúrio.

IMAGEM PARA A DÉCIMA RECEITA, PÁGINA 259

Alquimista praticando (o chamado Fausto), gravura de Rembrandt

Além das gravuras feitas por alquimistas, alguns artistas capturaram os vários aspectos da Arte Real em gravuras e pinturas.

Algumas dessas obras são bastante conhecidas: *Distillatio*, de Jan van der Straet (final do século XVI); *The Alchemists,* de Adran van Ostade, 1757; *The Alchymist,* de Pietro Longhi, 1661; duas pinturas de David Teniers chamadas *The Alchemist*, c. 1645 e 1680; *The Village Alchemist,* de Jan Steen; *The Alchemist's Experiment Takes Fire,* de Heindrik Heerschop (final do século XVII); *The Alchemist,* de *Sir* William Fettes Douglas (século XIX); *Paracelsus Lecturing on the Elixir Vitae,* de David Scott (século XIX). Veja também as magníficas pinturas de Brueghel, das quatro estações, repletas de todos os elementos, retratados em toda a sua resplandecente beleza. Devo mencionar também Hieronymus Bosch, cujas obras trabalham temas alquímicos. Rodolfo II era um ávido colecionador de suas pinturas.

IMAGEM PARA O CAPÍTULO 9, PÁGINA 267

Utriusque Cosmi Historia, Robert Fludd, 1617-1618

Junto com seu amigo e colega Michael Maier, Robert Fludd trabalhou com ardor para promover as teorias dos rosacruzes. Nessa imagem, intitulada *Picture of the Art and Mirror of all Nature*, a *Anima Mundi* é personificada como uma mulher de cujo seio flui um líquido que une todos os reinos do ser, animal, mineral e vegetal, ligando-os a Deus. "Em seu seio está o verdadeiro sol, em sua barriga está a lua... seu pé direito se apóia na terra, seu pé esquerdo na água, mostrando assim a ligação entre Enxofre e Mercúrio, sem o que nada pode ser criado."[12] Observe que a cada reino é atribuída uma posição na ordem cosmológica da natureza e que os anéis externos representam o paraíso.

Fludd via com suspeitas o crescente interesse pelas ciências empíricas. Para ele, a ciência, incluindo a alquimia, devia ser afastada da prática de laboratório e levada de volta às tradições místicas do Hermetismo e da Cabala. Ao leitor interessado, sugiro que leia *Robert Eludd, Essential Readings*, de William Huffman. Nesse livro, ele analisa as obras de Fludd e seu debate com Kepler a respeito das teorias discrepantes sobre a estrutura do universo e também a defesa que Fludd fazia dos rosacruzes.

IMAGEM PARA O CAPÍTULO 10, PÁGINA 285

Theosophische Wercke, Jakob Boehme, Amsterdã, 1682

Jakob Boehme (1575-1624) era um alquimista espiritual e um ávido seguidor dos trabalhos de Paracelso. Em 1598, ele acreditou ter visto o coração da natureza, o que Paracelso chamava de *lumen naturae*, em seu *Livro da Natureza*. Boehme revitalizou o misticismo cristão por meio de muitas visões e escritos. Mark Haeffner, autor de *The Dictionary of Alchemy*, escreveu: "Com Boehme, a alquimia saiu do laboratório para se tornar um sistema de simbolismo místico, transcendente."[13]

IMAGEM FINAL, PÁGINA 297

A Tábua Esmeraldina, do Amphitheatrum sapienthtiae aeternae, Heinrich Khunrath, Hanover, 1606

A Tábua Esmeraldina, de Hermes Trismegisto, é talvez a mais antiga coleção de receitas alquímicas que se conhece. Suas treze receitas para o desenvolvimento da consciência têm milhares de anos. Ninguém sabe ao certo sua origem e alguns acham que sua mensagem veio da Atlântida ou possivelmente de outros mundos. Seja como for, a tábua é um documento dinâmico que foi interpretado milhares de vezes e se tornou a pedra fundamental da tradição hermética. Parte de sua sabedoria foi posta em prática nos Estados Unidos, cuja divisa nacional é *E Pluribus Unum*, "A partir de Muitos, Um". Os antigos acreditavam que a América seria uma nação poderosa muito antes de os povos nativos americanos habitarem o continente ou dos navegadores vikings apontarem seus navios para o Ocidente. Nessa mesma visão, o Novo Mundo seria um local de concentração da humanidade a caminho do seu novo lar. Disse Hermes:

Pare e fique sereno: perceba com os olhos do coração outra vez! E se não conseguir, deixe ao menos que os que conseguem o façam. Pois a maldade da ignorância inunda o mundo inteiro, destrói a alma que está trancada no corpo e a impede de terminar sua jornada e atracar no porto das estrelas.[14]

REFERÊNCIAS

1. Wilber, Ken. *One Taste*. Boston e Londres: Shambala, 1999, p. 6.
2. Frabricus, Johannes. *Alchemy: The Medieval Alchemists and Their Royal Art*. Londres: Diamond Books, 1976, p. 190.
3. Jung, C. J. *Mysterium Coniunctionis, an Inquiry into the Separation and Synthesis of Psychic Opposites in Alchemy*, vol. 14. Nova York: Bollingen Foundation, 1963, p. 235.
4. ———————. *Psychology and Religion: West and East*, vol. 11. Nova York: Bollingen Foundation, 1958, p. 359.
5. Hall, Manly P.. *The Secret Teachings of All Ages*. Los Angeles: The Philosophical Research Society, 1978, p. CV.
6. Roob, Alexander. *The Hermetic Museum: Alchemy & Mysticism*, Londres, Nova York e Paris: Taschen, 1996, p. 214.
7. Cirlot, J. E. *A Dictionary of Symbols*. Nova York: The Philosophical Society, 1962, p. 70.
8. Roob. *The Hermetic Museum*, p. 370.
9. Frabricus. *Alchemy*, p. 142.

10. Roob. *The Hermetic Museum*, p. 690.
11. Walker, Charles. *The Encyclopedia of Secret Knowledge*. Londres: Limited Editions, 1995, p. 8.
12. Roob. *The Hermetic Museum*, p. 501.
13. Haeffner, Mark. *The Dictionary of Alchemy: From Maria Prophetissa to Isaac Newton*. Londres: The Aquarian Press, 1971, p. 74.
14. Hauck, Dennis. *The Emerald Tablet: Alchemy for Personal Transformation*. Nova York: Penguin Putnam Inc., 1999, p. 400.

NOTAS SOBRE AS DEZ RECEITAS

A PRIMEIRA RECEITA

Visite o Interior da Terra e Retifique o que lá encontrar, e você descobrirá a Pedra Oculta

Essa receita vem do alquimista Basil Valentinus (1394-1413). É uma máxima alquímica que usa as primeiras letras de um adágio alquímico latino encontrado em muitos textos ocultos:

Visita Interiora Terrae; Rectificandoque Invenies Occultum Lapidem.

Alguns dizem que todos os segredos alquímicos estão contidos nesse adágio...[1]

A SEGUNDA RECEITA

Dissolva a Matéria em sua própria Água

Essa antiga máxima é tirada do livro de Edinger, mas seu tema é repetido em muitos textos alquímicos.[2]

A TERCEIRA RECEITA

Mantenha-se Vigilante, mesmo Dormindo

Essa inscrição é tirada de *Amphitheatrum sapienthiae aeternae*, de Heinrich Khunrath, 1602.

A QUARTA RECEITA

A Mente tem que estar em Harmonia com o Trabalho

Tirada de *Ordinale of Alchemy* (*Museum Hermitica*, p. 519), de Norton, que diz: "*nam mens eius cum opere consentiat...*"[3]

A QUINTA RECEITA

O Sol e a Sombra Completam a Obra

"O sol e sua sombra levam a obra à perfeição."[4] Jung observa também que essa mesma idéia ocorre em *Turba*: "Mas aquele que tingiu o veneno dos sábios com o sol e sua sombra, alcançou o maior dos segredos."[5]

A SEXTA RECEITA

Semeie seu Ouro em Terra Branca e Folheada

Em *Emblema VI in Scrutinium chymicum*, de Michael Maier (pp. 16ss.). Ver também Jung: "O símbolo deriva provavelmente de Senior, *De chemia*, onde está escrito, '[Por que] Hermes disse, "Semeie o ouro em terra branca folheada. Pois a terra branca folheada é a coroa da vitória, que são cinzas extraídas das cinzas".' "[6]

A SÉTIMA RECEITA

A Rosa dá Mel à Abelha

Das palavras latinas, "*dat rosa mel apibus*", escritas acima da imagem da rosa-cruz. Tirada de *Clavis Philosophiae et Alchymiae*, de Robert Fludd, 1633.

A OITAVA RECEITA

Dissolver e Coagular (*Solve et coagula*)

Tão antigo e comum é esse lema, que é difícil dizer com absoluta certeza a quem dar o crédito por sua sabedoria. Talvez Geber, ou até mesmo Hermes Trismegistus, seja o autor dessa receita eterna. Seja como for, existem outras versões: "fixar o Espírito, volatizar a matéria", "aquilo que não foi separado não pode ser unido" e "não há geração sem corrupção". Richard e Iona Miller enunciam muito bem a questão: "Temos que encontrar ligações entre o impulso do espírito, para cima, e o abraço oneroso da matéria."[7]

A NONA RECEITA

É Preciso Mercúrio para Fazer Mercúrio

"Faça mercúrio com mercúrio." Khunrath (*Von hylealischen Chaos*, p. 224).[8]

A DÉCIMA RECEITA

Sem Inspiração Divina, Ninguém é Grande

Como a terceira receita, essa inscrição também é tirada de *Amphitheatrum sapienthiae aeternae*, de Heinrich Khunrath, 1602. Como diz Charles Walker, ela está localizada "no teto sobre a mesa, [e] é a mais importante de todas as máximas ocultas".[9]

REFERÊNCIAS

1. Walker, Charles. *The Encyclopedia of Secret Knowledge.* Londres: Limited Editions, 1995, p. 25.
2. Edinger, Edward F. *Anatomy of the Psyche: Alchemical Symbolism in Psychotherapy.* La Salle, Illinois: Open Court, 1985, p. 1.
3. Jung, C. G. *Psychology and Alchemy*, p. 270. Ver nota de rodapé 79.
4. ——————. *Mysterium Coniunctionis*, p. 97.
5. *Ibid.*, p. 97. Ver nota de rodapé 38.
6. *Ibid.*, p. 438. Ver nota de rodapé 270.
7. Miller, Richard e Iona Miller. *The Modern Alchemist: A Guide to Personal Transformation.* Grand Rapids, Mich: Phanes Press, 1994, p. 15.
8. Jung. *Mysterium Coniunctionis*, 1963, p. 43. Ver nota de rodapé 17.
9. Walker, p. 37.

Notas e Referências

CAPÍTULO 1

1. Raff, Jeffrey. *Jung and the Alchemical Imagination*. York Beach, Maine: Nicolas-Hays, Inc., 2000, p. xvi.
2. Eliade, Mircea. *The Forge and the Crucible: The Origins and Structures of Alchemy*. Chicago, Ill: The University of Chicago Press, 1962, p. 24.
3. Hauck, Dennis. *The Emerald Tablet: Alchemy for Personal Transformation*. Nova York: Penguin Putnam Inc., 1999. Segundo Hauck, dizem as fontes que "a tábua estava no Egito há cerca de dez mil anos, embora alguns historiadores apontem uma data em torno de 300 a.C. Papiros egípcios de até 2000 a.C. contêm muitas das frases e princípios enunciados na *Tábua Esmeraldina*..." p. 32.
   Marshall, Peter. *The Philosopher's Stone*. Londres: Macmillan, 2001. Marshall diz que "a data exata da criação da *Tábua Esmeraldina* é... desconhecida". p. 353.
4. Marshall, *The Philosopher's Stone*. Com base nas tradições egípcia e chinesa, Marshall sugere que esse misterioso conhecimento veio originalmente de uma civilização atlantiana desaparecida há muito tempo.
5. *Ibid.*, p. 17.
6. *Ibid.*, p. 97.
7. *Ibid.*, p. 112-113.
8. Cavendish, Richard, org. *Man, Myth & Magic: An Illustrated Encyclopedia of the Supernatural*. Nova York: Marshall Cavendish Corporation, 1970. A citação é tirada de um ensaio de Benjamin Walker, sob o título "Tantrism", p. 2780.
9. Fernadando, Diana. *Alchemy: An Illustrated A to Z*. Great Britain: Blandford, 1998, p. 78.
10. Cooper, David. *God Is a Verb: Kabbalah and the Practice of Mystical Judaism*. Nova York: Riverside Books, 1997, p. 37.
11. *Ibid.*, p. 50.
12. Jung, C. G. *Mysterium Coniunctionis: An Inquiry into the Separation and Synthesis of Psychic Opposites in Alchemy*. Nova York: Bollingen Foundation, 1963, p. 501.
13. Marshall. *The Philosopher's Stone*, p. 217.
14. White, Michael. *Isaac Newton: The Last Sorcerer*. Cambridge, Mass.: Perseus Books, 1997, p. 188.
15. Keynes, John Maynard, do ensaio *The World of Mathematics*, organizado por James R. Newman, p. 279.

16. Gilchrist, Cherry. *Elements of Alchemy*. Shaftesbury, Dorset: Element Books, 1991, p.1.
17. Marshall, *The Philosopher's Stone*, p. 251.
18. Jung, C. G. *Memories, Dreams, Reflections*, org. A. Jaffe. Nova York: Pantheon Books, 1961, p. 400.
19. *Ibid.*, p. 401.
20. Embora ninguém saiba ao certo quem é o autor da *Tábua Esmeraldina*, o crédito costuma ser dado a Hermes Trismegistus. Outra lenda diz que Sara, a mulher de Abraão, descobriu a tábua numa caverna. Outros acreditam que ela seja obra de Alexandre o Grande ou de Apolônio de Tiana. Uma versão resumida aparece também na obra de Jabir e há uma tradução siríaca ainda mais antiga. O texto foi traduzido para o latim por Hugo de Santillana no século XII, tornando-se acessível aos estudiosos europeus e, é claro, aos alquimistas, que o consideravam uma bíblia. Ver *The Philosopher's Stone*, p. 253.
21. Esses textos têm origem na Alexandria, representando portanto uma antiga tradição de sabedoria. A famosa biblioteca de Alexandria foi incendiada pelos cristãos em 391. Muitos séculos depois, eles foram levados de Bizâncio para Florença, onde o alquimista renascentista Ficino os traduziu por ordem de Cosimo de Medici. A tradução de Ficino, dos quatorze primeiros tratados, chamada *Pimander* (1471), tornou-se muito conhecida em toda a Europa. Peter Marshall escreve: "Ela continuou sendo a mais influente apresentação do *Corpus Hermeticum*, até o século XIX." (*The Philosopher's Stone*, p. 340). Por fim, o texto hermético contribuiu para a formulação da filosofia perene, mencionada pela primeira vez por Agostino Steuco e popularizada depois no século XX por Aldous Huxley, em seu livro do mesmo nome.
22. Mitchell, Stephen, org. *The Enlightened Mind: An Anthology of Sacred Prose*. Nova York: HarperCollins, 1991, p. 34. Essa citação é tirada de uma "coleção de breves ensaios e diálogos de filósofos egípcios da escola neoplatônica". Ver também p. 208.
23. Evola, Julius. *The Hermetic Tradition: Symbols and Teachings of the Royal Art*. Rochester, Vt.: Inner Traditions, 1977, p. 21.
24. Na Cabala Luriânica, o conceito de Adão Kadmon se refere a um primeiro homem arquetípico do qual emanam centelhas (*scintilla* em alquimia), que acendem a vida em todos os outros seres. Assim, a Natureza receberá todos os seres por ocasião de sua morte, seja onde for que esta ocorra. O conceito lembra a idéia budista de que somos todos uma alma e, desse modo, não podemos atingir a iluminação até que todas as pessoas a tenham atingido. A noção de um ser sintético, um clone, difere do *homunculus* alquímico, já que se acreditava que esse "homenzinho" tinha alma. Se o clone humano terá ou não alma é uma questão em aberto. Pode ser que o debate derive da definição de Adão como espírito encarnado e da possibilidade de o homem criar um ser clonado e infundi-lo de espírito. A etimologia do nome Adão significa espírito na matéria.

    Na alquimia, Adão é considerado o primeiro adepto. Como diz Mylius: "E, por conseguinte, dizem que a pedra está em todos os homens. Adão a trouxe consigo do Paraíso, e do seu material a nossa pedra ou Elixir é produzida em todos os homens." Jung. *Mysterium Coniunctionis*, nota de rodapé 88, na p. 397.

CAPÍTULO 2

1. Jung, Carl. *Memories, Dreams, Reflections*, p. 202.
2. *Ibid.*, p. 204.
3. *Ibid.*, p. 205.
4. Jaffe, Aniela, org. *Jung: Word and Image*. Princeton, N.J.: Princeton University Press, 1979, p.103.
5. Jung, C. G. *Two Essays on Analytical Psychology*, vol. 7. Nova York: Bollingen Foundation, 1953, p. 171.
6. Marshall. *The Philosopher's Stone*, p. 355.
7. De um panfleto comemorativo, p. 20, Curadoria do C. G. Institute.
8. Eu não uso a palavra "sintético" para me referir a alguma coisa artificialmente preparada num laboratório químico. Eu a uso com o sentido de "combinado" (gr. *syntithenia*) numa composição (gr. *synthetikos*).
9. Jung, C. G. *Mysterium Coniunctionis*, p. 497.
10. *Ibid.*, p. 526.
11. Raff. *Jung and the Alchemical Imagination*, p. 31.
12. Avens, Roberts. *Imagination is Reality: Western Nirvana in Jung*, Hillman, Barfield & Cassirer. Dallas: Spring Publications, 1980, p. 38.
13. Berman, Morris. *The Reenchantment of the World*. Ithaca e Londres: Cornell University Press, 1981, p. 93.
14. Jung, C. G. *Aion*. Princeton, N.J.: Princeton University Press, 1959, p. 170.
15. Numa nota de rodapé reveladora, de Edward Whitmont, vemos que Jung hesitava, sem saber se os alquimistas eram químicos sérios ou se ele deveria ter se dedicado ao trabalho de laboratório da alquimia. Whitmont: "Eu tive a oportunidade de chamar pessoalmente a atenção de Jung para essas correspondências funcionais. A informação despertou o interesse de Jung mas, aparentemente por causa de sua exclusiva preocupação com a psique, esse interesse não foi suficiente para que ele a explorasse do ponto de vista psicossomático. Mas sugeriu que eu fizesse isso!" Whitmont, Edward C. *The Alchemy of Healing, Psyche and Soma*. Berkeley, Calif.: North Atlantic Books, 1993, p. 47.
16. Berman. *Reenchantment of the World*, p. 93.
17. Avens. *Imagination is Reality*, p. 38.
18. Masterson, James. *In Search of the Real Self: Unmasking the Personality Disorders of Our Age*. Nova York: The Free Press, 1988, pp. 38-50.
19. Kiersey, David e Marilyn Bates. *Please Understand Me: Character and Temperament Types*. Delmar, Calif.: Promethius Nemesis Book Company, 1978, p. 27.
20. *Ibid.*, p. 27.
21. Jung, C. G. *Psychological Types: The Psychology of Individuation*, vol. 6. Nova York: Pantheon Books, 1953, p. 545.
22. Além da relação fornecida por Kiersey e Bates, há o Myers-Briggs[MR] Personality Inventory.
23. Von Franz, Marie-Louise. *Projection and Re-collection in Jungian Psychology: Reflections of the Soul*. LaSalle, Ill.: Open Court, 1980, p. 108.
24. Jung, org. *Man and His Symbols*. Nova York: Doubleday & Company, Inc., 1964. A citação é de um ensaio de Marie Louise von Franz, "The Process of Individuation", p. 162.

25. *Ibid.*, p. 164.
26. Jung, C. G. *Psychology and Religion: West and East*, vol. 11. Nova York: Bollingen Foundation, 1958, p. 35.
27. Godwin, Joscelyn. "The Meaning of the Rose Cross", em *The Rosicrucian Enlightenment Revisited*, org. Ralph White. Hudson, Nova York: Lindisfarne Books, 1999, p. 60. *Summa Perfectionis* é atribuído a Geber mas, como sugere Godwin, seu autor pode ser Paulo de Taranto.
28. Chopra, Deepak, org. *Love Poems of Rumi*. Nova York: Harmony Books, 1998, pp. 18-19.

CAPÍTULO 3

1. Hall, Manly. *The Secret Destiny of America*. Los Angeles: The Philosophical Research Society, 1941, pp. 87-88.
2. Assim, a palavra "desastre" significa literalmente "má estrela." Essa estrela em particular tem uma história interessante. O cometa que tanto fascinou Tycho Brahe chamou a atenção de Isaac Newton séculos depois, levando-o a divisar suas famosas leis da gravitação. A partir de novembro de 1680, muitos astrônomos observaram o que a princípio pensaram ser uma série de cometas avistados sobre a Europa. Robert Hooke, Edmund Haley, John Flamsteed e finalmente Newton observaram esses cometas aparecendo e depois desaparecendo. Foi Flamsteed que primeiro percebeu que essas observações eram todas do mesmo cometa. Em 1682, Newton avistou outra vez o cometa, dessa vez mais brilhante do que em sua aparição dois anos antes. Ele juntou relatórios de astrônomos de toda a Europa numa tentativa de definir a órbita do cometa. O cometa desapareceu outra vez depois de dois meses, mas não antes de Giovanni Domenico Cassini publicar um artigo extraordinário ("Observações sobre o Cometa"), sugerindo que esse cometa era o mesmo observado por Tycho Brahe em 1577!
3. Marshall. *The Philosopher's Stone*, p. 397.
4. Vurm, Robert. *Rudolf II and His Prague*. Praga: Robert Vurm, 1997, p. 14.
5. *Ibid.*, p. 19.
6. *Ibid.*, p. 20.
7. Edinger, Edward F. *Anatomy of the Psyche: Alchemical Symbolism in Psychotherapy*. La Salle, Ill: Open Court. 1985, p. 230.
8. No capítulo sobre alquimia na Idade da Pedra, do livro *Essential Substances*, Richard Rudgley observa que o cânhamo "era usado como alucinógeno na Idade do Ferro" (p. 31). Sabemos que alguns alquimistas descobriram e prescreviam substâncias psicoativas, mas não há, diz Dennis Hauck, "referências diretas ao uso de tais compostos em seu trabalho". Raymond Lully foi o primeiro a fazer conhaque, que ele chamava de vinho queimado, e Paracelso costumava prescrever láudano, ou seja, ópio. Mas "certamente", continua Hauck, "se os alquimistas usassem compostos psicoativos, eles o usariam à maneira sagrada dos xamãs, viajando para a realidade não-ordinária em busca da verdade espiritual, e não à maneira 'recreativa' que vemos hoje". (*The Emerald Tablet*, pp. 243-244.) Concordo plenamente com isso, principalmente porque os efeitos redutores da consciência das substâncias psicoativas contrariam as metas das práticas alquímicas experimentais. Mas, não tenho dúvidas de que havia falsos alquimistas (p. ex., Edward Kelly) que usavam drogas para driblar

as exigências da verdadeira alquimia. No entanto, não podemos ser ingênuos a respeito do possível uso de agentes psicoativos por alquimistas sinceros. Um dos melhores argumentos para confirmar essa teoria é encontrado no livro de Clark Heinrich, *Strange Fruit: Alchemy, Religion and Magical Foods: A Speculative History.* Londres: Bloomsbury, 1995.

9. Jung, C. G. *Alchemical Studies*, New Jersey: Princeton University Press, 1967, p. 18.

CAPÍTULO 4

1. Burland, C. A. *The Arts of the Alchemists.* Nova York: Macmillan, 1967, p. 158. Hathor, uma reverenciada deusa egípcia, é conhecida por seus poderes criativos e de cura. Como "mãe do mundo" e "criadora dos céus", ela pode ser comparada ao arquétipo da Grande Mãe. Ver *The Healing Gods of Ancient Civilizations* de Walter Addison Jayne, pp. 57-58. Uma esplêndida descrição da derivação da palavra alquimia é encontrada no capítulo intitulado "The Name Alchemy" em *The Origins of Alchemy in Graeco-Roman Egypt*, de Jack Lindsay, pp. 68-69. Como observa Jack Lindsay, há várias maneiras de derivar etimologicamente o significado original da palavra alquimia, como, por exemplo, rastreá-la até uma de suas origens, *km* (*km*=chem), que significa preto. Ele observa também que não se deve, por isso, confundir a alquimia com uma arte negra *versus* uma arte branca, já que o significado é de "sensação de plenitude". Ver p. 74.
2. Lindsay, Jack. *The Origins of Alchemy in Graeco-Roman Egypt.* Londres: Frederick Muller, 1970, p. 73.
3. *Ibid.*, p. 74.
4. Eliade, Mircea. *The Forge and the Crucible,* p. 43.
5. White, Michael. *Isaac Newton.*
6. Ulam, S. M. *Adventures of a Mathematician.* Nova York: Charles Scribner's Sons, 1987, p. 289.
7. Brown, Joseph Epes. "The Wisdom of the Contrary", *Parabola*, volume IV, nº 1, fevereiro de 1979, p. 58.
8. As mulheres alquimistas mais mencionadas são a irmã de Moisés, Maria Profetisa, que inventou o banho-maria, e Cleópatra.
9. LaBerge, Stephen, e Howard Rheingold. *Exploring the World of Lucid Dreaming.* Nova York: Ballantine Books, 1990, p. 234.
10. Berman, Morris. *The Reenchantment of the World.* Ithaca e Londres: Cornell University Press, 1981, p. 95.
11. Magus, Albertus, e Jay Ramsay. *Alchemy: the Art of Transformation.* Londres: Thorsons, 1997, p. 22.
12. Harding, M. Esther. *Psychic Energy: Its Source and Its Transformation.* Washington, D.C.: The Bollingen Foundation, 1947, p. 466.
13. Walsh, Roger. *Essential Spirituality.* Nova York: John Wiley & Sons, 1999.
14. Taylor, F. Sherwood. *The Alchemists: Founders of Modern Chemistry.* Nova York: Collier Books, 1949, pp. 233-234.
15. Lindsay, Jack. *Origins of Alchemy*, p. 74.
16. Grossinger, Richard. *Planet Medicine: From Stone Age Shamanism to Post-Industrial Healing.* Boulder: Shambala, 1982, p. 133.

17. A psicoterapia é um excelente adjunto ao tratamento médico conhecido como medicina complementar, cada vez mais difundido.
18. Haggard, H. *Devils, Drugs and Doctors: The Story of the Science of Healing from Medicine Man to Doctor*. Nova York: Harper & Row, 1929, p. 143. Júpiter, escreve Thomas Moore, "o deus da têmpera, é conhecido na imagem da cauda do pavão que, segundo Jung, é uma imagem alquímica da primavera, a chegada de nova vida... Se a psicologia como disciplina valorizasse finalmente a variedade de vida psicológica que o pavão representa, então poderia ser que o tão procurado elixir da 'vida libert' pudesse ser encontrado". Moore, Thomas. *The Planets Within: The Astrological Psychology of Marsilio Ficino*. Maine: Lindisfarne Press, 1982, p. 207.
19. Godwin, Joscelyn. *Harmonies of Heaven and Earth from Antiquity to Avant-Garde*. Rochester, Vt.: Inner Traditions International, 1995, p. 158.
20. Moore, Thomas. *The Planets Within*, pp. 86-87. Ver também a citação que Godwin faz de *De vita coelitus comparanda*, de Ficino: "O som musical, por meio do movimento do ar, move o corpo: por meio do ar purificado ele estimula o *spiritus* aéreo, que é a ligação do corpo e da alma: por meio da emoção ele afeta os sentidos e, ao mesmo tempo, a alma." (p. 17).
21. Godwin, Joscelyn. *Harmonies of Heaven and Earth*, p. 5.
22. *Ibid.*, p. 6. Observe também que alguns alquimistas concebiam o éter como o quinto elemento, a quintessência. A possibilidade da existência do éter é um desafio para os alquimistas e para os cientistas modernos. Até mesmo Newton e Einstein admitiram e descartaram sua existência em várias etapas de sua pesquisa.
23. Eliade, Mircea. *The Forge and the Crucible*, p. 99.
24. Burckhardt, Titus. *Alchemy*. Grã-Bretanha: Element Books, 1967, p. 157.
25. Neiman, Carol. *Miracles: The Extraordinary, the Impossible, and the Divine*. Reino Unido: Labrynth Publishing Ltd., 1995, p. 220.
26. *Ibid.*, p. 220.
27. Evola. *The Hermetic Tradition*, p. 16.
28. Mitchell, Stephen, org. *The Enlightened Mind*, p. 34.
29. Leo, William. *Alchemy*. Los Angeles: Sherbourne Press, 1972, p. 121.

CAPÍTULO 5

1. Godwin, Joscelyn. *Harmonies of Heaven and Earth*, p. 47.
2. *Ibid.*, p. 58.
3. *Ibid.*, p. 75.
4. Quarks foi o nome dado pelo físico Murray Gell-Mann, em 1963, aos menores componentes da matéria.
5. Watson, Lyall. *The Nature of Things: The Secret Life of Inanimate Objects*. Rochester, Vt.: Destiny Books, 1990, p. 47.
6. *Ibid.*, p. 47.
7. Este conceito é encontrado também em *Aurora Consurgens*, um texto alquímico do século XIV atribuído a Tomás de Aquino. Nele, a Deusa da Sabedoria entra no corpo dos mortos para possibilitar a criação de um novo ser. A referência pode ter vindo de uma antiga teoria

medieval, segundo a qual a concepção de Cristo, na Anunciação, teria se dado através do ouvido de Maria, depois de ela ter sido informada pelo anjo de que daria à luz o Cristo.

8. Whitmont, Edward C. *The Alchemy of Healing*, p. 71.
9. Moore. *The Planets Within*, p. 75.
10. Hall, Manly P. *The Secret Teachings of All Ages*. Los Angeles: The Philosophical Research Society, 1978, p. CVII.
11. *Ibid*., p. CVI.
12. *Ibid*., p. CV.
13. Edinger, Edward. *The Anatomy of the Psyche*, p. 114.
14. Hall, Manly. *Secret Teachings of All Ages*, p. CVIII.
15. Evola. *The Hermetic Tradition*, p. 197.
16. Moore. *The Planet Within*, p. 167.
17. Walker, Charles. *The Encyclopedia of Secret Knowledge*. Londres: Limited Editions, 1995, p. 21.
18. Hermes é muitas vezes chamado de "Três Vezes o Maior", uma referência ao seu domínio sobre os três reinos: Céu, Terra e Submundo. O nome Hermes Trismegistus representa o domínio de Hermes sobre esses três reinos, um poder que todo alquimista buscava por meio de sua obra.
19. Moore. *The Planet Within*, p. 188.
20. O Tarô tem ligações diretas com a alquimia e com a Cabala. Acredita-se que o Tarô foi inventado na esteira do colapso de Alexandria e que os 28 enigmas eram uma espécie de estenografia universal, artifício mnemônico, que abreviava a sabedoria antiga. O Tarô liga o passado ao presente. Por exemplo: os quatro naipes do Tarô — espada, paus, copa e ouros — estão associados aos quatro elementos, assim como os quatro naipes dos baralhos modernos. Esse assunto não escapou ao interesse de Jung e a interpretação moderna das cartas segue suas idéias. Embora haja muitos livros escritos sobre o assunto, recomendo *Jung and Tarot*, de Sallie Nichols, por razões óbvias e *The Tarot*, de Richard Cavendish, pela pesquisa e pelas belas ilustrações.
21. Moore. *The Planets Within*, p. 142.
22. Burckhardt. *Alchemy*, p. 91.
23. Jung. *Mysterium Coniunctionis*, p. 230.
24. Godwin. *Harmonies of Heaven and Earth*, p. 49.
25. *Ibid*., p. 49.
26. Edinger. *Anatomy of the Psyche*, p. 134.
27. Brown, Norman O. *Hermes the Thief*. Nova York: Vintage, 1969, p. 20.
28. Para ter uma idéia da plenitude da expressão simbólica de Mercúrio, considere alguns de seus cognomes, mencionados por Holmyard: "água prateada, o sempre-fugitivo, água divina, masculino-feminino, semente do dragão, bílis do dragão, orvalho divino, água da segadeira, água do mar, água da lua, leite da vaca preta." Holmyard, E. J. *Alchemy*, Nova York: Dover, 1990, p. 27.
29. Godwin. *Harmonies of Heaven and Earth*, p. 39.
30. *Ibid*., p. 39.

CAPÍTULO 6

1. O livro de Robert Johnson, *She!,* traz uma análise completa dessa bela história.
2. White. *The Rosicrucian Enlightenment Revisited,* p. 54.
3. Conta a lenda que Paracelso carregava uma pequena quantidade desse precioso azoto no cabo da sua bengala. Com isso, ele podia transmutar qualquer metal em ouro.
4. Hillman, James. "Salt: A Chapter in Alchemical Psychology." Marlan, Stanton, org. *Salt and the Alchemical Soul.* Woodstock, Conn.: Spring Publications, 1995, p. 170.
5. Seguindo a teoria esboçada por Ficino, Paracelso popularizou a teoria tripartida, em que o sal equivale à alma, o enxofre ao corpo e mercúrio ao espírito. Incapaz de evitar uma comparação literal, Hillman aponta o paralelo entre a natureza do sal e o temperamento salgado de Paracelso. Além disso, ele nos lembra de que Paracelso morreu em Salzburg.
6. Denise Hauk recorda que "os alquimistas medievais acreditavam que o sal das lágrimas era a sobra de pensamentos cristalizados fragmentados pelo choro". Ver Hauck. *The Emerald Tablet,* p. 197.
7. *Metaphysical Bible Dictionary.* Missouri: Unity Books, 1931, p. 127.
8. Chopra, Deepak. *The Seven Laws of Success.* San Rafael, Calif.: Amber-Allen, 1994, p. 20.
9. Moore, *The Planets Within,* p. 71.
10. Edinger. *Anatomy of the Psyche,* p. 85.
11. *Ibid.,* p. 117.
12. A obra de Goethe, *Fausto,* é considerada por muitos como um excelente exemplo de literatura alquímica. *The Emerging Self,* de Joseph Mast, contém passagens pungentes dessa grande obra, que se relacionam diretamente à alquimia, pp. 160-162.
13. Jung, C. G. *Mysterium Coniunctionis,* p. 546.
14. Edinger. *Anatomy of the Psyche,* p. 218.
15. Raff, Jeffrey. *Jung and the Alchemical Imagination,* p. 24.

CAPÍTULO 7

1. *Oxford English Dictionary,* Terceira Edição, pp. 644, 1042.
2. Pearsall, Paul. *Making Miracles.* Nova York: Prentice Hall Press, 1991, p. 34.
3. Wolf, Fred Alan. *Mind into Matter: A New Alchemy of Science and Spirit.* New Hampshire: Moment Point Press, 2001, p. 73.
4. *Ibid.,* p. 74.
5. Herrigel, Eugen. *Zen.* Nova York: McGraw-Hill Book Company, 1964, p. 13.
6. Pinkola-Estes, Clarissa. *Women Who Run with the Wolves: Myths and Stories of the Wild Woman Archetype.* Nova York: Ballantine Books, 1992, p. 370.
7. Mnemósine é a mãe das musas. "A Memória da qual Mnemósine é patrona não é a memória cotidiana, que recorda coisas do passado, mas o poder de capturar nossos outros modos de ser: de lembrar de onde viemos, quem realmente somos e para onde estamos indo." Godwin. *Harmonies of Heaven and Earth,* p. 73.
8. Pernety, Antoine-Joseph. A*n Alchemical Treatise on the Great Art.* Nova York: Samuel Weiser, 1973, p. 103.
9. McLean, Adam. *The Alchemical Mandala.* Grand Rapids, Mich.: Phanes, 1989, p. 15.

10. Jung, C. G. *The Secret of the Golden Flower*. Wilhelm, Richard, trad. Nova York: Causeway Brooks, 1975, p. 105.
11. Edinger, Edward F. *Yoga, Immortality and Freedom*. Princeton, N.J.: Princeton University Press, 1958, p. 291.
12. Edinger. *Anatomy of the Psyche*, p. 143.
13. Edinger, Edward. *The Creation of Consciousness: Jung's Myth of Modern Man*. Toronto: Inner City Books, 1984, p. 17.
14. Cirlot, J. E. *A Dictionary of Symbols*. Nova York: Philosophical Library, 1962, p. 235.
15. Moore. *The Planets Within*, p. 128.
16. Edinger. *The Creation of Consciousness*, p. 17.
17. Wilber, Ken. *One Taste*. Boston e Londres: Shambala, 1999, p. 207.
18. Godwin. *Harmonies of Heaven and Earth*, p. 24.
19. Moore. *The Planets Within*, p. 171.

CAPÍTULO 8

1. Whitmont. *Alchemy of Healing*, p. 161. O *pharmakon* era o sacrifício voluntário de um chefe, de um rei ou até mesmo de uma criança especial, que servia para livrar a comunidade de seus pecados, doenças e/ou malfeitos. Cristo seria considerado um *pharmakon* coletivo, que serviu como "substituto para a incapacidade do estado humano, em Pecado Original, a se entregar ao Divino". Essa maneira de curar exige que o médico sacrifique algo de si, o paciente ou até mesmo a comunidade para restaurar a saúde.
2. Acredita-se que Steffan Michelspacher, o artista que criou essa última obra-prima alquímica, desordenou intencionalmente as operações que levam ao santuário para despistar falsos alquimistas.
3. Hall, Manly P. *Secret Teachings of All Ages*, p. 172.
4. Fischer, Louis, org. *The Essential Gandhi: His Life, Work, and Ideas*. Nova York: Vintage Books, 1962, p. 262.
5. *Ibid*., p. 262.
6. Edinger. *Anatomy of the Psyche*, p. 230.
7. Jung. *Mysterium Coniunctionis*, p. 199.
8. Grof, Stanislav e Christina Grof, orgs. *Spiritual Emergency: When Personal Transformation Becomes a Crisis*. Nova York: Jeremy P. Tarcher/Perigee Books, 1989, p. 17.
9. Haeffner, Mark. *The Dictionary of Alchemy: From Maria Prophetissa to Isaac Newton*. Londres: The Aquarian Press, 1971, p. 51.
10. Jung, C. G. *Mysterium Coniunctionis*, p. 222.
11. Stephen LaBerge. *Lucid Dreaming*. Los Angeles: J. P. Tarcher, 1985.
12. Castañeda, Carlos. *The Art of Dreaming*. Nova York: HarperCollins, 1993.
13. Varela, Francisco, org. *Sleeping, Dreaming and Dying: An Exploration of Consciousness with the Dalai Lama*. Boston: Wisdom Publications, 1997.
14. Bíblia, versículos 1 e 2.
15. Einstein diria sarcasticamente que se a teoria quântica fosse verdadeira, então o olhar de um rato mudaria o universo. Tempos depois, Fred Alan Wolf respondeu dizendo que Einstein, embora correto, negligenciara o fato de que, dada a quantidade relativamente peque-

na de matéria cerebral contida num rato, o efeito seria tão leve que poderia ser considerado desprezível.

16. Wolf, Fred Alan. *The Dreaming Universe: A Mind Exploring Journey into the Realm Where Psyche and Physics Meet.* Nova York: Simon & Schuster, 1994, pp. 347-348.
17. Wilber, Ken. *One Taste*, p. 277.
18. Acredita-se que a acupuntura se desenvolveu "quando as pessoas perceberam que um guerreiro levemente ferido em batalha por um golpe de uma pedra ou de uma arma afiada, podia ser curado de alguma doença pelo ferimento". Cavendish Richard. *Man, Myth and Magic*, vol 1. Nova York: BPC Publishing, 1972, p. 20. Essa sugestão lembra a magia simpática associada à espada. Eliade observa: "Os beduínos do Sinai acreditam que o homem que consegue fazer uma espada de ferro meteorítico se torna invulnerável na batalha, capaz de vencer todos os oponentes. O metal celestial é estranho à terra, logo é 'transcendente'; ele vem 'do alto'." *The Forge and Crucible*, p. 28. Em outras palavras, a combinação de poder espiritual e terreno torna o guerreiro invencível. Esse é um conceito alquímico e, na verdade, a acupuntura, na tentativa de equilibrar as forças yin e yang — cuja dinâmica produz os cinco elementos básicos — não difere muito do que encontramos na teoria alquímica clássica.
19. *Qi*, ou *Chi*, significa ar ou sopro vital, que é uma das principais características do espírito. A capacidade de cura do espírito é um tema familiar encontrado em muitas tradições religiosas. Eliade relembra o "mito do desmembramento de Indra, segundo o qual, intoxicado por um excesso de soma, o corpo do deus começou a 'fluir para fora', originando todos os tipos de criaturas, plantas e metais. [e] Do seu umbigo, o sopro vital fluiu para fora e se tornou chumbo, nem ferro, nem prata; de sua semente, sua forma fluiu para fora e se tornou ouro." *The Forge and Crucible*, p. 69.
20. Hendricks, Gay, e Kate Ludeman. *The Corporate Mystic.* Nova York: Bantam Books, 1996, p. 61.
21. Dooling, D. M., org. *A Way of Working: The Spiritual Dimension of Craft.* Nova York: Parabola Books, 1979, p. 9.
22. Doty, Sheelan, Carol and Donald, orgs. Notas e artigos sobre *Archaic Studies, Transformation of Archaic Images*, p. 142.
23. Hyde, Lewis. *Trickster Makes This World.* Nova York: North Point Press, 1998, p. 141.
24. Jung. *Mysterium Coniunctionis*, nota de rodapé da p. 420.
25. Hyde. *Trickster Makes This World*, p. 138.
26. *Ibid*, p. 138.
27. *Ibid.*, p. 140.
28. *Ibid.*, p. 139-140.
29. Jung. C. G. *Alchemical Studies*, p. 237.
30. Hyde. *Trickster Makes This World*, p. 141.
31. *Ibid.*, p. 141.
32. Segundo o conceito de Grande Cadeia do Ser, a consciência é multidimensional, contínua e totalmente abrangente. No livro *Forgotten Truth*, Houston Smith explica que todas as grandes religiões e tradições de sabedoria se encaixam nesse paradigma. A Grande Cadeia é considerada central à filosofia perene e foi expandida no trabalho de Ken Wilber, que prefere chamá-la de Grande Holarquia do Ser. Numa estrutura alquímica mais profunda, ele

descreve esses conceitos: "A noção da Grande Cadeia do Ser é a noção central da filosofia perene... A realidade, de acordo com a filosofia perene, não é unidimensional; não é uma planície de substância uniforme, estendendo-se monotonamente perante os nossos olhos. Em vez disso, a realidade se compõe de dimensões diferentes, mas contínuas. Isto é, a realidade manifesta consiste em diferentes graus ou níveis, que vão desde os mais baixos, mais densos e menos conscientes, até os mais altos, mais sutis e mais conscientes. Em uma das extremidades do *continuum* do ser, ou do espectro de consciência, encontra-se o que nós, no Ocidente, chamamos de "matéria", ou o inanimado e não-senciente; e, na outra extremidade, encontra-se o "espírito" ou "divindade", ou o "supraconsciente." ... Nos seus entremeios, alinham-se as outras dimensões do ser, dispostas de acordo com os seus graus individuais de realidade (Platão), fatuidade (Aristóteles), inclusão (Hegel), consciência (Aurobindo), clareza (Leibniz), abrangência (Plotino) ou saber (Garab Dorje)." *The Eye of the Spirit*. Boston e Londres: Shambala, 1998, p. 39.

33. O'Donohue, John. *Anam Cara: A Book of Celtic Wisdom*. Nova York: Cliff Street Books, 1997, pp. 134-135.
34. Wilson, Robert Anton. *Quantum Psychology*. Phoenix: New Falcon Publications, 1990, pp. 185-186.
35. Wilber, Ken. *One Taste*, p. 296.
36. Um repórter perguntou a Jung, já no fim da vida, se ele acreditava em deus. Jung respondeu: "Não. Eu sei que existe um deus."
37. Jung, C. G. *Mysterium Coniunctionis*, 1963, p. 538.
38. Wilber, Ken. *One Taste*, p. 135.
39. Osho (um título que Rajneesh usou no fim da vida). *Courage: The Joy of Living Dangerously*. Nova York: St. Martin's Griffin, 1999, p. 63.
40. Esse texto mágico foi traduzido de um texto arábico do século X, *Gayat al-hakim* (*O Objetivo Final dos Sábios*), atribuído ao alquimista Al-Majriti. Ver Marshall. *The Philosopher's Stone*, pp. 261-263.
41. Eliade. *The Forge and the Crucible*, p. 42.
42. *Ibid.*, p. 40.
43. *Ibid.*, p. 47. Nesse mesmo sentido, Paracelso achava que os padeiros e os vinicultores eram, em sua maneira de transmutar substâncias, verdadeiros alquimistas.
44. O ovo filosofal era, literalmente, um frasco de vidro, mas as imagens a ele associadas lembram os quatro elementos de um ovo: casca, pele, gema e fluido.
45. Eliade. *The Forge and the Crucible*, p. 32.
46. Edinger. *Anatomy of the Psyche*, pp. 104-105.
47. Kornifield, Jack, "Obstacles and Vicissitudes in Spiritual Practice", citado em Grof, Stanislav e Christina Grof, orgs. *Spiritual Emergency*, p. 142.
48. Os rosacruzes se organizaram em 1614, quando seu primeiro manifesto, *Fama Fraternitatis*, apareceu em Cassel. Originalmente, a ordem era conhecida como Irmandade da Rosa e da Cruz, fundada por um monge alemão chamado Christian Rosenkreutz. Dois outros manifestos, *Confessio* e *Chymische Hochzeit Christiani Rosenfreutz, Anno 1459*, foram publicados em 1615 e 1617. Essas obras tiveram uma profunda influência sobre filósofos e cientistas. A fraternidade se difundiu pela *intelligentsia* européia e ganhou o interesse e a adesão de pessoas famosas como Fludd, Khunrach, Maier, Bacon, Boyle e Newton. Socie-

dades secretas emergiram dos rosacruzes, como o colégio invisível de elite e o misterioso grupo dos 36 Invisíveis, conhecidos como *Illuminati*, que disseminavam as verdades herméticas pelo mundo inteiro. O colégio invisível acabou se transformando na Royal Society of England, da qual, muitos anos depois, Newton seria presidente.

49. Uma análise completa do significado sagrado da abelha é encontrada no livro de Hilda Ransome, *The Sacred Bee: In Ancient Times and Folklore*. Nova York: Ballantine Reprints, 1996.
50. A origem dessa história é vaga, pois veio via e-mail. Mas, numa conversa que tive com um dos antigos alunos da Doutora Margaret Mead, a história parece bastante plausível.
51. Johnson, Robert e Jerry Ruhl. *Balancing Heaven and Earth: A Memoir of Visions, Dreams, and Realizations*. San Francisco: HarperSan Francisco, 1998, p. 12.
52. Kubose, Gyomay. *Zen Koans*. Chicago: Henry Regnery Company, 1973, p. 86.
53. Eliade. *The Forge and the Crucible*, p. 40.
54. *Ibid.*, p. 54.
55. Jung, C. G. *Mysterium Coniunctionis*, p. 546. A superioridade do *self* está na inclusão do ego em sua jurisdição e na afinidade com a natureza. A esse respeito, Jung escreve: "Seja qual for a definição de *self*, ele é sempre alguma coisa que não é o ego, e visto que uma percepção superior do ego leva ao *self*, o *self* é mais abrangente, pois inclui a experiência do ego e, assim, o transcende. Assim como o ego é uma certa experiência que tenho de mim mesmo, o *self* é uma experiência do meu ego. No entanto, ele não é mais experimentado na forma de um ego superior ou mais amplo, mas na forma de um não-ego." *Psychology and Religion*, p. 542.
56. Um repórter perguntou a Ken Wilber por que ele preferia usar a palavra "Kosmos" em vez de "cosmos" e ele respondeu:

    > Kosmos é um antigo termo pitagórico, que significa o universo inteiro em todas as suas muitas dimensões — física, emocional, mental e espiritual. Cosmos, hoje em dia, significa apenas o universo físico ou dimensão física. Então, poderíamos dizer que o Kosmos inclui a fisiosfera ou cosmos, a biosfera ou vida, a noosfera ou mente, sendo tudo isso uma manifestação radiante de puro Vazio, e mais nada além desse Vazio. (*One Taste*, p. 352.)

    Eu concordo. A palavra cosmos voltou, dessa vez de maneira infeliz, ao seu significado original — *ornamento* — algo que está muito aquém do sentido abrangente que eu e Ken Wilber queremos transmitir em nossos respectivos escritos.
57. *Methaphysical Bible Dictionary*, p. 446.
58. Abbot, Edwin A. *Flatland*. Nova York: Dover Publications, 1952, p. 64.
59. Jung, C. G. *The Practice of Psychotherapy*, vol. 16. Nova York: Bollingen Foundation, 1954, p. 280.
60. Jung. *Psychological Types*, p. 561.
61. Há uma interpretação alternativa: o inconsciente do paciente estaria procurando uma verdade que simbolizasse o pai perdido, idealizado. Devo lembrar que, sendo o paciente um judeu não-praticante, poderia haver influências cabalistas nesse jogo de números.
62. Whitmont. *The Alchemy of Healing*, p. 139.
63. Jung, C. G. *The Structure and Dynamics of the Psyche*, vol. 8. Nova York: Pantheon Books, 1960, p. 490.
64. Jung, C. G. *Alchemical Studies*, p. 193.

65. Jung, C. G., p. 194.
66. *Ibid.*, p. 237.
67. Hauschka, R. De Richard Grossinger, org. *The Alchemical Tradition in the Late Twentieth Century*. Berkeley, Califórnia: North American Books, 1983. Citação tirada de um ensaio de Rudolf Hauschka, "The Vital Properties of the Metals", p. 83.
68. A palavras "gás" vem de uma raiz grega que significa "caos". Na linguagem do inconsciente, os significados arcaicos muitas vezes nos dão pistas importantes, especialmente para interpretar os sonhos. Nesse caso, o paciente lutava com sentimentos que vinham de uma antiga lembrança traumática (caótica) não-resolvida.
69. *Golem* é uma pequena imagem de barro, que ganha vida com a alquimia. Um dos mais famosos foi criado no século XVI pelo Rabino Judah Loew, de Praga. Para animar a imagem era preciso enterrá-la, andar no sentido horário em torno dela e entoar receitas do Sepher Yetzirah. A capacidade de criar e destruir um *golem* era um teste do progresso do alquimista em sua obra.
70. Segundo Charles Walker, a origem de *Frankenstein*, de Mary Shelley, é o trabalho de um alquimista chamado Konrad Dippel. Ele nasceu no Castelo Frankenstein, perto de Darmstadt. Ele escreve: "Uma diferença importante entre o Dippel histórico e o doutor de Mary Shelley é que Dippel acreditava que a vida podia ser injetada em cadáveres por meios mágicos. Ele pertencia, portanto, a uma antiga tradição de magia negra, enquanto o doutor do romance era um cientista não-convencional em busca dos segredos da vida no mundo da química e da física." Walker, Charles. *The Encyclopedia of Secret Knowledge*. Londres: Limited Editions, 1995, p. 33.
71. Mais ou menos na mesma época em que esse princípio era aceito pela ciência ortodoxa, Jacques Bergier, em *The Morning of the Magicians*, fala de um encontro incomum com um estranho (que ele pensava ser o misterioso Fulcanelli), que lhe diz:

    > O segredo da alquimia é este: há um modo de manipular a matéria e a energia para produzir o que os cientistas modernos chamam de "campo de força". Esse campo age sobre o observador e o põe em posição privilegiada, *vis-à-vis* com o Universo. Dessa posição, ele tem acesso a realidades que estão comumente escondidas de nós por tempo e espaço, matéria e energia. É a isso que chamamos 'A Grande Obra'. p. 78.

    The Philosopher's Stone de Peter Marshall traz, nas páginas 415-416, mais informações sobre Fulcanelli.
72. Robert Johnson, citado em *Balancing Heaven and Earth*, de Jerry Ruhl, p. 42.
73. Jung, C. G. *Mysterium Coniunctionis*, nota de rodapé 67, p. 108.
74. Jung, C. G. *Psychology and Religion*, p. 582.
75. Edinger. *Anatomy of the Psyche*, p. 161.
76. Jung, C. G. *Psychology and Religion*, p. 542.
77. Wilber, Ken. *One Taste*, p. 73.
78. Shelley, Mary. *Frankenstein*, p. 219.
79. *Ibid.*, p. 222.
80. Whitmont. *Alchemy of Healing*, p. 221.
81. *Ibid.*, p. 111.
82. Shelley, Mary. *Frankenstein*, p. 221.
83. Whitmont. *Alchemy of Healing*, p. 221.
84. Shelley, Mary. *Frankenstein*, p. 161.

CAPÍTULO 9

1. Além destes, há toda uma série de compostos desenvolvidos por alquimistas em seus laboratórios, incluindo "o enxofre, o ácido nítrico (Geber), o óxido de mercúrio, o calomelano, o sulfato de potássio, o ácido clorídrico (Valentinus)". Ramsey, Jay. *Alchemy: the Art of Transformation*. Londres: Thorsons, 1997, pp. 38-39.
2. Holmyard, E. J. *Alchemy*. Nova York: Dover, 1990, p. 171.
3. "Hermes Trismegistus", um poema de Longfellow, citado em *The Emerald Tablet*, de Dennis Hauck, p. 31.
4. Alguns acreditam que os godos adquiriram seu conhecimento de geometria sagrada da Arca da Aliança, que escapou às chamas que destruíram o Templo de Salomão. O livro *The Philosopher's Stone*, de Marshall traz, nas pp. 267-269, mais informações sobre essa interessante teoria.
5. Marshall. *The Philosopher's Stone*, p. 268.
6. Segundo George Gamow, o Efeito Pauli é "um fenômeno misterioso que não é, e provavelmente nunca será, compreendido em bases puramente materialistas". Em essência, esse físico alemão, mais conhecido por seu Princípio da Exclusão e por sua concepção do neutrino décadas antes da comprovação de sua existência, exerceu um estranho efeito sobre o próprio equipamento que ele (e outros) usavam em seus experimentos. Gamow conta essa história engraçada e assombrosa:

   > Sabe-se que os físicos teóricos não podem manusear o equipamento experimental: ele se quebra sempre que fazem isso. Pauli era um físico teórico tão bom que era só ele entrar no laboratório que alguma coisa quebrava. Um misterioso acontecimento, que no começo não parecia estar relacionado à presença de Pauli, ocorreu uma vez no laboratório do Professor J. Frank, em Gottingen. Num começo de tarde, sem causa aparente, um complicado aparato para o estudo de fenômenos atômicos desmoronou. Brincando, Franck escreveu sobre isso para Pauli, em seu endereço em Zurique. Com algum atraso, recebeu uma resposta com um selo dinamarquês. Pauli escreveu que tinha ido visitar Bohr e que, no momento do percalço no laboratório de Franck, seu trem tinha feito uma parada de alguns minutos na estação de Gottingen. Você pode ou não acreditar nessa história, mas há muitas outras observações a respeito do "Efeito Pauli!" Sincronicidade?!!

   Nota: Gamow era, ele também, um físico teórico que escrevia com Niels Bohr e Ernest Rutherford. Gamow, George. *Thirty Years that Shock Physics: the Story of Quantum Theory*. Nova York: Dover Publications, 1966, p. 64.
7. Wolf. *The Dreaming Universe*, p. 285.
8. Palestra gravada de Manly P. Hall, "Alchemy", The Philosophical Research Society, 1998.
9. Jung vai ainda mais além, insinuando que Cristo é o equivalente da pedra filosofal. Ver *Psychology and Alchemy*, p. 469.
10. Haxton, Brook, trad. *Fragments: The Collected Wisdom of Heraclitus*. Nova York: Viking, 2001, p. 15.
11. Suzuki, Daisetz T. *Zen and Japanese Culture*. Nova Jersey: Princeton University Press, 1959, p. 32.
12. Mitchell, org. *The Enlightened Mind*, p. 155, 77, 103.

13. Evola. *The Hermetic Tradition*, p. 195.
14. Neiman. *Miracles*, p. 8.
15. Kornfield, Jack. *After the Ecstasy, the Laundry*. Nova York: Bantam Books, 2000, p. 179.
16. Neiman. *Miracles*, p. 220.
17. Suzuki. *Zen and Japanese Culture*, p. 31. Suzuki está citando *Chinese Mysticism and Modern Painting*, de George Duthuit (Londres: A. Zwemmer, 1936).
18. Mitchell, org. *The Enlightened Mind*, p. 34.
19. Jung, C. G. *Psychology and Alchemy*, vol. 12, p. 41.
20. Jung, C. G. *Alchemical Studies*, p. 116.
21. Wilber, Ken. *The Theory of Everything*. Boston: Shambala, 2000, p. 22
22. Wilber, Ken. *One Taste*, p. 113.
23. Neihardt, John G. *Black Elk Speaks: Being the Life Story of a Holy Man of the Oglala Sioux*. Lincoln: University of Nebraska Press, 1961, p. 46. Alce Negro teve essa visão aos 9 anos. Ele a guardou para si até que desenvolveu um medo intenso de trovão. Então, falou de sua visão ao curandeiro. O xamã lhe disse para contá-la às pessoas da tribo. Feito isso, a fobia de trovão de Alce Negro desapareceu. Lembre-se de que algumas coisas vêm a nós por meio da iluminação e que guardar nosso "trovão" às vezes nos causa problemas.

CAPÍTULO 10

1. Suzuki. *Zen and Japanese Culture*, p. 146.
2. A esse respeito, Jung escreveu: "Não poderia haver erro maior do que um ocidental adotar a prática direta da yoga chinesa, pois isso meramente fortaleceria sua vontade e sua consciência contra o inconsciente e traria o efeito que deve ser evitado. A neurose, então, se intensificaria. Nunca é demais ressaltar que não somos orientais e que temos um ponto de partida completamente diferente nessas questões." *Alchemical Studies*, vol. 13, p. 14. A isso eu acrescentaria que Jung não era americano, mas europeu. Embora sua interpretação do opus alquímico seja brilhante, cabe a nós tirar nossas próprias conclusões e chegar à nossa própria compreensão da Arte Real.
3. Grof, Stanislav e Christina Grof, orgs. *Spiritual Emergency*, p. 3.
4. *Ibid.*, p. 8.
5. A maior parte das religiões e práticas espirituais enfatiza a importância do coração e sua associação com o amor e a compaixão. No Egito antigo, o coração era o único órgão que não era removido do corpo mumificado. Sobre ele era posta uma esmeralda, com o objetivo de transportar a alma para o céu. No Hinduísmo, *bhati* (devoção mística) é um aspecto integral da yoga e o centro dessa devoção, no sistema de chakras, fica no coração. Os tântricos chamam o segundo estágio de transformação de *bodhicitta*, "abertura do coração", em que a pessoa começa a ver, além de si mesma, a interligação entre todos os seres vivos. As seis ações transcendentes do coração, as *paramitas*, são: generosidade, conduta harmoniosa, persistência, entusiasmo, concentração e discernimento.

   Nas religiões judeu-cristãs, o coração é o lugar dos sentimentos e da inteligência emocional. Maomé disse: "A sabedoria é uma luz no coração, que distingue entre verdade e falsidade." A ordem esotérica dos sufis adotou o coração alado como emblema para simbolizar e celebrar a essência espiritual. O mestre sufi Hazrat Inayat Khan escreve: "Quando uma pessoa compreende a natureza, o caráter e o mistério do coração, ela compreende... a linguagem de todo o universo." *The Sufi Message of Hazrat Inayat Khan*, vol. II. Londres: International Headquarters of the Sufi Movement, 1969, p. 352.

Na escritura hebraica e no texto cristão, o coração desempenha um papel dominante. É a palavra mais importante da escritura hebraica, mencionada 814 vezes com vários significados, de alegria (Deut 28:47; Atos 2:26) e coragem (2 Sam. 17:20; Ps. 27:14) a sabedoria e consciência (1 Reis 3:12; 10:24). Tradicionalmente, a inteligência do coração é considerada superior à do cérebro. Onde a mente divide, o coração tende a abrir e a aceitar as diferenças.

6. Barks, Coleman. *The Essential Rumi.* John Moyne, trad. New Jersey: Castle Book, 1995, p. 32.

Bibliografia

Abbot, Edwin A. *Flatland*. Nova York: Dover Publications, 1952.

Agrippa, Henry Cornelius. *Three Books of Occult Philosophy*. Donald Tyson, org. Minnesota: Llewllyn Publications, 1995.

Avens, Roberts. *Imagination is Reality: Western Nirvana in Jung*. Hillman, Barfield & Cassirer. Dallas: Spring Publications, 1980.

Bachelard, Gaston. *The Psychoanalysis of Fire*. Boston: Beacon Press, 1964.

Barks, Coleman. John Moyne, trad. *The Essential of Rumi*. Edison, New Jersey: Castle Books, 1995.

Berman, Morris. *The Reenchantment of the World*. Ithaca e Londres: Cornell University Press, 1981.

Bly, Robert. *Iron John*. Nova York: Vintage Books, 1992.

Brown, Norman O. *Hermes, the Thief*. Nova York: Vintage, 1969.

Burckhardt, Titus. *Alchemy*. Shaftsbury, Dorset: Element Books, 1967.

Burland, C. A. *The Arts of the Alchemists*. Nova York: MacMillan, 1967.

Castañeda, Carlos. *The Art of Dreaming*. Nova York: HarperCollins, 1993.

Cavendish, Richard. *The Tarot*. Nova York: Harper & Row, 1975.

Cavendish, Richard, org. *Man, Myth & Magic*. Nova York: BPC Publishing, 1972.

Chopra, Deepak, org. *Love Poems of Rumi*. Nova York: Harmony Books, 1998.

______. *The Seven Spiritual Laws of Success*. San Rafael, Calif.: Amber-Allen, 1994.

Cirlot, J. E. *A Dictionary of Symbols*. Nova York: The Philosophical Library, 1962.

Cobb, Jodi. *Geisha, The Life, The Voices, The Art*. Nova York: Alfred A. Knopf, 2000.

Cooper, David. *God is a Verb: Kabbalah and the Practice of Mystical Judaism*. Nova York: Riverside Books, 1997.

Course in Miracles. Nova York: Viking/Penguin, 1975.

Crick, Francis. *The Astonishing Hypothesis, the Scientific Search for the Soul.* Nova York: Charles Scribner's Sons, 1994.

Curadoria do C. G. Institute, Gemeindestrasse 27m CG-8032, Zurique. Panfleto comemorativo intitulado "C. G. Jung".

David-Neel, Alexandra. *Magic and Mystery in Tibet.* Nova York: Dover Publications, 1971.

Dooling, D. M., org. *A Way of Working, The Spiritual Dimension of Craft.* Parabola Books, 1979.

Doty, Sheehan, org. *Notes and Papers on Archaic Studies: Transformations of Archaic Images.* Franconia, N. H.: Center for Archaic Studies, 1981.

Edinger, Edward F. *Anatomy of the Psyche: Alchemical Symbolism in Psychotherapy.* La Salle, Illinois: Open Court, 1985.

________. The *Creation of Consciousness: Jung's Myth of Modern Man.* Toronto: Inner City Books, 1984.

Eliade, Mircea. *The Forge and the Crucible, The Origins and Structures of Alchemy.* Chicago, Illinois: The University of Chicago Press, 1962.

________. *Yoga, Immortality and Freedom.* Princeton, N. J.: Princeton University Press, 1958.

Epes, Joseph. "The Wisdom of the Contrary", *Parabola*, volume IV, nº 1. Nova York: The Tamarack Press, Fevereiro de 1979.

Evola, Julius. *The Hermetic Tradition: Symbols and Teachings of the Royal Art.* Rochester, Vt.: Inner Traditions, 1971.

Fauvel, John, org., *et. al.*. *Let Newton Be! A New Perspective on His Life and Works.* Oxford: Oxford University Press, 1988.

Fernadando, Diana. *Alchemy, An Illustrated A to Z.* Grã-Bretanha: Blandford, 1998.

Fischer, Louis, org. *The Essential Gandhi: His Life, Work and Ideas.* Nova York: Vintage Books, 1962.

Frabricius, Johnannes. *Alchemy: The Medieval Alchemists and Their Royal Art.* Londres: Diamond Books, 1976.

Freud, Sigmund. *The Interpretation of Dreams.* Nova York: Basic Books, 1953.

Fulcanelli, mestre alquimista. *The Dwellings of the Philosophers.* Boulder: Archive Press and Communications, 1999.

________. *Le Mystère des Cathédrales: Esoteric Interpretation of the Hermetic Symbols of the Great Work.* Suffolk: Neville Spearman, 1971.

Gamow, George. *Thirty Years that Shocked Physics: the Story of Quantum Theory.* Nova York: Dover Publications, 1996.

Gell-Mann, Murray. *The Quark and the Jaguar: Adventures in the Simple and the Complex.* Nova York: W. H. Freeman and Company, 1994.

Gilchrist, Cherry. *Elements of Alchemy*. Shaftesbury, Dorset: Element, 1991.

Godwin, Joscelyn. *Harmonies of Heaven and Earth from Antiquity to Avant-Garde*. Rochester, Vt.: Inner Traditions International, 1995.

Goethe, Johann Wofgang von. *Faust*. Indianapolis: The Bobbs-Merrill Company, 1965.

Grof, Stanislav e Christina Grof, orgs. *Spiritual Emergency: When Personal Transformation Becomes a Crisis*. Nova York: Jeremy P. Tarcher/Perigee Books, 1989.

Grossinger, Richard. *Planet Medicine: From Stone Age Shamanism to Post-Industrial Healing*. Boulder: Shambala, 1982.

Grossinger, Richard, org. *The Alchemical Tradition in the Late Twentieth Century*. Berkeley, Calif.: North Atlantic Books, 1983.

Haeffner, Mark. *The Dictionary of Alchemy: From Maria Prophetissa to Isaac Newton*. Londres: The Aquarian Press, 1971.

Haggard, Howard. *Devils, Drugs and Doctors: The Story of the Science of Healing from Medicine-Man to Doctor*. Nova York: Harper & Row, 1929.

Hall, Manly, P. *The Secret Destiny of America*. Los Angeles: The Philosophical Research Society, 1944.

______. *The Secret Teachings of All Ages*. Los Angeles: The Philosophical Research Society, 1978.

______. Palestra gravada, "Alchemy". Los Angeles: The Philosophical Research Society, 1998.

Harding, M. Esther. *Psychic Energy: Its Source and Its Transformation*. Washington, D. C.: The Bollingen Foundation, 1947.

Harvey, Andrew. *The Direct Path*. Nova York: Broadway Books, 2000.

Hauck, Dennis William. *The Emerald Tablet: Alchemy for Personal Transformation*. Nova York: Penguin Putnam Inc., 1999.

Haxton, Brooks, trad. *Fragments: the Collected Wisdom of Heraclitus*. Nova York: Viking, 2001.

Hazrat Inayat Khan. *The Sufi Message of Hazrat Inayat Khan*, vol. 11. Londres: International Headquarters of the Sufi Movement, 1969.

Heinrich, Clark. *Strange Fruit: Alchemy, Religion and Magical Foods, A Speculative History*. Londres: Bloomsbury, 1995.

Hendricks, Gay e Kate Ludeman. *The Corporate Mystic*. Nova York: Bantam Books, 1996.

Herbert, Nick. *Quantum Reality: Beyond the New Physics*. Nova York: Anchor Press/Doubleday, 1985.

Herrigel, Eugen. *Zen*. Nova York: McGraw-Hill Book Company, 1964.

Holmyard, E. J. *Alchemy*. Nova York: Dover, 1990.

Huffman, William H., org. *Robert Fludd: Essential Readings*. Londres: The Aquarian Press, 1992.

Huygen, Wil. *Gnomes*. Nova York: Harry N. Abrams, 1976.

Hyde, Lewis. *Trickster Makes This World*. Nova York: North Point Press, 1998.

Jacobi, Jolande. *Complex/Archetype/Symbol*. Princeton, N. J.: Princeton University Press, 1959.

Jaffe, Aniela, org. *C. C. Jung: Word and Image*. Princeton, New Jersey: Princeton University Press. 1979.

Jayne, Walter Addison. *The Healing Gods of Ancient Civilizations*. New Hyde Park, Nova York: University Books, 1962.

Johnson, Robert. *Ecstasy, Understanding the Psychology of Joy*. San Francisco: Harper & Row, 1987.

———. *Lying with the Heavenly Woman: Understanding and Integrating the Feminine Archetypes in Men's Lives*. San Francisco: Harper San Francisco, 1994.

———. *She! Understanding Feminine Psychology*. Nova York: Harper & Row, 1976.

Johnson, Robert e Jerry Ruhl. *Balancing Heaven and Earth: A Memoir of Visions, Dreams, and Realizations*. San Francisco: HarperSan Francisco, 1998.

Jung, C. G. *Aion*, vol. 9, part II. Princeton, N. J.: Princeton University Press, 1959.

———. *Alchemical Studies*, vol. 13. Princeton: Princeton University Press, 1967.

———. *The Archetypes of the Collective Unconscious*, vol. 9, part 1. Nova York: Pantheon Books, 1959.

———. *Mysterium Coniunctionis: An Inquiry into the Separation and Synthesis of Psychic Opposites in Alchemy*, vol.14. Nova York: Bollingen Foundation, 1963.

———. *The Practice of Psychotherapy*, vol. 16. Nova York: Bollingen Foundation, 1954.

———. *Psychological Types: The Psychology of Individuation*, vol. 6. Nova York: Pantheon Books, 1953.

———. *Psychology and Alchemy*, vol. 12. Princeton, N. J.: Princeton University Press, 1968.

———. *Psychology and Religion: West and East*, vol. 11. Nova York: Bollingen Foundation, 1958.

———. *The Structure and Dynamics of the Psyche*, vol. 8. Nova York: Pantheon Books, 1960.

———. *Two Essays on Analytical Psychology*, vol. 7. Nova York: Bollingen Foundation, 1953.

Jung, Carl Gustav e Wolfgang Pauli. *The Interpretation of Nature and the Psyche*. Nova York: Pantheon, 1955.

Jung, Carl Gustav. *Memories, Dreams, Reflections*. A. Jaffe, org. Nova York: Pantheon Books, 1961.

Jung, Carl Gustav, org. *Man and his Symbols*. Nova York: Doubleday & Company. 1964.

Kazantzakis, Nikos. *Zorba, the Greek*. Nova York: Ballantine Book, 1952.

Keirsey, David e Marilyn Bates. *Please Understand Me: Character and Temperament Types*. Del Mar, Calif.: Promethius Nemesis Book Company, 1978.

Kornfield, Jack. *After the Ecstasy, the Laundry*. Nova York: Bantam Books, 2000. [*Depois do Êxtase, Lave a Roupa Suja*, Editora Cultrix, SP, 2002.]

Kubose, Gyomay. *Zen Koans*. Chicago: Henry Regnery Company, 1973.

LaBerge, Stephen. *Lucid Dreaming*. Los Angeles J. P. Tarcher, 1985.

LaBerge, Stephen e Howard Rheingold. *Exploring the World of Lucid Dreaming*. Nova York: Ballantine Books, 1990.

Lindsay, Jack. *The Origins of Alchemy in Graeco-Roman Egypt*. Londres: Frederick Muller, 1970.

Maier, Michael. *Atalanta Fugiens: An Edition of the Fugues, Emblems and Epigrams*. Grand Rapids, Mich.: Phanes Press, 1989.

Marlan, Stanton, org. *Salt and the Alchemical Soul*. Woodstock, Conn.: Spring Publications, 1995.

Marshall, Peter. *The Philosopher's Stone*. Londres: Macmillan, 2001.

Mast, Joseph. *The Emerging Self*. Santa Barbara, Calif.: Fithian Press, 1991.

Masterson, James. *The Search for the Real Self Unmasking the Personality Disorders of Our Age*. Nova York: The Free Press, 1988.

Metaphysical Bible Dictionary. Missouri: Unity Books, 1931.

Meyer, G. *The Golem*. Boston: Houghton Mifflin, 1928.

McArthur, Margie. *Wisdom of the Elements*. Freedom, Calif.: The Crossing Press, 1998.

McLean, Adam. *The Alchemical Mandala*. Grand Rapids, Mich.: Phanes Press, 1989.

Miller, Richard e Iona Miller. *The Modern Alchemist: A Guide to Personal Transformation*. Grand Rapids, Mich.: Phanes Press, 1994.

Mitchell, Stephen, org. *The Enlightened Mind: An Anthology of Sacred Prose*. Nova York: Harper-Collins, 1991.

Moore, Thomas. *The Planets Within: The Astrological Psychology of Marsilio Ficino*. Great Barrington, Maine: Lindisfarne Press, 1982.

Neihardt, John G. *Black Elk Speaks: Being the Life Story of a Holy Man of the Oglala Sioux*. Lincoln, Nebr.: University of Nebraska Press, 1961.

Neiman, Carol. *Miracles: The Extraordinary, the Impossible, and the Divine*. United Kingdom: Labyrinth Publishing Ltd., 1995.

New English Bible, The. Oxford Study Edition. Nova York: Oxford University Press, 1976.

Newman, James R., org. *The World of Mathematics*, vol.1. Nova York: Simon & Schuster, 1956.

Nichols, Sallie. *Jung and Tarot: An Archetypal Journey*. York Beach, Maine: Samuel Weiser, 1980. [*Jung e o Tarô,* Editora Cultrix, SP, 1988.]

O'Donohue, John. *Anam Cara: A Book of Celtic Wisdom*. Nova York: Cliff Street Books, 1997.

Ornstein, Robert. *The Right Mind: Making Sense of the Hemispheres*. Nova York: Harcourt Brace and Company, 1997.

Osho. *Courage: The Joy of Living Dangerously*. Nova York: St. Martin's Griffin, 1999. [*Coragem*, Editora Cultrix, SP, 2001.]

Oxford English Dictionary.

Parabola, vol. XX, nº 1. Nova York: The Tamarack Press, Fevereiro de 1995.

—————, vol. IV, nº 1. Nova York: The Tamarack Press, Fevereiro de 1979.

Pauwels, Louis e Jacques Bergier. *The Morning of the Magicians*. Londres: Avon Books.

Pearsall, Paul. *Making Miracles*. Nova York: Prentice Hall Press, 1991.

Pernety, Antoine-Joseph. *An Alchemical Treatise on The Great Art*. Nova York: Samuel Weiser, 1973.

Pinkola-Estes, Clarissa. *Women Who Run with the Wolves: Myths and Stories of the Wild Woman Archetype*. Nova York: Ballantine Books, 1992.

Raff, Jeffrey. *Jung and the Alchemical Imagination*. York Beach, Maine: Nicolas-Hays, Inc., 2000.

Ramsay, Jay. *Alchemy: the Art of Transformation*. Londres: Thorsons, 1997.

Ransome, Hilda. *The Sacred Bee: In Ancient Times and Folklore*. Nova York: Ballantine Reprints, 1996.

Roob, Alexander. *The Hermetic Museum: Alchemy & Mysticism*. Londres, Nova York and Paris: Taschen, 1996.

Rudgley, Richard. *Essential Substances: A Cultural History of Intoxicants in Society*. Nova York: Kodansha America, 1993.

Schwartz-Salant, Nathan. *Jung on Alchemy*. Princeton, N. J.: Princeton University Press, 1995.

Shelley, Mary. *Frankenstein, or the Modern Prometheus*. Nova York: Signet Classic, 1983.

Smith, Houston. *Forgotten Truth*. Nova York: Harper, 1976.

Suzuki, Daisetz T. *Zen and Japanese Culture*. Princeton, N. J.: Princeton University Press, 1959.

Taylor, F. Sherwood. *The Alchemists: Founders of Modern Chemistry*. Nova York: Collier Books, 1949.

Ulam, S. M. *Adventures of a Mathematician*. Nova York: Charles Scribner's Sons, 1976.

VandenBroeck, Andre. *Al-kemi: a Memoir*. Hudson, Nova York: Lindisfarne Press, 1987.

Varela, Francisco, org. *Sleeping, Dreaming and Dying: An Exploration of Consciousness with the Dalai Lama*. Boston: Wisdom Publications, 1997.

Von Franz, Marie-Louise. *Alchemical Active Imagination*. Irving, Tex.: Spring Publications, 1979.

—————. *Projection and Re-collection in Jungian Psychology: Reflections of the Soul*. La Salle, Ill.: Open Court, 1980.

Vurm, Robert B. *Rudolf II and his Prague: Mysteries and Curiosities of Rudolfine Prague during the Period 1550-1650*. Praga: Robert Vurm, 1997.

Waite, Arthur Edward. *Alchemists Through the Ages*. Nova York: Rudolf Steiner Publications, 1970.

Walker, Charles. *The Encyclopedia of Secret Knowledge*. Londres: Limited Editions, 1995.

Walsh, Roger. *Essential Spirituality*. Nova York: John Wiley & Sons, 1999.

Watson, Lyall. *The Nature of Things: The Secret Life of Inanimate Objects*. Rochester, Vt.: Destiny Books, 1990.

White, Michael. *Isaac Newton: The Last Sorcerer*. Cambridge, Mass.: Perseus Books, 1997.

White, Ralph, org. *The Rosicrucian Enlightenment Revisited*. Hudson, Nova York: Lindisfarne Books, 1999.

Whitmont, Edward C. *The Alchemy of Healing, Psyche and Soma*. Berkeley, Calif.: North Atlantic Books, 1993.

Wilber, Ken. *The Eye of Spirit*. Boston and Londres: Shambala, 1998. [*O Olho do Espírito*, Editora Cultrix, SP, 2001.]

—————. *One Taste*. Boston and Londres: Shambala, 1999.

—————. *The Theory of Everything*. Boston: Shambala, 2000. [*Uma Teoria de Tudo*, Editora Cultrix, SP, 2003.]

Wilhelm, Richard, trad. *The I Ching or Book of Changes*. Princeton, N. J.: Princeton University Press, 1950. [*I Ching — O Livro das Mutações*, Editora Pensamento, SP, 1984.]

—————. *The Secret of the Golden Flower*. Nova York: Causeway Books, 1975.

Wilson, Robert Anton. *Quantum Psychology*. Phoenix: New Falcon Publications, 1990.

Wolf, Fred Alan. *The Dreaming Universe: A Mind-Expanding Journey into the Realm Where Psyche and Physics Meet*. Nova York: Simon & Schuster, 1994.

Wolf, Fred Alan. *Mind into Matter: a New Alchemy of Science and Spirit.* Portsmouth, N. H.: Moment Point Press, 2001.

Yates, Francis, A. *The Art of Memory.* Chicago: The University of Chicago Press, 1966.

————. *Giordano Bruno and the Hermetic Tradition.* Chicago: University of Chicago Press, 1991.

Agradecimentos

Sinto-me abençoado por ter tido tantas pessoas maravilhosas me apoiando enquanto escrevia este livro. A lista se estende da terra até o céu.

Sou grato pelo amor da minha família, que se manifesta de muitas maneiras. Meu irmão Robert foi o primeiro a me apresentar ao trapaceiro. Ele e minha irmã Dyan me deram o apoio emocional necessário ao longo deste projeto. Agradeço à minha sobrinha Dhyandra pela estátua de Ganesha, que abriu e fechou cada jornada de trabalho. Agradeço também à minha filha Ananda por ter me posto nas mãos livros incríveis e pelo interesse apaixonado que tem pelo meu trabalho.

Agradeço a Linda Pauer, minha grande amiga, por ter lido e revisto o manuscrito. Suas sugestões foram excelentes e sua amizade me deu o equilíbrio que eu precisava. Da mesma forma, sou grato à analista junguiana Valerie McIlroy, não apenas pelos comentários e críticas, mas pelo seminário sobre *Mysterium Coniunctionis*, de que participei nesse período. Quero agradecer a uma outra amiga, sem a qual não teria conhecido Jeremy Tarcher. Embora Diana Klimek seja minha amiga há anos, nunca imaginei que ela acabaria fazendo a conexão que levou à publicação do meu trabalho.

Estendo minha gratidão sincera à querida amiga e ministra da Unity of Tustin, Doutora Marj Britt. Marj me apoiou de várias maneiras e me ajudou a fazer a ligação entre a alma da psicologia e o espírito do divino. Com ela e seu marido, Paul Tyman, a alquimia cria vida.

Outra bênção em minha vida é o analista junguiano Pan Coukoulis. As muitas conversas maravilhosas que tivemos ao longo dos anos me ajudaram a dar forma à minha compreensão pessoal da psicologia junguiana e da filosofia viva de Zorba. Pan é mais do que amigo e mentor: é meu pai espiritual.

Tenho uma dívida profunda com o analista junguiano Robert Johnson. Ele me ajudou no meu caminho para a consciência quando jovem. Sua confiança em mim, por mais de duas décadas, trouxe a pedra fundamental sobre a qual repousa este livro.

Uma das maiores bênçãos da minha vida é minha mulher, Cynthia. Ela não apenas leu, reviu e editou o manuscrito muitas vezes, mas me agüentou em momentos muito difíceis. Sua alma gentil e sua sabedoria estão em cada página deste livro. Não há palavras para expressar a gratidão e o amor que tenho por ela.

Agradeço também a Jeremy Tarcher por enxergar minha visão, me entender e publicar este livro. Muito obrigado também a David Grof por ter editado o livro e ao diretor da Putnam, Joel Fotinos. Sou muito grato a Joel por supervisionar a publicação, por seu seminário na Unity of Tustin e sua orientação. Finalmente, tenho uma dívida de gratidão com Mitch Horowitz, editor sênior da Putnam e editor deste livro. Trabalhar com Mitch foi como uma dança alquímica. A alquimia consegue expandir ou contrair qualquer um que ouse escrever sobre ela. A cada crise, Mitch estava lá para me fazer retomar o foco quando o assunto ameaçava explodir ou para me fazer expandir quando ficava obcecado com detalhes desnecessários. Sou grato a ele pelo humor, pela amizade e pela fé no meu trabalho.

Quero agradecer também a muitos dos meus pacientes, com quem aprendi o valor de cura do sofrimento divino.

Com tanto apoio afetuoso, espero que meu livro aprofunde nossa visão da psicologia alquímica e mostre que os sonhos se realizam.